THE ROLLING STONES

DIE KOMPLETTE CHRONIK VON 1960 BIS HEUTE - von MILES

HEEL

THE ROLLING STONES

IMPRESSUM

HEEL Verlag GmbH
Wintermühlenhof
53639 Königswinter
Tel. (02223) 9230-0
Fax (02223) 9230-26

Englische Originalausgabe:

8/9 Frith Street
GB - London W1V 5TZ
Englischer Originaltitel: The Rolling Stones - A Visual Documentary

Deutsche Ausgabe:

Schindellegi, Schweiz

Fotorecherche:
David Brolan

Übersetzung und Aktualisierung:
Walther Wuttke, Bad Honnef

Fotos der Aktualisierung:
© by action press, Hamburg

Satz (Fremddatenübernahme):
Fotosatz Hoffmann, Winterscheid

Druck:
Lorenz Ellwanger, Bayreuth

ISBN 3-89356-684-7

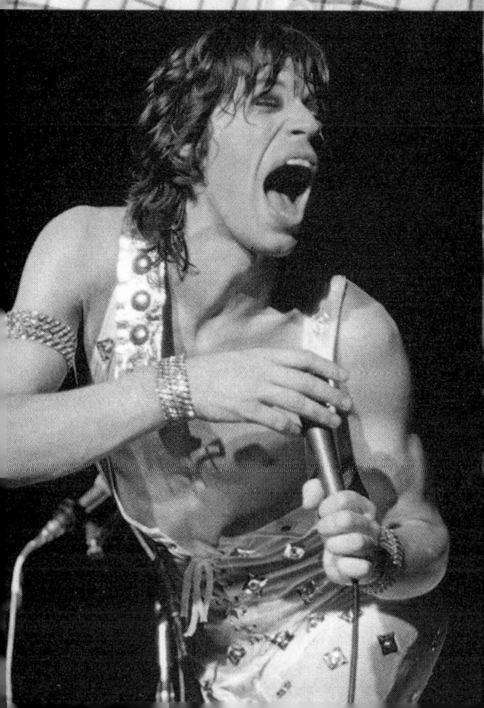

MICK JAGGER

MICHAEL PHILIP JAGGER

Sänger

Geboren: 26. Juli in Dartford, Kent. Sein Vater Joe war Sportlehrer. Seine Mutter Eva kümmerte sich als Hausfrau um die Erziehung von Mick und seines jüngeren Bruders Christopher. Mick ging zunächst auf die Maypole- und danach auf die Wentworth-Grundschule, wo er als Sechsjähriger zum ersten Mal Keith Richards traf. Mick: „Wir wohnten während unser Kindheit eine Zeitlang in einer Straße. Der Maler Peter Blake wohnte auch dort. Es war eine ziemlich rauhe Nachbarschaft. Hin und wieder gingen wir gemeinsam nach Hause. Als wir uns später wiedertrafen, konnten wir uns noch gut an die gemeinsame Zeit erinnern."

Mick ging danach auf das Gymnasium in Dartford und gründete dort eine Skiffle-Gruppe, wandte sich jedoch bald dem Blues und R & B zu. Er bestellte regelmäßig R & B-Alben aus den Staaten, die man damals noch nicht in Großbritannien kaufen konnte.

Nach seinem Abschluß begann er ein Studium an der London School of Economics (LSE). Als er einmal auf einen Zug nach London wartete, traf er Keith Richards wieder, die alte Freundschaft lebte auf, was später zur Gründung der Rolling Stones führen sollte. Zusammen mit einem Freund von Keith, dem Kunststudenten Dick Taylor, gründeten sie die Band Boy Blue and The Blue Boys. Mick und Keith fühlten sich jedoch mit ihrer Vorliebe für R & B ziemlich isoliert, bis sie ein Konzert von Alexis Korner und seiner Band Blues Incoroporated im Ealing Club erlebten. In der Band war auch Brian Jones, der die Gitarre wie Elmore James spielte. Mick, Keith und Brian fanden ziemlich schnell zueinander und zogen in Brians Apartment in Edith Grove, Fulham, ein. Hier konnten sie proben.

Während dieser Zeit hatte Mick noch ein Stipendium und nahm an gerade genügend Übungen teil, um nicht aus der LSE herausgeschmissen zu werden.

Oben: Mick im Jahre 1963. Unten links: Auf der Bühne im Belle Vue, Manchester. Unten rechts: Mick in New York, bei der Promotion für „Wandering Spirit" im Februar 1993.

KEITH RICHARDS

KEITH RICHARDS

Gitarre

Geboren: 18. Dezember 1943 in Dartford, Kent. Sein Vater Bert war Elektro-Ingenieur, seine Mutter verkaufte Waschmaschinen in einem Supermarkt.

Seine schulische Laufbahn begann er an der Westhill-Vorschule, wechselte von dort auf die Wentworth-Grundschule, wo er Mick Jagger kennenlernte. Seine weiterführende Ausbildung setzte er auf der Dartford Technical School fort, wo er durch seine ausgefallene Kleidung auffiel. Danach verbrachte er drei Jahre auf der Sidcup School of Art. Sein Großvater war als Geigenspieler über Land gezogen, und vor dem Krieg hatte sein Vater eine Tanzkapelle geleitet. Zu seinem 15. Geburtstag schenkte ihm seine Mutter eine Gitarre. Seinen ersten öffentlichen Auftritt hatte er als Gitarrist einer Country and Western Band seiner Kunstschule.

Einer seiner Freunde in Sidcup war Dick Taylor, der zusammen mit Mick Jagger zu den Gründern der Rolling Stones gehörte. Taylor verließ die Band, als er die Möglichkeit hatte, das Royal College of Art zu besuchen.

(Keith strich das „s“ am Ende seines Namens, als die Rolling Stones ihre ersten Erfolge feierten. Nach 1977 trat er wieder unter seinem richtigen Namen auf.)

Oben: Keith in einem Hotelzimmer auf der Isle of Man am 13. August 1964. Unten: auf der Bühne in New York und mit einem Hochzeitgeschenk für ihn und Pattie Hansen im Dezember 1983.

BRIAN JONES

Lewis Brian Hopkins-Jones

Multi-Instrumentalist

Geboren: 28. Februar 1942 in Cheltenham, Gloucestershire. Gestorben am 2. Juli, 1969. Brians Vater Lewis arbeitete in den Dowty-Flugzeugwerken, dem größten Arbeitgeber der Region. Seine Mutter Louisa war Klavierlehrerin. Er ging zur Dean-Close-Grundschule und danach auf das Gymnasium in Cheltenham. Obwohl er wegen Anstiftung einer Schulrebellion eine Zeitlang vom Unterricht ausgeschlossen wurde, waren seine Leistungen überdurchschnittlich gut.

Sein Vater war Organist in der Kirche und Brian gehörte dem Gemeindechor an. 1958 wurde er Mitglied im „66 Club“, einem Jazzclub in Cheltenham. In einigen Bands des Ortes spielte er als Saxophonist mit — unter anderem in Bill Niles Delta Jazz Band. Später schloß er sich den Ramrods, einer lauten Rockband in Gloucesterschire, an, die bei Tanz-Veranstaltungen in Schulen und Jugendclubs auftrat.

In Cheltenham hatte er, nachdem er einige Mädchen geschwängert hatte, einen denkbar schlechten Ruf, was zum Abbruch seiner Schulausbildung und der Entfremdung von seiner Familie führte. Anstatt die Universiät zu besuchen, arbeitete er als Busschaffner, Kohlenträger, in einem Plattenladen, wobei er seine Liebe für die Musik nie aus den Augen verlor.

Als Alexis Korner einmal zu einem Konzert zusammen mit Chris Barber nach Cheltenham kam, freundete er sich mit dem Musiker an und fuhr danach regelmäßig per Anhalter nach London, um dort Blues Incorporated spielen zu hören. Hier traf er auch Charlie Watts, den Schlagzeuger der Band.

Eines Abends hörten ihn Mick und Keith bei einem Gastauftritt und erkannten sofort, daß da ein ebenfalls vom Blues Infizierter spielte. Mick wurde einer der Sänger von Blues Incorporated, und auch Keith hatte einige Auftritte mit der Band. Der harte Kern der Rolling Stones hatte sich gefunden.

Brian war der Mode-Experte der Stones.

BILL WYMAN

BILL WYMAN

Bass

Geborener Perks, Lord of the Manor of Gedding and Thormwoods.

Geboren: 24. Dezember 1936 in Penge, Kent. Sein Vater William war Maurer, seine Mutter Kathleen arbeitete in einer Fabrik der Stadt. Er war eins von fünf Kindern: John, Paul, Judy, Anne und Bill. Nach der Oakfield-Grundschule besuchte er das Beckenham-Gymnasium. Sein Vater spielte Akkordeon und Bill sang zehn Jahre lang im Kirchenchor. Im Alter von vier Jahren hatte er zum ersten Mal Klavierunterricht. Als 14jähriger konnte er Klavier, Orgel und Klarinette spielen.

Nach seinem Schulabschluß arbeitete er zunächst in einem Wettbüro, um dann zwei Jahre lang in der Royal Airforce (unter anderem in Deutschland) zu dienen. Danach arbeitete er in einem Ingenieurbüro in Lewisham.

Er traf seine erste Frau im Royston Ballroom in Beckenham. Im Oktober 1959 heirateten die beiden. Kurz darauf gründete er seine erste Band, die Cliftons. Im Jahre 1962 kam ihr erster Sohn, Stephen, auf die Welt.

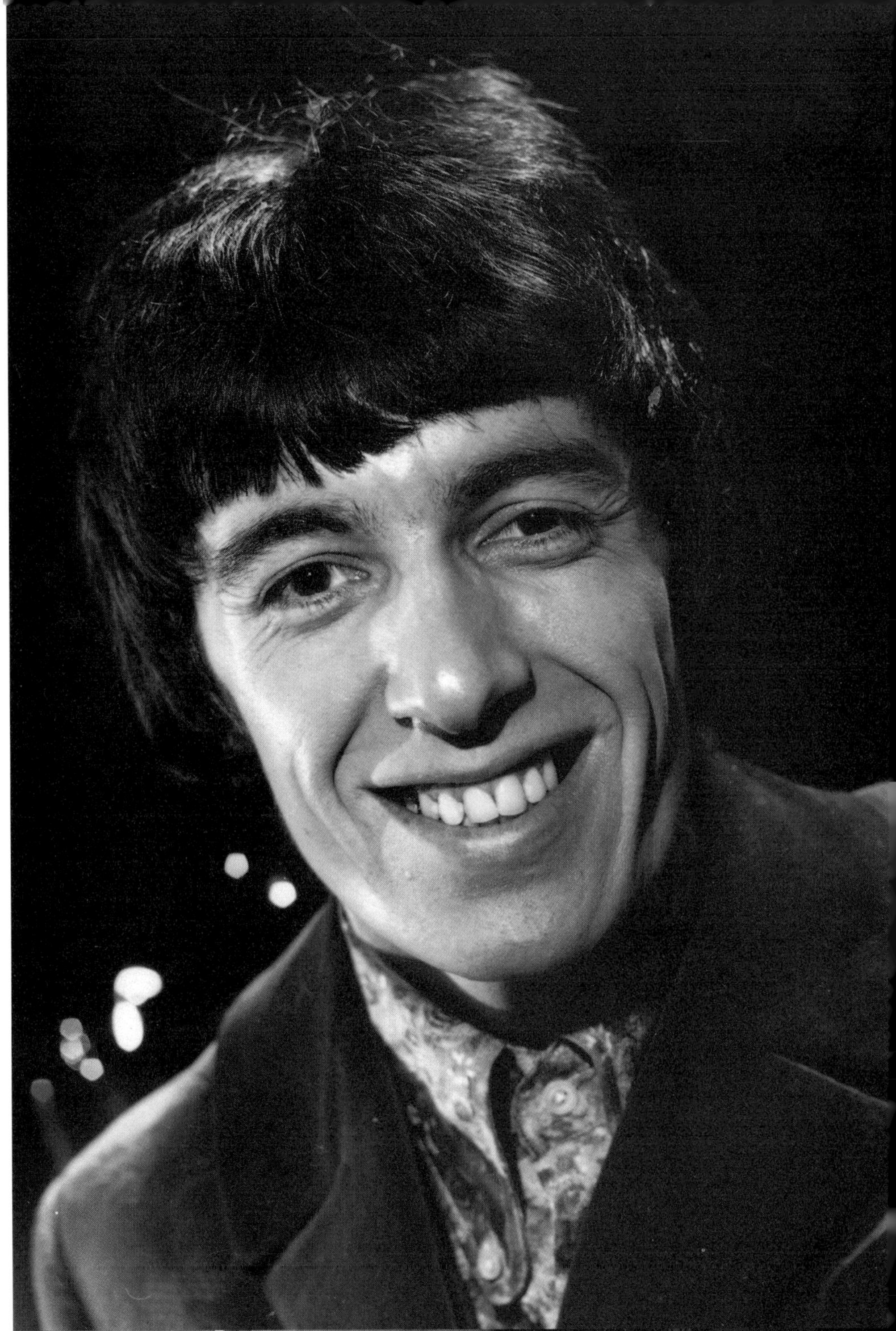

Oben: Bill 1963 bei „Top Of The Pops". Unten: beim Stimmen der Gitarre im gleichen Jahr.

CHARLIE WATTS

CHARLIE WATTS

Schlagzeug

Geboren: 2. Juni 1941 in Wembley, Middlessex. Sein Vater Charles war Lastwagenfahrer bei der britischen Eisenbahn. Zu seinem 14. Geburtstag bekam er von seinem Vater und seiner Mutter Lilly ein Schlagzeug (Kostenpunkt: zwölf Pfund). Er spielte Modern-Jazz-Stücke und als er den Stones beitrat, gab er als Lieblingkomponisten Gil Evans und George Russel an.

Er ging auf das Tyler's Croft Gymnasium, wo er Auszeichnungen in Englisch und Kunst errang. Danach besuchte er drei Jahre lang die Harrows School of Art. Im Jahre 1961 schrieb und illustrierte er ein Buch über das Leben des Saxophonisten Charlie Parker, das im Dezember 1964 auf den Markt kam.

Charlie begann seine Laufbahn als Musiker mit der Band Blues By Five im Troubadour Club in Chelsea, um sich später Alexis Korners Blues Incorporated anzuschließen.

Charlie: „Ich traf Alexis in irgendeinem Club und da fragte er mich, ob ich nicht Lust hätte, mit ihm aufzutreten. Andy Webb, ein guter Freund, riet mir, das Angebot anzunehmen, doch ich mußte nach Dänemark in Sachen Design und so verlor ich den Kontakt. Während meiner Abwesenheit formte Alexis die Band. Als ich wieder zurück war, schloß ich mich zusammen mit Cyril Davies der Band an. Andy trat als Sänger auf. Wir hatten einige großartige Talente wie Jack Bruce in der Band. Die Jungs wußten genau, was sie taten. Als wir in einem Club in Ealing spielten, waren da Brian, Mick und Keith, die hin und wieder mitspielten. Damals war alles viel lockerer. Immer wieder spielten irgendwelche Leute mit. Es war eine großartige Zeit."

Er schloß sich den Rolling Stones im Januar 1963 an, arbeitete aber weiter bei einer Werbeagentur, bis die Band genügend Geld einspielte. Bei einem der ersten Stones-Auftritte traf er Shirley Ann Shephard, die er, ohne den Rest der Band zu informieren, am 10. Oktober 1964 in Bradford, Yorkshire, heiratete.

Sie lebten in Paddington (West-London). Als die Stones ausreichend Geld machten, kauften sie den ehemaligen Wohnsitz von Lord Shawcross in Lewes, Sussex, wo Shirley sich ein Studio für ihre Bildhauer-Arbeiten einrichten konnte und Charlie genügend Platz für seine Sammlung von Memorabilia aus dem amerikanischen Bürgerkrieg hat.

Oben: Charlie 1963 bei „Top Of The Pops". Unten links: bei der Vorstellung seines Albums „From One Charlie". Unten rechts: ganz cool, 1966.

MICK TAYLOR

MICK TAYLOR

Gitarre

Geboren: 17. Januar 1948 in Welwyn, Garden City, Hertfordshire. Sein Vater Lionel arbeitete in einer Flugzeug-Fabrik. Mick hat eine Schwester, Marylin, die 1952 geboren wurde. Er besuchte das Onslow-Gymnasium, das er aber schon als 15jähriger verließ, um sich drei Monate lang als Artist zu versuchen. Danach arbeitete er in einer Farbenfabrik. Er brachte sich selbst das Gitarrespielen bei und schloß sich einer Band mit dem Namen The Gods an. Als Eric Burdon einen Auftritt mit John Mayalls Bluesbreakers verpaßte, übernahm Mick seine Rolle, und als Burdon die Gruppe endgültig verließ, wurde er sein Nachfolger.

Er spielte zwei Jahre lang mit Mayall und nahm mit ihm die Alben „Crusade“, „Bare Wires“ und „Laurel Canyon“ auf.

Oben: Mick Taylor. Unten: bei seinem Stones-Debut beim Konzert im Hyde Park am 5. Juli 1969.

RON WOOD

RON WOOD

Gitarre

Geboren: 1. Juni 1947, Hillingdon, Middlessex. Seine beiden älteren Brüder, Art und Ted, spielten in Bands, was Ron wertvolle Kontakte am Anfang seiner Karriere ermöglichte. Art sang, als Ron zwölf Jahre alt war, bei Alexis Korner und seiner Blues Incorporated, wo Charlie Watts am Schlagzeug saß. Im Jahre 1963 gründete er seine eigene Band, The Artwoods. Ted spielte bei The Temperance Seven.

Ron beherrschte bald die Klarinette, Horn, Waschbrett, Schlagzeug und Gitarre. Er besuchte eine Kunstschule und schloß sich als 16jähriger der Band The Birds an. Ron: „Meine erste große Chance hatte ich, als ich die Mundharmonika im Crawdaddy Club bei den Yardbirds spielen durfte. Keith Relf war krank und meine Freunde meinten, ‚komm, das kannst Du'. Nach dem Auftritt nahm mich Eric (Clapton) beiseite und meinte wohlwollend: ‚Du kannst ja richtig gut Mundharmonika spielen.' ‚Danke' sagte ich, ‚Gitarre kann ich auch spielen.' Danach tauschten wir immer wieder Ideen aus."

Seinen Durchbruch schaffte er, als Jeff Beck, der die Yardbirds verlassen hatte, ihn aufforderte, in seiner neuen Gruppe als zweiter Gitarrist mitzuspielen. Als jedoch der Bassgitarrist bei der ersten Probe nicht auftauchte, übernahm Ron dessen Platz, und so blieb es, bis sich die Gruppe Mitte 1969 auflöste.

In der Zwischenzeit hatte Steve Marriott die Small Faces verlassen und Ron sollte sein Nachfolger werden. Er kam zu der Band zusammen mit Rod Stewart als Sänger, den er von der Beck-Band her kannte. Die Faces waren ein Erfolg, und 1972 konnte sich Ron „The Wick on Richmond Hill", Surrey, oberhalb der Themse kaufen. Hier hatte Hayley Mills seine Kindheit verbracht. Er richtete sich ein Studio ein und begann mit der Arbeit an seinem ersten Solo-Album. Als Gast hatte er unter anderem Keith Richards eingeladen.

Keith: „Ich hatte gehört, daß er mit seinem ersten Album begonnen hatte und daß Andy Newmark und Willy Weeks mit von der Partie waren. Das klang interessant. Dann bekam ich eine Einladung, mir das Ganze anzusehen und, wenn ich Lust hätte, an einem Stück mitzuwirken. Ich kam eines Abends an und verließ das Haus erst drei Monate später." Während dieser Zeit wohnte er in Rons Gästehaus. Daher war es nur logisch, daß Ron, nachdem Mick Taylor Ende 1974 die Stones verlassen hatte, der einzige denkbare Ersatz sein konnte. Mick Jagger meinte: „Entweder Du kommst, oder wir gehen nicht auf Tour."

Oben: Ron Wood. Unten links: auf der Bühne im Knebworth Park am 21. August 1976. Unten rechts: Aufnahme aus dem Jahr 1983.

1960

Oktober

Ende Oktober treffen sich Mick Jagger und Keith Richards in einem Vorortzug. Jagger war auf dem Weg zur LSE, Richards zur Sidcup-Kunsthochschule. Keith: „Ich hocke da also in diesem Zug und plötzlich treffe ich Jagger und der trägt ungefähr fünf Alben unter seinem Arm. Ich habe ihn seit unseren Kindheitstagen nicht mehr gesehen, aber wir erkennen uns sofort wieder. ‚Hi Man', begrüße ich ihn. ‚Wohin des Wegs', fragt er zurück. Unter seinem Arm hat er Alben von Chuck Berry, Little Walter und Muddy Waters. „Du stehst auf Berry? Was für ein Zufall…"

1962

März

17

Blues Incorporated tritt zum ersten Mal im Marquee Club in London auf. Die Bandmitglieder: Alexis Korner, Gitarre, Charlie Watts, Schlagzeug, Cyril Davies, Mundharmonika, Dave Stevens, Klavier, Dick Heckstall-Smith, Tenor-Saxophhon, und Andy Hoogenboom, Bass.

31

Blues Incorporated im Marquee. Jack Bruce hat Andy am Bass abgelöst.

April

7

Blues Incorporated tritt mit einem neuen Gitarristen, der sich Elmo Lewis nennt, im Marquee auf. Mick und Keith sitzen im Publikum. Keith erzählt später den Magazin „Rolling Stone": „Alexis hatte den Saal voll im Griff. Er spielte reinsten Blues. Fast wie in Chicago. Im Publikum waren Arbeiter und Kunststudenten, die wegen ihrer langen Haare in die anderen Clubs nicht reinkamen. Doch diese Plätze konnte man sowieso vergessen. Man ging also da hin, wo man nicht angemacht wurde. Plötzlich, 1962, erfuhren wir von einem Laden in Ealing, wo R & B gespielt wurde. Da war dieser sagenhafte alte Typ, der Harfe spielte. Cyril Davies hieß er. Wo er herkam? Er war ein Autospengler aus Nord-London. Er war super. Hielt sich aber nicht lange. Zwei Jahre später war er tot.

Alexis Korner war in der Jazz-Szene schon seit langem zu Hause. Er hatte alle Verbindungen der Welt. Daher sind wir zu ihm hin. Beim ersten oder zweiten Mal, als Mick und ich dabei waren, steht Alexis plötzlich auf und sagt: ‚Wir haben einen Gast, der ein bißchen Gitarre spielen will. Er kommt aus Cheltenham — stellt Euch vor, aus Cheltenham, nur um für Euch zu spielen.' Es ist Elmore James. Brian fällt fast vom Hocker. Nach dem Stück treffen wir Brian. Er machte damals genau das, was wir auch machten. Nur, daß er dachte, alleine zu sein."

Juli

Auftritte: Marquee Jazz Club (ohne Bill und Charlie) (12.); die Stones treten auch im Ealing Jazz Club ohne Bill und Charlie auf. (Genaues Datum unbekannt)

12

Erster öffentlicher Auftritt der Rolling Stones. Am Tag davor berichtet das Magazin „Jazz News": „Der R & B-Sänger Mick Jagger tritt morgen (Donnerstag) mit einer Rhythm-and-Blues-Band im Marquee auf. Die Band nennt sich Rolling Stones („die glauben hoffentlich nicht, daß wir eine Rock-and-Roll-Gruppe sind", meinte Mick Jagger.) und besteht aus folgenden Musikern: Jagger (Sänger), Keith Richards, Elmo Lewis (Gitarren), Dick Taylor (Bass), ‚Stu' (Klavier), Mike Avery (Schlagzeug). Eine zweite Gruppe mit Long John Baldry wird ebenfalls auftreten."

August

Auftritte: Einmal im Ealing Jazz Club — ohne Bill und Charlie — (genaues Datum unbekannt).

Mick: „Ich erinnere mich noch an die Dienstage im Ealing. Gerade sechs Zuschauer und eine Kälte, daß Du nur im Mantel spielen konntest. Eric Clapton kam vorbei und sang ‚Roll over Beethoven'. Er konnte damals nicht Gitarre spielen. Wirklich — er konnte es nicht."

September

Auftritte: Drei wöchentliche Auftritte im Ealing Jazz Club, London (ohne Bill und Charlie,

Oben: Eines der ersten Fotos zeigt die Band Anfang 1963 am Themseufer in Chelsea. Links: Auftritt bei „Ready Steady Go!. Unten: Mick beim Mikrotraining.

genaue Daten unbekannt). Ein Auftritt im Marquee (genaues Datum unbekannt).

Oktober

Auftritte: Woodstock Hotel, North Cheam (5.); Die Stones – ohne Bill und Charlie – treten auch zweimal wöchentlich im Ealing Jazz Club auf (genaue Daten unbekannt). Ein Auftritt im Marquee an einem Donnerstag (genaues Datum unbekannt).

November

Auftritte: Piccadilly Jazzclub, London – ohne Bill und Charlie – (genaues Datum unbekannt). Zwei wöchentliche Auftritte im Ealing Jazz Club (samstags, genaue Daten unbekannt). Zwei wöchentliche Auftritte im Flamingo Jazzclub (montags, genaue Daten unbekannt). Ein Auftritt im Red Lion Pub, Sutton, an einem Freitag mit unbekanntem Datum).

Dezember

Auftritte: Ealing Jazz Club – ohne Bill und Charlie – (4.); Sidcup Art College, Sidcup – ohne Bill und Charlie (12.); Youth Club, Church Hall, London – ohne Charlie (21.); Ealing Jazz Club, London – ohne Charlie (22.). Die Stones treten auch jeweils einmal – ohne Charlie – im Red Lion Pub, Sutton, und in South Oxhey in der Nähe von Warford auf (genaue Daten unbekannt).

5
Tony Chapman erzählt Bill Wyman, daß die Rolling Stones einen Bass-Gitarristen brauchen und nimmt ihn ins Red Lion mit. Dort lernt er Ian Stewart, den Pianisten der Band kennen, der ihn zum Vorspielen einlädt.

7
Bill und Tony Chapman leihen das Auto von Tonys Vater aus und fahren zum Vorspielen im Wetherby Pub in Chelsea. Ian Stewart stell Bill Mick vor, der einigermaßen freundlich ist, während Brian und Keith kein Interesse an einer Unterhaltung zeigen. Das ändert sich jedoch schlagartig, als Bill seine Ausrüstung auspackt.

Keith: „Wir waren alle da, um zu proben, und auf einmal packt Bill einen riesigen Lautsprecher und einen Vox-AC30-Verstärker aus, der ungefähr das Größte war, was wir bis dahin gesehen hatten. ‚Ihr könnt eure Gitarren anschließen', lud er uns ein. Die Anlage brachte uns um eine ganze Menge Volts nach vorne. Und der Junge konnte Bass spielen. Er hatte schon einige Zeit in Rock-Bands gespielt, wollte sich aber von diesem schlimmen Niveau trennen."

1963

Januar

Auftritte: Ealing Jazz Club – ohne Charlie – (5.); Flamingo Jazzclub – ohne Charlie – (7.); Red Lion Pub – ohne Charlie – (9.); Ricky Tick Club at the Star & Garter Pub, Windsor (11.); Flamingo Jazzclub (14.); Marquee (17.). Ealing Jazz Club (19.); Flamingo Jazzclub (21.); Red Lion Pub (23.); Marquee (24.); Ricky Tick Club at the Star & Garter Pub (25.); Ealing Jazz Club (26.); Flamingo Jazzclub (28.); Marquee (31.).

9
Charlie Watts schließt sich der Band an. Alexis Korner berichtet: „Irgendwann beschlossen die Stones, sich auf eigene Füße zu stellen. Ich machte mir nichts daraus und dachte nur, ‚wenn sie das wollen, dann sollten sie es tun', und so gingen Mick, Keith, Brian und Ian Stewart. Ungefähr ein Jahr später kam Charlie Watts zu meiner Frau und erzählte ihr, daß er ein Angebot der Stones hatte und sie sagte ihm nur, ‚du mußt wissen, was Du tust, aber was kannst Du dabei verlieren?'. Und so ging Charlie zu den Stones."

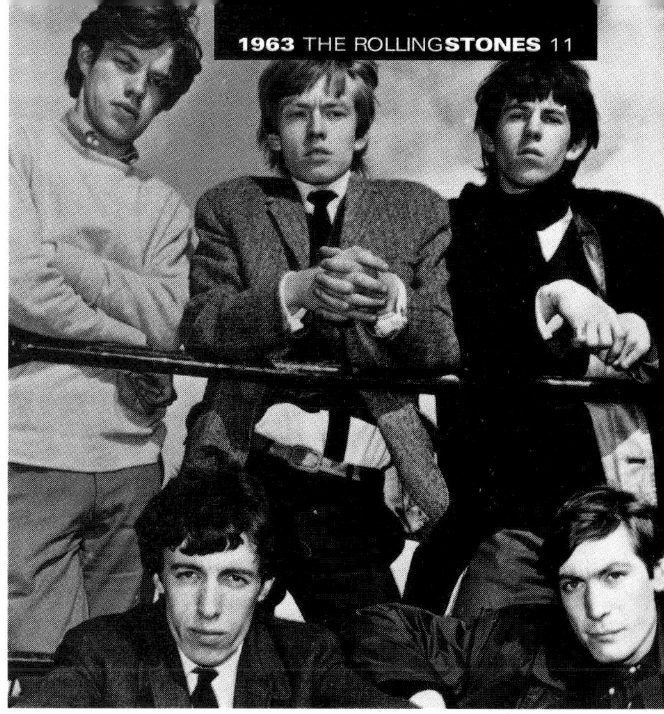

28–2. Februar
Die Stones machen Aufnahmen im IBC-Studio, London, (Techniker: Glyn Jones). IBC besitzt die Bänder, und sie müssen später von Eric Easton für 90 Pfund gekauft werden, bevor die Band bei der Plattenfirma Decca im Mai einen Vertrag unterschreiben kann.

Februar

Auftritte: Ricky Tick Club at the Star & Garter Pub (1.); Ealing Jazz Club (2.); Red Lion Pub (6.); Harringay Jazzclub, Manor House Pub, London, (7.); Ricky Tick Club at the Star & Garter Pub (8.); Ealing Jazz Club (9); Harringay Jazzclub, Manor House Pub (14.); Ealing Jazz Club (19.); Red Lion Pub (20.); Ricky Tick Club at the Star & Garter Pub (22.); Ealing Jazz Club (23.); Station Hotel, Richmond (24.); Harringay Jazzclub, Manor House Pub (28.).

7
Die Stones treten gemeinsam mit Blues By Six (einschließlich Brian Knight) bei einer Rhythm-and-Blues-Nacht im Harringay Jazzclub im Manor House Pub auf.

März

Auftritte: Ealing Jazz Club (2.); Studio 51, Ken Colyer Club, London/Station Hotel, Richmond (3.); Red Lion Pub (6.); Harringay Jazzclub (7.); Ricky Tick Club at the Star & Garter Pub (8.); Wooden Bridge Hotel, Guildford (9.); Studio 51, Ken Colyer Club, London/ Station Hotel (19.); Harringay Jazzclub at Manor House Pub (14.); Ricky Tick Club at the Star & Garter Pub (15.); Studio 51, Ken Colyer Club, London/ Station Hotel (17.); Ricky Tick Club at the Star & Garter Pub (22.); Studio 51, Ken Colyer Club, London/Station Hotel (24.); Ricky Tick Club at the Star & Garter Pub (29.); Wooden Bridge Hotel (30.); Studio 51, Ken Colyer Club, London/Station Hotel (31.).

April

Auftritte: Red Lion Pub (3.); Studio 51, Ken Colyer Club, London/Station Hotel; (7. und 14.); Wooden Bridge Hotel (19.); Crawdaddy Club at Station Hotel, Richmond (21.); Eel Pie Island, Twickenham (24.); Ricky Tick Club at the Star & Garter Pub (26.); Studio 51, Ken Colyer Club, Crawdaddy Club at Station Hotel (28.).

Die Stones nehmen eine zwanzigminütige Dokumentation über sich selbst auf. Die Aufnahme wird von Giorgio Gomelsky im Studio von R. G. Jones in London produziert.

14
Die Beatles besuchen die Stones im Crawdaddy Club auf dem Rückweg von der Aufnahme „Thank Your Lucky Stars" in Twickenham. Die beiden Gruppen veranstalten eine Jamsession in Edith Grove.

Oben links: Alexis Korner. Oben rechts und unten: an Bord der „Discovery" auf der Themse im Jahr 1963.

18
Die Rolling Stones helfen hinter der Bühne der Royal Albert Hall einigen Beatles-Roadies beim Verstauen der Ausrüstung. Versehentlich wird Brian für ein Mitglied der Beatles gehalten. Auf dem Rückweg erzählt er Manager Gomelsky immer wieder: „Das ist genau das, was ich brauche."

28
Andrew Oldham, ein 19jähriger, ehemaliger PR-Assistent von Brian Epstein, sieht die Stones zum ersten Mal in Richmond.

Mai

Auftritte: Eel Pie Island (1.); Ricky Tick Club at the Star & Garter Pub (3.); News of the World Wohltätigkeits-Gala, Battersea Park, London (4.); Studio 51, Ken Colyer Club, Crawdaddy Club at Station Hotel (5.); Eel Pie (15.); Wooden Bridge Hotel (17.); Studio 51, Ken Colyer Club/Crawdaddy Club at Station Hotel (19.); Eel Pie Island (22.); Ricky Tick Club at the Star & Garter Pub (24.); Studio 51, Ken Colyer Club/Crawdaddy Club at Station Hotel (26.); Eel Pie Island (29.); Ricky Tick Club at the Star & Garter Pub (3.).

3
Mitte April war der Vater des Stones-Managers Giorgio Gomelsky gestorben, und Gomelsky mußte in die Schweiz reisen, um dort zusammen mit seiner Familie die Beerdigung zu organisieren. Während seiner Abwesenheit drängt sich Andrew Oldham auf die Szene und bringt die Stones dazu, einen Exklusivvertrag mit ihm und Eric Easton abzuschließen. Bei seiner Rückkehr muß Gomelsky feststellen, daß er bei den Stones keine Aktien mehr hat. Innerhalb einer Woche hat Oldham einen Vertrag mit Dick Roew von Decca Records unter Dach und Fach. Dick Roew hatte zuvor die Beatles abgelehnt, die daraufhin einen Vertrag bei Parlophone unterschrieben hatten.

10
Die Stones nehmen „Come On", „I Want To Be Loved", „Love Potion No. 9" und „Pretty Thing" in den Olympic Studios auf. Prodzenten sind Andrew Oldham und Eric Easton, die Technik leitet Roger Savage.

13
Die Stones ohne Bill und Charlie nehmen ein Demoband für die BBC auf, das aber abgelehnt wird.

Juni

Auftritte: Studio 51, Ken Colyer Club/Crawdaddy Club at Station Hotel (2); Studio 51, Ken Colyer Club (3.); Eel Pie Island (5.); Wooden Bridge Hotel (7.); Studio 51, Ken Colyer Club/Crawdaddy Club at Station Hotel (9.); Studio 51, Ken Colyer Club (10.); Eel Pie Island (12.); Ricky Tick Club at the Star & Garter Pub (14.); Studio 51, Ken Colyer Club/Crawdaddy Club at Station Hotel (16.); Ken Colyer Club (17.); Eel Pie Island (19.); Scene Club, London (20.); Ricky Tick Club at the Star & Garter Pub (21.); Wooden Bridge Hotel (22.); Studio 51, Ken Colyer Club (24.); Eel Pie Island (26.); Scene Club (27.); Ricky Tick Club at the Star & Garter Pub (28.); Studio 51, Ken Colyer Club/Crawdaddy Club, Athletic Ground, Richmond (30.).

7
Die Stones bringen ihre erste Single heraus: „Come On"/ „I Wanna Be Loved". Die A-Seite ist ein wenig bekannter Song von Chuck Berry und erreicht Platz 21 in den britischen Charts.

COME ON Berry/I WANT TO BE LOVED Dixon
S-Decca F 11675 (UK)
Veröffentlicht: Juni 1963
Produzent, A-Seite: Andrew Loog Oldham; B-Seite: Impact Sound (Andrew Loog Oldham)

Techniker: Roger Savage
Studio: Olympic Sound London
10. Mai 1963

Juli

Auftritte: Studio 51, Ken Colyer Club (1.); Eel Pie Island (3.); Ricky Tick Club at the Star & Garter Pub (5.); Studio 51, Ken Colyer Club (8.); Eel Pie Island (10.); Scene Club (11.); Design College, Eel Pie Island (12.); Alcove Club, Middlesborough (13.); Studio 51, Ken Colyer Club/Crawdaddy Club, Athletic Ground (14.); Studio 51, Ken Colyer Club (15.); Eel Pie Island (17.); Corn Exchange, Wisbech (20.); Studio 51, Ken Colyer Club/Crawdaddy Club, Athletic Ground (21.); Studio 51, Ken Colyer Club (22.); Eel Pie Island (24.); Ricky Tick Club at the Star & Garter Pub (26.); California Ballroom, Dunstable (27.); Studio 51, Ken Colyer Club/Crawdaddy Club, Athletic Ground (28.); Studio 51, Ken Colyer Club (29.); Ricky Tick Club at Thames Hotel, Windsor (30.); Eel Pie Island (31.).

7
Die Stones nehmen für die Fernsehsendung „Thank Your Lucky Stars" ihre Single „Come On" in neuen, einheitlichen Anzügen auf.

28–1. August
Aufnahmen im Decca-Studio, West Hampstead.

August

Auftritte: Wooden Bridge Hotel (2.); St. Leonards Hall, Horsham (3.); Studio 51, Ken Colyer Club/Cradaddy Club (4.); Botwell House, Hayes (5.); Ricky Tick Club at Thames Hotel (6.); Eel Pie Island (7.); California Ballroom (9.); Plaza Theatre, Handsworth, Birmingham/Plaza Theatre, Oldhill, Birmingham (10.); Third National Jazz Festival, Richmond Athletic Association Grounds, Richmond (11.); Studio 51, Ken Colyer Club (12.); Town Hall, High Wycombe (13.); Eel Pie Island (14.); Dreamland Ballroom, Margate (15.); Winter Gardens, Banbury (16.); Memorial Hall, Northwich (17.); Studio 51, Ken Colyer Club/Crawdaddy Club (18.); Atlanta Ballroom, Woking (19.); Ricky Tick Club at Thames Hotel (20.); Eel Pie Island (21.); Il Rondo Ballroom, Leicester (24.); Studio 51, Ken Colyer Club/Crawdaddy Club (25.); Studio 51, Ken Colyer Club (26.); Ricky Tick Club at Thames Hotel (27.); Eel Pie Island (28.); Oasis Club, Manchester (30.); Royal Lido Ballroom, Prestatyn (31.).

28
Auftritt in der TV-Sendung „Ready Steady Go".

29
Auftritt in der TV-Sendung „Scene At 6:30" in Manchester des Privatsenders Granada.

Unten: Mick demonstriert seine Tanzkünste.

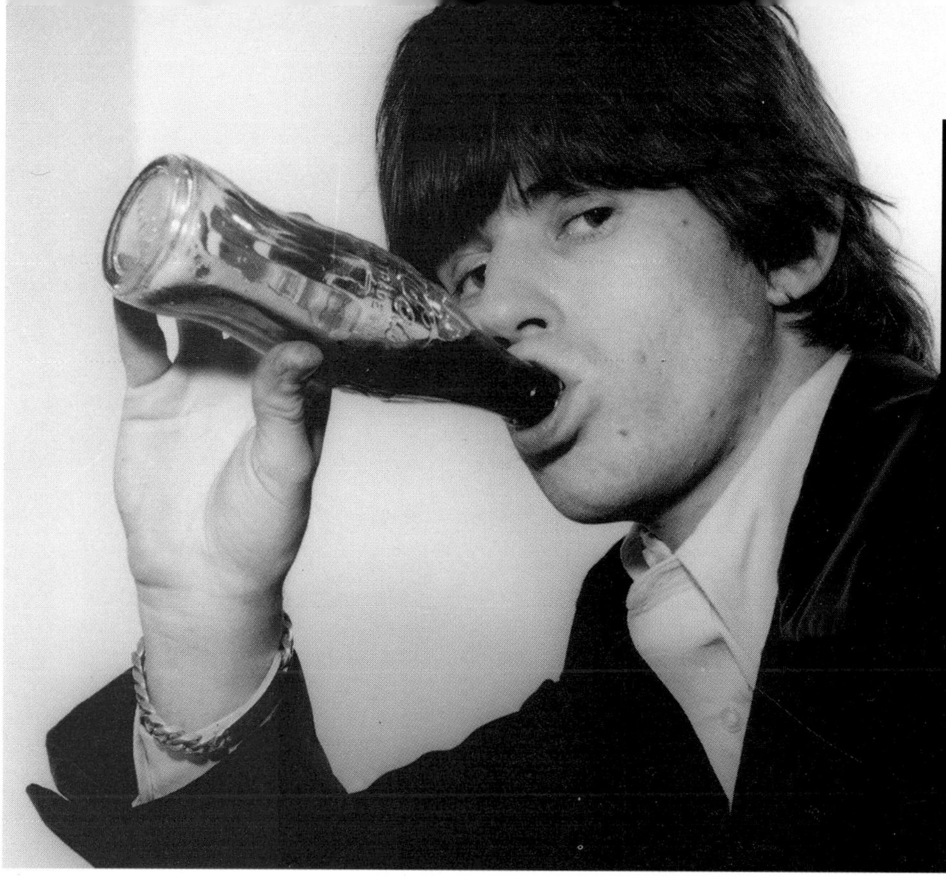

September

Auftritte: Studio 51, Ken Colyer Club/Crawdaddy Club (1.); Studio 51, Ken Colyer Club (2.); Ricky Tick Club at the Thames Hotel (3.); Eel Pie Island (4.); Strand Palace Theatre, Walmer (5.); Grand Hotel Ballroom, Lovestoft (6.); Kings Hall, Aberystwyth (7); Studio 51, Ken Colyer Club (9.); Ricky Tick Club at the Thames Hotel (10.); Eel Pie Island (11.); Cellar Club, Kingston-upon-Thames (12.); California Ballroom (13.); Ritz Ballroom, King's Heath, Birmingham/ Plaza Theatre, Oldhill, Birmingham (14.); Great Pop Prom, Royal Albert Hall, London/Crawdaddy Club (15.); Studio 51, Ken Colyer Club (16.); British Legion Hall, Harrow-on-the-Hill, London (17.); Eel Pie Island (18.); St. John's Hall, Watford (19.); Savoy Ballroom, Southsea (20.); Corn Exchange (21.); Studio 51, Ken Colyer Club/ Crawdaddy Club (22.); Studio 51, Ken Colyer Club (23.); Ricky Tick Club at the Thames Hotel (24.); Eel Pie Island (25.); Floral Hall, Morecambe (27.); Assembly Hall, Walthamstow, London (28.); New Victoria Theatre (29.); Ballroom, Cambridge (30.).

Die Stones sind während des gesamten Monats immer wieder zu Aufnahmen in den Kingsway Studios. Unter anderem nehmen sie den Titel „I Wanna Be Your Man" auf, den John Lennon und Paul McCartney mehr oder weniger zwischen Tür und Angel in einem Club geschrieben haben. 1963 war ein unveröffentlichter Beatles-Song ein sicherer Hit.

POISON IVY Leiber, Stoller/ FORTUNE TELLER A. Toussaint
S-Decca F 11742 (UK)
Veröffentlicht: September 1963
Die Single wurde nicht offiziell vertrieben. Einige Exemplare erreichten jedoch den Handel und sind heute die gesuchtesten Exemplare für Stones-Fans.
Produzent A-Seite: Impact Sound (Michael Barclay); B-Seite: unbekannt
Studio: Decca, London, Anfang August 1963

8
Die Band tritt in der ATV-Sendung „Thank Your Lucky Stars" in Birmingham auf.

14–15
Die Stones nehmen ihre erste EP mit den Songs „You Better Move On", „Money" und „Bye Bye Johnny" in den Kingsway Studios auf. Die Platte kommt Anfang 1965 auf den Markt.

23
Bill, Brian und Charlie unterstützen Bo Diddley bei der BBC-Radiosendung „Saturday Club".

29
Die Band beginnt ihre erste große Tournee in Großbritannien zusammen mit Bo Diddley und den Everly Brothers.

Oktober

Auftritte: The Odeon, Streatham, London (1.); Regal Theatre, Edmonton, London (2.); The Odeon, Southbend (3.); The Odeon, Guildford (4.); The Gaumont, Watford (5.); Capitol Theatre, Cardiff (6.); The Odeon, Cheltenham (8.); The Gaumont, Worcester (9.); The Gaumont, Wolverhampton (10.); The Gaumont, Derby (11.); The Gaumont, Doncaster (12.); The Odeon, Liverpool (13.); Majestic Ballroom, Kingston-upon-Hull (15.); The Odeon, Manchester (16.); The Odeon, Glasgow (17.); The Odeon, Newcastle-upon-Tyne (18.); The Gaumont, Bradford (22.); The Odeon, Nottingham (23.); Theo Odeon, Birmingham (24.); The Gaumont, Taunton (25.); The Gaumont, Bournemouth (26.); The Gaumont, Salisbury (27.); The Gaumont, Southampton (29.); The Odeon, St. Albans (30.); The Odeon, Lewisham, London (31.).

5
Little Richard stattet der Tour einen Besuch in Watford ab.

BBC-Radio sendet das Bo-Didley-Band, bei dem die Stones für die Hintergrundmusik gesorgt haben.

16
Nach ihrem Konzert in Manchester fährt die Band nach Liverpool in den legendären „Cavern". Mick: „Wir waren wirklich fertig und wollten uns einfach nur erholen. Doch sobald die Nachricht über unsere Anwesenheit rund war, wurden wir mit Autogrammwünschen überrannt."

Keith in der Garderobe von „Thank Your Lucky Stars am 8. September 1963.

26
Erster Auftritt in der BBC-Radioshow „Saturday Club“.

November
Auftritte: The Odeon, Rochester (1.); The Gaumont, Ipswich (2.); The Odeon, Hammersmith, London (3.); Top Rank Ballroom, Preston (4.); The Cavern Club, Liverpool (5.); Queen's Hall, Leeds (6.); Club-A-Go-Go, Newcastle-upon-Tyne (8.); Whitley Bay (9.); Town Hall, Crewe (9.); Pavillion Ballroom, Bath (11.); Town Hall, High Wycombe (12.); City Hall, Sheffield (13.); Co-op Ballroom, Nuneaton (15.); Matrix Ballroom, Coventry (16.); State Ballroom, Kilburn, London (19.); Chiswick Polytechnic Dance, Athletic Club, Richmond (20.); McIllroy's Ballroom, Swindon, (21.); Town Hall, Greenwich, London (22.); The Baths, Leyton, London/Chez Don Club, Dalston, London (23.); Studio 51, Ken Colyer Club/Majestic Ballroom, Luton, (24.); Ballroom, Warrington (25.); Ballroom, Altrincham (26.); Ballroom, Wigan/Memorial Hall, Northwich (29.); King's Hall, Stoke-on-Trent (30.).

1
Die Single „I Wanna Be Your Man“/„Stoned“ kommt auf den Markt. Von Platz 30 aus erreicht die Platte in den Charts Platz neun als höchste Plazierung. Die A-Seite ist das Ergebnis eines Treffens mit den Beatles und die Antwort auf die Frage des Stones-Mangers Andrew Oldham, ob die Gruppe nicht einen Song für die Stones übrig hätte.

I WANNA BE YOUR MAN
Lennon, McCartney/STONED
Nanker, Phelge
S-Decca F 11764 (UK)
Veröffentlicht: November 1963
1964 in den USA als London 9641 auf den Markt gebracht, aber ebenso schnell wieder abgezogen.
Produzent: Impact Sound (Eric Easton)
Studio: Kingsway, London, 7. Oktober 1963

N.B. Die ersten Exemplare der Single hatten als Titel für die B-Seite „Stones“.

17
Die Stones nehmen eine Folge der Sendung „Thank Your Lucky Stars“ in Birmingham auf.

22
Teilnahme an der TV-Sendung „Ready Steady Go!“.

23
Aufnahmen für „Thank Your Lucky Stars“.

28
Im „Daily Mirror“ beschreibt Gene Pitney sein erstes Treffen mit den Stones: „Als ich sie zum ersten Mal sah, wußte ich nicht, was ich sagen sollte. Doch dann lernte ich sie kennen. Sie sind wirklich etwas ganz Besonderes.“

Zwei Wochen später bringt Pitney „This Girl Belongs To Yesterday“ heraus, das von Mick und Keith geschrieben und von Andrew Oldham produziert wurde.

Dezember
Auftritte: Oasis Club, Manchester (1.); Assembly Rooms, Tamworth (2.); Floral Hall, Southport (3.); The Baths, Doncaster (4.); The Theatre, Worcester (5.); The Odeon, Rumford (6.); Fairfield Hall, Croydon (7.); Olympia Ballroom, Reading/The Gaumont, Watford (8.); Bradford Arts Ball, King and Queen Hall, Bradford (11.); Locarno Ballroom, Liverpool (12.); Ballroom, Hertford, (13.); The Baths, Epsom (14.); Civic Hall, Guildford (15.); Town Hall, Wycombe (17.); The Corn Exchange, Bristol (18); The Lido Ballroom, Winchester (20.); Kayser Bondor Ballroom, Baldock (21.); St. Mary's Hall, Putney, London (24.); Selby's Restaurant, London (26.); Town Hall, Reading (27.); Club Noreik, Tottenham, London (28.); Studio 51, Ken Colyer Club (30.); Drill Hall, Lincoln (31.).

19
Aufnahmen für die Pilotsendung einer BBC-Serie, die nie ausgestrahlt wird.

27
Teilnahme an der Sendung „Ready Steady Go!“ in London.

1964

Januar
Auftritte: Glenlyn Ballroom, Forest Hill, London (3.); Town Hall, Oxford (4.); Olympia Ballroom, Reading (5.); Granada Theatre, Harrow-on-the-Hill, London (6.); The Adelphi Theatre, Slough (7.); The Granada Theatre, Maidstone (8.); Granada Theatre, Kettering (9.); Granada Theatre, Walthamstow (10.); The Baths, Epson (11.); Granada Theatre, Tooting, London (12.); Barrowlands Ballroom, Glasgow (13.); Granada Theatre, Mansfield (14.); Granada Theatre, Bedford (15.); McIllroy's Ballroom, Swindon (17.); City Hall, Salisbury (17.); Pier Ballroom, Hastings (18.); The Theatre, Coventry (19.) Granada Theatre, Woolwich, London (20.); Granada Theatre, Aylesbury (21.); Granada Theatre, Shrewsbury (22.); The Pavilion, Lowestoft (23.); The Palais, Wimbledon (24.); California Ballroom, Dunstable (25.); De Montfort Hall, Leicester (26.); Colston Hall, Bristol (27.); Public Hall, Preston (31.).

Zwischen Januar und Februar nehmen die Stones im Regent Sound Studio ihr erstes Album auf. Phil Spector, Gene Pitney, Graham Nash und Alan Clarke

sind bei einigen Aufnahmen mit von der Partie. Keith erinnert sich: „Unsere ersten Aufnahmen enstanden auf einer zweispurigen Revox-Maschine. Regent Sound war ein kleines Demo-Studio in der Denmark Street in Soho. Wir dachten ‚aha, so sieht also ein Studio aus'. Es war nicht mehr als ein kleines Hinterzimmer mit Eierkartons an den Wänden. Unter diesen primitiven Bedingungen war wirklich nicht mehr als der Sound unseres ersten Albums zu erwarten."

READY, STEADY, GO!
A-Decca LK 4577 (UK)
Veröffentlicht: Januar 1964

Titel der Stones-Songs: „Come On" (Berry), „I Wanna Be Your Man" (Lennon, McCartney). Beide Titel waren bereits auf einer Single veröffentlicht worden.

Weitere Künstler auf den Album: The Big Three: I'm With You; The Chucks: The Hitchhiker; Bern Elliott: Money; Jet Harris & Tony Meehan: Applejack; Heinz: Country Boy; Peter Jay & The Jaywalkers: Kansas City; Kathy Kirby: Secret Love; Peter MacLaine: Yes I Do; The Mojos: Forever; Brian Poole: Twist and Shout; The Rockin Berrys: Itty Bitty Pieces; The Tornados: Dragonfly.

SATURDAY CLUB
Sammelalbum
A-Decca LK 4583 (UK)
Veröffentlicht: Januar 1964
Titel der Stones-Songs: Poison Ivy (Leiber, Stoller)/Fortune Teller (Neville)
Aufnahme: Sommer 1963
Beide Songs sollten ursprünglich im September 1963 veröffentlicht werden (Decca F 11742), wurden aber nicht auf den Markt gebracht. Decca-Produzent M. Barclay leitete die Aufnahme.

Andere Künstler auf dem Album: Dave Berry: Memphis, Tennessee; The Chimes: Say It Again; Karl Denver: I Forgot What I Was Like; Lorne Gibson Trio: Go Easy On My Heart; Jet Harris and Tony Meehan: Applejack; Ted Heath Music: Saturday Club; Kathy Kirby: Bye Bye Birdie; Dance On; The Marauders: Greenback Dollar; Brian Poole: Do You Love Me; Twenty Miles; Doug Sheldon: Mickey's Monkey; The Tornados: Telstar; The Vernon Girls: Do You Know What I Mean?

N.B. Dies ist eine andere Aufnahme als die, die auf der EP „The Rolling Stones" veröffentlicht worden war.

1
Die Stones nehmen eine Session für die BBC-TV-Sendung „Top Of The Pops" auf, die am nächsten Tag ausgestrahlt wird.

6
Beginn der zweiten Großbritannien-Tournee (bis zum 27.). Mit dabei sind The Ronettes, Marty Wilde, Dave Berry and The Cruisers, The Swinging Blue Jeans, Ale Paige und The Cheynes.

7
Cyril Davies erliegt einem Leukämie-Leiden.

10
„To Know Him Is To Love Him" (Spector)/„There Are But Five Rolling Stones" (Leander, Oldham) kommt heraus. Die komplette Band spielt auf der A-Seite der von Andrew Oldham produzierten Platte.

17
Die EP „The Rolling Stones" wird von Decca veröffentlicht: „Bye Bye Johnny"/„Money"/„You Better Move On"/„Poison Ivy". Von Platz 28 klettert die Platte auf 15 in den britischen Charts.

THE ROLLING STONES
EP Decca DFE 8560 (UK)
Veröffentlicht: Januar 1964
Produzent: Impact Sound (Eric Easton)
Aufnahme: November 1963

A-Seite: „Bye Bye Johnny" (Berry)/„Money" (Gordy Jr., Bradford).

B-Seite: „You Better Move On" (Alexander)/„Poison Ivy" (Leiber, Stoller).

N.B. Das vierte Stück ist eine neue Version von der zurückgezogenen Single. Die ursprüngliche Version erschien auf dem Sammelalbum „Saturday Club".

24
Die Stones nehmen an der BBC-TV-Sendung „Go Man Go" teil.

29
Aufnahmen für „Top Of The Pops" in Manchester, die am folgenden Tag gesendet werden.

30
Aufnahmen bei der BBC für die TV-Sendung „Town and Around", die im Herbst gesendet wird.

Februar

Auftritte: Valentine Cherry Pop Show, Royal Albert Hall, London (1.); The Country Club, Hampstead, London (2.); Ballroom, Willenhall (5.); The Regal, Edmonton, London/„All Night Rave" at Club Noreik, Tottenham, London (8.); De Montfort Hall, Leicester (9.); The Odeon, Cheltenham (10.); Granada Theatre, Rugby (11.); The Odeon, Guildford (12.) Granada Theatre, Kingston-upon-Thames (13.); The Gaumont, Watford (14.); The Odeon, Rochester (15.); The Guildhall, Portsmouth (16.); Granada Theatre, Greenford (17.); Rank Cinema, Colchester (18.); Rank, Stockton-on-Tees (19.); Rank, Sunderland (20.); The Gaumont, Hanley (21); The Winter Gardens, Bournemouth (22.); The Hippodrome, Birmingham (23.); The Odeon, Southend (24.); The Odeon, Romford (25.); The Rialto, York (26.); City Hall, Sheffield (27.); Sophia Gardens, Cardiff (28.); The Hippodrome, Brighton (29.)

„365 Rolling Stones (One For Each Day Of the Year)" (Oldham, Leander)/„Oh I Like To See Me On The B Side" (Oldham, Watts, Wyman) des Andrew Loog Oldham Orchesters kommt auf den Markt (Decca). Charlie und Bill sind für die Rhythmus-Abteilung zuständig.

3
Aufnahmen für die BBC-Radiosendung „Saturday Club".

7
Aufnahmen für die ATV-Sendung „Arthur Haynes Show" in den Elstree Studios.

Die Stones in „Saturday Club".

Dritte Tour durch Großbritannien (bis 7. März) zusammen mit: John Leyton, Mike Berry, Jet Harris, The Innocents, Don Spencer, Billie Davies, The LeRoys und Billy Doyle.

14
Teilnahme an der TV-Sendung „Ready, Steady Go!" in London.

18
Das am 8. Februar aufgenommene Band wird in der BBC-Radiosendung „Saturday Club" gesendet. Teilnahme an der BBC-Radiosendung „Pop Inn".

21
„Not Fade Away"/„Little By Little" wird von Decca auf den Markt gebracht. Höchste Plazierung in den Charts: Platz drei.

NOT FADE AWAY Petty, Hardin/LITLLE BY LITTLE Nanker, Phelge, Spector
S-Decca F 11845 (UK)
Veröffentlicht: Februar 1964
Produzent: A-Seite: Andrew Loog Oldham. B-Seite: Impact Sound (Andrew Loog Oldham)
Studio: Regent Sound, London, Februar 1964

N.B. Phil Spector spielt Maracas. Ebenfalls mit dabei waren Gene Pitney, den Andrew Oldham eingeladen hatte und der das Klavier auf „Little By Little" spielt, sowie Allan Clarke und Graham Nash von den Hollies.

22
Aufnahme für die BBC-TV-Sendung „Top Of The Pops" in Weymouth.

23
Aufnahme für „Thank Your Lucky Stars" in Manchester. Das Stück wird am 29. ausgestrahlt.

März

Auftritte: Empire Theatre, Liverpool (1.); Albert Hall, Nottingham (2.); Opera House, Blackpool (3.); The Gaumont, Bradford (4.); The Odeon, Blackburn (5.); The Gaumont, Wolverhampton (6.); The Winter Gardens, Morecambe (7.); Invicta Ballroom, Chatham (15.); Assembly Hall, Turnbridge Wells (17.); City Hall, Salisbury (18.); Whitehall, East Grinstead (21.); The Pavilion, Ryde, Isle-of-Wight (22.); Guildhall, Southampton (23.); Town Hall, Birmingham (25.); Town Hall, Kidderminster (26.); Ex-Servicemen's Club, Windsor (27.); Wilton Hall, Bletchley/Club Noreik, Tottenham, London (28.); Ricky Tick Club, Plaza Ballroom, Guildford/Olympia Ballroom, Reading (30.); West Cliff Hall, Ramsgate (31.).

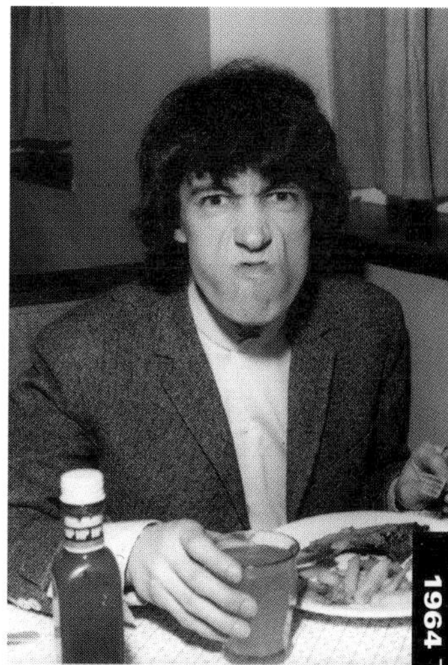

„Not Fade Away/„I Wanna Be Your Man" wird in den USA veröffentlicht und steigt von Platz 98 auf Platz 48 in den Charts.

NOT FADE AWAY Petty, Hardin/I WANNA BE YOUR MAN Lennon, McCartney
S-London 9567 (USA)
Veröffentlicht: März 1964
Produzent: A-Seite. Andrew Loog Oldham; B-Seite: Impact Sound (Eric Easton)
Studio: A-Seite: Regent Sound, London, Februar 1964/B-Seite: Kingsway Studios, London, 7. Oktober 1963.

4
Aufnahmen für „Top Of The Pops" in Manchester (BBC) und „Scene At 6:30" (Granada TV).

5
BBC sendet „Top Of The Pops".

Oben: Bill in der BBC-Kantine. Unten: Keith stimmt seine zwölfsaitige Gitarre.

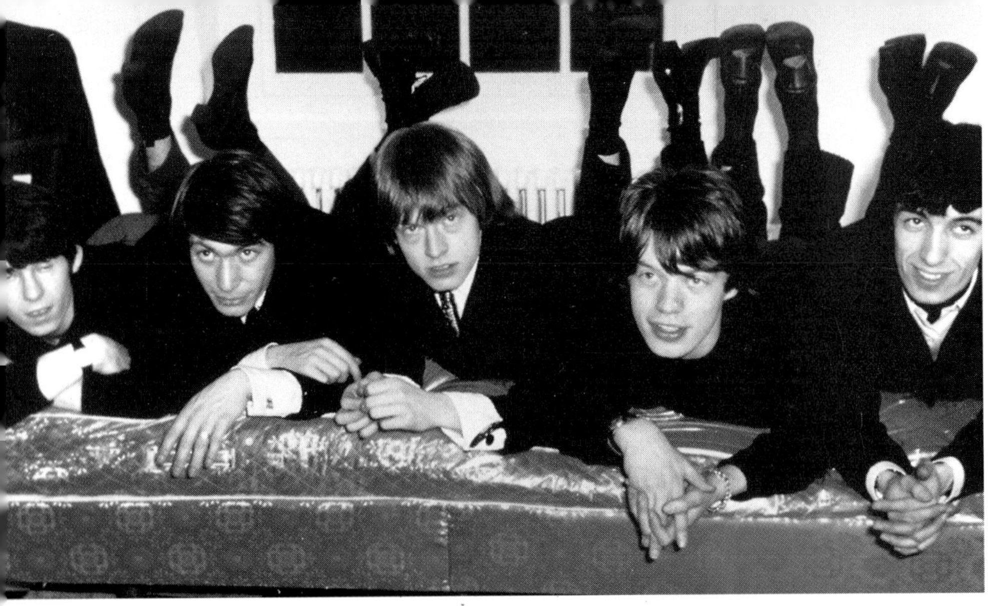

13
Die Rolling Stones, Georgie Fame & The Blue Flames sowie Long John Baldry nehmen „Blues in Rhythm“ für BBC-Radio auf. Sendetermin ist der 9. Mai.

18
Radio Luxemburg nimmt einige Stones-Songs für die Sendung „Nestlé's Top Swinging Groups“ auf.

19
Aufnahmen für die erste BBC-Stereosendung in London.

April

Auftritte: Locarno Ballroom, Stevenage (1.); The Palais, Wimbledon (3.); Leas Cliff Hall, Folkstone (4.); The Gaumont, Ipswich (5.); Royal Hotel Ballroom, Lowestoft (6.); Mod Ball, Empire Pool, Wembley (8.); McIlroys Ballroom, Swindon (9.); The Baths, Leyton, London (10.); Pier Ballroom, Hastings (11.); Fairfield Hall, Croydon (12.); Cubi-Club, Rochdale (16.); Locarno Ballroom, Coventry (18.); Carlton Ballroom, Slough (22.); The Gaumont, Norwich (24.); The Odeon, Luton (25.); New Musical Express Poll Winners Concert, Empire Pool (nachmittags)/Empire Pool Wembley (abends) (26.); Pop Prom, Royal Albert Hall, London (27.); Public Hall, Wallington (28.); Majestic Ballroom, Birkenhead (30.).

3
Teilnahme an der TV-Sendung „Ready Steady Go!“ in London.

8
Zusammen mit Billy J. Cramer treten die Rolling Stones beim „Mad Mod Ball“ im Wembley Empire Pool vor 8000 Fans auf. Die Polizei nimmt 30 Randalierer fest. Das Konzert wird für „Ready Steady Go!“ aufgenommen.

BBC-TV wiederholt in „Top Of The Pops“ die am 22. Februar aufgenommenen Szenen.

10
Die Stones nehmen an der BBC-Radiosendung „Joe Loss Show“ teil.

13
Aufnahmen für die BBC-Radiosendung „Saturday Club“.

16
„The Rolling Stones“, das erste Album der Band, wird veröffentlicht und erreicht innerhalb von acht Tagen den ersten Platz in den Charts, wo es elf Wochen lang bleibt. Der Auftritt im Cubi-Club in Rochdale muß abgebrochen werden, nachdem das Publikum randaliert.

17
Radio Luxemburg überträgt „Nestlé's Top Swinging Groups“.

18
Aufnahmen für die BBC-Radiosendung „Saturday Club“.

20–21
Teilnahme am jährlichen TV-Wettbewerb um die „Goldene Rose von Montreux“ in der Schweiz.

Teilnahme an „Ready Steady Go!“ in Montreux.

24
Radio Luxemburg strahlt „Nestlé's Top Swinging Groups“ aus.

26
Die Stones nehmen am New Musical Express Poll Winners Concert (Empire Pool, Wembley) teil. Weitere Gruppen sind die Beatles und Dave Clark Five. Zwei 90minütige Aufnahmen werden am 3. und 10. Mai von ABC gesendet. WINS-Radio in New York überträgt das Konzert ebenfalls in den USA.

THE ROLLING STONES
A-Decca LK 4605 (UK)
Veröffentlicht: April 1964
Produzent: Impact Sound (Andrew Loog Oldham und Eric Easton)
Studio: Regent Sound, London
Auf einem zweispurigen Revox-Gerät im Februar 1964 aufgenommen.

A Seite: 1. Route 66 (Troup), 2. Just Want To Make Love To You (Dixon), 3. Honest I Do (Reed), 4. I Need You Baby (McDaniels), 5. Now I've Got A Witness (Like Uncle Phil and Uncle Gene) (Phelge), 6. Little By Little (Phelge, Spector)

B-Seite: 7. I'm A King Bee (Moore), 8. Carol (Berry), 9. Tell Me (You're Coming Back) (Jagger, Richard), 10. Can I Get A Witness (E & B Holland, Dozier), 11. You Can Make It If You Try (Jarrett), 12. Walking The Dog (Thomas).

N.B. Ian Stewart spielt Klavier auf den Titeln 9 und 10 sowie Orgel auf den Titeln 5 und 11. Phil Spector spielt Maracas auf dem Titel 6. Gene Pitney spielt Klavier auf Titel 6.

27
Aufnahmen für die BBC-TV-Sendung „Top Beat Prom“, die im Mai ausgestrahlt wird.

29
Aufnahmen für die BBC-Sendung „Top Of The Pops“, die am folgenden Tag gesendet wird.

MAI

Auftritte: Imperial Ballroom, Nelson (1.); Spa Royal Hall, Bridlington (2.); Palace Theatre, Manchester (3.); Savoy Ballroom, Southsea (7.); Town Hall, Hove (8.); Savoy Ballroom, Catford, London (9.); Colston Hall, Bristol (10.); Winter Gardens, Bournemouth (11.); City Hall, Newcastle-upon-Tyne (13.); Trentham Gardens, Stoke-on-Trent (15.), The Regal, Edmonton, London (16.); The Odeon, Folkestone (17.); Chantingall Hotel, Hamilton (18.); Capitol Theatre, Aberdeen (19.); Caird Hall, Dundee (20.); The Regal, Edinburgh (21.); University of Leicester (23.); The Theatre, Coventry (24.); Granada Theatre, East Ham, London (25.); Town Hall, Birmingham (26.); Danilo Theatre, Cannock (27.); Essoldo Theatre, Stockport (28.), City Hall, Sheffield (29.); Adelphi Theatre, Slough (30.); Pop Hit Parade, Empire Pool, Wembley (nachmittags)/ Empire Pool, Wembley (abends) (31.).

„England's Newest Hit Makers" kommt in den USA auf den Markt und erreicht Platz elf in den Album-Charts.

ENGLAND'S NEWEST HITMAKERS
A-London PS 375 (USA)
Veröffentlicht: Mai 1964
Produzent: Impact Sound (Andrew Loog Oldham und Eric Easton)
Studio: Regent Sound, London
Aufgenommen auf einem zweispurigen Revox-Gerät im Februar 1964.
Die Zusammenstellung entspricht der englischen Auflage. Nur „I Need You Baby" wurde durch „Not Fade Away" ersetzt.

1
Radio Luxemburg sendet „Nestlé's Top Swinging Groups".

3
ABC-TV überträgt den Stones-Auftritt beim NME Poll Winners Concert.

4
Teilnahme an der TV-Sendung „Scene At 6:30" in Manchester (Granada TV).

6
Aufnahme für die Sendung „Two Go Round" in Southampton, die später von Southern TV ausgestrahlt wird.

8
Letzte Ausstrahlung des Stones-Materials bei „Nestlé's Top Swinging Groups" von Radio Luxemburg.

9
„Blues in Rhythm", eine Versuchssendung in Stereo, wird von BBC-Radio ausgestrahlt. Die Sendung wurde am 13. März aufgenommen.

10
Den Stones wird der Zutritt zu einem Hotel in Bristol verwehrt, weil sie keine Krawatten tragen.

19
Die Polizei muß eingreifen, als sich 4000 Fans (die meisten mit gefälschten Eintrittskarten) in ein Stones-Konzert in Aberdeen hineindrängen wollen. Viele der Abgewiesenen randalieren.

FOURTEEN
Sammelalbum
A-Decca LK 4695 (UK)
Veröffentlicht: Mai 1964

Titel des Stones-Songs: „Surprise Surprise" (Jagger, Richard); der Titel stammt vermutlich von einem früheren Demoband. Der Titel erscheint auch auf dem dritten US-Album „The Rolling Stones Now".

Die anderen Künstler auf dem Album: The Applejacks: Baby's in Black; The Bacheors: Maureen; Dave Berry: He' With You; Bern Elliott: Forget Her; Billy Fury: The Diamond Ring; The Johnny Howard Band: Tomboy; Tom Jones: Kiss, Kiss; Kathy Kirby: Soon I'll Wed My Love; Mike Leander Orchestra: Sandstorm; Lulu and The Luvvers: Just One Look; Them: Little Girl; Unit Four Plus Two: Women From Liberia; The Zombies: Nothing Changed.

N.B. Die Gewinne des Albums gingen an die „The Lords Taverners National Playing Fields Association".

24
Aufnahmen für ABC-TV „Thank Your Lucky Stars" in Birmingham.

25
Aufnahmen für „Saturday Club" in London (BBC-Radio).

27
Aufnahmen im Regent Sound Studio.

29
Der „Daily Mirror" berichtet: „Sie gelten als die häßlichste Band Großbritanniens. Sie haben nicht gerade einen guten Ruf bei Eltern und Erwachsenen und sind bestimmt nicht die Kandidaten, die man sich als Schwiegersohn wünscht. Dennoch sind sie bei ungeheuer vielen jungen Menschen beliebt: diese an Shetland-Ponies erinnernden Kerle, die sich Rolling Stones nennen. 110 000 Menschen gaben knapp 200 000 Pfund aus, um das erste Album der Gruppe, das einfach nur ‚The Rolling Stones' heißt, zu kaufen. Der 20jährige Mick Jagger: ‚Ich habe noch nie gerne einen Anzug getragen. Vielleicht ändert sich das, wenn ich 25 Jahre alt bin.'"

30
ABC-TV strahlt „Thank Your Lucky Stars" aus.

JUNI

Auftritte: Swing Auditorium, San Bernadino, California (5.); Teen Fair, San Antonio, Texas (6.–7.); Ballroom, Excelsior Fair, Minneapolis, Minnesota (12.); Music Hall, Omaha, Nebraska (13.) Olympia Stadium, Detroit, Michigan (14.); Commemorative Ball, Magdalen College, Oxford (16.); Westview Park, Pittsburgh, Pennsylvania (17.); State Farm Arena, Harrisburg, Pennsylvania (19.); Carnegie Hall, New York (20.); „Welcome Home Stones", Alexandra Palace, London (26.).

„Tell me" Jagger, Richard/ „I Just Want To Make Love To You" Dixon
S-London 9682 (USA)
Veröffentlicht: Juni 1964
Produzent: Impact Sound (Andrew Loog Oldham und Eric Easton)
Studio: Regent Sound, London
Februar 1964

N.B. Auskoppelung aus dem ersten Album

1
Die Stones starten zu ihrer ersten Tournee in die USA. Mehr als 500 Fans warten auf sie am Kennedy-Airport in New York. An der Tournee nehmen Bobby Vee, The Chiffons, Bobby Goldsboro und Bobby Comstock teil.

In New York wagt die Band sich nicht auf die Straße. Dort warten mit Scheren bewaffnete Fans, die ein Stück ihrer Locken abschneiden wollen.

Die Stones geben mehrere Interviews für Fenseh- und Radiosender, die am gleichen Tag in den USA übertragen werden. Unter anderem nehmen sie auch an der Radioshow „Murray the K's Swinging Soirée" von WINS Radio in New York teil.

Oben: Manfred Mann erwarten bei „Ready Steady Go!" das Ende des Stones-Auftritts. Unten: Mick mit der Sängerin Twinkle von der Band Terry.

2
Auftritt in der Talkshow von Les Crane. Der fragt Keith: „Das ist ihr erster Auftritt im amerikanischen Fernsehen?“ Keith: „Yeah.“ Les Crane: „Ist das nicht aufregend?“ Keith: „Yeah, es haut mich um.“ (Die Kameramänner brechen in Lachen aus.)

3
Aufnahmen für die „Hollywood Palace Show“ (ABC). Der betrunkene Gastgeber Dean Martin begrüßt sie auf seine Art und Weise: „Ihr Haar ist nicht zu lang. Es liegt nur an der kurzen Stirn und den buschigen Augenbrauen.“ Über einen bei der Show auftretenden Trampolinspringer meint Martin: „Er ist der Vater der Rolling Stones und versucht, sich seitdem ständig umzubringen.“

6
„Tell Me“/„I Just Want To Make Love To You“ wird in den USA veröffentlicht und klettert bis auf Platz 24 in den Charts.

7
Interview bei einem Radiosender in San Antonio, Texas.

10
Interview während der Jack Eigen Show bei WMAQ-Radio in Chicago.

10–11
Aufnahmen in den Chess-Studios in Chicago mit Ron Malo am Mischpult. Muddy Waters und Willie Dixon begrüßen sie, auch Chuck Berry schaut vorbei. Unter den Aufnahmen ist die nächste Single „It's All Over Now“ und Material für die EP „Five By Five“.

Keith: „In jenen Tagen, als wir in Chicago oder Los Angeles Titel aufnahmen, gingen wir regelmäßig in den nächsten Plattenladen und kauften alle möglichen Soul-Singles, legten sie sofort auf den Plattenspieler und lernten sie. Zeugs wie ‚Oh Baby (We Got A Good Thing Going)‘ und Songs von Otis. Und dann haben wir sie so schnell wie möglich aufgenommen.“

Aufnahmen für eine TV-Sendung in Chicago, die einige Tage später ausgestrahlt wird.

11
Polizisten brechen in Chicago eine Pressekonferenz ab, die in der Mitte der South Michigan Avenue vor den Chess-Studios stattfindet. Der „Daily Telegraph“: „Kreischende Fans um die fünf britischen Musiker hätten den Verkehr beinahe zum Stillstand gebracht. Ein Polizist brüllte wütend: ‚Entweder Ihr haut ab, oder wir lochen Euch alle ein.‘“ Die Pressekonferenz wird auf dem Bürgersteig fortgesetzt.

Das Ereignis wird in den TV-Nachrichten gesendet und die Stones werden noch einmal interviewt.

12
Interview bei einem Radiosender in Minneapolis.

13
„Hollywood Palace TV“ wird gesendet.

TV-Interview in Omaha, Nebraska.

14
Radio-Interview in Detroit

16
Ein Jahr zuvor kassierten die damals noch ziemlich unbekannten Stones 100 Pfund, um beim Oxford Commem aufzutreten. In diesem Jahr fliegen sie extra für diesen Auftritt aus den USA ein. Kosten für Hin- und Rückflug am nächsten Tag: 1500 Pfund.

17
Radio-Interview in Pittsburgh.

18
Radio- und TV-Interview in Cleveland, Ohio. Sie treten auch bei der „Mike Douglas Show“ des Radiosenders WHK in Cleveland auf.

19
TV-und Radio-Interviews in Harrisburg, Pennsylvania.

20
Auftritt bei der WPIX-TV-Show von Clay Cole in New York.

23
Fans randalieren bei der Rückkehr der Stones nach London.

Bereits am Flughafen wird die Band für die TV-Nachrichten interviewt.

24
Die Stones werden von „Record Mirror“ als beste britische Vocal Group ausgezeichnet. Mick Jagger erhält die Auszeichnung als beliebtestes Gruppenmitglied. Die Trophäen werden im Savoy Hotel, London, überreicht.

26
„It's All Over Now“/„Good Times, Bad Times“ wird veröffentlicht. Von Platz Sieben klettert die Single auf Platz Eins der Charts. Mick Jagger: „Es ist mir völlig egal, ob unsere neue Platte den ersten Platz erreicht oder nicht. Was soll das Ganze? It's All Over Now steht an der Spitze, das ist großartig. Niemand von uns hat sich darüber besonders aufgeregt.“

Teilnahme an „Ready Steady Go!“

IT'S ALL OVER NOW B&S Womack/GOOD TIMES, BAD TIMES Jagger, Richard
S-Decca F 11934 (UK)
Veröffentlicht: Juni 1964
Veröffentlicht in den USA als London 9687
Produzent: Impact Sound (Andrew Loog Oldham)
Studio: Chess, Chicago, 10. Juni 1964

N.B. Beide Titel erscheinen auf dem US-Album „12 × 12“ in überarbeiteter Form.

27
Aufnahmen für die BBC-TV-Shows „Juke Box Jury“ und „Top Of The Pops“ in London.

JULI

Auftritte: Spa Royal Hall, Bridlington (11.); Queen's Hall, Leeds (12.); Beat City Club, London (18.); Hippodrome. Brighton (19.); Empress Ballroom, Blackpool (24.); Imperial Ballroom, Nelson (25.); De Montfort Hall, Leicester (26.) Boom Boom Room, Ulster Hall, Belfast/Flamingo Ballroom, Ballymena (31.).

„It's All Over Now“/„Good Times, Bad Times“ wird in den USA veröffentlicht und erreicht als beste Plazierung Platz 26 in den Charts.

Oben: 1965 im Hyde Park. Mitte: bei der Sendung „Juke Box Jury“ am 27. Juni 1964. Unten: auf einer Party mit Andrew Loog Oldham und Gene Pitney im Jahr 1964.

1
„Top Of The Pops" wird ausgestrahlt.

4
„Juke Box Jury" wird gesendet.

6
Brian wird für die TV-Sendung „Ready Steady Win" in London interviewt.

8
Brian Jones, Keith Richard und Bill Wyman nehmen an der Premiere des Beatles-Films „A Hard Day's Night" und der anschließenden Feier teil.

12
Eine Sendung über die Rolling Stones mit dem Titel „This Is Their Life" wird von Radio Luxemburg gesendet.

15
Aufnahmen für „Top Of The Pops" in Manchester.

16
Ausstrahlung der Sendung. Aufnahmen für die Sendung „Teen And Twenty Disc Club" in London (Radio Luxemburg).

17
Auftritt in der „Joe Loss Pop Show" in BBC-Radio. Am selben Tag nehmen sie eine Session für das BBC-Radioprogamm „Top Gear" auf, die am 23. ausgestrahlt wird.

24
Die Stones müssen in Blackpool die Bühne fluchtartig verlassen, nachdem Keith einen Störer schlägt, der zuvor auf Brian Jones gespuckt hat. Bei der Randale werden 30 Fans und zwei Polizisten verletzt. Der Schaden wird auf 4000 Pfund geschätzt. Vier Fans müssen sich vor Gericht verantworten. Mick Jagger: „Einige Leute im Publikum konnten uns offensichtlich nicht leiden. Wir hatten einfach die Nase voll."

26
Bill, Keith und Charlie sehen in London den Film „The Man They Call Genius" und erscheinen in dem Film, der über die Vorstellung gemacht und am 26. August ausgestrahlt wird.

31
Das Konzert der Stones in Belfast wird nach zwölf Minuten abgebrochen, weil eine Massenhysterie ausbricht. Mädchen werden in Zwangsjacken abgeführt.

Teilnahme an der BBC-TV-Sendung „Six Ten" in Belfast.

August
Auftritte: Pier Ballroom, Hastings (1.); Longleat House, Warminster, (2.); Kurhaus, Scheveningen, Niederlande (8), New Elizabethan Ballroom, Bellevue, Manchester (9); The Tower Ballroom, New Brighton (10.); Palace Ballroom, Douglas, Isle of Man (13.); The Palais, Wimbledon (14.); St. George's Hall, New Theatre Ballroom, Guernsey (18.–20.) Springfield Hall, St. Helier, Jersey (21.–22.) The Gaumont, Bournemouth (23.); The Gaumont, Weymouth (24.); The Odeon, Weston-super-Mare (25.); ABC Theatre, Exeter (26.); ABC Theatre, Plymouth (27.); The Gaumont, Taunton (28.); Town Hall, Torquay (29.); The Gaumont, Bournemouth (30.).

2
Bühne für das dritte Pop-Konzert in Longleat House ist die imposante Freitreppe vor dem Haupteingang. Beim Auftritt der Stones drücken die Fans das vorne stehende Publikum gegen die Absperrungen. Mehr als 200 Fans fallen in Ohnmacht. Der Marquis von Bath zog ein Resümee: „Ein netter Tag. Wenig Einlieferungen ins Krankenhaus. Die Fans waren entzückend."

Die Band gibt ein TV-Interview in Longleat House.

5
Aufnahme für die amerikanische TV-Sendung „Red Skelton Hour".

7
Auftritt bei „Ready Steady Go!"

8
Zwei Mädchen werden beim Konzert in Den Haag die Kleider vom Körper gerissen. Fans, die keinen Platz mehr bekommen, richten einen Schaden in Höhe von 1000 Pfund an. Zwei Interviews für das holländische Fernsehen. Übertragung von „Thank Your Lucky Stars".

10
Mick Jagger wird in Liverpool zu einer Geldstrafe von 32 Pfund wegen Fahrens ohne Versicherung und Führerschein sowie Geschwindigkeitsüberschreitung verurteilt.

13
Fernseh- und Radio-Interviews auf der Isle of Man.

14
Die EP „Five By Five" wird von Decca veröffentlicht. „If You Need Me" / „Empty Heart" / „2120 South Michigan Avenue" / „Confessin' The Blues" / „Around And Around". Von Platz 13 klettert die Platte auf den siebten Platz in den Charts.

FIVE BY FIVE
EP-Decca DFE8590 (UK)
Veröffentlicht: August 1964
Produzent: Impact Sound (Andrew Loog Oldham)
Technik: Ron Malo
Studio: Chess, Chicago, 11.6.1964
A-Seite: „If You Need Me" (Pickett, Bateman, Sanders); „Empty Heart" (Nanker, Phelge); „2120 South Michigan Avenue" (Nanker, Phelge)
B-Seite: „Confessin' The Blues" (Brown McShann); „Around And Around" (Berry).

15
Mick und Keith sind Gäste bei einer Party von Brian Epstein in London.

Oben: Auf dem Weg nach Paris. Gegenüberliegende Seite: Eingetroffen.

A la Belle Epoque

THE ROLLING STONES
20 OCTOBRE 1964
DISQUES DECCA
musicorama
olympia
MAISON
DE SUÈDE
NORDISK
VOYAGES
BUREAUX
OUVERTS

ADELSHOFF
BIÈRE D'ALSACE

20
TV-Interview in Guernsey, Kanalinseln.

24
TV-Interview in Dorchester.

25
Auftritt bei „Here Today", einer TV-Show in Weston-super-Mare.

September

Auftritte: Astoria Theatre, Finsbury Park, London (5.); The Odeon, Leicester (6.); The Odeon, Colchester (8.); The Odeon, Luton (9.); The Odeon, Cheltenham (10.); Capitol Theatre, Cardiff (11.); The Odeon, Sheffield (12.); ABC Theatre, Chester (14.); The Odeon, Manchester (15.); ABC Theatre, Wigan (16.); ABC Theatre Carlisle (17.); The Odeon, Newcastle-upon-Tyne (18.); Usher Hall, Edinburgh (19.); The Globe Theatre, Stockton-on-Tees (20.); ABC Theatre, Hull (21.); ABC Theatre, Lincoln (22.); The Gaumont, Doncaster (24.); The Gaumont, Hanley (25.); The Odeon, Bradford (26.); Hippodrome, Birmingham (27.); The Odeon Guildford (29.)

TIME IS ON MY SIDE Norman/CONGRATULATIONS Jagger, Richard S-London 9708
Veröffentlicht: September 1964
Produzent: Andrew Loog Oldham
Technik: Ron Malo
Studio: Chess, Chicago

N.B. Beide Stücke stammen aus dem US-Album „12×5". Die A-Seite erscheint später auf dem zweiten UK-Album „Rolling Stones No. 2", die B-Seite auf dem Decca-Sammelalbum „No Stone Unturned".

2
Die „Red Skelton Hour" wird für das amerikanische Publikum aufgenommen. 40 Stones-Fans dürfen als Statisten mitspielen.

5
Neue Tour durch Großbritannien. Mit von der Partie sind Inez and Charlie Foxx, Mike Berry, The Mojos, Simon Scott, The LeRoys und Billie Davis.

16
Andrew Loog Oldham, 20, heiratet Sheila Klein, 18, in Glasgow.

17
TV-Interview in Carlisle.

19
Wegen der Begeisterung ihrer Fans müssen die Stones nach einem Konzert in Edinburgh in einem gepanzerten Geldtransporter die Halle verlassen.

20
Vom Konzert in Hull dreht ABC-Pathé einen zwölfminütigen Film.

21
Obwohl Rugbyspieler als lebende Barriere die Stones vor den Fans schützen sollen, schafft es ein Mädchen, auf die Bühne zu kommen und bringt Mick Jagger zu Fall. Beim Versuch aufzustehen, fällt er drei Meter tief in den Orchestergraben.

22
Fünf Millionen Fans sehen die „Red Skelton Show" in den USA.

25
„Time Is On My Side"/„Congratulations" wird in den USA veröffentlicht und beginnt vom 80. Platz den Aufstieg in den Charts.

In Hanley zeichnen die Stones ein Interview für den North Staffs Hospital Broadcasting Service auf, das am 28. zum ersten Mal gesendet wird.

Oktober

Auftritte: Colston Hall, Bristol (1.); The Odeon, Exeter (2.); Regal, Edmonton, London (3.); The Gaumont, Southampton (4.); The Gaumont, Wolverhampton (5.); The Gaumont, Watford (6.); The Odeon, Lewisham, London (8.); The Gaumont, Ipswich (9.); The Odeon, Southend (10.); Hippodrome, Brighton (11.); The Olympia, Paris (20.); Academy of Music, New York (24.); Memorial Auditorium, Sacramento, California (26.); The Tami Show, Civic Auditorium, Santa Monica, California (28.–29.); Swing Auditorium, San Bernadino, California (31.).

„12×5" wird in den USA veröffentlicht und erreicht Platz Drei in den Charts. „16 Hip Hits", vorgestellt vom Andrew Loog Oldham Orchester, wird von Decca/Ace of Clubs veröffentlicht. Produzent ist Andrew Loog Oldham. Mick Jagger singt bei „Da Doo Ron Ron" mit. Der Titel wird später für das Decca-Sammelalbum „Hard Up Heroes" ausgekoppelt.

„12×5"
A-London PS 402 (USA)
Veröffentlicht: Oktober 1964
Produzent: Andrew Loog Oldham
Technik: Ron Malo
Studio: Chess, Chicago, 1964

A-Seite: 1. „Around and Around" (Berry), 2. „Confessin' The Blues" (McShann, Brown), 3. „Empty Heart" (Nanker, Phelge), 4. „Time Is On My Side" (Meade), 5. „Good Times Bad Times" (Jagger, Richard), 6. „It's All Over Now" (Womack).

B-Seite: 7. „2120 South Michigan Avenue" (Nanker, Phelge), 8. „Under The Boardwalk" (Resnick, Young), 9. „Congratulations" (Jagger, Richard), 10. „Grown Up Wrong" (Jagger, Richard), 11. „If You Need Me" (Bateman, Pickett, Sanders), 12. „Susie Q" (Broadwater, Lewis, Hawkins).

N.B. Das Album wurde nicht in Großbritannien veröffentlicht. Die Songs 5 und 6 stammen von der Single Decca F 11934, wurden aber überarbeitet. Die Stücke 1, 2, 3, 7 und 11 stammen von der EP „Five by Five" (Decca DFE 8590). Die Stücke 4, 8, 10 und 12 wurden drei Monate später in Großbritannien auf dem Album „The Rolling Stones No 2" veröffentlicht. Stück 9 wurde erst in dem Sammelalbum „No Stone Unturned" (SKL 5173) veröffentlicht.

1
In Bristol wird den Stones der Zugang zu einem Hotel wegen ihrer Kleidung verwehrt.

3
Auftritt in „Thank Your Lucky Stars".

8
Aufnahmen für das Programm „Rhythm and Blues" des BBC World Service.

14
Charlie Watts heiratet Shirley Ann Shepherd in Bradford.
16–17
TV-Aufnahmen in Berlin.

18
Die Stones fliegen von Berlin nach Brüssel, wo der Flughafen von 5000 Fans belagert wird. Auf dem Gelände der Weltausstellung nehmen sie eine Sendung für das belgische Fernsehen auf.

Der „Daily Express" berichtet: „Chefkoch Thomas Catsolidis hatte für die Rolling Stones etwas Besonderes in seinem Brüsseler Restaurant vorbereitet: Tomatencremesuppe mit Shrimps, gefüllte Tomaten, gegrilltes Schweinesteak à la Greque mit einer speziellen Sauce. Doch die Stones verlangten nur Pommes Frites nebst einer englischen Sauce. Der Koch schwankte zwischen Selbstmord und Mord. ‚Ich habe Überstunden gemacht, um diese Sauce zu komponieren.'"

19
Flug nach Paris zu Proben im Olympia für die Show am nächsten Tag. Gleichzeitig drehen sie einen Film für einen Musikbox-Produzenten.

20
150 Fans werden festgenommen, es entsteht ein Schaden in Höhe von 1400 Pfund, als 2000 Fans im Olympia randalieren und Stühle und Fenster zerstören. Der Radiosender Europe 1 nimmt die Show auf. Interview mit dem französischen Rundfunk.

23
Die Stones fliegen zum Auftakt ihrer zweiten USA-Tournee nach New York. Fans blockieren den Times Square, als sich die Fahrzeugkolonne dem Hotel Astor nähert. Über den Lieferanteneingang werden sie in ihre Zimmern geschmuggelt. Sicherheitsbeamte überwachen die Korridore des Hotels. Die Band braucht drei Anläufe, um das Hotel für Proben für die „Ed Sullivan Show „ zu verlassen. Sie nehmen an der Talkshow „Swinging Soirée" teil. Erst als Sicherheitsbeamte und Polizisten gerufen werden,

Oben links: Keith flüchtet aus einem gepanzerten Lieferwagen am 9. August 1965 in Manchester. Oben rechts: Beim Verlassen von Wien, fotografiert vom „sechsten Stone" Ian Stewart. Unten: Keith, Mick und Brian mit Honor Blackman am 11. Mai 1965. Gegenüberliegende Seite: Aufnahmen von „The Last Time".

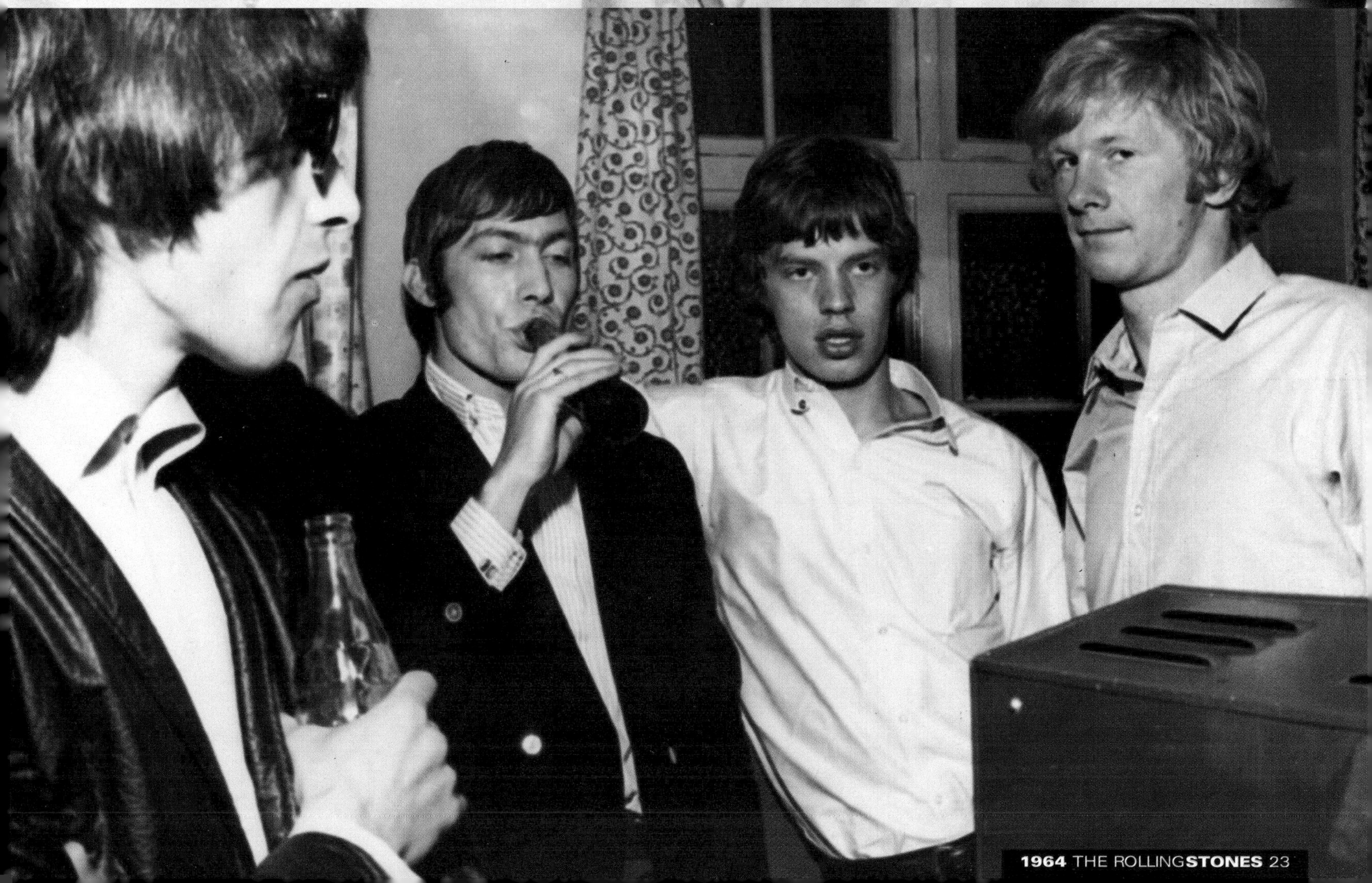

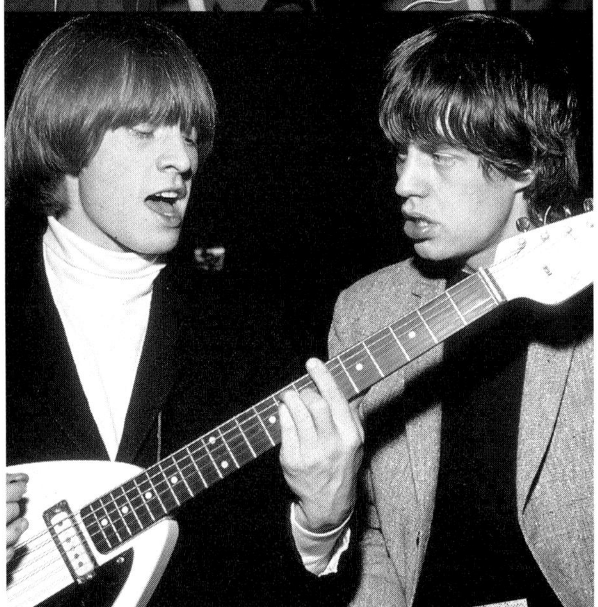

können sie das Gebäude verlassen. Am selben Tag wirken sie bei der „Ed Rudy Radio-Show" mit.

„Blowin In The Wind" (Dylan)/„House Of The Rising Sun" mit Marianne Faithfull kommt auf den Markt. Auf der Decca-Single spielt Keith Richard die akustische Gitarre auf der A-Seite.

24
Zwei Auftritte vor 8000 Fans in der Academy of Music in New York und Produktion einer Session für die TV-Show von Clay Cole.

25
Auftritt in der „Ed Sullivan Show". Fans randalieren und ein grimmig dreinblickender Ed Sullivan erklärt: „Ich verspreche, sie werden nie wieder bei mir auftreten. Wenn einem die Dinge aus der Hand gleiten, sollte man das ganze Geschäft abbrechen. Wir werden keine Rock 'n' Roll Band mehr einladen und Teenagern den Zutritt verbieten, wenn uns nichts anderes mehr übrig bleibt. Ich habe die Gruppe zum ersten Mal bei den Proben gesehen. Sie war mir von meinen englischen Mitarbeitern empfohlen worden. Ich war schockiert, als ich sie gesehen habe."

26
Die Stones fliegen nach Los Angeles und von dort nach Sacramanto. Nach ihrem Auftritt kehren sie nach Los Angeles zurück und übernachten im Hollywood Roosevelt.

27
Mick und Keith geben mehrere Radio-Interviews.

28
Brian gibt einem Radiosender in Santa Monica ein Interview. Proben für die TAMI-Show, die am nächsten Tag stattfindet.

28–29
Filmaufnahmen für die TAMI-Show (Teen Age Music International) in Los Angeles. Ebenfalls auf der Bühne: The Beach Boys, Chuck Berry, James Brown, Marvin Gaye, Smokey Robinson & The Miracles, The Surpremes, Gerry & The Pacemakers, Jan & Dean, Lesley Gore und Billy J. Kramer & The Dakotas.

31
BBC World Service überträgt „Dust My Pyramids" in der „Rhythm and Blues Show". Dieser Song (geschrieben zusammen mit Keith) ist das einzige Werk von Brian Jones.

November

Auftritte: Civic Auditorium, Long Beach, California (nachmittags)/Balboa Park Bowl, San Diego (abends) (1.); Public Hall, Cleveland, Ohio (3.); Loews Theater, Providence, Rhode Island (4.); Auditorium, Milwaukee, Wisconsin (11.); Coliseum, Fort Wayne, Indiana (12.); Hare Arena, Dayton, Ohio (13.); Memorial Auditorium, Louisville, Kentucky (14.); Arie Crown Theater, McCormack Place, Chicago, Illinois (15.); Glad Rag Ball, Empire Pool, Wembley (20.).

2
Jack Good filmt die Stones für seine TV-Show „Shindig".

Am Abend nehmen die Stones fünf Stücke in den RCA-Studios in Hollywood auf. Drei Songs werden zurückgehalten.

Co-Manager Eric Easton fliegt, an einer Lungenentzündung erkrankt, zurück nach London.

3
Ein 17jähriges Mädchen verunglückt beim Konzert in Cleveland. Der Bürgermeister der Stadt verbietet alle Popkonzerte. Vor dem Konzert hatte der Mann die Eltern der Stadt aufgefordert, ihre Kinder nicht zu dem Konzert gehen zu lassen, weil die Stones unmoralisch seien.

4
Die Stones fliegen nach Rhode Island. Ihren ersten Flug verpassen sie, weil die Fans die Ausgänge des Hotels blokkieren.

5
Flug nach Milwaukee, von dort zu Aufnahmen nach Chicago.

5–8
Aufnahmen im Chess-Studio.

10
Die „Red Skelton Hour" wird wiederholt.

12
Interview vor dem Auftritt in Fort Wayne. Brian fühlt sich nicht gut.

13
„Little Red Rooster"/„Off The Hook" kommt auf den Markt. 300 000 Vorbestellungen liegen vor und die Single geht sofort an die erste Stelle in den Charts.

Keith Richard: „Wir mußten ‚Little Red Rooster' einfach herausbringen, um uns von den anderen Bands abzusetzen."

In Chicago bricht Brian zusammen und kommt mit 40 Grad Fieber ins Krankenhaus. Er wird intravenös ernährt. Die Ärzte diagnostizieren eine schwere Bronchitis und Erschöpfung. Er verpaßt die Konzerte in Dayton, Louisville und Chicago.

Die Stones fahren nach Dayton, Ohio, und kommen dort am frühen Morgen im Biltmore Hotel an.

LITTLE RED ROOSTER Dixon/ OFF THE HOOK Nanker, Phelge
S-Decca F 12014 (UK)
Veröffentlicht: November 1964
Produzent: Impact Sound (Andrew Loog Oldham)
Technik: Ron Malo
Studio: Chess, Chicago

14
Die Stones verlassen Dayton und fahren 400 Meilen nach Louisville, Kentucky. Sie sind zu erschöpft, um nach Chicago zurückzukehren, bleiben in Louisville und schicken ihre Ausrüstung vorweg.

15
Die Stones fliegen nach Chicago.

16
Die Stones fliegen zu Photoaufnahmen nach New York, um für das Titelblatt von „Billboard" zu posieren. Ihr neues Album verkauft sich äußerst schnell.

20
Auftritt bei „Ready Steady Go!" in London.
Auftritt für die TV-Show „Glad Rag Ball" in Wembley.

22
Auftritt bei der BBC-Radiosendung „Teen-Scene".

23
BBC verbannt die Stones aus ihren Sendungen, weil die Band Aufnahmen für die Sendungen „Saturday Club", „Top Gear" und die „Joe Loss Show" verpaßt. Mick Jagger: „Wir haben den Verpflichtungen nie zugestimmt. Das ist einer der Gründe. warum wir nicht angetreten sind." Die Buchungen waren von Oldham widerrufen worden.

Am selben Tag gibt Bill BBC-Radio ein Interview für die Sendung „Pop Inn“, das am nächsten Tag übertragen wird.

27
Mick Jaggers Anwalt, Dale Parkinson, plädiert vor Gericht in Tettenhall, wo sich sein Mandant wegen Verkehrsvergehen verantworten muß: „Der Duke of Marlborough hatte längeres Haar als mein Mandant und er siegte in vielen berühmten Schlachten. Sein Haar war wegen Flöhen gepudert. Mein Mandant hat keine Flöhe.“ Sein Mandant mußte trotzdem 16 Pfund Geldstrafe zahlen.

29
Aufnahmen für die TV-Sendung „Thank Your Lucky Stars“ in Birmingham (ABC-TV).

Dezember
Auftritt: Fairfield Hall, Croydon (4.).

„Heart Of Stone“/„What A Shame“ wird in den USA veröffentlicht.

„HEART OF STONE Jagger, Richard/WHAT A SHAME Jagger, Richard
S-London 9725 (USA)
Veröffentlicht: Dezember 1964
Produzent: Andrew Loog Oldham
Studio: Chess, Chicago und RCA, Hollywood

N.B. Die A-Seite wurde in Großbritannien erst auf dem Album „Out Of Our Heads“ zehn Monate später veröffentlicht. Die B-Seite erschien in Großbritannien auf dem Album „Rolling Stones NO. 2“.

5
Die Show „Thank Your Lucky Stars“ wird ausgestrahlt (ABC-TV).

12
Brian Jones dementiert Berichte, er wolle die Stones verlassen.

15
Die Stones nehmen zwei TV-Shows für Jack Goods amerikanische TV-Show „Shindig“ in den Halliford Studios in Shepperton auf.

18
Interview mit Brian für Radio Luxemburg.

31
Auftritt bei „Ready Steady Go!“ in London.

THE ROLLING STONES No. 2

1965

Januar
Auftritte: ABC Theatre, Belfast (6.); The Adelphi Theatre, Dublin (7.); Savoy Theatre, Cork (8.); The Commodore, Hammersmith, London (10.); Manufacturer's Auditorium, Agricultural Hall, Sydney, Australien (22.–23.); City Hall, Brisbane, Australien (25.–26.); Manufacturer's Auditorium, Agricultural Hall, Sydney, Australien (27.); Palais Theatre, St. Kilda, Melbourne, Australien (28.–29.).

Bobby Johnson veröffentlicht „All I Want Is My Baby“ und „Each And Every Day“ auf Decca. Beide Songs sind Jagger-Richard-Kompositionen. Produzent ist Andrew Oldham, musikalischer Direktor Keith Richard. Die Songs sind das Ergebnis der Bemühungen von Oldham, daß sich die Band mehr auf eigene Kompositionen verläßt.

Bobby Miller veröffentlicht den Song „What A Guy“, eine Bill Wyman-Produktion, auf Decca.

6
Die Stones treffen in Irland ein und treten in der BBC-TV-Sendung „Six Five“ in Belfast auf. BBC-Radio nimmt das Interview ebenfalls auf.

9
Rückkehr nach London.

11–12
Aufnahmen im Regent Sound Studio, Denmark Street, London.

13
Aufnahmen für die TV-Sendung „Thank Your Lucky Stars“.

15
Das Album „The Rolling Stones No. 2“ kommt auf den Markt und steht sofort an der Spitze der Charts.

Auftritt bei „Ready Steady Go!“.

THE ROLLING STONES NO. 2
A-Decca LK 4661 (UK)
Veröffentlicht: Januar 1965
Produzent: Impact Sound (Andrew Loog Oldham)
Techniker: Chess: Ron Malo
RCA: Dave Hassinger
Studios: Chess, Chicago; RCA, Hollywood; Impact Sounds, London

A-Seite: 1. „Everybody Needs Somebody To Love“ (Russell, Burke), 2. „Down Home Girl“ (Leiber, Butler), 3. „You Can't Catch Me“ (Berry), 4. „Time Is On My Side“ (Meade, Norman), 5. „What A Shame“ (Richard, Jagger), 6. „Grown Up Wrong“.

B-Seite: 7. „Down The Road Apiece“ (Raye), 8. „Under The Boardwalk“ (Resnick, Young), 9. „I Can't Be Satisfied“ (Waters), 10. „Pain In My Heart“ (Redding, Walden), 11. „Off The Hook“ (Nanker, Phelge), 12. „Susie Q“ (Broadwater, Lewis, Hawkins).

N.B. Auf dem dritten US-Album „The Rolling Stones Now“ ist die Version von „Everybody Needs Someone To Love“ versehentlich auf die Platte gekommen. Die Version war eine Probeaufnahme. Jack Nitzsche spielt Klavier auf Nummer 2 und Nitzsche-Phon auf Nummer 10. Ian Stewart spielt Klavier auf Nummer 1 und 5 sowie Orgel auf Nummer 4.

17
Abflug zur ersten Australien-Tournee über Los Angeles. Mit dabei sind Roy Orbison, Dionne Warwick und Rolf Harris.

In Los Angeles nimmt die Band „The Last Time“ in den RCA-Studios auf.

18
Die Stones decken sich mit Kleidung bei Beau Gentry's und Devo's ein. Danach brechen sie zu einer Tour durch die Clubs der Stadt auf.

Oben links: Andrew Oldham und ein eher seltener Freund, ein amerikanischer Polizist. Unten: Brian und Cathy McGowan machen sich über Sonny and Chers Titel „I Got You Babe“ bei „Ready Steady Go! lustig.

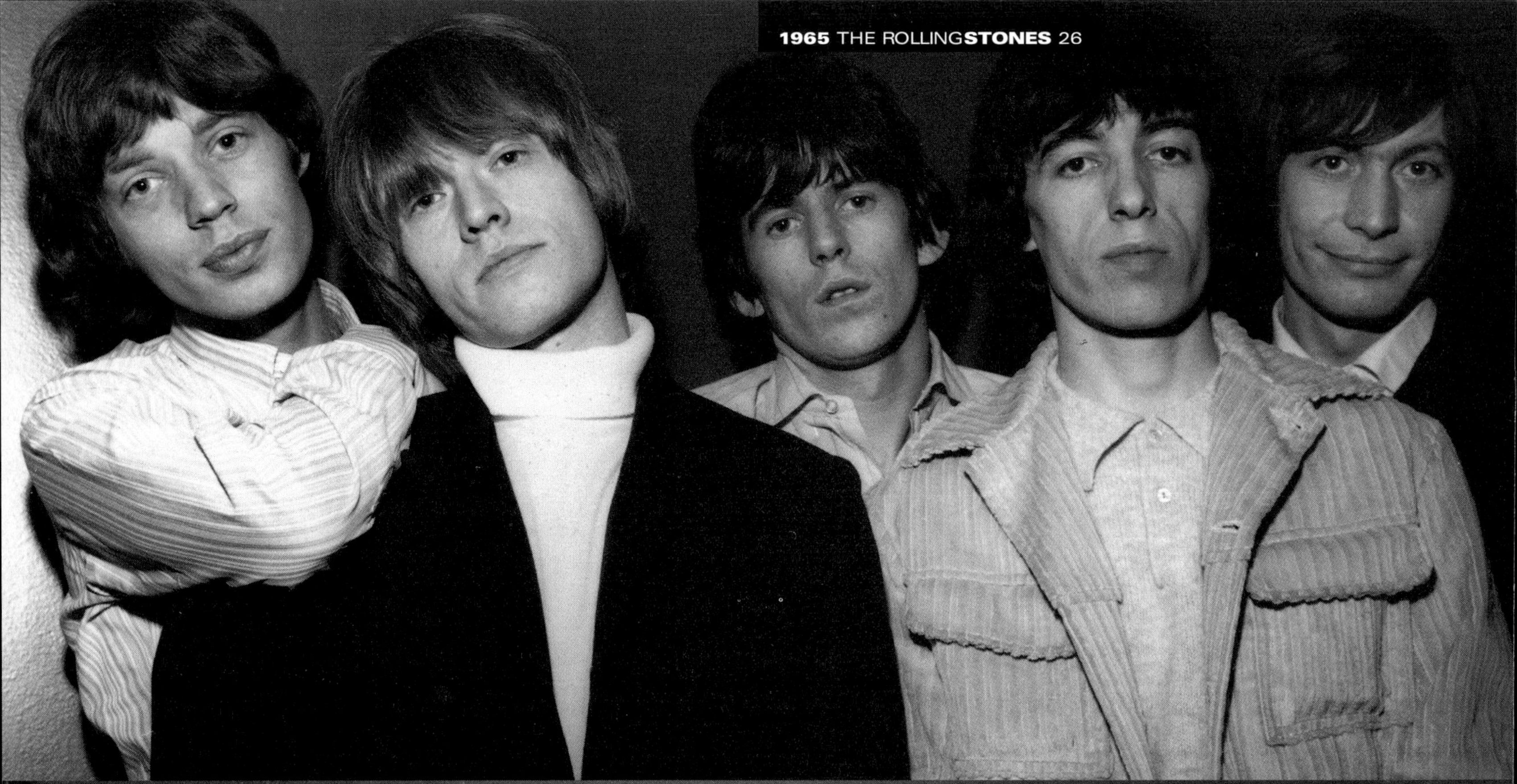

19
Abflug nach Sydney mit Stopps in Honolulu und Fidschi. Der Flug dauert 18 Stunden.

21
Die Stones werden von 3000 Fans auf dem Flughafen erwartet. 300 Mädchen durchbrechen die Absperrungen. In Sydney wohnt die Gruppe im Cheveron Hilton, wo man einen ganzen Flur reserviert hat. Interviews mit australischen TV- und Radiosendern.

22
„Ode To A High Flying Bird" von Charlie Watts wird von Beat Publications, dem Verlag des offiziellen Fan-Magazins, veröffentlicht. Das Buch beschreibt das Leben des Saxophonisten Charlie Parker als Kinderbuch. Charlie hat das Buch bereits 1961 geschrieben: „Man muß Charlie nicht unbedingt kennen, es dreht sich um diesen kleinen Vogel. Es ist eigentlich ein ideales Buch für Kinder."

Die Stones erholen sich im Haus eines Verwandten des australischen Promotors, das direkt am Strand liegt. Pressevertreter belagern sie von der Wasserseite aus. Die Stones liefern sich mit ihnen eine Wasserschlacht. Am Abend spielen sie bei zwei Konzerten vor mit 5200 Fans ausverkauftem Haus.

23
Stadtrundfahrt in Sydney vor drei weiteren Auftritten.

24
Weiterflug nach Brisbane, wo sie in Lennon's Hotel absteigen. Keine Verwandtschaft mit dem Beatle John Lennon.

25
40 Fans stürmen die Bühne in Brisbane. Mick Jagger: „Ich wurde beinahe in Stücke gerissen und das Hemd von Keith sieht aus, als hätte er in ihm zwei Jahre auf einer verlassenen Insel verbracht." Presse- und Radio-Interviews.

26
Die Stones fahren nach Surfer's Paradise, wo sie einen entspannten Tag am Strand verbringen. Auf dem Rückweg von zwei Auftritten werden sie um ein Haar in einen schweren Unfall verwickelt, als ihr Manager einem anderen Wagen ausweichen muß. Keith prallt mit dem Kopf gegen die Windschutzscheibe.

27
Rückkehr nach Sydney ins Cheveron Hilton.

28
Die Stones fliegen nach Melbourne und geben einige Interviews. Trotz Polizeiabsperrungen erreichen rund 1000 Fans den Flughafen. Polizisten eskortieren die Band zu ihrem Hotel. Den Nachmittag verbringen sie im Haus eines Anwalts, wo sie sich am Pool erholen können.

29
Aufnahme der TV-Show „The Rolling Stones Special" in Melbourne. Den Nachmittag verbringen sie wieder im Haus ihres Anwalts.

Die Single „Down And Out" und „Stop Running Around" wird von The Cheynes auf Columbia veröffentlicht. Beide Songs wurden von Bill komponiert und produziert.

30
Aufzeichnung für „Thank Your Lucky Stars".
In Melbourne nehmen die Stones Werbespots für ihre Neuseeland-Tournee auf.

31
Die Stones fliegen nach Neuseeland und erhalten von der Teal-Airlines Glücksbringer. Radio-Interviews in Christchurch.

Februar

Auftritte: Theatre Royal, Christchurch, Neuseeland (1.); Civic Theatre, Invercargill, Neuseeland (2.); Town Hall, Dunedin, Neuseeland (3.); Town Hall, Auckland, Neuseeland (6.); Wellington, Neuseeland (8.); Palais Theatre, St. Kilda, Melbourne, Australien (10.); Centennial Hall, Adelaide, Australien (12.); Capitol Theatre, Perth, Australien (13.); Badminton Stadium, Singapur (16.); Hongkong (17.).

In den USA kommt das Album „The Rolling Stones Now" auf den Markt und erreicht den fünften Platz in den Charts.

THE ROLLING STONES NOW
A-London PS 420 (USA)
Veröffentlicht: Februar 1965
Produzent: Andrew Loog Oldham

A-Seite: 1. „Everybody Needs Somebody To Love" (Russell, Burke, Wexler), 2. „Down Home Girl" (Leiber, Butler), 3. „You Can't Catch Me" (Berry), 4. „Heart Of Stone" (Jagger, Richard), 5. „What A Shame" (Jagger, Richard), 6. „I Need You Baby (Mona)" (McDaniels).

B-Seite: 7. „Down The Road Apiece" (Raye), 8. „Off The Hook" (Nanker, Phelge), 9. „Pain In My Heart" (Neville), 10. „Oh Baby (We Got A Good Thing Goin')" (Ozen), 11. „Little Red Rooster" (Dixon), 12. „Surprise, Surprise" (Jagger, Richard).

N.B. Song 1 war versehentlich auf die Platte gekommen. Es handelt sich um eine Probeaufnahme. Die korrekte Version wurde wie auch die Songs 1, 3, 5, 7, 8 und 9 auf dem britischen Album „The Rolling Stones No. 2" veröffentlicht. Die Songs 4 und 5 waren in den USA bereits als Single veröffentlicht worden. Song 6 war bereits auf dem ersten Album in Großbritannien zu hören, wurde aber bei der amerikanischen Version weggelassen. Song 10 erschien erst zehn Monate später in Großbritannien auf dem Album „Out Of Our Heads". Song 11 gab es auch als Decca-Single F 12014. Song 12 war auch auf dem Sammelalbum „Fourteen".

1
Die Stones entspannen sich vor zwei abendlichen Auftritten am Strand.

2
Einzug ins Grand Hotel.

Unten: Brian in München, fotografiert von Ian Stewart.

3
Flug nach Dunedin, südlichster Punkt Neuseelands.

4
Späte Ankunft in Auckland. In das für sie reservierte Hotel werden sie wegen ihres Aufzugs nicht hineingelassen. Ein anderes Haus wird gefunden.

5
Die Stones besuchen die berühmten heißen Quellen und baden dort. Bill besucht die Schlammbäder von Rotura. Den Nachmittag verbringt die Gruppe beim Reiten.

8
Flug nach Wellington, wo sie das Midland Hotel nicht wohnen läßt. Also fliegen die Stones wieder zurück nach Christchurch, wo der Inhaber des Black Cat Restaurants um zwei Uhr morgens öffnet und eine Runde Steaks spendiert.

9
Die Stones kehren nach Melbourne zurück, wo ihr Anwalt eine Barbecue-Party zu ihren Ehren veranstaltet.

11
Flug nach Adelaide.

12
Von Adelaide fliegt die Gruppe nach Perth, wo sie sofort an den Strand fahren.
ATVO in Melbourne strahlt das „Rolling Stones Special" aus.

14
Die Stones mieten einen Wagen, um eine einsame Stelle am Strand zu suchen. Innerhalb von einer Stunde ist die „einsame Bucht" von Fans überlaufen.

15
Weiterflug zu zwei Konzerten in Singapur. Die Stones kommen spät in der Nacht an. Die Pressekonferenz ist eine ganz neue Erfahrung für die Band. Die asiatischen Journalisten stellen ruhig ihre Fragen und geraten aus Angst, ihr Gesicht zu verlieren, nicht aus der Fassung. Zum ersten Mal in ihrer Karriere erleben die Stones ein ruhige und höfliche Pressekonferenz.

16
Die Stones sind zu einem Mittagessen beim High Commissioner und seiner Familie im Sitz des Gouverneurs eingeladen. Nach dem Essen besichtigen sie den Park, Chinatown und gehen zum Shopping.

17
Flug von Singapur nach Hongkong und von dort nach Los Angeles über Tokyo und Honolulu. Beim Überqueren der Datumsgrenze gewinnen sie einen Tag. In Tokyo geben sie TV- und Radio-Interviews. In Los Angeles steigen sie im Ambassador Hotel ab.

18
Mick überarbeitet den Gesangspart von „The Last Time" in den RCA-Studios.

21
Charlie trifft seine Frau in Los Angeles. Beide fliegen in den Urlaub nach Miami. Mick und Bill kehren nach London zurück, während Stu, Keith und Andrew Oldham zu geschäftlichen Gesprächen nach New York fliegen. Danach fliegen Keith und Oldham nach Paris.

25
Brian fliegt von Hollywood, wo er Joey Pauge, den ehemaligen Gitarristen der Everly Brothers getroffen hatte, nach London.

26
Veröffentlichung von „The Last Time"/„Play With Fire" auf Decca. Von Platz acht klettert die Single auf den ersten Platz der Charts, wo sie vier Wochen lang bleibt.

Mick Jagger wird am Fußgelenk verletzt, als Fans die Bühne bei einer Live-Aufnahme von „Ready Steady Go!" stürmen. Mick: „Ich stolperte auf der Bühne und eine Masse Mädchen stürmte auf mich los. Ungezählte Stiletto-Absätze trampelten über mich."

THE LAST TIME Jagger, Richard/PLAY WITH FIRE Nanker, Phelge
S-Decca F 12/04 (UK) und London 9741 (USA)
Veröffentlicht: Februar 1965 (UK), März 1965 (USA)
Produzent: Impact Sound (Andrew Loog Oldham)
Techniker: Dave Hassinger
Studio: RCA, Hollywood

N.B. Phil Spector spielt akustische Gitarre auf „Play With Fire".

Unten rechts: Brian und Keith in in Double Bay, Australien, im Januar 1965.

28
Brian Jones feiert seinen 22. Geburtstag während der TV-Sendung „Eamonn Andrews Show (ABC). Keith Richard und Andrew Oldham fliegen für einen kurzen Urlaub nach Paris.

März

Auftritte: Regal Theatre, Edmonton, London (5.); Empire Theatre, Liverpool (6.); Palace Theatre, Manchester (7.); The Futurist, Scarborough (8.); The Odeon, Sunderland (9.); ABC Theatre, Huddersfield (10); City Hall, Sheffield (11.); The Trocadero, Leicester (12.); Granada Theatre, Rugby (13.); The Odeon, Rochester (14.); The Odeon, Guildford (15.); Granada Theatre, Greenford (16.); The Odeon, Southend (17.); ABC Theatre, Romford (18.); Fyns Forum, Odense, Dänemark (26.); Koncert Sal, Tivoli, Kopenhagen, Dänemark (28., 30); Masshallen, Göteborg, Schweden (31.).

1
Aufnahmen für die BBC-Radiosendung „Top Gear", die am 6. gesendet werden.

2
Ein Teil der Band tritt bei der BBC-Radiosendung „Pop Inn" auf.

4
Aufnahmen für „Top Of The Pops" bei BBC-TV in Manchester.

5
Start der Tournee durch Großbritannien. Mit von der Partie sind The Hollies, Dave Berry and The Cruisers, The Checkmates, Goldie and the Gingerbreads, The Konrads und Johnny Ball.

7
Der „Daily Mirror" berichtet: „Ein 15jähriges Mädchen fiel fünf Meter tief. Sie hatte sich zu weit nach vorne gebeugt und fiel, ihre Arme ekstatisch durch die Luft wirbelnd, auf die anderen Fans im Palace Theatre von Manchester." Außer ein paar verlorenen Zähnen blieb sie unverletzt.

10
„The Last Time"/„Play With Fire" kommt in den USA heraus. Als höchste Plazierung erreicht der Titel den neunten Platz in den Charts.

11
Aufnahmen für die ABC-TV-Sendung „Big Beat 65" in Wembley. Brian gibt dem BBC World Service ein Interview für das Programm „Sights and Sounds of London". Danach Aufnahmen bei Granada TV in Manchester für die Sendung „Scene at 6:30". BBC sendet „Top Of the Pops".

12
Die Stones belegen die ersten Plätze in den Single- und Album-Charts.

14
Die Wache vor dem Eingang zur Bühne in Rochester will die Stones nicht durchlassen. Als eine Gruppe von Fans bedrohlich nahe kommt, schlägt Keith den Wachmann nieder und bringt sich und die Band in Sicherheit.

16
Interview mit Brian für die BBC-Radiosendung „Melody Fair".

18
Auf dem Rückweg nach London von ihrem letzten Tourstopp in Romford halten die Stones an einer Tankstelle an, wo man ihnen den Zugang zur Toilette verwehrt. Bill Wyman, Brian Jones und Mick Jagger pinkeln gegen eine Wand der Tankstelle, was später zu einem Gerichtsverfahren führen wird. BBC wiederholt den Stones-Beitrag für „Top Of The Pops" vom 4. März.

21
Aufnahmen für die ABC-TV-Sendung „Thank Your Lucky Stars".

23
Aufnahmen für die BBC-TV-Sendung „Top Of The Pops".

24
Flug nach Dänemark und Beginn einer Skandinavien-Tournee.

25
BBC sendet „Top Of The Pops". Fernseh-Interviews in Dänemark.

26
Bill Wyman wird von einem 220-Volt-Schlag bei einem Konzert in Odense, Dänemark, ohnmächtig. Er erholt sich aber für den Auftritt eine Nacht später.

28
Die Stones besuchen das Konzert von Ella Fitzgerald und Oscar Peterson in Kopenhagen. Sie gehen danach zur Party ihres Dänischen Fanclubs.

April

Auftritte: Kungliga Tennishallen, Stockholm, Schweden (1.–2.); Open Air in Helsinki, Finnland (3.); New Musical Express Poll Winners Concert, Empire Pool, Wembley (11.); Olympia, Paris (16.–18.); Maurice Richard Arena, Montreal, Kanada (23.); YMCA Auditorium, Ottawa, Kanada (24.); Maple Leaf Gardens, Toronto, Kanada (25.); Treasure Islands Gardens, London, Ontario (26.); Palace Theater, Albany, New York (29.); Auditorium, Worcester, Massachussetts (30.).

2
Aufnahme einer Sendung für das schwedische Fernsehen, die am 8. ausgestrahlt wird.

3
Bill Wyman muß mit einer schweren Augenentzündung ins Krankenhaus.

9
Live-Auftritt bei „Ready Steady Go!"

13–16
Tournee der Stones durch Deutschland. Aufnahmen für das deutsche Fernsehen.

25
16 000 Fans kommen zum Konzert in Maple Leaf Gardens in Toronto. Interviews für lokale Radio- und TV-Stationen.

26
Polizisten drehen den Strom ab und die Beleuchtung auf, um ein Konzert der Stones in London, Ontario, abzubrechen. Die Band versucht trotzdem weiterzumachen, ist aber im entstehenden Chaos nicht mehr zu verstehen. Die Polizei untersagt eine Fortführung des Konzerts, und die Stones entschuldigen sich bei ihrem Publikum, bevor sie die Bühne verlassen.

29
Interview für die Radiostation WTRY Albany, New York.

30
Interview für die Radiostation WDIC Hartford, Connecticut.

Mai

Auftritte: Academy of Music, New York (nachmittags)/ Convention Hall, Philadeplphia, Pennsylvania (1.); Georgia Southern College Auditorium, Statesboro, Georgia (4.); Jack Russell Stadium, Clearwater, Florida (6.); Legion Field Stadium, Birmingham, Alabama (7.); Coliseum, Jacksonville, Florida (8.); Arie Crown Theater, McCormick Place, Chicago, Illinois (9.), New Civic Auditorium, San Francisco (14.); Swing Auditorium, San Bernadino, California (15.); Civic Auditorium, Long Beach,

Oben: Brain in action.

California (16.); Community Concourse, Convention Hall, San Diego (17.); Civic Auditorium, San Jose (21.); Radcliff Convention Hall, Fresno, California/Municipal Auditorium, Sacramento (22.); Academy of Music, New York (29.).

2
Die Stones wirken bei der „Ed Sullivan Show" mit. Der große Meister läßt offensichtlich doch wieder Rockgruppen in seine Sendung. Die Stones nehmen vorab vier Songs hinter verschlossenen Türen auf. Am Abend sind sie Gäste ihrer amerikanischen Schallplattenfirma London Records.

3
Aufnahmen für die „Clay Cole Show" in New York.

4
Autofahrer benachrichtigen Polizisten, daß Oben-Ohne-Mädchen auf einer Hotel-Terrasse liegen. Die Polizisten finden die Stones beim Sonnenbad vor.

7
In Birmingham, Alabama, treten die Stones zusammen mit den Beach Boys und den Righteous Brothers auf.

8
Brian Jones bricht sich bei Karateübungen in Jacksonville, Florida, zwei Rippen.

9
BBC World Service überträgt das mit Brian geführte Interview in „Sights and Sounds of London".

11
Interview bei Radio KHJ, Los Angeles.

10–11
Die Stones nehmen in 17 Stunden vier Stücke in den Chess Studios, Chicago, auf und fliegen am 11. nach Los Angeles.

12–13
In einer Marathon-Sitzung werden in den RCA-Studios in Los Angeles drei weitere Stücke aufgenommen. Am 13. schließen sie die Arbeiten an „(I Can't Get No) Satisfaction" ab.

15
Aufnahmen für die US-Sendung „Hollywood A-Go-Go". Interview für Radio KMEN, San Bernadino.

16
Die Stones treten zusammen mit den Byrds in Long Beach auf. Fans klettern auf ihren Wagen und hindern sie am Wegfahren. Das Dach der Limousine wird eingedrückt, und als der Chauffeur schließlich Gas gibt, hängen die Fans noch immer am Wagen.

Aufnahmen für die TV-Show „Shivaree".

20
Aufnahmen für Jack Goods ABC-TV-Show „Shindig" in Los Angeles.

27
„(I Can't Get No) Satisfaction"/„Under Assistant West Coast Promotion Man" wird in den USA veröffentlicht. Der Song wird der erste amerikanische Nummer-Eins-Hit.

(I CAN'T GET NO) SATISFACTION Jagger, Richard/THE UNDER ASSISTANT WESTCOAST PROMOTION MAN Nanker, Phelge
S-London 9766 (USA)
Veröffentlicht: Mai 1965
Produzent: Andrew Loog Oldham
Techniker: Chess: Ron Malo; RCA: Dave Hassinger
Studio: Chess, Chicago, 10. Mai; RCA, Hollywood, 12. Mai

N.B. Die britische Version hatte eine andere B-Seite. Die hier veröffentlichte Version stammt von dem Album „Out Of Our Heads".

29
Aufnahmen für die „Clay Pole TV-Show". Die Rolling Stones legen eine kurze Pause ein: Mick und Keith fahren durch die Sonora-Wüste, Charlie Watts studiert amerikanische Geschichte in Gettysburg, während Brian und Bill in Los Angeles bleiben und Parties feiern.

Juni

Auftritte: The Odeon, Glasgow (15.); Usher Hall, Edinburgh (16.); Capitol Theatre, Aberdeen (17.); Caird Hall, Dundee (18.); Messhallen, Oslo, Norwegen (24.); Yteri Strand, Pori, Finnland (25.); Kopenhagen, Dänemark (26.); Baltiska Hallen, Malmö, Schweden (29.);

4
Live-Auftritt bei „Ready Steady Go!" in Wembley.

6
Aufnahmen für die ABC-TV-Sendung „Thank Your Lucky Stars" in Birmingham.

10
Auftritt in „Top Of The Pops" bei BBC-TV und „Top Gear" bei BBC-Radio.

11
Die EP „Got Live If You Want It" wird von Decca veröffentlicht. Höchste Plazierung in den Charts: Platz Sieben.

GOT LIVE IF YOU WANT IT
EP-Decca DFE 8620 (UK
Veröffentlicht: Juni 1965
Produzent: Impact Sound (Andrew Loog Oldham)
Studio: Live-Aufnahme von Glyn Jones bei Konzerten in Edmonton am 5. März 1965, Liverpool am 6. März 1965, Manchester am 7. März 1965

A-Seite: 1. „We Want The Stones" (Nanker, Phelge), 2. „Everybody Needs Somebody To Love" (Russell, Burke, Wexler), 3. „Pain In My Heart" (Redding, Walden) 4. „(Get Your Kicks On) Route 66" (Troup).

B-Seite 5. „I'm Moving On" (Slow), 6. „I'm Allright" (Nanker, Phelge)

N.B. Das erste Stück besteht vollkommen aus dem Geschrei der Fans „We Want The Stones", für das die Band aber das Urheberrecht beanspruchte. Das US-Album mit dem gleichen Titel präsentiert völlig andere Songs, die bei einem späteren Konzert aufgenommen wurden.

12
Ausstrahlung der eine Woche zuvor aufgenommenen Sendung „Thank Your Lucky Stars".

17
Während der kurzen Tour durch Schottland fallen 40 Mädchen beim Auftritt in Dundee in Ohnmacht.

21
Teilnahme an der BBC-Radiosendung „Teen Scene" und „Women's Hour".

23
Abflug nach Oslo. Start einer neuen Skandinavien-Tournee. Interview für das norwegische Fernsehen.

24
Polizisten mit Gummiknüppeln kämpfen gegen randalierende Fans beim ersten Konzert. Ein Mädchen schafft es, auf die Bühne zu kommen, küßt Charlie Watts und fällt in Ohnmacht.

27
Interview mit der dänischen Piraten-Station SYD in Dänemark.

29
Brian wird in Malmö für den schwedischen Rundfunk interviewt.

Oben: Keith und Mick in ihrem Hotelzimmer auf der Isle of Man am 13. August 1964. Unten links: Auf der Flucht vor Fans.

Juli

Auftritte: The Odeon, Exeter (16.); Guildhall, Portsmouth (17.); Gaumont Theatre, Bournemouth (18.); ABC Theatre Great Yarmouth, Norfolk (25.), Leicester (26.).

Das Album „Out Of Our Heads" wird in den USA veröffentlicht. Am 21. August steht es an erster Stelle der Album-Charts.

OUT OF OUR HEADS
A -London PS429 (USA)
Veröffentlicht: Juli 1965
Produzent: Andrew Loog Oldham
Studio: Chess, Chicago und RCA, Hollywood, 10. Mai und später;

A-Seite: 1. „Mercy, Mercy" (Covay, Miller), 2. „Hitch Hike" (Gaye, Stevenson, Paul), 3. „The Last Time" (Jagger, Richard), 4. „That's How Strong My Love Is" (Jamison), 5. „Good Times" (Cooke), 6. „I'm All Right" (Nanker, Phelge).

B-Seite: 7. „(I Can't Get No) Satisfaction" (Jagger, Richard), 8. „Cry To Me" (Russell), 9. „The Under Assistant West Coast Promotion Man" (Nanker, Phelge), 11. „The Spider And The Fly" (Nanker, Phelge) 12. „One More Try" (Jagger, Richard).

N.B. Obwohl die US- und die britische Version den gleichen Titel haben, gibt es einige Unterschiede: Die Songs 6, 7, 10, 11 und 12 erscheinen nicht auf der britischen Version. Song 12 wurde in Großbritannien erst 1971 auf dem Sammelalbum „Stone Age" veröffentlicht.

1
Die Stones fliegen zurück nach London.

7
Flug nach Los Angeles, um das Album „Out Of Our Heads" abzumischen und weitere Aufnahmen zu machen.

13
Rückkehr nach London. Auftritt in der BBC-TV-Show „The World of Jimmy Saville".

22
Prozeß gegen die Stones in Romford, Essex. Der „Daily Express" berichtet: „Drei der Rolling Stones wurden zu Geldstrafen von fünf Pfund wegen verletzendem Benehmen verurteilt. Gleichzeitig mußten sie noch eine moralische Belehrung einstecken. Vor Gericht wurde der Vorfall behandelt, als eine Daimler-Limousine vor einer Tankstelle in Romford vorfuhr.

Mr. Kenneth Richardson berichtete, daß acht oder neun Jungen und Mädchen ausstiegen und fragten, ob sie die Toilette benutzen könnten. Dies wurde abgelehnt. Ein Mechaniker, Mr. Charles Keeley, forderte Mick Jagger auf, das Grundstück zu verlassen. Er wurde zur Seite gestoßen. ‚Ich kann pinkeln, wo ich will'. Der Rest der Gruppe begann zu singen und zu tanzen, während Wyman, Jagger und Jones gegen eine Wand urinierten. Der Wagen fuhr dann weiter und die Insassen zeigten dem Mechaniker den berühmten Stinkefinger."
Der Richter belehrte die Musiker: „Nur weil sie ein besonders hohes Ansehen in ihrem Beruf erreicht haben, dürfen sie sich nicht so benehmen."

25
Der Crawdaddy Club in Richmond schließt.

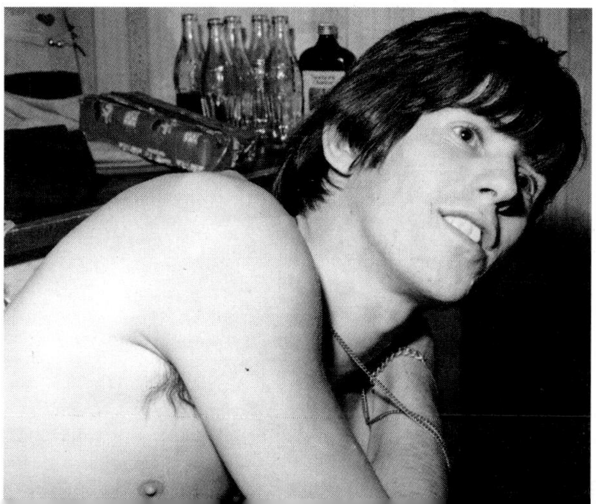

26
Aufnahmen für die ABC-TV-Sendung „Thank Your Lucky Stars" in Birmingham.

28
Aufnahmen für die amerikanischen ABC-TV-Show „Shindig" in den Twickenham-Studios.

29
Charlie Watts hat ein Anwesen aus dem 16. Jahrhundert aus dem Besitz von Lord Shawcross, dem ehemaligen britischen Chefankläger, in der Nähe von Lewes gekauft. Charlies Vater, Lastwagenfahrer für die Kings Cross Station, erklärt am 10. August in den „Evening News": „Wir sind stolz auf Charlie, aber wir können nicht verstehen, warum er sich so einen alten Kasten gekauft hat. Ich hätte mir etwas Modernes gekauft."

August

Auftritte: London Palladium (1.); The Futurist, Scarborough (22.).

Columbia veröffentlicht Bills Produktion von „Hole in My Soul" mit The Preachers.

1
Die Stones treten zweimal im Palladium auf. Mit von der Partie sind Steam Packet, The Walker Brothers, The Moody Blues, The Quiet Five, The Fourmost, und Julia Grant. Nach den beiden Konzerten gehen die einzelnen Bandmitglieder in Urlaub. Mick und Brian fliegen nach Tanger. Brian wird von seiner Freundin, der 18jährigen Linda Lawrence, begleitet. Bill zieht es nach Deutschland, Keith in den Süden Frankreichs.

ABC-TV überträgt „Thank Your Lucky Stars".

Oben: hinter der Kulisse von „Ready Steady Go!"

4
Andrew Oldham gründet seine eigene Plattenfirma: Immediate Records.

9
Die erste Folge der „Shindig"-Produktionen wird in den USA übertragen.

14
Mick, Keith und Manager Andrew Oldham fliegen nach New York, wo Mick erklärt: „Die britische Musikszene ist todlangweilig. Seit Jahren gibt es nichts Neues mehr. Zuerst gab es die Beatles, dann kamen wir und danach kommt gar nichts mehr."

Linda Lawrence zieht vor Gericht, um Brian Jones zu veranlassen, den gemeinsamen, ein Jahr alten Sohn anzuerkennen. Die beiden sind zu diesem Zeitpunkt noch in Tanger.

15
Mick und Keith sind im Publikum beim legendären Konzert der Beatles im New Yorker Shea Stadium. Danach besuchen sie die Band im Hotel.

16
Die zweie „Shindig"-Sondersendung wird in den USA übertragen.

18
Mick nimmt in London an der Hochzeit des Fotografen David Bailey mit Cathérine Deneuve teil.

19
Aufnahmen für die BBC-TV-Sendung „Top Of The Pops".

20
„Satisfaction"/„Spider And The Fly" kommt auf den Markt und belegt sofort den dritten Platz in den Charts. Danach steht der Song drei Wochen an der ersten Stelle.

Auftritt bei der BBC-Sendung „Top Of The Pops". Aufnahmen für die BBC-Radiosendungen „Yeh! Yeh!" und „Saturday Club".

Decca bringt „The Rolling Stones Songbook" mit dem Andrew Oldham Orchester auf den Markt. Keith wirkt dabei mit.

(I CAN'T GET) NO SATISFACTION Jagger, Richard/THE SPIDER AND THE FLY Nanker, Phelge
S-Decca F 12220
Veröffentlicht: August 1965
Produzent: Impact Sound (Andrew Oldham)
Studio: Chess, Chicago, Originalaufnahme am 11. Mai 1965; RCA, Hollywood, 12. Mai bis 2:30 Uhr morgens, 13. Mai 1965

23
Sicherheitskräfte kämpfen mit Wasser aus einem Feuerwehrschlauch gegen 200 kreischende Fans, die versuchen, in das Gebäude von Granada TV in Manchester einzudringen, wo die Stones zu Aufnahmen erwartet werden. „Die Fans drehten durch. Wir hatten gar keine andere Wahl, als das Wasser aufzudrehen", stöhnte ein Sicherheitsmann. Die Stones nehmen einen Auftritt für die Sendung „Scene At 6:30" auf.

24
Die Stones treffen sich mit Allen Klein, der ihnen verspricht, sie zu Millionären zu machen und am Ende die Urheberrechte für die frühen Stücke der Gruppe besitzt.

27
Live-Auftritt bei „Ready Steady Go!" in Wembley.

28
Der „Evening Standard" berichtet, daß Tito Burns der neue Agent für England ist und daß Allen Klein nun zusammen mit Andrew Oldham neuer Manager der Gruppe ist. Bei Decca haben sie einen neuen Fünfjahres-Vertrag unterschrieben und einen großen Vorschuß kassiert.

Aufnahmen für die ABC-TV-Sendung „Lucky Stars Summer Spin" in Birmingham.

30
Die Sendung „Yeh! Yeh!" wird ausgestrahlt.

September

Auftritte: Adelphi Theatre, Dublin (3.); ABC Theatre, Belfast (4.); Palace Theatre, Douglas (8.); Münsterland Halle, Münster (11.); Grugahalle, Essen (12.); Circus Krone, München (14.); Waldbühne, Berlin (15.); Wiener Stadthalle, Wien (17.); Astoria Theatre, London (24.); Gaumont Theatre, Southampton (25.); Colston Hall, Bristol (26.); The Odeon, Cheltenham (27.); Capitol Theatre, Cardiff (28.); Granada Theatre, Shrewesbury (29.); Gaumont Theatre, Hanley (30.).

Brian Jones erklärt, daß die Stones nicht die Absicht haben, in die USA zu ziehen. „Das Gerücht hat wohl seine Ursache darin, daß ich mir ein Haus in Los Angeles gekauft habe. Doch das ist nur eine Kapitalanlage. Weder ich noch jemand anderes in der Band hat die Absicht, dort zu wohnen."

„Get Off Of My Cloud"/„I'm Free" kommt in den USA heraus. Der Song ist am 6. und 7. des Monats in Hollywood aufgenommen worden. Er beginnt seine Laufbahn auf Platz 64 der Charts und hält sich später zwei Wochen an erster Stelle.

GET OFF OF MY CLOUD Jagger, Richard/I'M FREE Jagger, Richard
S-London 9792 (USA)
Veröffentlicht: September 1965
Produzent: Andrew Loog Oldham
Techniker: Dave Hassinger
Studio: RCA, Hollywood, 5. und 6. September

N.B. Die im Oktober in Großbritannien veröffentlichte Single hat eine andere B-Seite.

2
Die am 19. August aufgenommene Sendung „Top Of The Pops" wird von BBC-TV ausgestrahlt.

Aufnahmen für eine Sondersendung von „Ready Steady Go!".

3
Beim zweiten ihrer beiden Auftritte in Dublin randalieren die Fans, und 30 Jugendliche stürmen die Bühne. „Melody Maker" berichtet: „Die Jugendlichen waren überall auf der Bühne. Mick Jagger wurde auf den Boden gestoßen, Brian Jones kämpfte mit drei Fans und Bill Wyman stand mit dem Rücken zum Klavier. Keith Richard war die Flucht gelungen. Und während um ihn herum das absolute Chaos herrschte, spielte Charlie Watts mit versteinerter Miene weiter."

4
Rund 80 Sitze werden auseinandergenommen und bei einem Konzert in Belfast auf die Bühne geschmissen. Zwei Fans werden an den Beinen verletzt.

Auftritt bei der TV-Sendung „Your Lucky Stars Summer Spin".

5
Von Dublin aus fliegen die Stones zu Aufnahmen nach Los Angeles. Mick Jagger: „Wir nehmen unsere Songs in den USA auf, weil wir hier am besten arbeiten können. Hier können wir vom Nachmittag bis in den frühen Morgen aufnehmen, und die Techniker sind hervorragend."

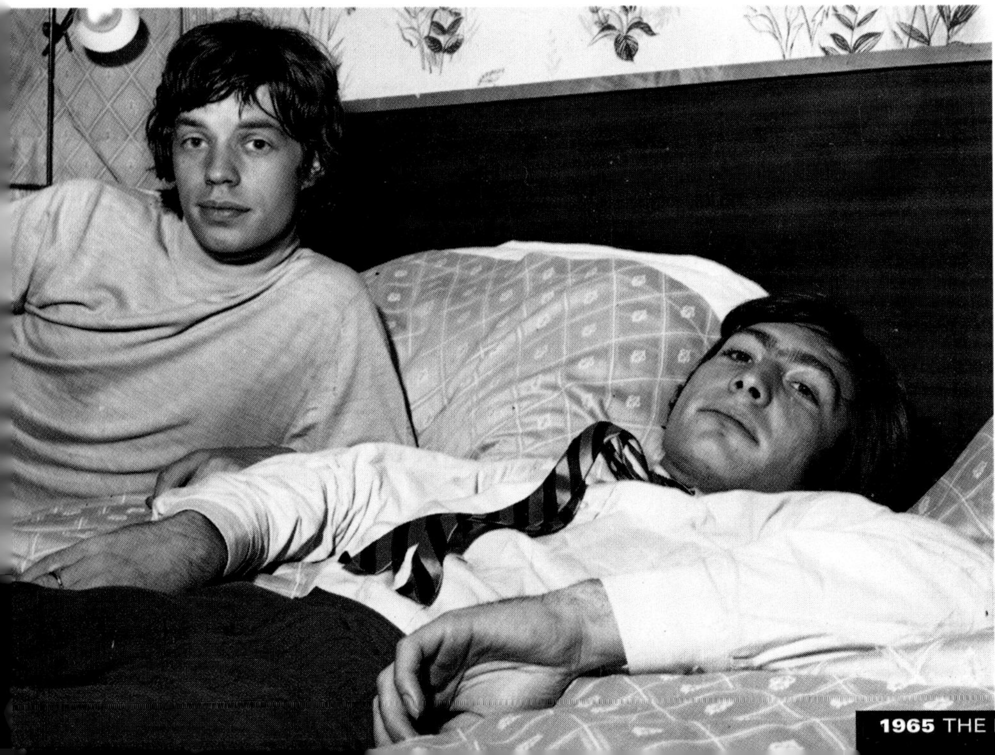

Unten: Mick und Charlie auf der Isle of Man im August 1964.

6–7
Aufnahmen im RCA Studio, Hollywood.

8
Flug auf die Isle of Man zu einem Konzert.

9
BBC-TV wiederholt „Top Of The Pops“ vom 19. August.

10
Die TV-Sendung „Ready Steady Go! – The Rolling Stones Special Show“ wird gesendet.

11
Flug nach Düsseldorf und Beginn einer Tour durch Deutschland und Österreich. Tausende von Fans warten am Flughafen und 200 durchbrechen die Polizeikette dringen in die Lounge ein und greifen die Polizisten an. 32 Fans und sechs Polizisten kommen ins Krankenhaus. Später demolieren Fans eine Straßenbahn und greifen den Fahrer an.

16
BBC-TV wiederholt noch einmal „Top Of The Pops“.

18
BBC-Radio wiederholt die Sendung „Saturday Club“ vom 20. August.

23
Auftritt bei der BBC-TV-Sendung „Top Of The Pops“.

Die Stones proben für ihre England-Tournee im Ken Colyer Club. Zum letzten Mal waren sie dort Weihnachten 1963.

24
Start der England-Tournee. Mit von der Partie sind The Spencer Davies Group, Unit 4 + 2, The Checkmates, Charles Dickens, The Habit, The End und der kanadische Komödiant Ray Cameron. Bei einigen Konzerten treten The Moody Blues für Unit 4 + 2 auf.

Das Album „Out of Our Heads“ wird von Decca veröffentlicht. Es kommt auf Anhieb auf die dritte Stelle in den Charts und steigt noch auf den zweiten Platz.

OUT OF OUR HEADS
A-Decca LK 4733
Veröffentlicht: September 1965
Produzent: Andrew Loog Oldham
Studios: Chess, Chicago; RCA, Hollywood, vom 10. Mai 1965 an

A-Seite: 1. „She Said Yeah“ (Jackson, Christy), 2. „Mercy, Mercy“ (Covay, Miller), 3. „Hitch Hike“ (Gaye, Stevenson), 4. „That's How Strong My Love Is“ (Jamison), 5. „Good Times“ (Cooke), 6. „Goota Get Away“ (Jagger, Richard).

B-Seite: 7. „Talkin' 'Bout You“ (Berry), 8. „Cry To Me“ (Russell), 9. „Oh Baby (We Got A Good Thing Going)“ (Ozen), 10. „Heart Of Stone“ (Jagger, Richard) 11. „The Under Assistant West Coast Promotion Man“ (Nanker, Phelge), 12. „I'm Free“ (Jagger, Richard).

N.B. Eine andere Version von Song 11 wurde auf der B-Seite von „Satisfaction“ in den USA veröffentlicht. (Matrixnummer XDR 35802). Der Song wurde zwischen dem 10. und 13. Mai in Chicago und Hollywood aufgenommen. Ian Stewart und Jack Nitzsche spielen auf einigen Stücken Klavier und Orgel. Ian Stewart spielt zudem Marimbas bei einigen Songs und Jack Nitzsche sowie J.W. Alexander Percussion. Die Stücke 4 und 11 wurden in Chicago unter der technischen Leitung von Ron Malo aufgenommen.

30
BBC-TV wiederholt zum dritten Mal „Top Of The Pops“.

Oktober

Auftritte: ABC Theatre, Chester (1.); ABC Theatre, Wigan (2.); The Odeon, Manchester (3.); Gaumont Theatre, Bradford (4.); ABC Theatre, Carlisle (5.); The Odeon, Glasgow (6.); City Hall, Newcastle-on-Tyne (7.); ABC Theatre Stockton-on-Tees (8.); The Odeon, Leeds (9.); The Empire, Liverpool (10.), Gaumont Theatre, Sheffield (11.); The Odeon, Doncaster (12.); De Montfort Hall, Leicester (13.); The Odeon, Birmingham (14.); ABC Theatre, Cambridge (15.); ABC Theatre, Northampton (16.); Granada, London (17.); The Forum, Montreal, Kanada (29.); Barton Hall, Cornell University, Ithaca, New York (nachmittags)/War Memorial Hall, Syracuse, New York (30.); Maple Leaf Gardens, Toronto, Kanada (31.).

Decca veröffentlicht Bills Produktion von „Every Beat Of My Heart“ mit Bobby Miller.

3
Stühle werden beim Stones-Konzert in Manchester zerstört, Keith Richard wird von herumfliegenden Trümmern getroffen, wird ohnmächtig und muß auf einer Trage herausgetragen werden. Mick Jagger wird am Auge verletzt, singt aber weiter.

14
BBC-TV zeigt einen Ausschnitt von „Charlie Is My Darling“ während der Sendung „Top Of The Pops“.

18
Werbeaufnahmen für den Radiosender KHJ (Los Angeles) in London.

19
Aufnahmen für „Top Of The Pops“.

21
Auftritt bei „Top Of The Pops“.

22
Auftritt bei „Ready Steady Go!“.

„Get Off Of My Cloud“/„The Singer Not The Song“ wird von Decca auf den Markt gebracht. Von Platz Drei klettert der Song

Links: Andrew Oldham mit Charlie und Keith bei „Ready Steady Go!“

auf die erste Stelle in den Charts und bleibt dort drei Wochen lang.

Philips veröffentlicht Bills Produktion „I Can't Get Any Joy" mit The End.

GET OFF OF MY CLOUD Jagger, Richard/THE SINGER NOT THE SONG Jagger, Richard
S-Decca F 12263 (UK)
Veröffentlicht: Oktober 1965
Produzent: Andrew Loog Oldham
Techniker: Dave Hassinger
Studio: RCA, Hollywood, 6.–7. September 1965

25
Andrew Oldham fliegt nach New York und bespricht die letzten Details für die nächste USA-Tournee.

27
Die Stones treffen in New York ein und beziehen zwei Stockwerke des Warwick Hotels, das als ihr Hauptquartier dient. Zu den Konzerten fliegen sie mit einem Privat-Flugzeug.

28
Interviews mit US-TV- und Radiosendern.

29
In Montreal stürmen 400 Fans die Bühne. 40 Mädchen müssen medizinisch behandelt werden. Charlies Jackett wird in Stücke gerissen. Brian wird am Kopf verletzt und Mick und Keith sind 20 Minuten lang auf der Bühne gefangen, bevor sie von Sicherheitskräften heruntergeleitet werden können.

30
Die Stones veranstalten eine Pressekonferenz im New York Hilton. Mit ihrem Wagen fahren sie in den Lieferanten Aufzug. „Sie waren seit John F. Kennedy die ersten Persönlichkeiten, die mit einem Auto in das Hotel gefahren wurden", erinnert sich ein Wachmann.

November
Auftritte: Memorial Auditorium, Rochester, New York (1.); Auditorium, Providence, Rhode Island (3.); Arena, New Haven, Connecticut (4,); Boston Gardens, Boston, Massachussetts (5.); Academy of Music, New York (nachmittags)/ Convention Hall, Philadelphia, Pennsylvania (6.); Mosque Theater, Newark, New Jersey (7.); Reynolds Coliseum, Raleigh, North Carolina (10.); War Memorial Auditorium, Greensboro, North Carolina (12.); Coliseum, Washington (nachmittags)/Civic Center, Baltimore, Maryland (13.); Civic Coliseum, Knoxville, Tennessee (14.); Coliseum, Charlotte, North Carolina (12.); Municipal Auditorium, Nashville, Tennessee (16.); Mid South Coliseum, Memphis, Tennessee (17.); State Fair Youth Center, Shreveport, Louisiana (20.); Will Rogers Stadium, Fort Worth, Texas (nachmittags)/Memorial Auditorium, Dallas (21.); Assemby Hall, Tulsa, Oklahoma (23.); Civic Arena, Pittsburgh, Pennsylvania (24.); Municipal Arena, Milwaukee, Wisconsin (25.); Cobo Hall, Detroit, Michigan (26.); Hara Arena, Dayton, Ohio (nachmittags)/ The Gardens, Cinncinnati, Ohio (27.); Arie Crown Theater, McCormick Place, Chicago (28.); Coliseum, Denver, Colorado (29.); Veterans Memorial Coliseum, Phoenix, Arizona (30.).

Das Album „December's Children" kommt in den USA heraus und erreicht den zweiten Platz in den Charts.

DECEMBER'S CHILDREN
A-London PS 451 (USA)
Veröffentlicht: November 1965
Produzent: Andrew Loog Oldham

A-Seite: 1. „She Said Yeah" (Roderick, Christy, Jackson), 2. „Talkin' 'Bout You Baby" (Berry), 3. „You Better Move On" (Alexander), 4. „Look What You've Done" (Margonfield), 5. „The Singer Not The Song" (Jagger, Richard), 6. „Route 66" (Troup).

B-Seite: 7. „Get Off Of My Cloud" (Jagger, Richard), 8. „I'm Free" (Jagger, Richard), 9. „As Tears Go By" (Jagger, Richard, Oldham), 10. „Gotta Get Away" (Jagger, Richard) 11. „Blue Turns To Grey" (Jagger, Richard), 12 „I'm Moving On" (Snow).

N.B. Die Songs 4 und 11 wurden in Großbritannien erst 1971 auf dem Sammelalbum „Stone Age" veröffentlicht.

THE ROLLING STONES
EP-Decca SDE 7503 (UK)
Veröffentlicht: Ende 1965 (November?)
Produzent: Andrew Loog Oldham

A-Seite: 1. „She Said Yeah" (Roderick, Christy, Jackson), 2. „Gotta Get Away" (Jagger, Richard)

B-Seite: 3. „Talkin' ‚Bout You" (Berry), 4. „The Singer Not The Song" (Jagger, Richard).

1
In New York nehmen die Stones Werbesendungen für eine Radiostation in Boston auf.

4
BBC-TV sendet Stones-Auftritt bei „Top Of The Pops".

6
Fernsehinterview in Philadelphia.

11
Aufnahmen für die TV-Show „Hullaballoo" in New York. BBC-TV wiederholt „Top Of The Pops".

15
„Hullaballoo" wird in den USA ausgestrahlt.

18
BBC-TV wiederholt „Top Of The Pops".

19
„Farlowe In The Midnight Hour", eine EP von Chris Farlowe, wird auf Immediate Records veröffentlicht. Es ist das erste Produkt der neuen Gesellschaft „We Three", die von Mick Jagger, Keith Richard und Andrew Oldham gegründet worden war.

26
Berry Gordy lädt die Stones zu einer Besichtigung der Tamla-Motown-Studios ein.

Dezember
Auftritte: Agrodome, Vancouver, Kanada (1.); Coliseum, Seattle, Washington (2.); Memorial Auditorium, Sacramento, Cali-

Oben: Brian bei „Thank Your Lucky Stars".

fornia (3.); Civic Auditorium, San José, California (4.); Convention Hall, San Diego (nachmittags)/Sports Arena, Los Angeles (5.).

„As Tears Go By"/„Gotta Get Away" wird in den USA veröffentlicht. Von Platz 79 klettert die Single auf Platz sechs in den Charts.

AS TEARS GO BY Jagger, Richard, Oldham/GOTTA GET AWAY Jagger, Richard
S-London 9808 (USA)
Veröffentlicht: Dezember 1965
Produzent: Andrew Loog Oldham
Techniker: Dave Hassinger
Studio: RCA, Hollywood

3
Von einem elektrischen Schlag getroffen, fällt Keith auf der Bühne in Sacramento in Ohnmacht.

5
Die Stones spielen vor 14 000 Fans in der Sports Arena von Los Angeles. Anita Pallenberg, die Freundin von Brian Jones, kommt aus London nach Los Angeles.

6–10
Aufnahme von zehn neuen Stücken im RCA-Studio.

11
Die am 16. Mai aufgenommene Sendung „Shivaree" wird im amerikanischen Fernsehen wiederholt.

22
Keith fliegt von New York nach London, um Weihnachten mit seiner Familie zu feiern.

23
BBC-TV strahlt „Top Of The Pops" mit einem Auftritt der Stones aus.

24
Mick fliegt von New York nach London und feiert Weihnachten mit seinen Eltern. Seinem Bruder schenkt er einen Mini Cooper.

25
Brian Jones und Anita verbringen Weihnachten auf den Virgin Island, wo ein tropischer Virus Brian flachlegt. Bill und Charlie sind bereits zwei Wochen vor Weihnachten nach England geflogen, um an ihren neuen Häusern zu arbeiten. Mick feiert auf Jamaika.

BBC-TV zeigt eine Sendung über die Aufnahmen für die Weihnachtssendung von „Top Of The Pops".

26
BBC-TV wiederholt die Sendung „Top Of The Pops Christmas Show".

27
Brian und Anita kehren nach London zurück.

30
BBC-TV wiederholt die Aufnahmen für „Top Of The Pops" vom 19. Oktober.

Einige Bandmitglieder werden von Granada-TV für die Sendung „Man Alive" interviewt.

31
Die Stones nehmen an der TV-Sendung „The New Year Starts Here" teil.

1966

Januar
Mick fliegt nach Paris, um sich einzukleiden. Brian besucht Kopenhagen.

Die Single „Think" von Chris Farlowe wird auf Immediate veröffentlicht. Produzenten sind Mick, Keith und Andrew Oldham.

1
Keith besitzt nun zwar einen dunkelblauen Bentley Continental, hat aber noch keinen Führerschein. Die Stones sind Mittelpunkt der Neujahrs-Ausgabe von „Ready Steady Go!".

Februar
Auftritte: Commemoration Auditorium, Sydney, Australien (18 -19.); City Hall, Brisbane, Australien (21.); Centennial Hall, Adelaide, Australien (22.); Palais Theatre, St. Kilda, Melbourne, Australien (23.–26.); Town Hall, Wellington, Neuseeland (28.)

Ein weiteres Kitsch-Meisterwerk aus der Werkstatt von Andrew Loog Oldham wird veröffentlicht. Auf dem Album „Today's Pop Symphony: The Aranbee Pop Orchestra Under The Direction Of Keith Richard" kommt auf Immediate heraus. Auf dem von Keith Richard produzierten Album sind Jagger/Richard mit vier Werken vertreten: „Play With Fire", „Mother's Little Helper", „Take It Or Leave It" und „Sittin' On A Fence".

Brian spielt Sitar bei einem Auftritt in „Ready Steady Go!" mit „Paint It Black".

3
Aufnahmen für „Top Of The Pops" in London.

4
„19th Nervous Breakdown"/„As Tears Go By" wird veröffentlicht. Die Single startet auf dem zweiten Platz und erreicht bald die erste Stelle in den Charts. „19th Nervous Breakdown"/ „Sad Day" kommt in den USA heraus und erreicht vom 46. Platz die erste Stelle in den Charts.

19th NERVOUS BREAKDOWN Jagger, Richard/AS TEARS GO BY Jagger, Richard, Oldham
S-Decca F12331 (UK)
Veröffentlicht: Februar 1966
Produzent: Andrew Loog Oldham
Techniker: Dave Hassinger
Studio: RCA, Hollywood

19th NERVOUS BREAKDOWN Jagger, Richard/SAD DAY Jagger, Richard
Veröffentlicht: Februar 1966
Produzent: Andrew Loog Oldham
Techniker: Dave Hassinger
Studio: RCA, Hollywood

6
Auftritt in der TV-Sendung „Eamonn Andrews Show".

8
Keith fällt durch die erste Führerscheinprüfung, was seinem Chauffeur Patrick vorerst den Job rettet. Im zweiten Anlauf gelingt dann die Prüfung.

10
BBC-TV sendet „Top Of The Pops".

12
Abflug nach New York.

13
Auftritt in der „Ed Sullivan Show".

14
Die Stones fliegen über Los Angeles nach Sydney, von wo aus sie eine Tournee durch Australien und Neuseeland starten.

16
Interview im australischen Radio und TV.

17
BBC-TV wiederholt „Top Of The Pops".

20
5000 Fans erwarten die Stones in Brisbane, wo sie von strahlendem Sonnenschein begrüßt werden. In Sydney hatte es nur geregnet.

22
Aufnahmen für „Top Of The Pops" in Brisbane.

23
Flug nach Melbourne. Der lokale Radiosender 3UZ Melbourne zeichnet das Konzert am Abend auf.

24
Während des Konzerts in Melbourne stürmen Fans die Bühne. Keith muß sich nachher wegen einer Wunde am Auge im Krankenhaus behandeln lassen.

28
In Wellington müssen die Stones ihr Konzert 15 Minuten früher als geplant abbrechen, weil die Polizei die Fans nicht mehr in Schach halten kann.

März

Auftritte: Civic Centre, Auckland, Neuseeland (1.); Capitol Theatre, Perth, Australien (2.); Brabanthall, Amsterdam (26.); Palais des Sports, Brüssel (27.); Olympia, Paris (29.); Musicorama, Marseille (30.); Palais d'Hiver, Lyon (31.).

„Big Hits (High Tide & Green Grass)", das erste Stones-Sammelalbum, kommt in den USA auf den Markt und erreicht Platz zwei in den Charts, in denen es sich zwei Jahre lang hält.

BIG HITS (HIGH TIDE AND GREEN GRASS) Sammelalbum
A-London NPS 1
Veröffentlicht: März 1966

A-Seite: 1. „The Last Time" (Jagger, Richard), 2. „As Tears Go By" (Jagger, Richard, Oldham), 3. „Time Is On My Side" (Meade, Norman), 4. „It's all Over Now" (Womack), 5. „Tell Me" (Jagger, Richard), 6. „19th Nervous Breakdown" (Jagger, Richard).

B-Seite: 7. „Heart Of Stone" (Jagger, Richard), 8. „Get Off Of My Cloud" (Jagger, Richard), 9. „Not Fade Away" (Petty, Hardin), 10. „Good Times Bad Times" (Jagger, Richard), 11. „Play With Fire" (Nanker, Phelge).

N.B. Diese Zusammenstellung enthält andere Songs als das unter gleichem Namen in Großbritannien acht Monate später veröffentlichte Album.

1
Die Stones fliegen nach Los Angeles und gewinnen einen Tag beim Überqueren der internationalen Datumsgrenze. Keith, Mick und Charlie entspannen sich drei Tage lang auf Fidschi, während Brian und Bill die Clubszene in Los Angeles untersuchen.

3
BBC-TV überträgt die in Brisbane aufgenommene Sendung „Top Of The Pops".

2–12
Die Stones nehmen 21 neue Songs in den RCA-Studios, Hollywood, auf.

5
Das Album „14 Things To Think" von Chris Farlowe wird auf Immediate veröffentlicht. Produzenten sind Mick, Keith und Andrew Oldham.

11
„Everywhere I Go" (Brown, Williams, Groom)/„Stu Ball" (Wyman, Stewart) von Ian Stewart and The Railroaders kommt auf Decca heraus. Hinter dem Namen verbergen sich Bill (Bass), Keith (Gitarre), Ian Stewart (Klavier) und Tony Meehan am Schlagzeug. Produzent ist Bill Wyman.

26
In Amsterdam beginnt eine kurze Europa-Tournee.

das ohr am puls der zeit
Jeden Monat neu!
musikexpress
SOUNDS

27
Die Stones fliegen einen Tag früher als geplant nach Paris.

28
Nach einem Auftritt im französischen Fernsehen besuchen die Stones „Castelles", den damals heißesten Club in Paris.

29
Trotz einer Lebensmittelvergiftung tritt Charlie im „Olympia" auf. Die Show wird vom Radiosender „Europe 1" übertragen. Am Abend treffen die Stones bei einer Party im Hotel George V Brigitte Bardot und Françoise Hardy.

30
Rund 50 Sitze werden demoliert und 85 Fans festgenommen, als 2500 Zuschauer in Marseille randalieren. Mick wird von einem Sitz getroffen und muß ins Krankenhaus. Mick: „Sie haben die Sitze auseinandergenommen und die Polizisten geschlagen. Die Kids waren absolut verrückt. Die haben die Polizisten sogar mit deren Schlagstöcken verprügelt. Ich habe mich da so gut es ging rausgehalten. Ich mag es nicht, wenn man Polizisten verprügelt."

31
Die Stones chartern ein Flugzeug und fliegen nach Lyon. Nach dem Konzert fahren sie im Schlafwagen nach Paris.

April

Auftritte: Kungliga Tennishallen, Stockholm (3.); K. B. Hallen, Kopenhagen (5.).

„Paint It Black"/„Stupid Girl" kommt in den USA heraus. Von Platz 48 klettert die Single auf die erste Stelle der Charts.

PAINT IT BLACK Jagger, Richrad/STUPID GIRL Jagger, Richard
S-London 901 (USA)
Veröffentlicht: April 1966
Produzent: Andrew Loog Oldham
Techniker: Dave Hassinger
Studio: RCA, Hollywood, 3.–12. März 1966

1
Brian und Bill sind in Paris bei einer Produktion von „Ready Steady Go!" im Publikum und gehen danach mit dem Team zu „Castelles".

2
Brian und Bill fliegen von Paris nach Stockholm.

3
Mick, Keith und Charlie treffen in Stockholm ein. Das Konzert am Abend findet in einer Tennishalle mit Glasdach statt.

5
Flug nach Kopenhagen.

6
Rückkehr nach London.

14
Die Stones treten bei „Top Of The Pops" auf. Die Sendung wird dreimal wiederholt.

15
Das Album „Aftermath" wird veröffentlicht. Nach einer Woche auf Platz zwei hält es sich sieben Wochen an erster Stelle in den Charts.

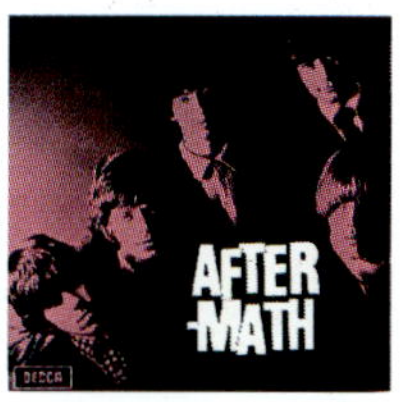

AFTERMATH
A-Decca SKL 4786
Veröffentlicht: März 1966
Produzent: Andrew Loog Oldham
Techniker: Dave Hassinger
Studio: RCA, Hollywood

A-Seite: 1. „Mother's Little Helper", 2. „Stupid Girl", 3. „Lady Jane", 4. „Under My Thumb", 5. „Doncha Bother Me", 6. „Goin' Home".

B-Seite: 7. „Flight 505", 8. „High And Dry", 9. „Out Of Time", 10. „It's Not Easy", 11. „I Am Waiting", 12. „Take It Or Leave It", 13. „Think", 14. „What To Do".
Alle Songs: Jagger, Richard

N.B. Jack Nitzsche spielt Klavier, Percussion und Orgel bei einigen Songs. Ian Stewart spielt Klavier und Orgel bei einigen Songs.

20
Mick und Chrissie Shrimpton verbringen Ferien in Paris.

24
Brian und Anita Pallenberg sind unter den Gästen bei der Party des Guinness-Erben Tara Browne, der seinen 21. Geburtstag feiert.

30
Mick und Brian verbringen ein Wochenende in Tara Brownes Landhaus in Irland.

Mai

Auftritt: New Musical Express Poll Winners Concert, Empire Pool, Wembley, (1.).

Keith Richard kauft Redlands, ein riesiges Tudor-Anwesen in West Wittering, West Sussex. Keith: „Es ist einfach toll. Es hat sogar einen Burggraben."

Mick zieht von seinem Apartment am Montagu Square, London, nach 52 Harley House, Marylebone Road.

1
BBC überträgt das NME-Poll-Konzert aus Wembley.

8
Live-Auftritt in der TV-Sendung „Thank Your Lucky Stars".

12
„Top Of The Pops" vom 14. April wird wiederholt.

Brian fliegt für eine Woche nach Marbella und wohnt dort bei einem Freund.

13
„Paint It Black"/„Long Long While" wird von Decca veröffentlicht. Von Platz Fünf klettert die Single auf die erste Stelle in den Charts.

PAINT IT BLACK Jagger, Richard/LONG LONG WHILE Jagger, Richard
S-Decca F 12395 (UK)
Veröffentlicht: Mai 1966
Produzent: Andrew Loog Oldham
Techniker: Dave Hassinger
Studio: RCA, Hollywood, 3.–12. März 1966

19
„Top Of The Pops" wird wiederholt.

26
Bob Dylan spielt in der Royal Albert Hall mit E-Gitarre. Die Stones sitzen in der ersten Nacht in einer Loge und besuchen Dylan nach dem Konzert hinter der Bühne. Der „Besuch" dauert bis in den frühen Morgen.

27
Die Stones treten bei „Ready Steady Go!" in Wembley auf.

29
Brian fliegt zu einem Kurzurlaub nach Marbella.

Juni

Auftritte: Manning Bowl, Lynn, Massachussetts (24.); Cleveland, Ohio (nachmittags); Civic Arena, Pittsburgh, Pennsylvania (25.); Coliseum, Washington (nachmittags), Civic Center, Baltimore, Maryland (26.); Dillon Stadium, Hartford, Connecticut (27.); Buffalo, New York (28.); Maple Leaf Gardens, Toronto, Kanada (29.); The Forum, Montreal, Kanada (30.);

„Aftermath" kommt in den USA auf London heraus, allerdings mit anderen Songs als die britische Version.

AFTERMATH
A-London PS 476 (USA)
Veröffentlicht: Juni 1966
Produzent. Andrew Loog Oldham
Techniker; Dave Hassinger
Studio: RCA, Hollywood

A-Seite: 1. „Paint It Black", 2. „Stupid Girl", 3. „Lady Jane", 4. „Under My Thumb", 5. „Doncha Bother Me", 6. „Think".

B-Seite: 7. „Flight 505", 8. „High And Dry", 9. „It's Not Easy", 10. „I Am Waiting", 11. „Goin' Home".
Alle Songs: Jagger, Richard

N.B. Das Album kam zwei Monate nach der britischen Version ohne die Songs „Mother's Little Helper", „Out Of Time", „Take It Or Leave It" und „What To Do" auf den Markt. Dafür findet sich der aktuelle Hit „Paint It Black" auf der Platte wieder.

Die „doppelte A-Seite" „Mother's Little Helper"/„Lady Jane" schlagen sich gut in den Charts. „Mother's Little Helper" erreicht den achten, „Lady Jane" den 24. Platz.

MOTHER'S LITTLE HELPER
Jagger, Richard/LADY JANE
Jagger, Richard
S-London 902 (USA)
Veröffentlicht: Juni 1966
Produzent: Andrew Loog Oldham

14
Mick bricht in seiner neuen Wohnung in Harley House wegen Erschöpfung zusammen, erholt sich aber wieder schnell und kann am nächsten Tag an TV-Aufnahmen teilnehmen.

15
Mick wird für die BBC-TV-Sendung „A Whole Scene Going" interviewt.

17
Chris Farlowes Version von „Out Of Time" (Jagger, Richard) wird auf Immediate veröffentlicht und erreicht die erste Stelle in den Charts. Produzent ist Mick Jagger.

21
Die Stones reichen eine Klage über 1 750 850 Pfund gegen 14 führende Hotels in New York ein, die sich geweigert haben, die Band aufzunehmen. Die Stones machen Rufschädigung und Diskriminierung von Ausländern geltend, was ein Verstoß gegen die Verfassung des Staates New York wäre.

23
Die Stones fliegen nach New York, um ihre Tournee zu beginnen. Als schwimmendes Hauptquartier dient die „S.S. Sea Panther".

24
Pressekonferenz an Bord des Schiffes. Die exklusiven Fotorechte liegen bei Linda Eastman, die damit ihre Karriere als Rock-Fotografin beginnt.

Die Tournee beginnt in Lynn, Massachussetts. Vor ihrem Auftritt wird ihnen jedoch die gesamte technische Ausrüstung einschließlich des weltweit einzigen elektrischen Zimbal gestohlen.

30
Das Konzert in Montreal muß wegen randalierender Fans abgebrochen werden.

Juli

Auftritte: Stadium, Atlantic City, New Jersey (1.); Forest Hills Tennis Stadium, New York (2.); Asbury Park, New Jersey (3.); Virginia Beach, Virginia (4.); War Memorial Hall, Syracuse, New York (6.); Cobo Hall, Detroit (8.); State Fairgrounds, Coliseum, Indianapolis, Indiana (9.); Arie Crown Theatre, Chicago (10.); Sam Houston Coliseum, Houston, Texas (11.); Kiel Convention Hall, St. Louis, Missouri (12.); Winnipeg, Kanada (14.); Civic Auditorium, Omaha, Nebraska (15.); P. N. E. Forum, Vancouver, Kanada (19.); Seattle, Washington (20.); Memorial Coliseum, Portland, Oregon (21.); Auditorium, Sacramento, California (22.); The Lagoon, Salt Lake City, Utah (nachmittags)/Phoenix, Arizona (23.); Bakersfield, California (24.); Hollywood Bowl, Los Angeles (25.); San Francisco (26.); International Sports Center, Honolulu, Hawaii (28.).

7
Bei dem Konzert in Syracuse kommt es zu einem Zwischenfall, als einer der Stones eine amerikanische Flagge über den Boden zieht. Die Fahne hatte zum Trocknen über einem Stuhl gehangen und wurde dem Übeltäter sofort wieder entrissen. Die herbeigerufene Polizei akzeptiert die Entschuldigung, daß man die Fahne als Souvenir mitnehmen wollte, nimmt aber offensichtlich aus Rache den Herausgeber der Unizeitung der Syracuse University fest.

August

3–12
Aufnahmen im RCA-Studio in Hollywood.

10
Die Stones treten in der „Ed Sullivan Show" auf.

12
Die Stones machen Urlaub. Mick fliegt nach Mexico, Keith nach New York, Bill und Freundin nach Palm Springs und Charlie nach London.

13
Charlie kommt in London an und fliegt mit Shirley weiter nach Griechenland.

25
Mick verunglückt in seinem Aston Martin in der Nähe seiner Wohnung, bleibt aber ebenso wie Chrissie Shrimpton unverletzt.

September

Auftritte: Royal Albert Hall, London (23.); The Odeon, Leeds (24.); The Empire, Liverpool (25.); Apollo Theatre, Manchester (28.); ABC Theatre, Stockton-on-Tees (29.); The Odeon, Glasgow (30.).

2
Aufnahmen in den IBC Studios in London zusammen mit Produzent Mike Leander und einem Orchester.

4
Während eines Urlaubs in Tanger verunglückt Brain beim Bergsteigen im Atlas-Gebirge und bricht sich zwei kleine Knochen in seiner linken Hand. Er fliegt sofort nach London zu einem Spezialisten.

7
Mick und Keith fliegen nach Los Angeles, um dort eine neue Single fertigzustellen.

9
Mick und Keith fliegen nach New York, wo der Rest der Band auf sie wartet. Aufnahmen für die „Ed Sullivan Show".

10
„Ready Steady Go!" mit einem vorab aufgenommenen Stones-Auftritt wird gesendet.

11
Die Stones in der „Ed Sullivan Show". Sie spielen ihren neuen Titel „Have You Seen Your Mother, Baby, Standing In The Shadow?"

12
Aufnahmen für „Top Of The Pops" mit den Stones in New York.

Oben: Mick mit Chris Farlowe bei der Aufnahme von Farlowes Hit „Out Of Time" 1966. Unten: Brian im Mai 1968.

16
Der Labour-Abgeordnete Tom Driberg fordert das Parlament auf, „die Behauptung eines Stadtrats, die Stones seien ‚beschränkt und dreckig angezogen' zu bedauern."

19
Mick und Keith werden von Radio Luxemburg interviewt.

22
„Top Of The Pops" mit dem Material aus New York wird gesendet.

23
„Have You Seen Your Mother, Baby, Standing In The Shadow?" / „Who's Driving Your Plane?" kommt in Großbritannien und den USA auf den Markt. In beiden Charts erreicht die Single den fünften Platz als höchste Plazierung.

Die Stones gehen in Großbritannien auf Tournee. Mit dabei sind The Ike and Tina Turner Revue, The Yardbirds, Peter Jay and The New Jaywalkers und Long John Baldry. Das Eröffnungskonzert in der Royal Albert Hall versinkt im Chaos. 50 Mädchen müssen nach einem Sturm auf die Bühne ins Krankenhaus. Keith wird zu Boden gestoßen und Fans erdrosseln Mick fast. Brian und Bill flüchten, von Fans verfolgt, von der Bühne.

Auf einer Party nach dem Konzert im Kensington Hotel werden die Stones mit einigen goldenen Schallplatten ausgezeichnet. BBC filmt die Party für „Top Of The Pops".

HAVE YOU SEEN YOUR MOTHER, BABY, STANDING IN THE SHADOW?, Jagger, Richard/WHO'S DRIVING YOUR PLANE? Jagger, Richard
S-Decca F12497 (UK)
London 903 (USA)
Veröffentlicht; September 1966
Produzent: Andrew Loog Oldham
Techniker: Dave Hassinger
Studio: RCA, Hollywood

27
BBC-Radio interviewt Mick.

29
Die Verleihung der goldenen Schallplatten wird in „Top Of The Pops" gesendet.

Oktober

Auftritte: City Hall, Newcastle-on-Tyne (1.); Gaumont Theatre, Ipswich (2.); The Odeon, Birmingham (6.); Colston Hall, Bristol (7.); Capitol Theatre, Cardiff (8.); Gaumont Theatre, Southampton (9.).

„Ride On Baby" von Chris Farlowe wird auf Immediate veröffentlicht. Produzent ist Mick Jagger.

4
Aufnahmen für „Ready Steady Go!".

7
Die Sendung wird ausgestrahlt. BBC lehnt Peter Whiteheads Promotion-Clip für „Have You Seen..." ab.

9
Ende der GB-Tournee. Brian Jones: „Ein völlig neues Publikum kam zu unseren Konzerten. Zwölfjährige Kinder, die uns noch nie gesehen hatten. Es war fast wie vor drei Jahren, als die Begeisterung noch ganz frisch war."

Keith: „Wir waren in Gefahr, etabliert zu sein. Doch jetzt ist eine ganz neue Welle da und überrollt die Bühne wie in alten Zeiten."

14
Mick wird für die „David Frost Show" interviewt.

15
Mick Jagger zeigt sich zum ersten Mal mit seiner neuen Freundin Marianne Faithfull bei einer Party zum Start der neuen Untergrundzeitung „International Times" in der Öffentlichkeit. Chrissie Shrimpton lebt noch in der gemeinsamen Wohnung in Harley House.

25
Die Stones sind Gäste bei einer Party, die für Bobby Darin in London veranstaltet wird.

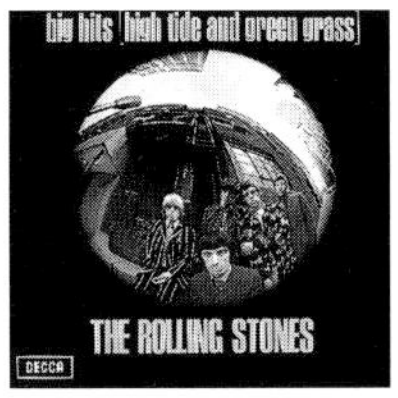

November

BIG HITS (HIGH TIDE AND GREEN GRASS) Sammelalbum
A-Decca TXS 101
Veröffentlicht: November 1966
Produzent: Andrew Loog Oldham

A-Seite: 1. „Have You Seen Your Mother, Baby, Standing In The Shadow" (Jagger, Richard), 2. „Paint It Black" (Jagger, Richard), 3. „It's All Over Now" (B. Womack, S. Womack), 4. „The Last Time" 5. „Heart of Stone" (Jagger, Richard), 6. „Not Fade Away" (Petty, Hardin), „Come On" (Berry).

B-Seite: 8. „(I Can't Get No) Satisfaction", (Jagger, Richard), 9. „Get Off Of My Cloud" (Jagger, Richard); 10. „As Tears Go By" (Jagger, Richard), 11. „19th Nervous Breakdown" (Jagger, Richard), 12. „Lady Jane" (Jagger, Richard), 13. „Time Is On My Side" (Meade, Norman), 14. „Little Red Rooster" (Dixon).

GOT LIVE IF YOU WANT IT!
A-London PS 493
Veröffentlicht: November 1966
Produzent: Andrew Loog Oldham
Studio: Live-Aufnahme in der Royal Albert Hall am 23. September 1966 von Glyn Johns

A-Seite: 1. „Under My Thumb" (Jagger, Richard), 2. „Get Off Of My Cloud" (Jagger, Richard), 3. „Lady Jane" (Jagger, Richard); 4. „Not Fade Away" (Petty, Hardin), 5. „I've Been Loving You Too Long (To Stop Now)" (Redding, Butler), 6. „Fortune Teller" (Neville).

B-Seite: 7. „The Last Time" (Jagger, Richard), 8. „19th Nervous Breakdown" (Jagger, Richard), 9. „Time Is On My Side" (Meade, Norman), 10. „I'm Allright" (Nanker, Phelge), 11. „Have You Seen Your Mother, Baby, Standing In The Shadow?" (Jagger, Richard), 12. „(I Can't Get No) Satisfaction „(Jagger, Richard).

N.B. Dies ist eine völlig andere Zusammenstellung als auf der gleichnamigen EP. Das Album wurde nie in Großbritannien verkauft. Einige Stücke wurden auf dem Sammelalbum „Gimme Shelter" veröffentlicht. Später gab es das Album auch als CD in Europa.

4
Das Album „Got Live If You Want It!" kommt in den USA auf den Markt und erreicht den sechsten Platz in den Charts.

In Großbritannien veröffentlicht Decca das Sammelalbum „Big Hits (High Tide And Green Grass)", das in den Charts den vierten Platz erreicht.

Die EP „Farlowe In The Midnight Hour", auf der Chris Farlowe seine Version von „Satisfaction" singt, produziert von Mick, Keith und Andrew Oldham, kommt bei Immediate ebenso auf den Markt wie das von Mick produzierte Album „The Art Of Chris Farlowe".

7
Brian Jones bei einer Party des Playboy Clubs.

10
Aufnahmen in den Olympic Studios, Barnes.

11
Bei einer Party für die Four Tops gehören Keith, Charlie und Mick ebenso zum Staraufgebot wie John Lennon, George Harrison, Donovan und Eric Burdon.

25
Aufnahmen in den Olympic Studios, Barnes.

Dezember

6
Ende der Aufnahmen in den Olympic Studios.

13
Andrew Oldham fliegt zu den abschließenden Feinarbeiten an einer Single und einem Album nach New York.

Brian und Keith fliegen nach Los Angeles, um dort Weihnachten zu verbringen.

15
Mick und Chrissie Shrimpton sollten eigentlich nach Jamaika fliegen. Mick läßt die Tickets jedoch stornieren und verbringt den Tag mit Marianne Faithfull. Nach einem Mittagessen in Knightsbridge kauft er bei Harrods Weihnachtsgeschenke.

17
Aufnahmen für „Top Of The Pops" in London.

19
Mick bricht nach drei Jahren die Beziehung zu Chrissie Shrimpton ab. Später berichtet er der Presse: „Drei Jahre ist eine lange Zeit für eine Beziehung, doch obwohl wir inoffiziell verlobt waren, hat es nie einen Hochzeitstermin gegeben."

Chrissie Shrimpton: „Wir haben uns zwar sehr geliebt, aber auch sehr oft gestritten. Die Zeit geht vorbei und man beginnt, anders über den Partner nachzudenken. Wir hatten keine Auseinandersetzung. Wir gehen im gegenseitigen Verständnis auseinander." Einige Tage später jedoch wird sie nach einem Selbstmordversuch in ein Krankenhaus eingeliefert. Mick weigert sich, die Kosten zu übernehmen.

23
Mick wird für die letzte Sendung von „Ready Steady Go!" interviewt.

24
Mick läßt eine Spedition kommen und Chrissies Besitztümer aus der Wohnung schaffen.

26
In der Dezember-Ausgabe von „Top Of The Pops" sendet BBC noch einmal die Aufnahmen vom 3. Februar und 14. April.

Brian in der Royal Albert Hall am 23. September 1966.

1967

Januar

In den Olympic Studios stellen die Stones ihr neus Album „Between The Buttons“ zusammen.

Auf Immediate kommt die von Mick produzierte Single „My Way Of Giving“ von Chris Farlowe heraus. Nicky Scotts „Backstreet Girl“ (Jagger, Richard), produziert von Mick Jagger und Andrew Oldham, kommt auf den Markt.

BETWEEN THE BUTTONS
A-London PS 499
Veröffentlicht: Januar 1967
Produzent: Andrew Loog Oldham
Studio: Olympic Studios, London

A-Seite: 1. „Let's Spend The Night Together“, 2. „Yesterday's Paper“, 3. „Ruby Tuesday“, 4. „Connection“, 5. „She Smiled Sweetly“, 6. „Cool, Calm And Collected“.

B-Seite: 7. „All Sold Out“, 8. „My Obsession“, 9. „Who's Been Sleeping Here“, 10. „Complicated“, 11. „Miss Amanda Jones“, 12. „Something Happened To Me Yesterday“.
Alle Songs: Jagger, Richard.

N.B. Die amerikanische Version kam ohne „Back Street Girl“ und „Please Go Home“ heraus, hatte dafür aber die A- und B-Seite ihrer aktuellen Single als Stücke 1 und 3.

15

Aufnahmen für die „Ed Sullivan Show“. Mick murmelt „Let's Spend The Night Together“ anstatt, wie gewünscht, „some time together“ zu singen. Selbstverständlich verbannen einige amerikanische Radiosender die Single aus ihrem Programm.

„Let's Spend The Night Together“ / „Ruby Tuesday“ werden in den USA und Großbritannien veröffentlicht. Angeblich halfen bei den Aufnahmen im RCA-Studio in Hollywood zwei Polizisten aus, die von den seltsamen Geräuschen am frühen Morgen alarmiert worden waren. Ein Polizist soll, wenn die Geschichte stimmt, auf dem Schlagzeug mit zwei Schlagstöcken gespielt haben.

In Großbritannien klettert „Let's Spend The Night Together“ von Platz 17 auf Platz zwei. Die B-Seite „Ruby Tuesday“ erreicht Platz 22.

In den USA war der weniger kontroverse Song „Ruby Tuesday“ die A-Seite und erreicht die erste Stelle in den Charts. „Let's Spend The Night Together“ kam auf Platz 55.

LET'S SPEND THE NIGHT TOGETHER Jagger, Richard / RUBY TUESDAY Jagger, Richard.
S-Decca F 12546 (UK) und London 904 (USA)
Veröffentlicht: Januar 1967
Produzent: Andrew Loog Oldham
Studio: Olympic, London

Unten: Marianne Faithfull 1968.

20
„Between The Buttons“ kommt in Großbritannien auf den Markt und erreicht als höchste Plazierung den dritten Platz in den Charts.

BETWEEN THE BUTTONS
A-Decca LK 4852
Veröffentlicht: Januar 1967
Produzent: Andrew Loog Oldham
Studio: Olympic, London

A-Seite: 1. „Yesterday's Paper“, 2. „My Obsession“, 3. „Back Street Girl“, 4. „Connection“, 5. „She Smiles Sweetly“, 6. „Cool, Calm and Collected“.

B-Seite: 7. „All Sold Out“, 8. „Please Go Home“, 9. „Who's Been Sleeping Here“, 10. „Complicated“, 11. „Miss Amanda Jones“, 12. „Something Happened To Me Yesterday“.
Alle Songs: Jagger, Richard.

22
Die Stones treten in der ITV-Show „Sunday Night At The London Palladium“ auf. Sie präsentieren ihre aktuelle Single, lehnen es aber ab, wie die anderen Künstler am Ende der Show in einem Karussell abzutreten. Die Presse ist wegen dieser Brüskierung entsprechend geladen. Mick zum „New Musical Express“: „Der einzige Grund, warum wir mitgemacht haben, war die Werbung für unsere neue Single. Wer gedacht hat, wir würden unser Image ändern, lag falsch.“

Der Regisseur der Sendung: „Sie beleidigen uns und das ganze Publikum.“

24
Aufnahmen in den Olympic Studios.

25
Aufnahmen für „Top Of The Pops“ in London.

26
Aufnahmen für die BBC-Radiosendung „Top Gear“.

„Top Of The Pops“ wird gesendet.

27
„Between The Buttons“ kommt in den USA heraus und erreicht Platz Zwei in den Charts.

Mick und Marianne Faithfull fliegen nach Nizza. Marianne nimmt in San Remo am Schlagerwettbewerb teil, und Mick begleitet sie während der einwöchigen Proben.

Februar

2
„Top Of The Pops“ mit den Stones wird wiederholt.

4
Mick und Marianne nehmen an der Musikmesse von Cannes teil, wo die Stones eine Auszeichnung für die am besten verkaufte britische Gruppe bekommen.

5
„News Of The World“ behauptet, daß Mick Jagger im Haus der Moody Blues LSD genommen hat. Die Zeitung zitiert ihn: „Ich steh da jetzt nicht mehr so drauf. Zum ersten Mal habe ich es bei unserer Tour mit Bo Diddley und Little Richard genommen.“ Der Reporter schreibt weiter: „In Blaises zeigte Jagger einem Begleiter und zwei Mädchen ein Stück Hasch und lud sie zum Rauchen ein.“ Die „Quelle“ dieser Erkenntnisse war ein ein Jahr altes Gespräch mit Brian Jones, den der Reporter mit Mick Jagger verwechselt hatte.

Jagger nimmt an der „Eamonn Andrews Show“ teil und kündigt eine Klage gegen „News Of The World“ an. Die Stones treten in der Show auf.

7
Jagger reicht eine Verleumdungsklage gegen „News Of The World“ ein.

10
Mick, Keith, Marianne und Donovan besuchen die Beatles während einer Aufnahme in der Abbey Road. Die Beatles und ein 40 Mann starkes Orchester nehmen gerade „A Day In The Life“ auf.

Die Single „I'm Not The Marrying Kind“ (Wyman, Gosling) von Hamilton and The Movement kommt auf CBS auf den Markt. Produzent ist Bill.

12
Polizeirazzia in Redlands, dem Haus von Keith Richard in West Sussex, nachdem George Harrison und Pattie Boyd die Party verlassen haben. Mick, Marianne und die anderen Gäste werden durchsucht. Die Poilzisten beschlagnahmen Sonnenschutzcreme, Tee und andere verdächtige Sachen. Marianne, gerade aus dem Bad, begrüßt die Polizei in einen Fellteppich eingewickelt. Die Polizisten halten auch den Anzug des Antiquitätenhändlers Christopher Gibbs für äußerst ungewöhnlich, bis ihnen klargemacht wird, daß es sich um die pakistanische Nationaltracht handelt. Als Anstifter der Razzia wird „News Of The World“ verdächtigt. Angeblich läßt das Blatt das Haus beschatten als Rache für Jaggers Klage.

19
Obwohl die Polizei nichts über die Razzia veröffentlicht, berichtet „News Of The World“ über die Durchsuchung.

23
Zur Weltpremiere von Roland Petits Ballett „Paradise Lost“ mit Rudolf Nurejew und Margot Fonteyn kommen Mick und Marianne acht Minuten zu spät und lösen damit einen Skandal aus, weil Prinzessin Margaret anwesend ist.

März

Auftritte: Malmö, Schweden (25.); Örebro, Schweden (27.); Stadthalle, Bremen (29); Sporthalle, Köln (30.); Westfalenhalle, Dortmund (31.).

Keith, Brian, Anita Pallenberg und Deborah Dixon verlassen London und wollen im Auto nach Tanger fahren, um der deprimierenden Atmosphäre nach der Razzia zu entkommen.

4
Mick fliegt nach Tanger, um dort auf Keith und Brian zu warten. Christopher Gibbs und Robert Fraser fliegen ebenfalls nach Tanger.

6
Im französischen Department Tarn erleidet Brian eine schwere Asthma-Attacke und muß in Albi ins Krankenhaus. Die anderen fahren ohne ihn weiter. Zwischen Keith und Anita Pallenberg beginnt eine Liebesaffäre.

8
Mick tritt dem Freundeskreis des Covent Garden Opera House bei.

9
Marianne fliegt von Neapel zu Mick nach Tanger.

Brian hat die Filmmusik für Volker Schlöndorffs Film „Mord und Totschlag“ geschrieben, in dem Anita Pallenberg eine Hauptrolle spielt. Brian hat die Musik in den IBC Studios in London eingespielt. Marianne Faithfull war Produzentin. Der Film ist Deutschlands Beitrag bei den Filmfestspielen von Cannes.

15
Brian fliegt nach Marokko und trifft die Feriengesellschaft in Marrakesch.

16
Brion Gysin nimmt Brian mit zum Hauptplatz Djema el Fna, um dort marokkanische Trancemusik aufzunehmen und Haschisch mit den Medjoubi-Brüdern zu rauchen, die, so Brion, „ihre Minztee-Zeremonie über den ganzen Nachmittag ausdehnen können“. Währenddessen verlassen Mick, Marianne, Keith und Anita Pallenberg das Hotel und fliegen von Tanger zurück nach London.

18
Ein ziemlich verwirrter Brian fliegt zurück nach London.

25
Die Stones beginnen eine Europa-Tournee. Die Londoner „Evening News“ berichtet: „Schwedische Zöllner haben die Stones von Kopf bis Fuß nach Drogen durchsucht. Die Popgruppe berichtete, sie sei eine Stunde aufgehalten worden, weil die Zöllner alle 16 Gepäckstücke durchsuchten. ‚Sie suchten Pot‘, erklärte Jagger, ‚und sie durchsuchten jedes Kleidungsstück, sogar unsere Unterwäsche.‘“

26
Fans randalieren beim Konzert in Schweden und greifen die Bühne an. Polizisten gehen mit Schlagstöcken vor und Mick Jagger fragt: „Warum müssen Sie Mädchen mit ihren Stöcken auf den Kopf schlagen?“

April

Auftritte: Ernst-Merck-Halle, Hamburg (1.), Stadthalle, Wien (2.); Palazzo dello Sport, Rom (5.); Palazzo dello Sport, Mailand (8.); Palazzo dello Sport, Genua (9.); Olympia, Paris (11.); Sala Kongresowej, Warschau (13.); Hallen-Stadion, Zürich (14.); Hautreust Hal, Den Hag (15.); Panathinaikos Stadium, Athen (17.).

Oben: im Green Park, 11. Januar 1967. Unten: am gleichen Tag im Mayfair Hotel.

2
In Wien schmeißt ein Fan eine Rauchbombe auf die Bühne und löst Ranadale aus. 154 Zuschauer werden festgenommen.

5
Flug nach Bologna.

8
Der „Daily Express" berichtet: „Lynn Davies, Goldmedaillen-Gewinner bei den Olympischen Spielen beschwerte sich gestern über das Benehmen der Rolling Stones in einem deutschen Hotel, wo sich beide aufhielten: ‚Es war mir peinlich ein Brite zu sein, so haben sich die Stones benommen. Sie fluchten schon beim Frühstück. Sie beleidigen ihr Land im Ausland.' Rolling Stone Mick Jagger, 22, meinte dazu in Rom: ‚Die Beschuldigungen sind unverschämt und falsch. Ich kann mich nicht erinnern, wo wir uns besser benommen hätten. Wir waren kaum außerhalb unserer Zimmer, weil der Rest des Hotels voll war mit schlecht erzogenen Athleten.'"

10
Die Stones werden bei ihrer Ankunft in Paris von Zöllnern durchsucht. Mick Jagger: „Irgendwie komme ich mir verhext vor."

12
Bei ihrem Abflug von Le Bourget werden die Stones wieder durchsucht und verpassen dadurch ihren Flug nach Warschau. Jagger verliert die Nerven und wird von einem Flughafenangestellten geschlagen.

13
Bei ihren ersten Konzert hinter dem Eisernen Vorhang in Warschau geht die Polizei mit Tränengas und Schlagstöcken gegen 3000 Fans vor, die versuchen, den Kulturpalast zu stürmen. Hunderte von Polizisten riegeln den Platz vor Ankunft der Gruppe hermetisch ab. Beim Eintreffen der Stones versuchen rund 1000 Fans, die keine Karten mehr bekommen haben, den Eingang zu stürmen und durchbrechen die Absperrungen. Die Polizei geht wieder mit Schlagstöcken und Tränengas vor. Die abgewiesenen Fans werfen mit Flaschen und Steinen. 30 Personen werden verhaftet. Danach versuchen rund 2000 Fans durch einen anderen Eingang in das Gebäude zu kommen. Die Polizisten greifen wieder zu Schlagstöcken und Tränengas und bringen schließlich einen Wasserwerfer in Stellung, der aber nicht eingreifen muß.

14
Ein Fan durchbricht die Absperrungen beim Konzert in Zürich und greift Mick Jagger an. Der „Daily Mirror" berichtet: „Der Jugendliche sprang von einer Absperrung auf Jagger, griff ihn am Jackett und schmiß ihn auf den Boden. Dort bearbeitete er den Sänger mit Schlägen. Sicherheitskräfte wollten Jagger helfen, wurden aber vom Roadmanager Tom Keylock zurückgehalten. Er griff sich den Jungen, streckte ihn zu Boden und brach ihm eine Hand."

17
Nach dem Konzert in Athen fliegen Anita und Brian nach Cannes, wo „Mord und Totschlag" vorgeführt wird. Keith fährt mit dem Auto von Athen nach Cannes. Mick und Charlie fliegen nach London, während Bill in Griechenland urlaubt.

Mai

Chris Farlowes Version von „Yesterday's Papers", von Mick produziert, wird auf Immediate veröffentlicht.

10
Mick, Keith und Kunsthändler Robert Fraser erscheinen vor Gericht in Chichester und bleiben gegen Kaution (100 Pfund) in Freiheit. Die Verhandlung wird auf den 22. Juni terminiert. Manager Allen Klein ist im Gerichtssaal.

Brian Jones und sein Freund Stash de Rollo (Prince Stanislaus Klossowski) werden in Brians Wohnung wegen Drogenbesitzes festgenommen. Gegen eine Kaution von 250 Pfund bleibt Brian in Freiheit und muß am nächsten Tag vor Gericht erscheinen.

11
Brian erscheint vor Gericht. Seine Kaution wird verlängert.

Mick Jagger nimmt an einer Aufnahme der Beatles in den Olympic Studios teil. Notizen auf der Bandhülle lassen den Schluß zu, daß Mick im Chor von „Baby You're A Rich Man" singt.

16–19
Aufnahmen in den Olympic Studios, London.

21
Mick nimmt an der BBC-TV-Sendung „Look Of The Week" teil und diskutiert mit Professor John Cohen aus Manchester über die Beziehung zwischen Künstlern und ihrem Publikum.

Juni

Das Sammelalbum „Flowers" wird in den USA veröffentlicht und erreicht den zweiten Platz in den Charts.

FLOWERS
A-London PS 509 (USA)
Veröffentlicht: Juni 1967
Produzent: Andrew Loog Oldham
Studios: Songs 11 und 12: RCA, Hollywood. Song 6: Olympic, London

A-Seite: 1. „Ruby Tuesday" (Jagger, Richard), 2. „Have You Seen Your Mother, Baby, Standing In The Shadow?" (Jagger, Richard); 3. „Let's Spend The Night Together „ (Jagger, Richard), 4. „Lady Jane" (Jagger, Richard); 5. „Out Of Time" (Jagger, Richard) 6. „My Girl" (Robinson, White).

B-Seite: 7. „Back Street", 8. „Please Go Home", 9. „Mother's Little Helper", 10. „Take It Or Leave It", 11. „Ride On Baby", 12. „Sittin' On A Fence". (alle Songs: Jagger, Richard).

N.B. Songs 6, 11 und 12 wurden in Großbritannien einige Jahre lang nicht veröffentlicht. Song 11 wurde ursprünglich von Chris Farlowe (auf dem Album „The Art Of Chris Farlowe") aufgenommen. Song 12 wurde ursprünglich von Twice As Much aufgenommen und von Mick produziert.

3
Marianne Faithfull bricht auf der Bühne bei der Aufführung von Tschechows „Drei Schwestern" im Royal Court Theatre zusammen.

8
Paul McCartney lädt Brian zur Mitwirkung an einem Stück ein, das gerade im Studio 2 in der Abbey Road entsteht. Er trifft dort mit seinem Saxophon ein. Eigentlich sollte er Gitarre spielen. Er spielt das Solo auf „You Know My Name (Look Up The Number)".

25
Mick, Keith und Brian sind dabei (zusammen mit vielen anderen), als die Beatles bei einer weltweiten Satelliten-Übertragung „Our World" „All You Need Is Love" einspielen.

27
Der Londoner „Evening Standard" berichtet: „Chichester. Mick Jagger wurde gestern in Chichester wegen des illegalen Besitzes von Drogen schuldig gesprochen. Die Polizei hatte bei einer Razzia in dem Haus von Keith Richard die Drogen in Jaggers Jackett gefunden. Jagger mußte die Nacht im Gefängnis verbringen und wird vermutlich morgen verurteilt werden, nachdem die Anklage gegen Richard wegen der Duldung, das in seinem Hasch geraucht worden ist, verlesen wird.

Die Geschworenen brauchten nur sechs Minuten für ihren Spruch. Sie hatten sich zurückgezogen, nachdem ihnen von Richter Block erklärt wurde, daß Jagger die Anklage nicht entkräften konnte. Detektiv Sgt. Cudmore bestätigte, daß Jagger mit der Polizei kooperiert habe und sich absolut korrekt benommen habe."

29
Der Londoner „Evening Standard" berichtet: „Rolling Stones Mick Jagger und Keith Richard sowie der Kunsthändler Robert Fraser wurden gestern wegen Drogenvergehen, die sich vor einem Monat in Richards Haus ereignet haben, verhaftet.

Gegenüberliegende Seite: Brian in „Top Of The Pops" im Jahre 1967.

Die Urteile: Richard: ein Jahr Haft und 500 Pfund. Jagger: drei Monate und 100 Pfund. Fraser: sechs Monate und 200 Pfund." Mick wurde ins Brixton-Gefängnis gebracht, Keith nach Wormwood Scrubs.

30
Der Londoner „Evening Standard" berichtet: „Rolling Stones Mick Jagger und Keith Richard, die gestern in Chichester verhaftet worden waren, wurden gestern gegen eine Kaution von 7000 Pfund auf freien Fuß gesetzt." Robert Fraser bleibt im Gefängnis.

In mehreren Zeitungen, auch dem „Evening Standard", erscheinen Anzeigen der Who: „The Who meinen, daß Mick Jagger und Keith Richard als Sündenböcke für die Drogenproblematik herhalten müssen. Wir werden daher als Protest gegen das harte Urteil eine Serie von Jagger/Richard-Songs herausbringen, damit sie in der Öffentlichkeit bekannt bleiben, bis sie wieder frei sind, um selbst Aufnahmen machen zu können." Als erstes bringen die Who „The Last Time" und „Under My Thumb".

Die meisten Gäste des UFO-Underground Clubs ziehen in einem Protestmarsch zu „News Of The World". Die Zeitung wird noch immer verdächtigt, hinter der Razzia und den Folgen zu stehen. Es kommt zu Kämpfen und einige Fans werden zu einer Polizeistation gebracht, doch nur zwei Personen werden angeklagt. Auch auf dem Piccadilly Circus kommt es zu Protesten, wo Fans „Freiheit für die Stones" brüllen. Gegen zwei Uhr morgens kehren die Gäste ins UFO zurück und singen zusammen mit der Band Tomorrow „Revolution".

Juli
Im Leitartikel der „Times" beschäftigt sich Chefredakteur William Rees-Mogg mit dem Urteil.

„Herr Jagger ist zu einer dreimonatigen Gefängnisstrafe verurteilt worden. Ein Urteil, gegen das er Berufung eingelegt hat. Bis zur endgültigen Entscheidung ist er gegen eine Kaution auf freiem Fuß. In der Zwischenzeit wird die Öffentlichkeit das Urteil weiter kontrovers diskutieren. Die Umstände sind auch in der Tat ungewöhnlich genug, um solche Diskussionen herauszufordern.

Herr Jagger wurde wegen des Besitzes von vier Tabletten angeklagt. Die Pillen enthielten Amphetaminsulfat und Amphetamin-Hydrochlorid. Sie waren vollkommen legal in Italien gekauft worden. Sie sind keine besonders gefährlichen Drogen. Sie werden vom italienischen Hersteller als stimulierendes Medikament und gegen Reisekrankheiten empfohlen.

In Großbritannien ist der Besitz solcher Tabletten strafbar, es sei denn ein Arzt hätte sie verschrieben. Herr Jaggers Arzt hat dem Gebrauch zugestimmt, aber kein Rezept ausgeschrieben, weil die Tabletten ja schon gekauft waren. Dies wurde im Prozeß auch nicht bestritten. Es handelte sich also um einen technischen Fehler, den jeder gutgläubige Mensch begehen kann. Hätte zum Beispiel der Erzbischof von Canterbury nach einem Besuch beim Papst solche Pillen gekauft und nach England eingeführt, hätte er einen ähnlichen Prozeß riskiert. Jeder, der im Ausland Medikamente kauft, kann nicht sicher sein, daß er damit ein Gesetz gebrochen hat.

Richter Block erklärte den Geschworenen, daß es als Verteidigung nicht ausreiche, daß der Arzt dem Gebrauch der Pillen zugestimmt habe. Die Geschworenen sprachen Herrn Jagger daraufhin schuldig. Herr Jagger war nicht wegen der anderen Vergehen angeklagt, die in jenem Haus geschahen. Dabei handelt es sich um andere Fälle, und es gibt keinen Beweis, daß er wußte, daß Herr Fraser Herointabletten bei sich hatte und der verschwundene Herr Sunderman Cannabis. Es ist eben keine Straftat, in einem Haus zu sein, wo Drogen genommen werden. Die Drogen des Herrn Jagger müssen also juristisch getrennt davon betrachtet werden. Das mag Laien nicht einleuchten, doch die zufällige Verbindung mit den anderen Straftätern darf keine rechtliche Rolle spielen.

Die Verurteilung beruht also allein auf dem Besitz von vier italienischen Aufputschtabletten. Dies ist kaum eine Menge, die für Handelszwecke oder für einen Süchtigen ausreicht. Herr Jagger übt einen anstrengenden und kräfteraubenden Beruf aus. Daher hatte sein Arzt auch dem gelegentlichen Gebrauch dieser Medikamente zugestimmt. Er hätte sie wohl auch verschrieben. Millionen ähnlicher Tabletten werden jedes Jahr bei uns verschrieben und daher muß man fragen, wie es kommen kann, daß so ein kleines Vergehen zu einer Haftstrafe führen kann. Es ist höchst ungewöhnlich, daß ein Ersttäter ins Gefängnis geschickt wird. Zumeist werden die Urteile auf Bewährung ausgesprochen, damit der Verurteilte sich bewähren und den Gebrauch von Drogen beenden kann. Es ist schon erstaunlich, daß Richter Block Herrn Jagger bei einem so harmlosen Vergehen ins Gefängnis steckt.

Wir kennen die Beweggründe des Richters nicht. Die Öffentlichkeit, vor allem jene Zeitgenossen mit einer einfachen Sichtweise der Dinge werden sagen, daß Jagger das bekommen hat, was er verdient hat. Ihnen gehen die Rolling Stones auf die Nerven, sie lehnen ihre Musik und den Einfluß auf die Teenager ab. Sie sehen nur ‚die Dekadenz', wie sich Monica Furlong in der ‚Daily Mail' ausgedrückt hat.

Vom gesellschaftlichen Standpunkt ist das nachzuvollziehen und vom Emotionalen her durchaus verständlich. Doch es hat nichts mit dem Fall an sich zu tun. Man muß eine ganz andere Frage stellen. Ist Herr Jagger so behandelt worden, wie es jemand widerfahren wäre, der nicht so prominent und umstritten ist? Wäre ein vielversprechender Gymnasiast bei seiner Rückkehr aus Italien mit vier Tabletten im Gepäck auch öffentlich in Handschellen vorgeführt worden? Wenn wir unsere bewährten britischen Traditionen auch in Zeiten eines neuen Hedonismus aufrecht halten wollen, dann müssen wir sicherstellen, daß Toleranz und Gleichheit erhalten bleiben. Es sollte die Qualität der britischen Rechtsprechung auszeichnen, daß Herr Jagger nicht besser oder schlechter als jeder andere Angeklagte behandelt wird. Es bleibt der Verdacht, daß Herr Jagger ein härteres Urteil als irgendein anderer unbescholtener und unbekannter Mann bekommen hat."

John Gorton schreibt im „Sunday Express": „Ist Mick Jagger verurteilt worden, weil er Heroin oder Kokain genommen hat? Oder LSD, mit dem die Beatles nach eigenem Geständnis experimentiert haben? Nein. Er hat auch nicht Marihuana geraucht, das einige Experten für gefährlich, andere für weniger schädlich halten. Er hatte lediglich vier Benzedrin-

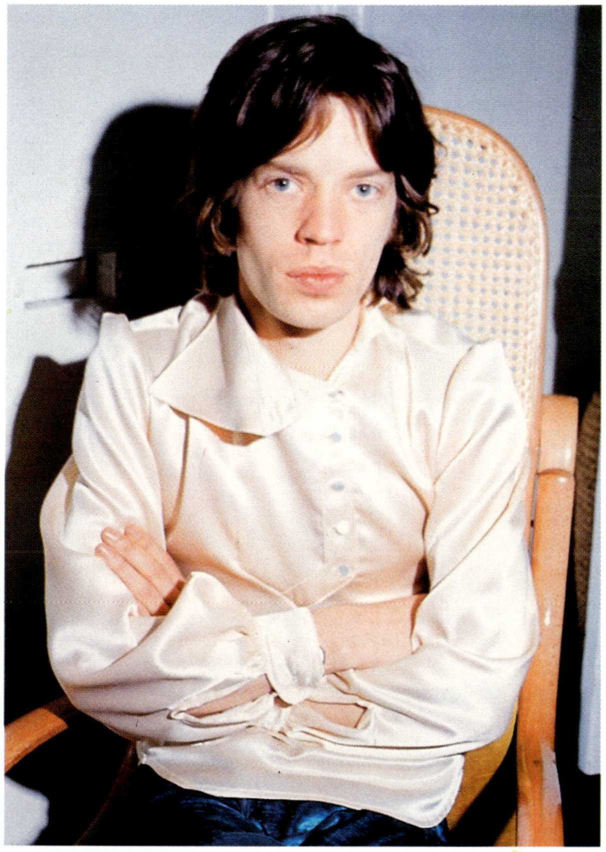

Tabletten bei sich, die er mit Zustimmung seines Arztes nahm, um sich wach zu halten."

6
Brian Jones wird mit Ermüdungserscheinungen in ein Krankenhaus eingeliefert.

7–20
Aufnahmen in den Olympic Studios, London.

12
Brian kommt aus dem Krankenhaus und nimmt an den Aufnahmen teil.

23
Brian und seine neue Freundin Suki Potier fliegen nach Marbella. Nicky Brown, Witwe von Tara Brown, begleitet sie.

31
Das Berufungsgericht hebt die Urteile gegen Mick und Keith auf. In einer Pressekonferenz erklärt Mick: „Meine Privatsphäre ist meine Sache. Ich bin alleine für mich verantwortlich. Ich war mental und körperlich auf die Haft vorbereitet. Es ist ein schönes Gefühl, frei zu sein." Am Abend diskutiert Mick in der ITV-Sendung „World In Action" mit William Rees-Mogg von der „Times", Lord Stow Hill, Dr. John Robinson, dem Bischof von Woolwich und dem Jesuiten-Pater Thomas Corbishley. Mick: „Ich bin ein Rebell gegen diese Gesellschaft, trage das aber nicht vor mir her. Viele Menschen fühlen wie ich, daß etwas nicht in Ordnung ist. Die Gesellschaft hat mich in diese Position getrieben."

August
Anita Pallenberg und Keith fliegen zum Filmfestival von Venedig.

Anfang des Monats nehmen die Stones neue Titel in den Olympic Studios auf.

1
Die „Times" berichtet: „Das Berufungsgericht verwarf gestern die Verurteilung von Keith Richard wegen der Duldung von Drogen in seinem Haus. Richter Block hatte es unterlassen, den Geschworenen mitzuteilen, daß die Beweislage nur dünn war und es nicht sicher war, daß ein nur mit einem Teppich bekleidetes Mädchen tatsächlich Marihuana genommen hat. Auch sei nicht sicher gewesen, daß Keith Richard davon gewußt habe. Er war ursprünglich zu einem Jahr Haft und 500 Pfund verurteilt worden. Fünf Tage nach seinem 23. Geburtstag wurde Mick Jaggers Urteil (drei Monate Haft) aufgehoben. Richter Lord Parker wies Jagger auf seine Verantwortung als ‚Idol für eine große Anzahl von Menschen' hin."

5
Mick produziert zwei Stücke für Mariannes neues Album (Decca). Paul McCartney kommt als moralische Unterstützung ins Studio, als sie „When I'm 64" aufnimmt.

12
Mick und Marianne machen Urlaub in Irland.

18
„We Love You"/„Dandelion" wird in den USA und Großbritannien veröffentlicht und erreicht in den britischen Charts Platz neun. „Dandelion" erreicht in den amerikanischen Charts den 14. Platz, „We Love You" kommt auf Platz 50. Der Song ist eine Danksagung an alle, die Mick und Keith während ihrer Prozesse unterstützt haben. John Lennon und Paul McCartney leihen ihre Stimme für den Chor von „We Love You". Der Dichter Alan Ginsberg ist bei den Aufnahmen anwesend.

Der „Daily Sketch": „Die neue Single der Rolling Stones beginnt mit einer ironischen Würdigung ihrer Prozesse. Zuhören sind die Schritte der Gefängniswärter, das Klirren der Ketten und das Zuknallen der Zellentüren. Sie wurde aufgenommen, als Mick Jagger und Keith Richard auf ihre Berufungsverhandlungen warteten. Mick Jagger beschreibt den Titel als ‚Danksagung für die Unterstützung während der juristischen Probleme.'"

BBC verhängt ein Sendeverbot für den Clip, weil Mick, Keith und Marianne Szenen aus „The Trial" von Oscar Wilde nachspielen.

WE LOVE YOU Jagger, Richard / DANDELION Jagger, Richard
S-Decca F 12654 (UK) und London 905 (USA

Veröffentlicht: August 1967
Produzent: Andrew Loog Oldham
Studio: Olympic Studios

A-Seite: August 1967/B-Seite: November 1966

N.B. Paul McCartney und John Lennon singen im Chor auf der A-Seite.

26
Mick und Marianne fahren zusammen mit den Beatles zum Maharishi, der in Bangor sein Sommercamp aufgeschlagen hat, sind aber nicht sonderlich beeindruckt. Mick: „Vielleicht ist er ja die Inkarnation Buddhas. Ich habe mich nie besonders dafür interessiert. Vielleicht würde Christus heute das Fernsehen benutzen. Mag sein, aber er hätte gewußt, wie man damit umgeht. Das Ganze ist eher zum Lachen."

September

1
Dreitägige Aufnahmen werden geplant. Keith unterbricht seinen Uralub mit Anita Pallenberg in Rom und Brian fliegt aus Marbella ein.

3
Brian beantragt eine Piloten-Lizenz.

5–7
Aufnahmen in den Olympic Studios. Danach fliegt Keith wieder nach Rom, Brian nach Marbella.

8
Keith erhält die Genehmigung, eine drei Meter hohe Mauer um sein Grundstück zu bauen.

14
Mick fliegt von Paris nach New York, Brian, Keith, Bill und Charlie von London aus. In New York werden Brian und Mick wegen ihrer Drogen-Prozesse von der Einwanderungsbehörde verhört. Die Beamten sind erst beruhigt, als die britischen Behörden die erfolgreichen Berufungen bestätigen.

10
Geschäftliche Gespräche mit Allen Klein ziehen sich in die Länge. Danach fahren Mick Jagger und Michael Cooper, der Designer ihrer neuen Plattenhülle, in die Druckerei Pictorial Productions Ltd., die neben einem Unternehmen in Tokyo die einzige Druckerei der Welt ist, die dreidimensionale Bilder drucken kann. Die Cover kosten 50 000 Dollar. Jedes einzelne 3-D-Bild kostet einen Dollar.

29
Rückkehr nach London, wo die Stones bekanntgeben, daß Andrew Oldham nicht mehr ihr Manager oder Produzent ist. Der neue Manager ist Allen Klein, und ihre Platten werden sie nun selbst produzieren. Damit enden monatelange Spekulationen in der Presse und in der Industrie.

Oktober

1
Diebe stehlen Marianne Faithfulls Schmuck und Pelze aus Mick Jaggers Haus im Chenyne Walk.

3
Auf die Hunde von Keith wird geschossen, weil sie angeblich Weidetiere gefährden.

5
Keith fliegt mit Anita nach Rom.

15
Das Blatt „People" berichtet: „Rolling Stones und Beatles wollen geschäftlich zusammenarbeiten. Sie suchen Studios, um dort unbekannte Gruppen zu produzieren. Angeblich wollen sie auch gemeinsame Filme machen. Die beiden Gruppen werden aber nicht verschmelzen."

Bill Wyman beantragt die Mitgliedschaft in der Königlichen Garten-Gesellschaft.

20
Brian fliegt an die Costa del Sol, um sich dort auf seinen Prozeß vorzubereiten.

30
Brian Jones bekennt sich schuldig des Besitzes von Cannabis und dazu, die Droge in seiner Wohnung genommen zu haben. Er erklärt sich aber für nicht schuldig des Besitzes von Kokain und Methedrin. Er wird schuldig gesprochen, zu neun Monaten Haft verurteilt und in das Gefängnis Wormwood Scrubs gebracht. Fans demonstrieren auf der Kings Road und sieben von ihnen, darunter Micks Bruder Chris, werden festgenommen.

November

12
Der PR-Chef der Band, Leslie Perrin, kommentiert in einer Pressemitteilung die Rede von Richter Block, gehalten vor der Landwirtschaftskammer in Horsham: „Meine Landsleute, wir haben alles getan, um diese Rolling Stones kleinzukriegen, doch wir hatten damit keinen Erfolg, weil das Berufungsgericht sie alle freigelassen hat. Vielleicht verfuhren die Richter dort nach dem Shakespeare-Spruch ‚Gesegnet seien die Männer, die sich diese Steine ersparen.'" Im Vorfeld von Brians neuem Prozeß fragt Perrin, ob diese Rede hilfreich sei und eine unvoreingenommene Verhandlung jetzt noch möglich sei.

19
„In Another Land"/„The Lantern" wird in den USA veröffentlicht.

IN ANOTHER LAND Wyman/ THE LANTERN Jagger, Richard
S-London 907
Veröffentlicht: Dezember 1967
Produzent: The Rolling Stones
Studio: Olympic Studios, London

27
Das Album „Their Satanic Request" kommt in den USA heraus, hat bereits vor dem Verkaufsstart eine goldene Schallplatte sicher und erreicht den zweiten Platz in den Charts. Bis Weihnachten setzt das Album 2,5 Millionen Dollar um.

„She's A Rainbow"/„2000 Lightyears From Home" wird in den USA veröffentlicht und erreicht Platz 25 in den Charts.

SHE'S A RAINBOW Jagger, Richard/2000 LIGHTYEARS FROM HOME Jagger, Richard
S-London 906 (USA)
Veröffentlicht: November 1967
Produzent: The Rolling Stones
Studio: Olympic Studios, London

N.B. Aus dem Album „Their Majesties Request"

Links: Brian mit dem Regisseur des Films „1 + 1", Jean Luc Godard. Oben: Keith mit Anita Pallenberg, im September 1967 in Rom.

30
Mick, Brian und Charlie werden für die BBC-Radiosendung „Top Gear“ interviewt.

Dezember

3
Das Interview wird gesendet.

12
Richter setzen das Urteil gegen Brian auf Bewährung aus, nachdem ihn drei Psychiater als einen „äußerst furchtsamen jungen Mann mit Selbstmordtendenzen“ bezeichnet haben. Brian erhält eine Bewährungsfrist von drei Jahren und eine 1000-Pfund-Geldstrafe. Richer Parker ermahnt ihn: „Erinnern sie sich immer an die Gnade dieses Gerichts. Sie stehen immer noch unter der Kontrolle dieses Gerichts. Wenn Sie nicht mit ihrem Bewährungshelfer zusammenarbeiten oder ein anderes Vergehen begehen, werden sie aufs neue verurteilt werden.“

Brians Bewährungshelfer, William Hornung: „Ich werde ihn nicht anders als meine anderen Fälle behandeln. Für mich ist er genau so wie die anderen Verurteilten.“

15
Die „Daily Mail“ berichtet: „Brian Jones brach gestern zusammen und wurde in ein Krankenhaus eingeliefert. Doch bereits nach einer Stunde sagte er den Ärzten, ‚Ich gehe jetzt wieder nach Hause‘. Dr. Flood meinte: ‚Es ist nichts Gefährliches. Er war müde und überarbeitet. Und dann waren ihm noch einige Zähne gezogen worden.‘“

18
„Their Satanic Majesties Request“ kommt in Großbritannien heraus und erreicht den dritten Platz in den Charts. Brian: „Natürlich ist das Album eine sehr persönliche Angelegenheit. Aber die Beatles sind genauso introvertiert. Man muß sich darüber klar sein, daß wir in der letzten Zeit unter ganz besonderen sozio-politischen Einflüssen standen. Irgendwie kommen diese Dinge in unsere Musik.“

21
In „Top Of The Pops“ werden Titel aus dem Album „Satanic Majesties Request“ gesendet.

THEIR SATANIC MAJESTIES REQUEST
A-Decca TXS 103 (UK) und London NPS 2 (USA)
Veröffentlicht: Dezember 1967 (UK) und November 1967 (USA)
Produzent: The Rolling Stones
Techniker: Glyn Jones
Studio: Olympic Studios, London

A-Seite: 1. „Sing This All Together“ (Jagger, Richard), 2. „Citadel“ (Jagger, Richard), 3. „In Another Land“ (Wyman), 4. „2000 Man“ (Jagger, Richard), 5. „Sing This All Together (See What Happens)“ (Jagger, Richard).

B-Seite 6. „She's A Rainbow“, 7. „The Lantern“, 8. „Gomper“, 9. „2000 Lightyears From Home“, 10. „On With The Show“. Alle Songs: Jagger, Richard.

N.B. Titel 6 und 9 wurden in den USA als Single ausgekoppelt, bevor das Album in Großbritannien auf den Markt kam. Das Album kam einen Monat vorher in die Läden.

26
In „Top Of The Pops“ werden die Aufnahmen vom 25. Januar wiederholt.

1968

Januar

Die Stones verbringen die meiste Zeit bei Proben in Surrey, wo sie einfach drauflos spielen und weniger an neuen Titeln arbeiten.

4
Der „Daily Sketch“ berichtet: „Die Universität von Kalifornien in Los Angeles schreibt Musikstudenten vor, sich mit der Musik der Stones zu beschäftigen, weil sie einen wichtigen Beitrag zur modernen Musik geleistet haben.“

20
Angeblich gehörte Brian zu den Stars, die an der Produktion von Paul McCartneys Album „McGough & McGear“ mitgewirkt haben. Er soll dabei Saxophon gespielt haben. Auf dem Album wirken mit: Jimi Hendrix, Zoot Money, Graham Nash, Dave Mason und Brians Freund Prince Stash de Rollo.

Februar

Die Stones verbringen die Zeit zwischen Februar und Juni in den Olympic Studios. Die Aufnahmen beginnen um 19 Uhr und enden am frühen Morgen. Nach einigen Sitzungen übernimmt Jimmy Miller die Aufgabe des Produzenten: „Mick rief mich an und sagte, ihm hätten die Sachen gefallen, die ich mit Traffic gemacht hatte. Er hatte die Stones produziert, wollte aber nicht mehr zwischen Studio und Mischpult hin und her pendeln.“

5
Mick wird für die „Eamonn Andrews Show“ in London interviewt.

März

15
Jimmy Miller ist der neue Produzent des neuen Stones-Albums.

Olympic Studios in Barnes: Vor den Kameras von Jean-Luc Godard wird „Beggars Banquet“ aufgenommen.

16
Linda Keith, die neue Freundin von Brian Jones, bricht in ihrer Wohnung zusammen.

Brian und Mick werden für die BBC-Radiosendung „Scene And Heard" interviewt.

17
Jimmy Millers zweite Aufnahmesitzung mit der Gruppe.

18
Serafina Watts, Tochter von Charlie und Shirley, wird geboren.

April

Die Aufnahmen in den Olympic Studios dauern bis zum 18. April. Danach gönnt sich die Band eine Pause. Während einer Aufnahmesitzung fragt Brian Jones Mick Jagger: „Was kann ich spielen?" „Ja, was kannst Du spielen?", antwortet Mick zynisch.

20
Mick und Marianne fliegen in den Urlaub nach Irland.

Mai

Auftritt: New Musical Express Poll Winners Concert, Empire Pool, Wembley.

Mick kauft ein Haus am Cheyne Walk mit Blick auf die Chelsea Bridge. „Nächste Woche ziehe ich ein. Ich habe das Haus in Chelsea gekauft und ein Haus in Hampshire. Es ist ein riesiges Anwesen".

11
Mick Jagger schreibt die Filmmusik für den Film „Performers", in dem er auch eine Rolle übernehmen wird. Die Regie übernehmen Nick Roeg und Donald Cammell. James Fox und Anita Pallenberg spielen ebenfalls mit.

12
Beim NME-Konzert treten die Stones als Überraschung auf und geben ihr erstes Konzert in Großbritannien seit fast zwei Jahren. Ebenfalls auf der Bühne sind Lulu und Dusty Springfield. Die Stones spielen „Jumpin' Jack Flash" und „Satisfaction". Am Endes des Auftritts schmeißt Mick ein Paar weißer Schuhe in die Menge. Mick: „Es war fast wie zu alten Zeiten. Tatsächlich war es sogar besser. Es war eine der besten Reaktionen, die wir bisher erlebt haben. Wir sind alle begeistert."

Southern TV überträgt das Konzert live und Mick gibt Tony Blackburn ein Interview.

13
Aufnahmen für ein neues Album in den Olympic Studios.

15
Mick und Brian werden für die BBC-Radiosendung „Top Gear" interviewt. Brian gibt der BBC-Radiosendung „Scene And Heard" ein Interview.

18
Der Stones-Auftritt in Wembley und das Interview mit Tony Blackburn werden in der ITV-Sendung „Time For Blackburn" gesendet. BBC wiederholt Brians Interview vom 15.

21
Die Polizei läßt Brian Jones nicht aus ihren Fängen und nimmt ihn wieder in seiner Wohnung in der Kings Road fest. Er erscheint vor Gericht wegen Besitzes von Cannabis und wird gegen eine Kaution von 2000 Pfund freigelasseen.

23
BBC überträgt in „Top Of The Pops" den Clip für „Jumpin' Jack Flash".

24
„Jumpin' Jack Flash" / „Child Of The Moon" kommt in den USA und GB heraus und erreicht in beiden Länder Platz 1. Mick im Magazin „Rolling Stone": „Es ist ein sehr einfaches Stück, dabei wollten wir keinen Rückschritt produzieren. Es hat einfach einen guten Beat ohne jeden Firlefanz. Wir können es ohne Probleme live aufführen, was wir für ‚Top Of The Pops' bereits gemacht haben. Es sollte ursprünglich keine Single sein. Wir produzieren gerade ein neues Album und da sind einige Stücke drauf, die gut sind. Wir haben einen Teil auf einem Kassetten-Recorder aufgenommen, was ganz schön verrückt ist. Wir waren alle in meinem Haus und haben einfach aufgenommen, was einen etwas seltsamen Sound ergab. Charlie hat dabei auf einem Spielzeug-Schlagzeug gespielt. Wir haben es gemocht und haben es dann noch mal verfeinert."

JUMPIN' JACK FLASH Jagger, Richard / CHILD OF THE MOON Jagger, Richard
S-Decca F 12782 (UK), London 908 (USA)
Veröffentlicht: Mai 1968
Produzent: Jimmy Miller
Studio: Olympic, London

26
Interview mit Charlie für die BBC-TV-Sendung „Line Up" in London.

31
Die Stones werden in Jean-Luc Godards nächstem Film mitwirken.

Juni

Jean-Luc Godard beginnt mit den Fimarbeiten für „1 + 1" bei den Aufnahmesitzungen der Stones in den Olympic Studios. Er arbeitet schnell, und Mitte des Monats erzählt Jagger der „Los Angeles Free Press": „Es ist eigentlich kein Film, sondern höchstens Aufnahmen der Stones, die improvisieren. Ich arbeite gerne mit Godard. Er ist sehr ruhig und einfach gut. Ich mag seine Arbeiten. Wir werden wohl in einem Monat fertig sein. Filme interessieren mich. Ich lerne eine ganze Menge nicht nur in Sachen Schauspielerei, sondern auch wie man Filme macht."

Mick zum Magazin „Rolling Stone": „Wir sind sehr gespannt. Wir sind schon seit einiger Zeit große Bewunderer Godards und respektieren ihn."

6
In „Top Of The Pops" wird der Clip für „Jumpin' Jack Flash" wiederholt.

Mick wird von John Peel für den Radiosender UH interviewt.

11
Um 4:15 Uhr morgens bricht ein Feuer in den Olympic Studios aus, das von einem Scheinwerfer der Filmaufnahmen ausgelöst worden ist. Die eintreffende Feuerwehr unterbricht die Aufnahmen. Mick: „Die Feuerwehr hat ganze Arbeit geleistet. Unsere Hammondorgel und die elektrische Ausrüstung standen unter Wasser. Die Szene wird wohl noch einmal gedreht werden müssen."

14
Der Film, an dem Mick Jagger arbeitet, wird in „Performance" umbenannt.

Oben: „Beggars Banquet"-Session. Unten: Marianne sieht vom Konzertraum aus zu.

26
Aufnahmen für „Top Of The Pops".

27
„Top Of The Pops" sendet „Jumpin' Jack Flash" zu Fotos und Studiotänzern.

Juli

4
„Top Of The Pops" zeigt die Stones-Aufnahmen vom 26. Juni.

7
Mick, Keith, Marianne, Anita und Jimmy Miller fliegen nach Los Angeles. Mick und Produzent Jimmy Miller waren mit den Aufnahmen für das neue Album „Beggars Banquet" so unzufrieden, daß sie Glyn Jones um eine Überarbeitung baten und Mitte Juli einflogen, um die Arbeiten zu überwachen. Die Arbeiten dauerten eine Woche, wobei jeweils von Mitternacht bis in den frühen Morgen in Hollywood gemixt wurde.

Die „LA Free Press" fragt Mick Jagger, ob er Schwierigkeiten habe, in die USA einzureisen, wo man Brian Jones wieder festgenommen habe: „Charlie und ich sind doch hier, oder? Wir wissen nicht, wie sich das auswirkt. Es ist doch einfach zu blöd. Ich kenne Leute, die zehnmal verhaftet worden sind, und keine Schwierigkeiten haben, hier einzureisen. Nur wir haben Probleme. Es ist das einzige Land, wo sie Dein Recht einzureisen, anzweifeln. Meine Freunde kommen rein, nur bei uns ist es anders. Wir sind eben ‚die andere Band aus England'. Und wenn sie sehen, daß ich auf der London School of Economics war, denken sie sofort an linke Sachen, vergessen aber, daß auch John Kennedy da studiert hat.

Diese Formulare. Es ist so blöd. Die Stones haben niemals Drogen befürwortet. Ich werde das auch nie tun. Die Beatles und ihre Anzeige für Marihuana. Die Leute mit ihrer Meinung, die sie nach sechs Monaten ändern. Vergiß es. Es gibt keine Position für oder gegen Drogen."

8
Charlie und Shirley Watts treffen die anderen in Los Angeles. Mick Jagger: „Charlie verbringt hier seine Ferien. Das Mixen ist nur eine Entschuldigung, um hier hin zu kommen, das ist alles."

11
Brian Jones erhält den Termin für seine Verhandlung.

17
Zum dritten Mal wird das Interview mit Brian in der BBC-Radiosendung „Scene And Heard" wiederholt.

20
Chris Farlowes Version von „Paint It Black" (produziert von Mick Jagger) wird auf Immediate veröffentlicht.

In Hollywood besucht Mick ein Doors-Konzert und trifft sich mit Jim Morrison. Brian und Suki Potier sind in Marokko, wo Brian Jajouka-Musik aufnimmt.

26
Das „Album „Beggars Banquet" sollte eigentlich herauskommen, wird aber von Decca zurückgehalten, weil man dort nicht mit dem Cover einverstanden ist, das eine Wand in einer Toilette mit Graffiti zeigt.

„Street Fighting Man" / „No Expectations" wird in den USA veröffentlicht, erreicht aber nur Platz 48 in den Charts.

STREET FIGHTING MAN Jagger, Richard / NO EXPECTATIONS Jagger, Richard
S-London 909 (USA)
Veröffentlicht: August 1968
Produzent: Jimmy Miller
Studio: Olympic Studios, London

N.B. Der Titel stammt aus dem von Decca zurückgehaltenen Album „Beggars Banquet", das mit viermonatiger Verspätung auf den Markt kommen wird.

29
Brian ist in Tanger, wo er Jajouka-Musik aufnimmt. Brion Gysin und Hamri, der Chef der Musiker-Gewerkschaft, nehmen ihn mit ins Atlas-Gebirge, wo er die Musiker in ihren Heimatdörfern aufnehmen kann.

August

3
Mick und Marianne fliegen in die Ferien nach Irland.

24
Decca und London-Records weigern sich noch immer, „Beggars Banquet" mit dem umstrittenen, von Tom Wilkes (A&M-Records) entworfenen Cover auf den Markt zu bringen.

September

Das Album „Introspection" von The End wird von Decca herausgebracht. Produzent ist Bill Wyman.

3
Interview mit Mick für die „David Frost Show".

4
Der Londoner „Evening Standard" berichtet: „Die aktuelle Single der Stones wird von einigen amerikanischen Rundfunkstationen boykottiert. Als Grund wird die Möglichkeit von Randale angegeben. Mick Jagger dazu: ‚Ich finde es ganz toll, das ‚Street Fighting Man' boykottiert wird, so lange man den Titel in den Läden kaufen kann. Beim letzten Boykott haben wir eine Million Platten verkauft'."

5
Die „Daily Mail" berichtet: „Eine Toilettenwand steht zwischen den Stones und der Veröffentlichung ihres neuen Albums ‚Beggars Banquet'. Die Wand hat nichts mit den brillanten Songs, alle von Jagger und Richard komponiert, zu tun, doch die Verantwortlichen der Schallplatten-Firmen haben Angst, daß die Hülle mit Graffitis auf der Toilettenwand geschäftsschädigend sein könnte.

6
Micks Interview wird in der „David Frost Show" gesendet.

12
Mick beginnt mit den Filmaufnahmen für „Performance" in London, vor allem in Notting Hill.

Die Premiere von Jack Cardiffs Film „Girl On A Motorcycle" mit Alain Delon und Marianne Faithfull in London ist eine Sensation, weil Marianne völlig nackt auftritt. In den USA kommt der Film mit dem Titel „Naked Under Leather" in die Kinos.

Oben: Mick und Brian, bestens gelaunt, im Januar 1968.

14
Interview mit Mick für die BBC-Radiosendung „Scene and Heard".

21
Interview mit Mick für die BBC-Radiosendung „The Voice Of Pop".

26
Brian wird zu einer Geldstrafe von 50 Pfund und den Gerichtskosten (105 Pfund) wegen des Besitzes von Cannabis verurteilt. Brian: „Es ist großartig, nicht ins Gefängnis zu müssen. Ich war sicher, für mindestens ein Jahr in den Knast zu gehen. Ich hätte nie gedacht, als freier Mann hier rauszukommen. Dieser Sommer war ein langes Ärgernis für mich. Ich wußte, das ich unschuldig war, doch alles schien gegen mich zu sein." Mick, Keith und Suki Potier waren im Gerichtssaal. Mick: „Wir freuen uns, daß Brian nicht ins Gefängnis muß. Das Geld spielt keine Rolle."

Oktober

3
Die „Daily Mail" berichtet: „Die Rolling Stones haben ihren Kampf um eine Toilettenwand auf der Hülle ihres neuen Albums verloren. Ihr Streit mit Decca in Großbritannien und London-Records in den USA hat die Platte um mehr als drei Monate aufgehalten. Die Rolling Stones lehnten eine Änderung ab – die Verantwortlichen der Plattenfirmen wollten das Album nicht in der umstrittenen Hülle veröffentlichen. Jagger: ‚Ich finde die Hülle nicht anstößig. Decca hatte schon eine explodierende Atombombe auf einer Hülle. Das finde ich anstößig'."

4
Marianne ist schwanger. Mick: „Ich bin glücklich, daß Marianne unser Kind bekommt. Wahrscheinlich werden wir noch drei weitere Kinder haben. Ehe? Ich glaube nicht, daß das passieren wird. Wir glauben nicht dran." Marianne: „Warum sollten wir heiraten? Wir verstehen uns auch so. Das Baby wird da auch nichts dran ändern."

12
Mick tritt in der „David Frost Show" auf.

November

9
Mick und einige Verantwortliche der Schallplattenfirmen erreichen einen Kompromiß in Sachen Hülle für „Beggars Banquet", das nun eine Einladungskarte zeigt. Mick sagt danach, er habe keine Lust mehr an der Kontroverse. „Es ist ein unnötiger Zeitverlust." Die umstrittene Hülle erscheint später auf einer CD.

Die Stones besuchen das Konzert von Tiny Tim in der Royal Albert Hall.

11
Mick beendet die Dreharbeiten für „Performance".

19
Marianne wird in ein Londoner Krankenhaus eingeliefert.

20
Marianne verliert ihr Baby im fünften Monat. Mick berichtet der Presse: „Marianne hat ihr Baby wegen Schwangerschaftskomplikationen verloren. Es geht ihr gut, aber wir beide sind traurig."

21
Brian kauft das ehemalige Haus von A. A. Milne, Cotchford Farm, in der Nähe von Hatfield, wo die Christopher-Robins-Bücher entstanden.

27
Das Album „Beggars Banquet" kommt endlich in den USA auf den Markt, wo es den zweiten Platz in den Charts erreicht.

29
Premiere von Jean-Luc Godards Film „1 + 1" beim Filmfestival in London.

30
Interview mit Mick für die BBC-TV-Sendung „Release".

Dezember

4
Auftritt der Stones in der „David Frost Show".

5
Veröffentlichung von „Beggars Banquet" in Großbritannien, wo es den dritten Platz in den Charts belegt.

Anläßlich der Vorstellung des Albums laden sie Stones zu einem Abendessen im Kensington Gore Hotel ein. Am nächsten Tag berichtet die „Daily Mail": „Die Rolling Stones, Botschafter des Vergnügens, griffen gestern auf eines der ältesten Elemente im Shobusiness zurück: Tortenwerfen. Am Ende des 1000-Pfund-Essens begannen sie, ihre Gäste zu bewerfen. Dazu gehörte auch Lord Harlech, dem Geschenke mit der Aufschrift ‚nicht vor Mittwoch zu öffnen' überreicht worden waren.

Der Empfang wird in den ITN-TV-Nachrichten am Abend übertragen.

BEGGARS BANQUET
A-Decca SKL 4995 (UK) und London PS 539 (USA)
Veröffentlicht: Dezember 1968 (UK), November 1968 (USA) (Ursprünglich für August vorgesehen, wegen des Streits um die Hülle jedoch verzögert.)
Produzent: Jimmy Miller
Techniker: Glyn Jones
Studio: Olympic Studios, London

A-Seite: 1. „Sympathy For The Devil", 2. „No Expectations", 3. „Dear Doctor", 4. „Parachute Woman", 5. „Jig-Saw-Puzzle".

B-Seite: 6. „Street Fighting Man", 7. „Prodigal Son", 8. „Stray Cat Blues", 9. „Factory Girl", 10. „Salt Of The Earth". Alle Songs: Jagger, Richard.

N.B. Nicky Hopkins und „viele Freunde" haben auf diesem Album mitgespielt.

8
Der „Sunday Express" berichtet: „In der kommenden Woche werden Mick Jagger und Keith Richard nach Rio fliegen, um dort einen Magier aufzusuchen. ‚Uns ist es sehr ernst mit diesem Trip, weil uns Magie sehr interessiert', meint Keith. ‚Wir hoffen einen Magier zu treffen, der weiße und schwarze Magie praktiziert. Er hat einen langen und komplizierten Namen, den wir nicht aussprechen können. Wir nennen ihn deshalb einfach Banana'." Das war einer jener Scherze der Stones, die von der Presse sofort aufgegriffen wurden.

12
„Rock and Roll Circus", eine TV-Sendung der Stones wird in den Intertel Studios aufgenommen. Mit von der Partie sind Yoko Ono, John Lennon, Taj Mahal, The Who, Eric Clapton, Jethro Tull, Mitch Mitchell, Marianne Faithfull und viele andere. Mit dem Ergebnis sind die Stones nicht einverstanden und streichen daher das ganze Projekt.

14
Interview mit Mick für die BBC-Radiosendung „Scene and Heard".

18
Mick, Keith, Marianne und Anita fliegen nach Rio und finden ihren Magier.

Unten links: Brian und Diana Ross im Januar 1968. Unten rechts: Auf der Präsentationsparty von „Beggars Banquet".

1969

Januar

4
Die „Evening News" berichtet: „Der Gitarrist der Rolling Stones, Brian Jones, zur Zeit im Urlaub auf Ceylon, ist wütend, daß ihn einige Hotelmanager in Kandy nicht in ihre Häuser gelassen haben. Offensichtlich dachten sie, daß Jones in seinem psychedelischen Anzug ein mittelloser Hippie sei. Brian Jones: ‚Ich bin kein Beatnik. Ich arbeite, habe genügend Geld und möchte nicht wie ein Mensch zweiter Klasse behandelt werden'."

18
Der „Daily Sketch" berichtet: „Mick Jagger und Kerith Richard wurden nicht in ein Luxushotel in Lima, Peru, gelassen. Die beiden Musiker trugen Op-Art-Hosen und sonst nichts. Sie verließen das Hotel Crillon und fanden das nicht weniger luxuriöse Hotel Bilovar."

Februar

22
„Something Better" (Goffin Mann)/„Sister Morphine" (Jagger, Richard, Faithfull) von Marianne Faithfull (produziert von Mick) wird auf Decca veröffentlicht. Marianne ist Co-Autor der B-Seite.

April

Mick und Keith verbringen ihren Urlaub in Rom und Positano mit der Arbeit an neuen Songs. Am Ende des Monats Aufnahmen in den Olympic Studios, London.

Mai

28
Mick und Marianne werden in Micks Haus im Cheyne Walk festgenommen. Mick berichtet der Presse: „Ungefähr sechs oder sieben Polizisten kamen gegen viertel vor acht Uhr morgens, nachdem Marianne und ich gerade Tee getrunken hatten. Sie waren ungefähr eine Stunde in unserem Haus. Ich bin dann in meinem Wagen, nicht in einem Polizeiwagen, zur Wache gefahren."

Mick wird in dem Film über Ned Kelly mitspielen. („To 36 year old Mrs Kelly a son: Ned")

29
Mick und Marianne vor Gericht. Bis zum 23. Juni bleiben sie in Freiheit.

Juni

Keith verunglückt mit seinem Wagen in der Nähe seines Hauses in Sussex. Anita, im siebten Monat schwanger, bricht ihr Schlüsselbein und kommt ins Krankenhaus.

9
Schlagzeile des „Daily Sketch": „BRIAN JONES VERLÄSST DIE STONES, NACHDEM SICH DIE GRUPPE NICHT ÜBER SONGS EINIGEN KANN"

„Brian Jones von den Rolling Stones verließ die Gruppe gestern nach einem Streit mit Mick Jagger und den anderen Bandmitgliedern. Jones dazu: ‚Ich kann mich mit den Titeln nicht mehr identifizieren.' Ein unbekannter Gitarrist, der 20jährige Mick Taylor, bisher bei John Mayall, wird Jones ersetzen. Mick Jagger gestern Abend: ‚Ich habe ihn schon lange beobachtet'."

13
Mick Taylor wird offizielles Mitglied der Rolling Stones. Mick Jagger erklärte später, wie er ihn gefunden hat: „Ich wußte, daß John Mayall immer gute Gitarristen hatte, daher fragte ich ihn, und er sagte, ‚Du kannst meinen haben'. Er spielte mit uns und machte einen guten Eindruck. er ist ein sehr guter Gitarrist und wird

noch viel besser werden. Ich glaube nicht, daß wir irgendwelche Probleme haben werden."

14
Mick Taylor: „Ich wurde zu einer Session mit den Rolling Stones eingeladen, was mich erstaunte. Ich hatte Mick Jagger noch nie zuvor getroffen und auf einmal rief er mich an. Ich ging also hin, spielte ein paar Stücke und dachte mir nichts dabei. Dann fragten sie mich, ob ich ein Stone werden wollte. Ich war fertig. Natürlich wollte ich das. Das war alles."

Mick Jagger: „Er spielt nicht wie Brian. Er ist ein Bluesspieler und will Rock and Roll spielen. Das ist in Ordnung."

16
Die Band nimmt einen Auftritt für die „David Frost Show" auf, der im darauffolgenden Monat in den USA gesendet wird.

24
Die Rolling Stones proben in den Apple Studios der Beatles in Savile Row. Das Magazin „Rolling Stone" berichtet am 12. Juli: „In der vergangenen Woche probten die Stones einen Auftritt in den Apple Studios mit ihrem neuen Gitarristen Mick Taylor. Sie klangen wesentlich voller mit der neuen Kombination Keith Richard und Mick Taylor. Wahrscheinlich, weil sie nun zwei Solo-Gitarristen haben, können sie wesentlich komplexere Klangfolgen produzieren."

27
„That's The Way God Planned It" (Preston)/„What About You" von Billy Preston wird auf Apple veröffentlicht. Keith Richard spielt Gitarre.

Juli

Auftritt: Freies Konzert im Hyde Park, London (5.).

3
Brian Jones ist tot. Am nächsten Tag berichtet der „Daily Mirror": „Der Pop-Gitarrist, der vergangenen Monat die Rolling Stones verlassen hat, wurde gestern Morgen tot aufgefunden. Freunde entdeckten seinen Leichnam, der im Swimmingpool seines Hauses lag, das er vor einigen Monaten bezogen hat."

Bevor sie von Brians Tod erfährt, nimmt die Gruppe einen Auftritt für „Top Of The Pops" auf.

4
„Honky Tonk Woman"/„You Can't Always Get What You Want" wird in Großbritannien veröffentlicht und bleibt fünf Wochen lang an der Spitze der Charts. In den USA hält sich der Titel vier Wochen lang an erster Stelle.

Mick bestätigt das Freie Konzert im Hyde Park. „Brian hätte es so gewollt. Wir werden ihm das Konzert widmen. Ich hoffe, die Leute werden verstehen, daß wir es aus Liebe für ihn tun."

Auftritt der Stones in „Top Of The Pops".

Oben: Mick und Marianne verlassen nach einer Verhandlung wegen ihrer Drogenvergehen am 23. Juni 1968 das Gericht. Unten links: Brian Jones mit Suki Poitier.

HONKY TONK WOMAN Jagger, Richard/YOU CAN'T ALWAYS GET WHAT YOU WANT Jagger, Richard
S-Decca 12952 (UK) und London 910 (USA)
Veröffentlicht: Juli 1969
Produzent: Jimmy Miller

N.B. Auf „You Can't Always Get What You Want" sind die Gesangsstimmen von Jack Nitzsche arrangiert. Al Kooper spielt Klavier und Orgel.

5
13 Uhr. Die Stones beim freien Konzert im Hyde Park. Anstatt das Konzert abzusagen, widmen sie es der Erinnerung an Brian Jones. Auf der Bühne sind auch einige andere Bands, die mit den Organisatoren, „Blackhills Enterprises", verbunden sind: The Third Ear Band, The Battered Ornaments, Screw und King Crimson.

Vor dem Beginn des Konzerts erklärt Mick Jagger: „Wir, die Darsteller und ihr im Publikum, wir wollen dieses Gefühl teilen, hier eine gute Zeit miteinander zu verbringen. Ihr überträgt dieses Gefühl auf uns und dann funkt es. An diesem Nachmittag sind die Leute gekommen, um eine gute Zeit zu verbringen, die Stones und die anderen Gruppen zu sehen, Musik zu hören und die Sonne zu genießen. Ein Konzert bringt die Musik nicht so rüber wie in einem Studio, wo wir unsere Alben produzieren. Bei einem Konzert kommen die Leute, um zu sehen, was man macht und um Spaß zu haben, ein gemeinsames Erlebnis zu teilen, sich zu umarmen und ein Gefühl zu teilen."

Im Stones-Hauptquartier in einem nahen Hotel erklärt Mick der Gruppe: „Wir gehen da jetzt raus und sie werden wahrscheinlich alle in guter Stimmung sein. Ich werde versuchen, sie zu beruhigen und dann eine kleine Rede von zwei Minuten halten."

Jagger zu einem Interviewer: „Natürlich wird Brian bei dem Konzert sein. Wenn wir da am Nachmittag auftreten, wird er dabei sein. Es ist alles furchtbar traurig, aber ich möchte Brians Abschied von dieser Welt mit soviel Glückseligkeit gestalten wie nur möglich.

Auf der Bühne wendet sich Mick an das Publikum: „Jetzt seid mal einen Moment lang ruhig. Ich möchte etwas über Brian sagen und es wäre schön, wenn Ihr diesen Augenblick mit uns teilen würdet. Brian ging zu einem Zeitpunkt, als wir nicht damit rechneten." Mick liest ein Gedicht von Shelley. Ein Film des Konzerts wurde unter dem Titel „Stones In The Park" herausgebracht.

In den Nachrichten am Abend wird über das Konzert berichtet.

6
Mick und Marianne fliegen nach Australien zu Dreharbeiten für „Ned Kelly", einem legendären Banditen, der 1855 in Beveridge, 20 Meilen von Melbourne entfernt, zur Welt kam. Sein Vater, John Kelly, stammte aus Tipperary und wurde als Schweinedieb nach Australien deportiert. Im Alter von 17 Jahren war Ned trotz seiner Unschuldsbeteuerungen zu drei Jahren Zwangsarbeit wegen Pferdediebstahl verurteilt worden. Von da an hatte er ständigen Ärger mit der Polizei und zog nach der Festnahme seiner Mutter, die angeblich ihren Söhnen bei einem Anschlag auf einen Polizisten geholfen haben soll, zusammen mit seinen Sympathisanten in den Busch. Um Geld für ihre Verteidigung aufzutreiben, versuchten sich Ned und die Kelly-Bande als Goldsucher und betrieben ein Sägewerk. Im Oktober 1878, nach dem „Massaker am Stringybark Creek", dem einige Polizisten zum Opfer fielen, wurden Ned und die Bande gejagt. Ned Kelly hatte sich eine Rüstung geschmiedet, die sich aber als hinderlich erwies und zudem nicht seine Beine schützte. Schließlich wurde er gefaßt und am 11. November 1880 in Melbourne gehängt. Seine letzten Worte lauteten „So ist das Leben".

BBC-Radio sendet ein Gespräch mit Mick in „Scene And Heard"

7
In den USA kommt Billy Prestons „That's The Way God Planned It" auf Apple heraus.

8
Marianne wird in ihrem Hotel in Sydney nach einer Überdosis im Koma aufgefunden und ins Krankenhaus eingeliefert, wo sie erst nach fünf Tagen wieder aufwacht. Ihre Rolle im Film übernimmt Diane Craig.

9
Bill und Diane Wyman werden geschieden.

Oben: Mick verliest ein Gedicht von Shelley beim Konzert im Hyde Park. Unten: Ein Hell's Angel bewacht die VIP-Zone während des Konzerts.

10
Brian Jones wird in Cheltenham beerdigt. Die Trauerfeier findet in der Kirche statt, in der er als Chorknabe gesungen hat. Der von ihm verfaßte Grabspruch wird verlesen: „Bitte urteilt nicht zu hart über mich." Bill, Keith und Charlie nehmen an der Beisetzung teil, Mick ist in Australien.

13
Erster Drehtag für „Ned Kelly" in Melbourne.

15
Interview mit Mick im australischen Radio in Sydney.

17
Wiederholung von „Top Of The Pops"

31
Wiederholung von „Top Of The Pops".

August

8
Interview mit Mick für „Top Of The Pops".

10
Marlon, der Sohn von Keith Richard und Anita Pallenberg, kommt im King's College Hospital zur Welt.

18
Mick wird bei den Dreharbeiten zu „Ned Kelly" versehentlich in die Hand geschossen, kann aber einige Tag später weiterspielen.

22
„That's The Way God Planned It" von Billy Preston kommt auf Apple in Großbritannien heraus. Produzent ist George Harrison, Keith Richard spielt Gitarre.

Auf die Frage der „Los Angeles Free Press", ob er in der letzten Zeit geprobt habe, antwortet Keith Richard: „Ja sicher. Ich habe mit Eric Clapton, Billy Preston, Ginger Baker und George Harrison auf Billy Prestons Album ‚Do What You Want' gespielt. Meistens Bass."

September

2
„Through The Past Darkly" (Big Hits Volume 2) kommt in den USA heraus und erreicht den zweiten Platz in den Charts. Umsatz der ersten Woche: eine Million Dollar.

Granada sendet „The Stones In The Park".

THROUGH THE PAST DARKLY (BIG HITS VOLUME 2)
Sammelalbum
A-London NPS 3 (USA)
Veröffentlicht: September 1969

A-Seite: 1. „Honky Tonk Woman", 2. „Paint It Black", 3. „Street Fighting Man", 4. „She's A Rainbow", 5. „Jumpin' Jack Flash", 6. „Dandelion".

B-Seite: 7. „Ruby Tuesday", 8. „Have You Seen Your Mother, Baby, Standing In The Shadow?", 9. „Let's Spend The Night Together", 10. „2000 Lightyears From Home", 11. „Mother's Little Helper". Alle Songs: Jagger, Richard.

N.B. Die Zusammenstellung des US-Albums unterscheidet sich wieder von der britischen Version. In den USA bringt man ausschließlich die bekannten A- oder Doppel-A-Seiten, während bei der britischen Version ein bis dahin nicht veröffentlichter Titel enthalten ist.

10
Die Stones planen eine neue USA-Tour.

12
Mick beendet die Dreharbeiten für „Ned Kelly" und fliegt zur Erholung nach Bali.

Das Sammelalbum „Through The Past Darkly" (Big Hits Volume 2) kommt in Großbritannien heraus und erreicht die erste Stelle in den Charts.

THROUGH THE PAST DARKLY (BIG HITS VOLUME 2)
Sammelalbum
A-Decca SKL 5019
Veröffentlicht: September 1969
Produzenten: Titel 2, 4, 5, 6, 9, 10, 11: Andrew Loog Oldham, Titel 1, 7, 12: Jimmy Miller, Titel 3 und 8: The Rolling Stones

A-Seite: „Jumpin' Jack Flash" (Jagger, Richard), 2. „Mother's Little Helper" (Jagger, Richard), 3. „2000 Light Years From Home" (Jagger, Richard), 4. „Let's Spend The Night Together" (Jagger, Richard), 5. „You Better Move On" (Arthur, Alexander), 6. „We Love You" (Jagger, Richard).

B-Seite: 7. „Street Fighting Man", 8. „She's A Rainbow", 9. „Ruby Tuesday", 10. „Dandelion", 11. „Sittin' On A Fence", 12. „Honky Tonk Woman". Alle Songs: Jagger, Richard.

N.B. „Sittin' On A Fence" wurde auf diesem Album zum ersten Mal in Großbritannien veröffentlicht, Der Titel war im Juni 1967 in den USA auf dem Album „Flowers" veröffentlicht worden. Er wurde bei RCA in Hollywood nach „Paint It Balck" und vor „Have You Seen Your Mother, Baby, Standing In The Shadow?" aufgenommen.

14
Das Album „The Last Goodbye" von Chris Farlowe kommt auf Immediate mit von Mick Jagger produzierten Titeln und dem neuen Stück „Looking For You" (ebenfalls von Mick produziert) heraus.

Oktober

Die Rolling Stones arbeiten an ihrem neuen Album „Let It Bleed" in Los Angeles.

THE ROLLING STONES Promotion-Album
A-London RSD-1 und Decca RSM-1 (UK)/Decca Australia
Veröffentlicht: Oktober 1969 (zuerst die USA-Version)

A-Seite: 1. „Route 66" (Troup), 2. „Walking The Dog" (Dixon), 3. „Around And Around" (Bery), 4. „Suzie Q" (Hawkins, Lewis), 5. „Everybody Needs Somebody To Love" (Burke, Wexler), 6. „Off The Hook" (Jagger, Richard), 7. „I'm Free" (Jagger, Richard), 8. „She Said Yeah" (Jackson).

B-Seite: 9. „Under My Thumb" (Jagger, Richard), 10. „Stupid Girl" (Jagger, Richard), 11. „2000 Man" (Jagger, Richard), 12. „Sympathy For The Devil" (Jagger, Richard), 13. „Prodigal Son" (Rev. Wilkins), 14. „Love In Vain" (Wayne).

N.B. Dieses Album kam in den USA als Ergänzung zu den beiden „Greatest Hits"-Alben heraus und wurde ausschließlich an Radiosender abgegeben, um möglichst viele Stones-Titel in den Sendungen zu haben. In Großbritannien, wo es keine privaten Radiosender gab, wurden 200 Exemplare an Journalisten verteilt. Decca Australia brachte später eine weitere Version mit anderen Titeln auf den Markt. „Love In

Oben rechts und links: Mick bei den Filmarbeiten für „Ned Kelly" in Melbourne. Links: Mick mit einem afrikanischen Trommler, der bei „Sympathy For The Devil" mitwirkte.

Vain" scheint eine andere Variante als die Version auf dem im nächsten Monat veröffentlichten Album „Let It Bleed" zu sein.

16
Mick kehrt aus Indonesien nach London zurück.

17
Die Rolling Stones fliegen nach Los Angeles, um ihre Amerika-Tour vorzubereiten. Mick, Keith und Mick Taylor wohnen in dem abgelegenen Haus von Steven Stills im Laurel Canyon bei Los Angeles. In dessen Studio können sie jeden Tag ungestört proben. Bill wohnt im Beverly Wilshire Hotel. Charlie ist mit Familie angereist und mietet ein Haus in den Hollywood Hills mit Blick auf den Sunset Boulevard. Das Haus wird zum Tour-Hauptquartier.

Die Stones werden von der Presse wegen der Eintrittspreise von 7,50 Dollar kritisiert. Der Veranstalter „Concert Associates" und der Radiosender KRLA haben die ersten 20 Reihen für „Freunde" reserviert und kassiere von ihnen 12,50 Dollar. Egal, wo die Stones hingehen, ob zu den Konzerten von Taj Mahal und Delany and Bonnie oder in Restaurants, die Klatschreporter halten jeden ihrer Schritte fest.

Bei einer Pressekonferenz im Beverly Wilshire kommt es zu einem gut gelaunten Dialog zwischen Mick Jagger und Klatsch-Kolumnistin Rona Barrett:

Rona Barrett: „Halten sie sich selbst für eine Anti-Establishment-Gruppe oder spielen sie das nur?"

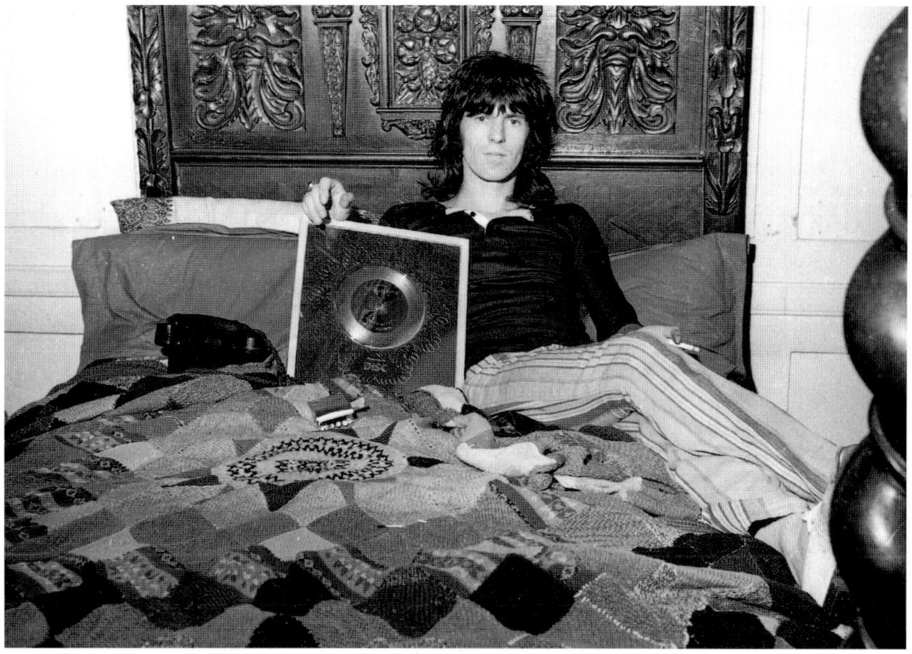

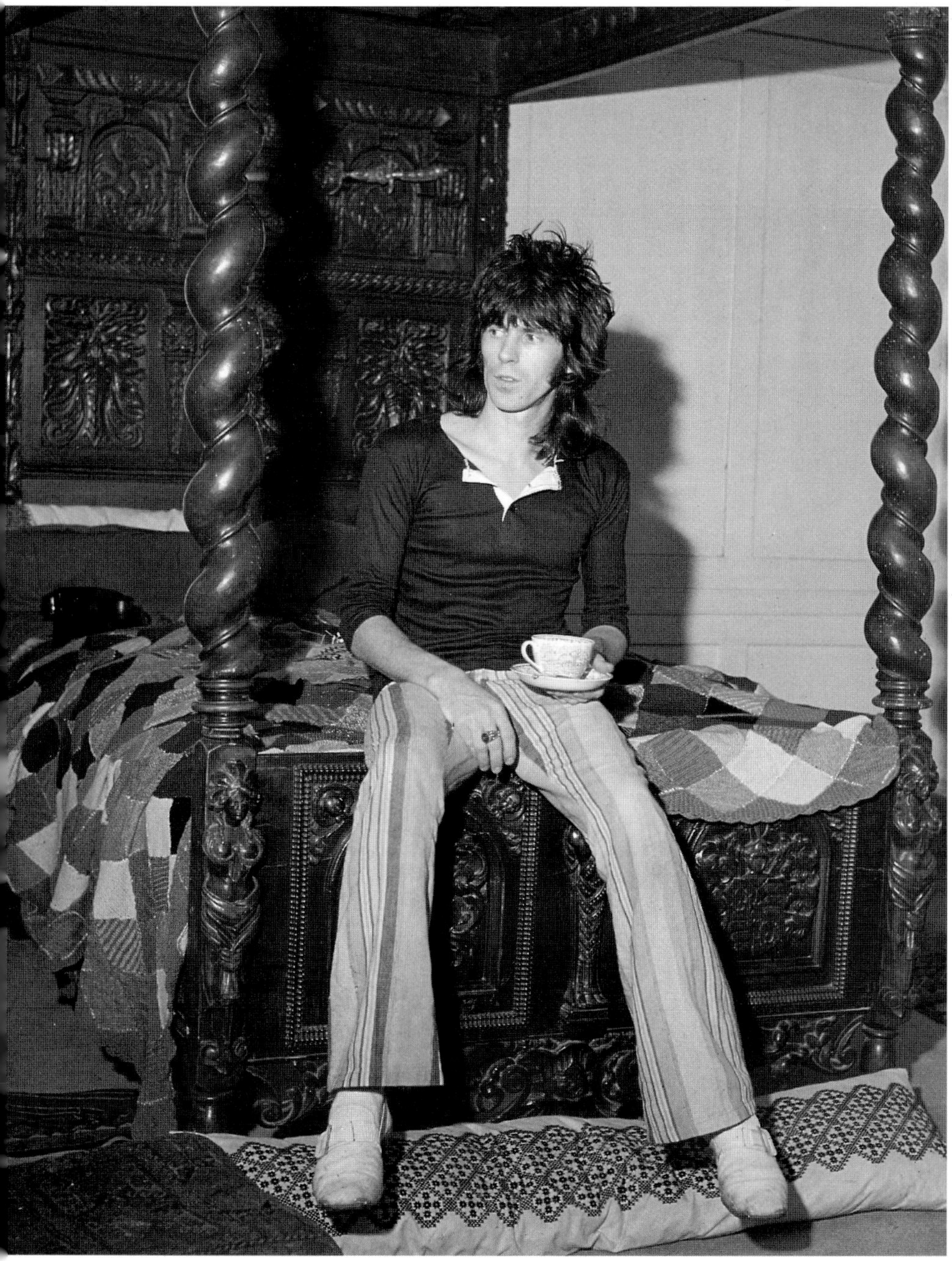

Mick: „Wir nehmen Sie nur ein bißchen auf den Arm." (Applaus, Gelächter)
Keith: „Sie können ja mit uns mitfahren."
Mick: „Yeah. Rücksichtslos."

Rona Barrett: „Machen Sie gerne Geld?"
Mick. „Wir machen gerne Schallplatten. Glücklicherweise bringt uns das eine Menge Geld."

Rona Barrett: „Wie fanden Sie das Essen gestern Nacht bei Yamamoto's?" (Gelächter)
Mick: „Wow! Sie muß unter unserem Tisch gewesen sein." (Gelächter)

„Everything's All Right" (Preston, Troy)/„I Want To Thank You" (Preston) von Billy Preston kommt in Großbritannien auf Apple heraus. Keith Richard spielt Gitarre.

23
Auftritt in der „Ed Sullivan Show".

26
Die Stones veranstalten ein Party für Bill Wyman, der seinen 33. Geburtstag feiert, in Steven Stills' Haus. Bill: „Irgendjemand hatte einen Haschkuchen gebacken und Mick, Keith und Mick Taylor sahen lächelnd zu, wie ich ahnungslos zugriff und ein Stück aß. Ich war ziemlich schnell stoned und fühlte mich ebenso schnell schlecht. Ich verbrachte viel Zeit im Badezimmer und schüttete mit kaltes Wasser ins Gesicht." Die Stones haben immer wieder versucht, Bill auf den Arm zu nehmen. Der schrieb in seiner Autobiographie: „Mein mangelndes Interesse an Drogen war ein ständiges Problem bei den Stones."

28
Die Stones nehmen neue Titel in den Elektra Studios auf.

November

Auftritte: State University, Fort Collins, Colorado (7.), The Forum, Los Angeles (8.); Coliseum, Oakland, California (9.); Sports Arena, San Diego (10.); Coliseum, Phoenix, Arizona (11.); Moody Coliseum, Dallas, Texas (13.); University Coliseum, Auburn, Alabama (14.); Assembly Hall, Champagne, Illinois (15.); International Amphitheater, Chicago (16.); The Forum, Los Angeles (20.); Olympia Stadium, Detroit (24.); The Spectrum, Philadelphia, Pennsylvania (25.); Civic Center, Baltimore, Maryland (26.); Madison Square Garden, New York (27.–28); Boston Gardens, Boston (29.); International Race Way, West Palm Beach, Florida (30.).

5
Keith Richard in der „Los Angeles Free Press": „Mick Taylor ist der neueste Stone. Wir nennen ihn ‚The Kid', aber er ist ein echt cooler Typ. Ich bin jetzt schon drei Wochen mit ihm zusammen, und wenn man es mit jemand drei Wochen aushalten kann, dann muß er cool sein."

9
Der „Daily Express" berichtet: „Die Stones entspannten sich bei ihrer ersten USA-Tour seit drei Jahren in einem abgelegenen Farmhaus in der Nähe von Hollywood, als sich ein verträumter Fan in einem

Oben und unten: Keith in seinem Haus in Cheyne Walk im August 1969.

langen Strickkleid nähert, als die Gruppe für den Kameraman Terry O'Neill posiert. ‚Zieh Deine Klamotten aus und kommt mit aufs Bild', sagte Mick Jagger mit der Gelassenheit, mit der man in einem Zug vielleicht eine Tasse Tee bestellt. Das Mädchen gehorchte."

10
Schlagzeile im „Daily Mirror": „WACHEN WERDEN NIEDERGETRAMPELT – JAGGER-FANS DREHEN DURCH".

„Tausende von verzückten Fans begrüßten die Rolling Stones überschwenglich bei ihrer ersten Amerika-Tour seit drei Jahren. Sie kletterten über die Absperrungen, trampelten die Sicherheitskräfte nieder und stürmten die Bühne. Die Szenen im Los Angeles Forum erinnerten an die Beatlemania vergangener Tage. Die vor der Bühne postierten Sicherheitskräfte wurden von den Teenagern zur Seite gestoßen und niedergetrampelt."

13
Der Film „Michael Kohlhaas – der Rebell" von Volker Schlöndorff mit Keith Richard und Anita Pallenberg wird in London uraufgeführt.

24
Pressekonferenz der Rolling Stones in New York (Rainbow Grill, Rockefeller Plaza) um 15:30 Uhr.

„Wie sind Ihre Eindrücke von den USA?"
Mick Jagger: „Großartig. Sie verändern sich."

„Was halten Sie vom Vietnam-Krieg?"
Mick Jagger (gähnt): „Haut da ab und bringt es hinter Euch."

„Was halten Sie davon, daß Ed Sullivan einige Teile Ihrer Lieder ausblendet?"
Mick Jagger: „Das macht nichts. Es ist ja doch nur ein Witz."

„Was halten Sie von einer Pressekonferenz wie dieser hier?"
Mick Jagger: „Es ist genauso wie in der ersten Reihe bei unserem Konzert in Philadelphia."

„Was halten sie von der weltweiten Jugend-Revolution?"
Mick Jagger (lächelt): „Wie lange habe ich? Sie können eine solche Frage hier nicht stellen."

„Sie sangen darüber, daß Sie keine Befriedigung bekommen konnten. Sind Sie nicht mehr befriedigt?"
Mick Jagger: „Wie meinen Sie das? Sexuell oder anders? Sexuell befriedigt, finanziell befriedigt, philosophisch auf der Suche."

„Warum geben Sie in New York kein Freiluft-Konzert?"
Mick Jagger: „New York ist zu kalt. In San Francisco ist das was anderes."

„Wie fanden Sie ihr Konzert im Hyde Park diesen Sommer?"
Mick Jagger. „Es war irgendwie seltsam. Wir haben noch nie vor so vielen Menschen gespielt."

„Was halten Sie davon, daß John Lennon seinen Orden MBE zurückgibt?"
Mick Jagger: „Wir hätten ihn nie bekommen."

„Was halten Sie von der neuen sexuellen Freiheit, wie sie in den Zeitungen dargestellt wird? Werden Sie davon beeinflußt?"
Mick Jagger: „Nein."

Nach dem 25minütigen Austausch von Banalitäten stand Jagger plötzlich auf und sagte: „Danke, meine Herren, Gott segne Sie." Die Stones verließen die Bühne.

Mick posiert beim Fotografen Cecil Beaton für ein Vogue-Cover.

28
Das Album „Let It Bleed" kommt in den USA heraus und erreicht den zweiten Platz in den Charts.

30
Beim West Palm Beach Pop Festival treten die Stones um fünf Uhr morgens auf. Trotz der Kälte tritt Keith Richard mit freiem Oberkörper auf. Bei dem Festival spielen noch: Jefferson Airplane, Janis Joplin, Johnny Winter, Spirit, Iron Butterfly, Country Joe and The Fish, Vanilla Fudge und Grand Funk Railroad.

Mick Jagger über die Tournee: „Im Vergleich zu unseren späteren Auftritten waren wir in San Francisco schlicht furchtbar. In Detroit waren wir 100 Prozent besser. Die Band und das Soundsystem waren wesentlich verbessert. Wir hatten uns auch inzwischen wieder daran gewöhnt aufzutreten. Es ist eine Sache des Selbstvertrauens, und das braucht Zeit, um sich aufzubauen.

Wir sind jetzt mit Mick Taylor wieder mehr eine Band. Es ist eine ganz neue Truppe, die viel härter spielt. Freilich haben wir nicht mehr die Dinge, die Brian beherrschte, wie zum Beispiel das Zimbal. Das und andere Sachen kann keiner spielen – wenigstens nicht auf der Bühne.

Dafür sind wir eine richtig harte Band geworden. Und Mick paßt wirklich gut rein. Keith kann jetzt während der Stücke schon mal eine Art Pause einlegen, nachdenken, und die beiden spielen hervorragende Solostücke, wie bei ‚Sympathy For The Devil'. Es hört sich großartig an. So was hatten wir bisher noch nie.

Wenn ich die Tour beurteilen soll … es passiert alles so schnell. Es verbirgt sich noch hinter einem dicken Nebel, und es ist schwer, einen Ort vom anderen zu unterscheiden. In Chicago war es wie zu alten Zeiten. Viel Gekreische, junge Mädchen. In anderen Orten waren da Leute, die nicht zuhörten. Für die war es vielleicht ein Fantasy-Trip. In Boston wiederum war das Publikum fast wie bei unserem letzten Auftritt da. An der Küste gab es dann wieder viele Leute, die zuhörten. Das war irgendwie eine neue Erfahrung."

Dezember

Auftritte: Altamont Speedway, California (6.); Savile Theatre, London (14); Lyceum Ballroom, London (21.).

Die Rolling Stones verbringen die Woche vor ihrem Konzert in Altamont in Muscle Shoals, Alabama, und verhandeln mit den Chefs der Schallplattenfirma Atlantic, Ahmet Ertegun und Jerry Wexler, über einen neuen Vertrag.

5
Das Album „Let It Bleed" kommt in Großbritannien heraus und belegt den ersten Platz in den Charts.

Die Stones fliegen nach San Francisco.

LET IT BLEED
A-Decca SKL 5025 (UK) und London NPS 4 (USA)
Veröffentlicht: Dezember 1969 (UK) und November 1969 (USA)
Produzent: Jimmy Miller

Oben: Mick mit Jimmy Savile. Unten: Mick Taylor spielt zwar mit den Stones, wirkt aber noch etwas fremd.

Techniker: Glyn Jones, unterstützt von Bruce Botnick, Jerry Hansen und George Chiantz
Studio: Olympic Studios, London

A-Seite: 1. „Gimme Shelter" (Jagger, Richard), 2. „Love In Vain" (Woody, Payne), 3. „Country Honk" (Jagger, Richard), 4. „Live With Me" (Jagger, Richard); 5. „Let It Bleed" (Jagger, Richard).

B-Seite: 6. „Midnight Rambler", 7. „You Got The Silver", 8. „Monkey Man", 9. „You Can't Always Get What You Want". Alle Songs: Jagger, Richard.

N.B. Titel 2 wurde bereits auf dem Promotion-Album „The Rolling Stone" in einer anderen Version veröffentlicht. Nicky Hopkins spielt Klavier auf den Titeln 1, 2, 7 und 8. Jimmy Miller spielt Percussion auf den Titeln 1 und 8 sowie Schlagzeug auf Titel 9. Ry Cooder spielt Mandoline auf Titel 2. Nanette Newman singt auf Titel 3 und 9. Byron Bertine spielt Geige auf Titel 3. Leon Russell spielt auf Titel 4 Klavier. Bobby Keys spielt Tenor-Saxophon auf Titel 4. Ian Stewart spielt Klavier auf Titel 5. Al Kooper spielt Klavier, Orgel und French Horn auf Titel 9. Madeleine Bell und Doris Troy singen auf Titel 9. Rocky Dijon spielt Percussion auf Titel 9. Der Bach Chor London singt auf Titel 9. Zusammen mit dem Album gab es ein Poster der Band.

6
Die Stones treten in Altamont auf. Der Manager der Grateful Dead, Red Scully, rät, die Hell's Angels als Sicherheitskräfte einzustellen, um so Randale der Truppe zu verhindern. Die Stones sind einverstanden, haben aber keine Ahnung, daß sich die amerikanischen Hell's Angels völlig von den britischen Angels unterscheiden, die beim Konzert im Hyde Park im Einsatz waren. Betrunken und bekifft greifen die Angels Zuschauer mit Billardstöcken an und fahren mit ihren Motorrädern in die Masse, wobei sich ein Mädchen das Fußgelenk bricht. Eines der Motorräder fällt dabei um und Mick Jaggers sarkastische Bemerkung auf der Bühne „Oh, da ist wohl ein Motorrad umgefallen" trägt nicht zur Entspannung der Atmosphäre bei. Ein Mitglied von Jefferson Airplane wird von einem Angel auf der Bühne zusammengeschlagen. Dutzende von Zuschauern werden verletzt. Der Höhepunkt der Gewalt ist mit dem gewaltsamen Tod des 18jährigen Schwarzen Meredith Hunter erreicht, den die Angels mit Billardstöcken erstechen. Die amerikanische Untergrundkultur macht die Stones und weniger ihre eigene „Hip-Kultur" für die Gewalt verantwortlich.

Keith Richard: „Ich hatte geglaubt, die Show würde abgebrochen werden. Doch niemand schien Notiz von dem zu nehmen, was sich da abspielte. Die Gewalt vor uns war unfaßbar. Ich glaube nicht, daß es eine gute Idee war, die Hell's Angels anzuheuern, doch Grateful Dead hielten es für das beste. Die Alternative wären vielleicht die Black Panthers gewesen. Ich glaube nicht, daß die noch heimtückischer gewesen wären."

Die Stones verschwinden schnell mit einem Helikopter, doch die Ereignisse werden sie noch lange verfolgen.

8
Keith und Charlie fliegen nach London, Mick in die Schweiz zu geschäftlichen Besprechungen mit Prinz Rupert Löwenstein. Bill und Mick Taylor bleiben noch einige Tage in den USA.

11
Marianne Faithfull, die in Rom mit dem italienischen Filmproduzenten Mario Schiffano zusammenlebt, wartet mit ihrem Sohn Nicholas auf Mick in London. Seine Begrüßung: „Hey Mädchen, wollen wir in Dein Bett springen?"

12
Die Stones nehmen ihren Auftritt für die Weihnachtsausgabe von „Top Of The Pops" auf.

18
Mick Jagger wird zu einer Geldstrafe von 252 Pfund wegen des Besitzes von Cannabis verurteilt. Marianne wird freigesprochen. Bei der Beweisaufnahme berichten Polizisten, daß Jagger, als sie ihn am 28. Mai in Chelsea anhielten, nach Hause jagte, und rief: „Marianne, laß die Tür zu. Es ist die Polizei. Sie suchen den Stoff." Jagger fragte angeblich die Polizei: „Warum lassen sie uns nicht in Ruhe. Ich habe keine Drogen." Die Polizei hatte jedoch einen

Oben links: Marianne

Durchsuchungsbefehl und fand zwei Schachteln mit Marihuana. Auf die Frage, was in den Schachteln sei, antwortete Mick Jagger: „Ich glaube, dazu sollte ich jetzt nichts sagen."

Im Gericht berichtete Mick Jagger, daß Detektiv Sgt. Robin Constable ihm ein Angebot gemacht hätte: „Wir können da schon was drehen. Ein Mann kann schuldig sein, auf unschuldig plädieren und damit durchkommen. Wieviel ist Ihnen das wert?"

Jagger erklärte, er habe geschwiegen und daraufhin habe der Polizist die Summe von 1000 Pfund ins Spiel gebracht. „Machen Sie sich keine Sorgen. Wenn es nicht funktioniert, bekommen sie Ihr Geld zurück."

Im Gerichtssaal wies der Polizist die Darstellung als „verleumderisch und unwahr" zurück. Scotland Yard befiehlt eine Untersuchung, die Mick Jagger nach besten Kräften unterstützen will.

21
CBS zeigt die „Ed Sullivan Show – The Swinging Soulful Sixties" mit alten Auftritten der Rolling Stones.

25
Die Weihnachtsausgabe von „Top Of The Pops" mit den Rolling Stones wird gesendet.

27
Clips der Stones werden in der TV-Sendung „A Child Of The Sixties" gesendet.

28
Die Stones in der BBC-TV-Sendung „Ten Years Of What".

31
Aufnahmen der Stones werden in der BBC-TV-Sendung „Pop Go The Sixties" gesendet.

1970

Januar

15
„LiveR Than You'll Ever Be", die erste Piratenpressung eines Konzerts, kommt in den USA auf den Markt. Die Aufnahme entstand am 9. November in Oakland. Mit einem Titel weniger kommt das Album später in Großbritannien heraus.

20
Die Stones haben sich ein mobiles Studio „Mighty Mobile" zugelegt. Das rollende Studio wird später eines der am meisten benutzten mobilen Studios in Großbritannien.

Februar

„The People's Band", ein Album der Gruppe The People Band wird von Transatlantic Records veröffentlicht. Charlie Watts ist Produzent und spielt zusammen mit acht anderen Musikern. Das Album besteht aus sieben Titeln, die bei einem Konzert der Band mitgeschnitten wurden.

Die Stones arbeiten in den Olympic Studios und stellen dort aus den Bändern ihrer US-Tour das Album „Get Yer Ya-Yas Out!" zusammen.

7
Mick und Keith arbeiten in den Trident Studios in Soho an den Bändern ihres zweiten Konzerts im Madison Square Garden. Die Maysles-Brüder filmen sie wie sie die Mitschnitte des Konzerts in Altamont durchgehen.

März

Mick und Marianne sind angeblich wieder zusammen, sagt wenigstens Mario Schiffano, mit dem Marianne eine Zeitlang zusammengelebt hat: „Ich glaube, die beiden sind unzertrennlich. Schließlich haben sie ja auch lange zusammengelebt."

Mick Jagger verweigert Auskünfte über sein Privatleben. „Wir sind gute Freunde, und ich hoffe, daß wir das auch noch längere Zeit bleiben."

11
Jean-Luc Godards Film „1 + 1" kommt in den USA mit einem langen Teil, der die Stones bei den Aufnahmen für „Sympathy For The Devil" zeigt, in die Kinos. Zu Godards Ärger hat der Produzent Ian Quarrier den Namen des Films in „Sympathy For The Devil" geändert und zerstört die Intention des Films, der nie die fertige Version des Stücks zeigt, indem er gegen den Willen Godards die fertige Fassung des Titels bringt. Am 27. April schreibt der Filmkritiker der „New York Times", Roger Greenspun: „Ein Film von Jean-Luc Godard in englischer Sprache hatte gestern seine Uraufführung in Murray Hill. Wenn man montags, mittwochs, freitags oder samstags in das Kino geht, sieht man den Streifen ‚1 + 1'. An den anderen Tagen sieht man einen Film mit dem Titel ‚Sympathy For The Devil', der dem erstgenannten entspricht, mit Ausnahme, daß am Ende eine vollständige Version des Songs ‚Sympathy For The Devil' der Rolling Stones gezeigt wird, den die Stones im Verlauf des Films stückweise einspielen. Mehrere Fotografien werden während des Songs gezeigt.

Diese Veränderungen sind das Werk des Produzenten. Ian Quarrier. Warum irgend jemand, wenn er die Wahl hat, die Version des Produzenten gegenüber der des Regisseurs vorzieht, ist mir schleierhaft. Den Film, den man sehen sollte, ist ‚1 + 1'.

‚1 + 1' ist ein sehr didaktischer, fast schon erzieherischer Film, der, wie andere Godard-Filme, von der Wiederholung oder, wenn man so will, von der Addition lebt. Der ständige Versuch der Rolling Stones, „Sympathy For The Devil" aufzunehmen, zeigt die Bemühungen, ein Werk zusammenzusetzen."

Im Juni 1969 fragt das Magazin „Rolling Stone" Jean-Luc Godard, was er von den Rolling Stones in „1 + 1" erwartete. „Ich wollte einfach die Entwicklung eines Werkes zeigen und damit demonstrieren, daß Demokratie dabei nicht vorkommt. Natürlich keine Destruktion, indem man sagt, wir sind gegen Krieg, tun aber nichts für den Frieden. Daher war ich so ärgerlich über den neuen Schluß. Wir sollten nur ein bißchen davon erfahren. Wir wissen nicht, was für ein Song sich da entwickelt. Das Ende soll nicht gezeigt werden, weil auch die Rolling Stones gerade am Anfang stehen."

25
in Alameda County, Kalifornien, wird Alan David Passaro, 22, festgenommen. Er wird verdächtigt, beim Konzert in Altamont Meredith Hunter erstochen zu haben. Er wird ins Soledad-Gefängnis eingeliefert. Dort saß er wegen Diebstahls und des Handels mit Marihuana. Er war gegen Kaution in Freiheit und sollte am Tag des Konzerts vor Gericht erscheinen. Das Magazin „Rolling Stone" berichtet, daß Passaro ein langes Vorstrafen-Register hat, das bis 1963 zurückreicht, als er in Antioch wegen Autodiebstahls festgenommen wird und ins Jugendgefängnis kommt. Seitdem ist er sechsmal festgenommen und viermal verurteilt worden. Als er wegen Mordes festgenommen wird, sitzt er nach zwei Verurteilungen (Juni und Juli 1969) im Gefängnis von San José.

Während der dreimonatigen Suche nach dem Mörder erwies sich das Material der Maysles-Brüder, die einen Dokumentarfilm über die Stones-Tour drehten, als wichtigstes Material. Auch andere Teams hatten den Mord auf Film festgehalten. Der Gerichtsmediziner stellte fest, daß Hunter Schlag- und Stichwunden hatte. Als Todesursache wurde Schock und Herzstillstand nach mehreren Stichwunden festgestellt. Die Stiche hatten eine Tiefe zwischen sieben und 10,5 Zentimeter.

Mai

Das Album „Leon Russell" (A & M) von Leon Russell kommt auf den Markt. Eine große Anzahl von Stars spielen auf dem Album mit, darunter vermutlich auch Charlie Watts und Bill Wyman. Um vertragsrechtliche Probleme zu vermeiden, ist das Album mehreren Musikern „gewidmet": „Dieses Album ist gewidmet: Chris Stainton, George Harrison, Ringo Starr, Charlie Watts, Bill Wyman, Eric Clapton, Klaus Voormann,

Unten: Mick und Marianne treffen am 26. Januar 1970 vor dem Gerichtsgebäude ein.

B.J. Wilson, Alan Spenner, Jim Gordon, Greg Dempsey, Stevie Winwood, Jim Horn, Mr & Mrs Bramlett, Bobby Whiplash, Clydie King, Merry Clayton und Joe Cocker für ihre inspirierende Musik."

Juni

24

Der Film „Ned Kelly" wird in London uraufgeführt. Jaggers Kommentar: „Das ist eine ganze Menge Mist. Ich habe den Film nur gemacht, weil ich nichts anderes zu tun hatte. Ich wußte, daß Tony Richardson ein guter Regisseur ist, und ich dachte, er würde einen vernünftigen Film hinkriegen. Man weiß leider nie, bevor man anfängt, ob ein Film gut oder beschissen wird. Und wenn das der Fall ist, bleibt nur zu sagen, beim nächsten Mal wird alles besser.

Der Soundtrack wird in Großbritannien von Liberty/United Artists unter dem Titel „Mick Jagger Is Ned Kelly" veröffentlicht und enthält einen Jagger-Song: „Wild Colonial Boy" (Silverstein).

28

Eine Gitarre, Kleidungsstücke und andere Gegenstände werden aus Micks Bentley gestohlen, der in der Nähe seiner Wohnung geparkt war.

Juli

Das Magazin „Rolling Stone" berichtet, daß Mick Jagger, nachdem er Marianne Faithfull an den 39 Jahre alten irischen Fotografen Lord Patrick Rossmore verloren hat, bereits eine neue Freundin gefunden hat: die 19jährige, wohlgeformte Patti D'Arbanville, ein New Yorker Fotomodell, das zwei Wochen nach ihrem ersten Treffen eine Nachbarwohnung in Cheyne Walk bezogen hat. Patti: „Mick ist so aufregend und gleichzeitig so friedfertig."

Die Stones nehmen neue Songs in den Olympic Studios und ihrem mobilen Studio auf.

20

„Street Fighting Man"/„Surprise, Surprise" kommt in Großbritannien heraus.

STREET FIGHTING MAN
Jagger, Richard/SURPRISE, SURPRISE Jagger, Richard
S-Decca F 13203 (UK)
Veröffentlicht: Juli 1970
Produzent: A-Seite: Jimmy Miller, B-Seite: Andrew Loog Oldham

N.B. Die Single kam wegen der Zurückhaltung von Decca zwei Jahre nach ihrer Veröffentlichung in den USA in Großbritannien auf den Markt.

28

Uraufführung des Films „Ned Kelly" in Glenrowan, in der Nähe von Melbourne.

29

Die Stones teilen mit: „Weder Allen Klein oder ABKCO Industries haben das Recht, in Zukunft Platten-Verträge in unserem Namen auszuhandeln." Klein kontert: „Diese Entwicklung ändert nichts an dem Recht von ABKCO Industries unter bestehenden Abmachungen, Schallplatten der Rolling Stones auch in Zukunft herzustellen."

31

Die Rolling Stones schulden Decca am Ende des Vertrags noch einen Titel. Sie liefern „Cocksucker Blues", einen Titel mit sehr deutlichen sexuellen Darstellungen, was sicherstellt, daß Decca ihn nicht veröffentlichen wird. Die deutsche Decca bringt ihn später auf den Markt, zieht ihn aber schnell wieder zurück.

August

1

Der Film „Performance" mit Mick Jagger, Anita Pallenberg, James Fox und Michele Breton wird von Warner Brothers in die Kinos gebracht. Die Regiearbeit teilen sich Donald Cammell und Nick Roeg.

Nick Roeg: „Mick Jagger hat eine ungeheuer natürliche Art und Weise, wie er sich den Dingen nähert. Er scherte sich nicht um das traditionelle Schauspieler-Protokoll, aber darum, was auf der Leinwand zu sehen war. Er ist kein Narr. Ihm ist nicht unbekannt, daß es einige Leute auf ihn abgesehen haben. Dabei haben ihn die Leute, die ihn nicht leiden können, noch nie gesehen. Er ist kein Guru, aber er repräsentiert ein ganz bestimmtes Benehmen. Er ist in seiner Rolle ganz aufgegangen.

Er ist ein äußerst ehrlicher Mann. Ich bin lange genug im Geschäft, aber ich habe noch nie einen großzügigeren Pakt als bei diesen drei Leuten, Drehbuchautor, Regisseur und Schauspieler, erlebt. Jagger kümmerte sich nicht um den Vertrag und wollte nicht singen, nur weil es im Vertrag stand. Es mußte einfach in den Film passen und so sind die beiden Szenen, in denen er singt, auch echte Teile des Films geworden."

Sandy Lieberson: „Die Idee, die hinter der Mitwirkung von Mick Jagger in diesem Film stand, ist die, daß er eine wichtige Rolle spielt. Er spielt keineswegs sich selbst, obwohl da ein bestimmtes Element von Mick Jagger drin ist. Das Drehbuch wurde mit allen diesen Rollen im Kopf geschrieben, so daß wir die stärksten Aspekte ihres Charakters und ihrer Persönlichkeit herausstellen mußten."

Mick Jagger: „Ich glaube, daß Turner Donalds Vorstellung von dem entspricht, wie er mich sieht. Tatsächlich war es für einige Leute sehr leicht zu glauben, daß ich so bin. Für mich war es einfach, weil es mich so darstellt, wenn ich diesen Weg gehen würde. Aber wenn ich mir jetzt den Film ansehe, dann sehe ich viele Dinge, die ich anders hätte machen können, um zu zeigen, wie Turner sein könnte und wie er leben könnte. Manchmal war es ein bißchen zu viel ich. Aber er ist als Person kein hoffnungsloser Fall. Ich glaube nicht, daß es viele Menschen wie ihn gibt. Er ist manchmal einfach zu intellektuell. Zum Beispiel, wenn er mit zwei Frauen im Bad sitzt, das hat mich wirklich umgehauen. Er ist wohl eine Zusammenstellung von mehreren Leuten, die ich kenne.

Ich glaube schon, daß ich etwas geschaffen habe. daher war es auch so eine harte Arbeit. Es wurde wie bei einem richtigen Film gedreht und man wußte schon wissen, was man zu tun hatte, bevor man vor die Kamera trat. Manchmal hörten wir plötzlich auf zu drehen, wenn ich den Text ablehnte, was die Techniker regelmäßig zur Verzweiflung brachte. Donald besetzt die Rollen mit Menschen, die in diese Rolle hineinwachsen.

Es gibt für Donald zwei wichtige Dinge in diesem Film. Zum einen der sexuelle Aspekt – nicht nur der physische Sex, sondern die Beziehungen der beiden Geschlechter und die Rolle der Gewalt und wie sich diese beiden Dinge ausbalancieren können. Auch die rituelle Rolle der Gewalt spielt eine wichtige Rolle. Das ist eines der Hauptthemen, wenn man meine Schlußfolgerungen akzeptiert. Donald ist die rituelle Gewalt sehr wichtig, eben die Fähigkeit der Menschen, gewisse Stimmungen auszuleben. Heute wird das nicht mehr gemacht und das ist sehr gefährlich. Mit Gewalt fertigzuwerden bedeutet, sie theatralisch auszuleben.

Ich verstehe die Verbindung von Gewalt und Musik nicht. Donald hat immer wieder versucht, mir das zu erklären. Ich weiß nur, daß Musik mich anregt, aber nicht in Richtung Gewalt. Das schafft man wohl nur, wenn man in einer derartigen Gruppe ist. Das einzige Mal, wo ich mich gewalttätig gefühlt habe, war bei einer Demonstration, wo man in einer Gruppe ist, die etwas machen will und wo man sich einfach mitreißen läßt. Egal, ob richtig oder falsch. Wer schert sich schon darum, ob der Polizist, der seinen Job macht, für einen guten Grund geschlagen wird. Der Punkt ist, daß Gewalt kräftiger als der intellektuelle, politische Akt ist."

Sandy Lieberson: „Der Film wurde chronologisch gedreht. Nur wenige Sequenzen wurden davon abweichend gedreht. Das gilt vor allem für die Zeit im Haus. Da wußten wir wirklich nicht, was am nächsten Tag passieren würde. Das Ganze entwickelte sich irgendwie."

Der zufällige Charakter des Films wurde durch die Bearbeitung noch verstärkt. Roeg hatte dafür den Filmemacher Anthony Balch bei den Arbeiten für dessen Film „Cut-Ups" besucht. Andere Schnitte wurden von Warner Brothers und dem Zensor verlangt, der die Frontalaufnahme des nackten Mick Jagger, verbot.

15

Die neue Plattenfirma Rolling Stones Records wird in den USA von Marshall Chess und in Großbritannien von Trevor Churchill geleitet werden.

29

Die Stones veranstalten auf dem Weg zu einem Konzert in Helsinki, dem ersten Stopp auf ihrer Europa-Tournee, eine Pressekonferenz in Kopenhagen.

Sie dauert ganze 15 Minuten: „Dumme Fragen", so Mick Jagger, „ich möchte hier raus."

Die Fragen der skandinavischen Presse:
„Mögen Sie Simon and Garfunkel?"
Mick Jagger: „Oh, come on."

„Wer ist die größte Persönlichkeit im Show Business?"
Keith Richard: „Shirley Bassey."

„Jagger, sind Sie mit ihrer Rolle in ‚Ned Kelly' zufrieden?"
Mick Jagger: „Nein, muß man sich nicht ansehen."

Kurz vor dem Konzert in Helsinki erzählt Mick einem Reporter: „Wir verdienen mit dieser Tournee keinen Penny. Wir veranstalten sie nur als freundliche Geste für unsere europäischen Freunde. Der Kontakt mit dem Publikum macht uns glücklich, Nichts kann ihn ersetzen." Die Stones werden auf der Bühne von Jim Price (ehemals Delany and Bonnie) auf der Posaune und Trompete und Bobby Keys auf dem Saxophon begleitet. Der Roadmanager Ian Stewart spielt wie gewöhnlich Klavier. Ebenfalls dabei ist die Gruppe des

Oben: Mick mit Ike und Tina Turner. Unten: Mick als Turner in dem Film „Performance".

Gitarristen von Chicago, Buddy Guy, mit Junior Wells auf der Mundharmonika.

September

Auftritte: Olympiastadion, Helsinki (2.); Malmö (3.); Royal Tennis Hall, Stockholm (4.); Tennis Stadium, Aarhus, Dänemark (9.); Ernst-Merck-Halle, Hamburg (14.); Deutschlandhalle, Berlin (16.); Sporthalle, Köln (18.), Killesberg, Stuttgart (20.); Olympia, Paris (22.); Palais des Sports, Paris (23.); Stadthalle, Wien (27.); Palazzo dello Sport, Rom (29.).

6

Das Live-Album der USA-Tour von 1969 „Get Yer Ya-Yas Out!“ wird in Großbritannien veröffentlicht und klettert an die erste Stelle der Charts.

In den USA erreicht es Platz fünf.

GET YER YA-YAS OUT!
A-Decca SKL 5065 (UK) und London NPS 4 (USA)
Veröffentlicht: September 1970
Produzent: The Rolling Stones
Studio: Live-Mitschnitt des Konzerts im Madison Square Garden am 27. und 28. November 1969

A-Seite: 1. „Jumpin' Jack Flash“ (Jagger, Richard), 2. „Carol“ (Berry), 3. „Stray Cat Blues“ (Jagger, Richard), 4. „Love In Vain“ (trd. Arr. Jagger, Richard), 5. „Midnight Rambler“ (Jagger, Richard).

B-Seite: 6. „Sympathy For The Devil“ (Jagger, Richard), 7. „Live With Me“ (Jagger, Richard), 8. „Little Queenie“ (Berry); 9. „Honky Tonk Woman“ (Jagger, Richard); 10. „Street Fighting Man“ (Jagger, Richard).

N.B. Ian Stewart spielt bei beiden Konzerten Klavier.

13

Pressekonferenz der Stones in Hamburg.

16

Fans werden nach Auseinandersetzungen mit der Polizei vor dem Konzert in Berlin festgenommen.

19

Das Album „Performance, starring James Fox – Mick Jagger“ kommt auf Warner Brothers (BS 2554 in den USA/UK) heraus. Der einzige Jagger-Titel ist „Memo From Turner“ (Jagger, Richard).

Die Stones geben Radio Luxemburg ein Interview.

22

Beim Konzert im Pariser Olympia werden einige Polizisten bei Kämpfen vor der Halle verletzt. Die Party nach dem Konzert findet im Hotel George V statt.

28

Die Stones fliegen nach Rom, wo Mick Jagger einen Fotografen bei einer Pressekonferenz niederschlägt. „Er hat dumme Fragen gestellt.“

Oktober

Auftritte: Palazzo dello Sport, Mailand (1.); Palais des Sports, Lyon (3.); Festhalle, Frankfurt (6.); Grugahalle, Essen (7.) Rai Halle, Amsterdam (9.); Olympiahalle, München (11.);

1

Die Polizei setzt Tränengas ein, als 2000 Fans versuchen, die ausverkaufte Halle in Mailand zu stürmen. 63 Personen werden festgenommen.

12

Mick Jagger fliegt mit seiner neuen Freundin, Bianca Perez Moreno de Macias, nach London.

30

Mick zahlt 200 Pfund Gerichtskosten in einem Rechtsstreit mit Marianne Faithfull.

November

„Memo From Turner“ wird als Solo-Single von Mick Jagger auf den Markt gebracht und erreicht den 32. Platz in den britischen Charts.

24

Mick und Bianca fliegen zu zweiwöchigen Ferien nach Nassau auf den Bahamas.

Dezember

5

In New York Uraufführung von „Gimme Shelter“, dem Dokumentarfilm der Maysles-Brüder über die fatale USA-Tour 1969.

18

Keith Richard veranstaltet eine Weihnachtsparty in den Olympic Studios.

Oben: Nach Brians Tod wurde Bill der Modeexperte der Band.

1971

Januar

4
Der Film „Performance“ wird in London uraufgeführt. Die Erlöse der Vorstellung gehen an die Organisation „Release“. Warner Brothers hätte den Film am liebsten wegen der Szenen, in denen Drogen benutzt werden, beerdigt, war aber durch einen Vertrag an die Organisation Release gebunden, die einen Service für Drogensüchtige aufgebaut hatte. Nach zwei Wochen verschwand der Film wieder aus den Kinos, wurde danach aber im Fernsehen gezeigt.

6
Rose Miller, Mick Taylors Freundin, bringt die gemeinsame Tochter Chloe im Wembley Hospital auf die Welt.

19
Hell's Angel Alan Passaro wird von der Jury vom Vorwurf des Mordes an Meredith Hunter beim Konzert in Altamont freigesprochen. Das Magazin „Rolling Stone“ berichtet: „Passaro, 22, warf seinen Kopf nach hinten und jauchzte auf, als er den Spruch der Geschworenen hörte. Die Jury, die aus acht Männern und vier Frauen bestand, hatte zwölfeinhalb Stunden beraten, nachdem sie 17 Tage lang die Zeugenaussagen gehört hatte. Passaro, der seit vier Monaten den Angels angehörte, war festgenommen worden, nachdem er anhand des von Albert und David Maysles zur Verfügung gestellten Filmmaterials identifiziert worden war. Der Filmclip aus „Gimme Shelter“, dem Dokumetarfilm über die Tournee, war der Jury mehrmals gezeigt worden. Passaro gab an, er habe in einer Art Selbstverteidigung gehandelt und habe auf Hunter eingestochen, wisse aber nicht mehr, ob er ihn tatsächlich getroffen habe. Die Anklage konnte nur einen Zeugen aufbieten, der gegen Passaro aussagte. Paul Cox, 18, erzählte dem Gericht ziemlich nervös, daß er gesehen habe, wie Passaro zweimal auf Hunter eingestochen habe. (Die Autopsie hatte ergeben, daß auf Hunter fünfmal eingestochen worden war.) Direkt nach der Verhandlung wurde Passaro ins Gefängnis gebracht, wo er eine zwei- bis zehnjährige Strafe wegen des Besitzes von Marihuana absitzen muß.

Februar

6
Die Rolling Stones bestätigen, daß sie demnächst die ersten britischen Steuerflüchtlinge der Rockszene sein werden.

Bill Wyman geht zur Premiere der „Mad Dog And Englishmen Tour“ von Joe Cocker.

März

Auftritte: Newcastle City Hall (4.); Free Trade Hall, Manchester (5.); Coventry Theatre, Coventry (6.); Green's Playhouse, Glasgow (8.); Big Apple, Brighton (10.); Liverpool Empire, Liverpool (12.); University of Leeds (13.); The Roundhouse, London (14.); The Marquee, London.

2
BBC-Radio bringt eine Dokumentarsendung von Michael Wale: „A Story Of Our Time – Brian Jones, The Rolling Stones“.

5
Mick verliert 300 Pfund in einem Casino in Manchester.

13
Mick Jagger veröffentlicht eine Anzeige in der Musikpresse als Antwort auf einen Artikel vom 5. März im „Daily Telegraph“: „Ich meine, daß die Berichte, nach denen das Vermögen der Rolling Stones 83 000 000 Pfund betragen soll, korrigiert werden müssen. Die genannte Summe ist lächerlich. Unserer Meinung nach übersteigt sie die kombinierten Einnahmen der Beatles, Elvis Presleys, unsere und die anderer.“

20
Die Rolling Stones plazieren in der Musik-Presse Anzeigen, in denen sie die Veröffentlichung des Decca-Sammelbums „Stone Age“ verurteilen. Sie geben an, nicht gefragt worden zu sein, und „die Platte ist unterhalb unseres Standards. Das gilt sowohl für die Musik als auch für das Cover.“ Die ganze Gruppe unterschreibt die Anzeige.

26
Die Stones spielen vor geladenen Gästen im Marquee Club in Soho, um zwei TV-Shows, eine für Großbritannien, die andere für den Kontinent, zu filmen. Keith und der Club-Besitzer Harold Pendleton geraten in Streit und Keith schleudert seine Gitarre gegen Pendletons Kopf, verpaßt ihn aber knapp. Später schmeißt Mick Jagger die geladenen Gäste raus, weil sie nicht genug Begeisterung für die Band zeigen, die immer wieder ihre Songs unterbricht und neu anfängt. Viele Gäste gehen daraufhin zur Bar, weil sie meinen, daß sie schon besser vorbereitete Bands in ihren Pubs gehört hätten.

30
Die Stones veranstalten eine Abschiedsparty in Skindles Hotel in Maidenhead vor ihrem Umzug an die Cote d'Azur. John Lennon, Yoko Ono, Eric Clapton und andere Stars sind geladen.

Der Filmemacher Kenneth Anger erinnert sich: „Gegen zwei Uhr morgens fällt die

Tonanlage aus. Mick wird erklärt, das örtliche Vorschriften Musik nach zwei Uhr morgens verbieten. Mick greift sich einen Tisch und schleudert ihn durch das Panoramafenster. Der Schaden muß rund 20 000 Dollar betragen haben. Das war seine Reaktion auf das Abstellen der Musik."

April

1
Marshall Chess, Sohn des Gründers von Chess Records, Leonard Chess, wird Chef der Rolling Stones Records.

Bill und Astrid Lundström mieten ein Haus in La Bastide Sainte-Antoine in der Nähe von Grasse.

6
Mit Beginn des neuen Steuerjahres wohnen alle Rolling Stones in Südfrankreich. Sie dürfen Großbritannien nur 90 Tage im Jahr besuchen, wenn sie nicht steuerpflichtig werden wollen. Mick wohnt in einem Haus in Biot, Charlie in einem Landhaus in den Cevennen, Mick Taylor hat sich in Grasse niedergelassen. Keith hat das riesige Anwesen Nellcot oberhalb von Villefranche-sur-Mer gemietet, das bald zum Hauptquartier der Band, einschließlich Aufnahmestudio im Keller, wird. Das Stones Mobile ein riesiger, khakifarbener (Tarnung) Lastwagen mit 16spurigen Aufnahmegeräten im Wert von 100 000 Pfund wird nach Frankreich geschafft.

Mick Jaggers ehemaliger Landsitz Stargroves wird in ein komfortables Aufnahmestudio mit Wohnung verwandelt und kann für 2500 Pfund die Woche gemietet werden.

Die Stones treffen per Yacht in Cannes ein, wo sie einen Vertriebsvertrag mit Kinney National unterschreiben. Dem Unternehmen gehören die Schallplattenfirmen Atlantic, Warner-Reprise und Elektra. Das Stones-Label wird von einer eigenen Gesellschaft mit Sitz in Genf vertrieben, die Filialen in London und New York unterhält. Marshall Chess und die Stones führen die Geschäfte. Mick Jagger: „Dieser Vertrag garantiert die Produktion von sechs Alben innerhalb der nächsten vier Jahre, einschließlich ‚Sticky Fingers‘. Zusätzlich können auch Soloalben der einzelnen Band-Mitglieder veröffentlicht werden."

An der Party nach der Vertragsunterzeichnung, zu der britische Journalisten eingeflogen wurden, die im mondänen Carlton-Hotel untergeracht wohnten, nahmen Steven Stills und der Gründer und Besitzer von Atlantic Records, Ahmet Ertegun, teil. Bianca zieht mit einer durchsichtigen Bluse die Blicke der männlichen Gäste auf sich.

15
Die „Daily Mail" berichtet aus Saint-Tropez, daß Mick Jagger offensichtlich mit Bianca zusammenlebt: „Im Hotel Byblos gab Mick gestern zu, daß er seit einiger Zeit mit dem Mädchen zusammen ist. ‚Ich bin aber nicht so blöd, meine Verabredungen öffentlich bekanntzumachen‘. Bianca, 21 Jahre alt, stammt aus Südamerika, hat einen Abschluß der Sorbonne und ist eine ehemalige Freundin des Schauspielers Michael Caine. Mit dem französischen Schallplatten-Produzenten Eddie Barclay war sie verlobt. ‚Die Band zieht sich nicht zurück, weil wir nun in Frankreich leben. Wir werden weiterhin auf Tour gehen und eine Band bleiben. Ich könnte nicht ein ganzes Jahr in Südfrankreich leben‘."

Auftritt der Stones in „Top Of The Pops".

16
„Brown Sugar"/„Let It Rock" kommt in Großbritannien auf den Markt und erreicht Platz eins in den Charts.

BROWN SUGAR Jagger, Richard/BITCH Jagger, Richard/LET IT ROCK Anderson
S-Rolling Stones RS 19100 (UK), RLS 19100 (USA)
Veröffentlicht: April 1971(UK), Mai 1971 (USA)
Produzent: „Brown Sugar" und „Bitch": Jimmy Miller, „Let It Rock": Glyn Jones
Studio: „Brown Sugar" in Muscle Shoals, Dezember 1969, „Let It Rock": Live-Aufnahme in Leeds

N.B. Den zusätzlichen Titel gab es nur auf der in Großbritannien verkauften Single.

23
Das Album „Sticky Fingers" kommt in Großbritannien und den USA auf den Markt. Das Design der Hülle stammt von Andy Warhol und hat einen echten Reißverschluß. Jed Johnson stand Modell für die Jeans.

STICKY FINGERS
A-Rolling Stones Records COC 59100 (UK und USA)
Veröffentlicht: April 1971 (UK), Juni 1971 (USA
Produzent: Jimmy Miller
Techniker: Glyn und Andy Jones unter Mitwirkung von Chris Kimsey und Jimmy Johnson
Studios: Olympic Studios und Rolling Stones Mobile

A-Seite: 1. „Brown Sugar" (Jagger, Richard), 2. „Sway" (Jagger, Richard), 3. „Wild Horses" (Jagger, Richard), 4. „Can't You Hear Me Knocking „(Jagger, Richard), 5. „You Gotta Move" (Fred McDowell).

B-Seite: 6. „Bitch", 7. „I Got The Blues", 8. „Sister Morphine", 9. „Dead Flowers", 10. „Moonlight Mile". Alle Songs: Jagger, Richard.

N.B. Ian Stewart spielt Klavier auf den Stücken 1 und 9. Bobby Keys spielt Saxophon auf den Stücken 1, 4, 6 und 7. Nicky Hopkins spielt Klavier auf Stück 2. Paul Buckmaster ist für die Streichinstrumente auf den Stücken 1 und 10 verantwortlich. J. Dickinson spielt Klavier auf Stück 3. Billy Preston spielt Orgel auf den Stücken 4 und 7. Jimmy Miller spielt Percussion auf den Stücken 4 und 6. Rocky Dijon spielt Congas auf Stück 4. J. Price spielt Trompete auf den Stücken 6 und 7 und Klavier auf Stück 10. Ry Cooder spielt Gitarre auf Stück 8 und Jack Nitzsche spielt Klavier auf Stück 8.

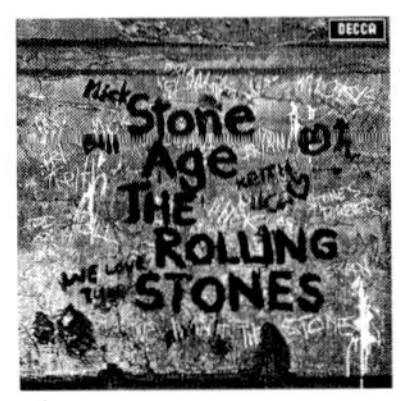

STONE AGE Sammelalbum
A-DeccaSKL 5084
Veröffentlicht: April 1971
Produzent: Alle Stücke Andrew Loog Oldham. Jimmy Miller wird seltsamerweise als Co-Produzent angegeben.

A-Seite: 1. „Look What You've Done" (Marfonfield), 2. „It's All Over Now „(B. und S. Womack), 3. „Confessin' The Blues" (Brown, McShann), 4. „One More Try" (Jagger, Richard), 5. „As Tears Go By" (Jagger, Richard, Oldham), 6. „The Spider And The Fly" (Nanker, Phelge).

B-Seite: 7. „My Girl" (Robinson, White), 8. „Paint It Black" (Jagger, Richard), 9. „If You Need Me" (Pickett, Bateman), 10. „The Last Time" (Jagger, Richard), 11. „Blue Turns To Grey" (Jagger, Richard), 12. „Around And Around" (Berry).

Oben: Bianca Rose Perez Moreno de Macias.

Studios: 1. RCA, Hollywood 1965; 2. Chess, Chicago, 10. Juni 1964; 3. Chess, Chicago, 11. Juni 1964; 4. Chess, Chicago,/RCA, Hollywood, Mai 1965; 5. RCA, Hollywood, Januar 1966 (?); 6. Chess, Chicago/RCA, Hollywood, Mai 1965; 7. Olympic, London, 1967; 8. RCA, Hollywood, 1966; 9. Chess, Chicago, 11. Juni 1964; 10. RCA, Hollywood, 1965; 12. Chess, Chicago, 11. Juni 1964.

N.B. Titel 11 wurde zuerst in den USA auf dem Album „December's Children" veröffentlicht. Titel 4 wurde zuerst auf dem US-Album „Out Of Our Heads" veröffentlicht. Titel 7 wurde zuerst auf dem US-Album „Flowers" veröffentlicht.

Mai

2
An Biancas Geburtstag fliegt sie mit Mick nach Paris, wo er eine Dinner-Party ihr zu Ehren veranstaltet und ihr ein Diamant-Armband für 4000 Pfund schenkt.

8
Mick fliegt von Nizza nach Paris, um dort zwei für ihn angefertigte Eheringe abzuholen.

11
Micks Eltern und die Hochzeitsgäste Paul McCartney, Linda und Kinder sowie Ringo und Maureen fliegen in einem Charterjet von London nach Nizza.

12
Mick und Bianca heiraten in Saint-Tropez. Dem Ja-Wort auf dem Standesamt folgt eine römisch-katholische Zeremonie. Das Magazin „Rolling Stone" berichtet: „Um vier Uhr nachmittags waren Mick und seine 26jährige Braut Bianca Rosa Perez-Mora, Tochter eines Geschäftsmanns aus Nicaragua, noch im Byblos Hotel eingegraben. Sie hatten erfahren, daß mehr als 100 Fotografen den Hochzeitssaal des Standesamtes füllten. Der Bürgermeister weigerte sich zu beginnen, wenn der Raum sich nicht leeren sollte. ‚Unmöglich', sagte er jedem, der es hören wollte. ‚Die Halle ist ein öffentlicher Platz, also durfte auch jeder da sein'. Der Bürgermeister schoss aus dem Saal und überließ es dem Poizeichef, die Menge zu beruhigen. Mit einer Verspätung von 50 Minuten und protestierend, daß er nicht in einem Aquarium, umgeben von fliegenden Fäusten, Schreien und Blitzlichtern heiraten wollte, erreichten Mick und seine Braut schließlich das Standesamt. Nachdem sie für die Fotografen und das Fernsehen posiert hatten, konnte die standesamtliche Zeremonie endlich über die Bühne gehen. Dem folgte die römisch-katholische Eheschließung, die von Lucien Baud in der Kirche des Ortes, die aus dem 17 Jahrhundert stammt, durchgeführt wurde." Jagger war zuvor vom Bischof von Fréjus und Pater Lucien Baud unterwiesen worden. Songs aus „Love Story" wurden dem Wunsch der Braut entsprechend auf dem Harmonium gespielt. Trauzeugen waren Roger Vadim und Nathalie Delon.

Der Empfang nach der Trauung dauerte bis vier Uhr morgens und fand in dem Café des Arts in Saint-Tropez statt. Steven Stills, Bobby Keys, Nicky Hopkins, Michael Shrieve und David Browne von Santana veranstalten eine Jam Session. Mick schloss sich Doris Troy und P.P. Arnold im Chor einer 25minütigen Soulsession an. Mick hätte gerne mit den Stones gespielt, doch Keith war nicht einsetzbar. Mrs Jagger verriet einem Reporter: „Ich hoffe, daß mein anderer Sohn nicht auch noch ein Superstar wird." Les Perrin, PR-Chef der Band, sprach vom „schwierigsten Tag meiner 21jährigen Laufbahn."

Eine Woche später bringt das britische Satire-Magazin „Private Eye" ein Bild mit dem Brautpaar vor dem Altar und der Frage des Geistlichen: „Nimmst Du diesen Mick?"

13
Mick und Bianca verlassen Cannes an Bord einer Yacht.

16
Mick und Bianca gehen in Micinaggio, Italien, auf eine andere Yacht und segeln zu einem Schloß in der Nähe, das nur über das Wasser erreicht werden kann.

Ein vor ihrer Abreise aus Großbritannien aufgenommener Auftritt in der „Dave Lee Travis Show" wird gesendet.

23
Das Album „Workers Playtime" von B.B. Blunder kommt auf United Artists heraus. Mick Taylor spielt Gitarre auf den Stück „New Day".

24
Granada TV überträgt „Stones In The Park".

26
In Beaulieu-sur-Mer, nahe seines Hauses, kollidiert Keith Richard in seinem Jaguar mit einem italienischen Touristen. Die Polizei muß den Streit schlichten, und Keith wird wegen eines Angriffs auf den Italiener angezeigt. Er fährt weiter zu den Filmfestspielen von Cannes, wo „Gimme Shelter" gezeigt wird.

30
Mick und Bianca kehren nach Saint Tropez zurück.

Die BBC-Radiosendung „Sunday Concert" überträgt Ausschnitte aus ihrer letzten Tournee.

Juni

Mick Taylor wirkt auf zwei Alben mit, die in diesem Monat auf den Markt kommen: „Reg King" von Reg King auf United Artists und „Back To The Roots" von John Mayall auf Polydor.

3
Shirley Watts wird in Abwesenheit zu sechs Monaten Haft und einer Geldstrafe verurteilt, weil sie im Flughafen Nizza Zöllner beschimpft hat.

12
„Wild Horses"/„Sway" kommt in den USA heraus und erreicht den 18. Platz in den Charts.

WILD HORSES Jagger, Richard/SWAY Jagger, Richard
S-Rolling Stones Records RLS 101 (USA)
Veröffentlicht: Juni 1971
Produzent: Jimmy Miller
Studio: Olympic Studios, London und/oder Rolling Stones Mobile

N.B. Beide Stücke stammen vom Album „Sticky Fingers".

26
Decca veröffentlicht als Maxisingle neu aufbereitete Oldies: „Street Fighting Man"/„Surprise, Surprise"/„Everybody Needs Somebody To Love". Die Platte erreicht Platz 17 in den Charts.

Juli

Eine Single und ein Album von Tucky Buzzard, produziert von Bill Wyman, kommt auf Capitol heraus.

10
Im Rolling Stones Mobile beginnen Arbeiten an einem neuen Album. Das Studio ist vor Nellcot, dem Haus von Keith Richard in Cap Ferrat, geparkt. Die Villa wird von der Band in „Keith's Coffee House" umgetauft. Nicky Hopkins, Bobby Keys, Jim Price und Graham Parsons wirken bei den Aufnahmen mit, die bis zum Ende des Monats andauern.

26
Das Magazin „Rolling Stone" berichtet: „Völlig unerwartet haben Anwälte der Rolling Stones eine 7,5-Millionen-Dollar-Klage gegen Allen Kleins ABKCO Industries eingereicht. In der Klage heißt es, daß Klein durch seine Firma ABKCO Industries oder andere Unternehmen betrügerisch gehandelt hat, um die Band und ihre einzelnen Mitglieder zu schädigen. Klein muß sich angeblich in New York wegen einer Steuerangelegenheit verantworten."

31
Keith und Anita nehmen an der Uraufführung des Dokumentarfilms „Gimme Shelter" der Maysles-Brüder in London teil.

August

5
Das Urteil gegen Shirley Watts wird in der Berufungsverhandlung in eine zweiwöchige Bewährungsstrafe umgewandelt.

20
„The London Howlin' Wolf Sessions" mit Bill Wyman, Charlie Watts und Ian Stewart kommt auf Rolling Stones Records (COC 49101, UK) und Chess (CH 60008) heraus.

28
„Sun, Moon and Herbs" von Dr. John The Night Tripper mit Mick Jagger kommt auf Atlantic heraus.

31
Mick Jagger, Keith Richard, Bill Wyman, Charlie Watts und der Vater von Brian Jones verklagen die ehemaligen Stones-Manager Andrew Oldham und Eric Easton. Den beiden wird vorgeworfen, daß sie 1963 mit Decca einen „geheimen" Vertrag schlossen, der die Band um Einnahmen aus dem Schallplatten-Verkauf brachte. In der

Klageschrift heißt es, daß Oldham Brian Jones überzeugte, sechs Prozent als Stones-Anteil aus dem Platten-Verkauf zu akzeptieren, während Oldham selbst 14 Prozent kassierte. Daneben kassierte er noch einmal 25 Prozent der Einnahmen der Band. Die vier ursprünglichen Stones und Lewis Jones verklagen auch Allen Klein, der sie überzeugt hatte, die nordamerikanischen Urheberrechte ihrer frühen Titel an eine Gesellschaft namens Nanker Phelge Music Inc. zu übertragen. Die Stones argumentieren, daß sie im Glauben gelassen wurden, sie würden die Gesellschaft kontrollieren, während sie in Wahrheit von Klein kontrolliert wurde.

Oktober

1
Elf Gitarren werden aus Nellcot, dem Haus von Keith Richard, gestohlen. Er verspricht eine hohe Belohnung für die Wiederbeschaffung.

8
Das Album „Brian Jones Presents The Pipes Of Pan In Joujouka" wird auf Rolling Stones Records veröffentlicht. Die Aufnahmen entstanden 1968 in den marokkanischen Rifbergen. Brion Gysin, der Jones zu den Musikern geführt hatte, schrieb den Text für die Plattenhülle. Die Musik nahm Jones mit einem einfachen Uher-Tonbandgerät auf. Daher waren umfangreiche Nacharbeiten in den Olympic Studios notwendig. Das Album war fast fertig, als Jones im Juli 1969 starb. Juristische Probleme verzögerten die Veröffentlichung bis zur Gründung der Stones-Schallplattenfirma. Es war das erste Album der neuen Firma.

20
Die Stones haben in Nellcot 20 Titel für ein Doppelalbum aufgenommen. Die Songs müssen noch weiter überarbeitet werden, weil die technischen Möglichkeiten im Stones Mobile nicht ausreichen.

21
Jade, Tochter von Mick und Bianca Jagger, kommt in Paris zu Welt.

26
Mick tritt in der TV-Dokumentation „Beaton On Bailey" über die Fotografen Cecil Beaton und David Bailey auf.

November

7
Bill Wyman produziert das Album „Loudwater House" von Tucky Buzzard.

23
Die Aufnahmesitzungen in Nellcot werden abgeschlossen.

30
Keith, Mick, Bianca und Jade fliegen in die USA. Keith kauft in Nashville neue Gitarren.

Mick fliegt nach Los Angeles, wo er und Keith die Arbeit am neuen Album abschließen wollen.

Dezember

3
Keith wird freigesprochen, nachdem ihm das Gericht Notwehr gegenüber dem italienischen Touristen abnimmt.

4
Die Stones beginnen mit den abschließenden Arbeiten am neuen Album in den Sunset Sound Studios in Los Angeles.

11
Mick und Bianca suchen an der kalifornischen Küste ein Haus, wo sie wohnen wollen, bis die USA-Tournee beginnt.

20
Die Stones besuchen ein Konzert von B. B. King in Las Vegas.

28
Mick nimmt an der Verleihung einer Goldenen Schallplatte an die Who teil.

1972

Januar

Das Album „Nick Edwards, Ry Cooder, Mick Jagger, Bill Wyman, Charlie Watts: Jamming With Edward" kommt auf Rolling Stones Records (COC 39100) heraus. Die Platte wurde von Glyn Jones produziert und Ende 1969 während der Aufnahmen für „Let It Bleed" in den Olympic Studios aufgenommen. Keith Richard war nicht dabei, weil er sich mit Ry Cooder nicht verstand. Nachdem er nicht kam, entschieden sich die anderen Musiker, einfach drauflos zu spielen. Jahre später wurde das Album als Sonderangebot für die Fans auf den Markt gebracht.

Mick Jagger: „Keith kam nicht und wir saßen einfach so rum und begannen zu spielen. Zwei Stunden verbrachten wir so. Wir hatten eine gute Klavier-Session und ich habe durch das Mikrophon für die Mundharmonika einfach das gesungen, was mir so in den Kopf kam. Das meiste sind Instrumentalaufnahmen. Nick und Ry wollten es so. Warum auch nicht?"

10
Die Stones arbeiten weiter an ihrem Album „Exile On Main Street" in Los Angeles. Das Magazin „Rolling Stone" berichtet: „Mick Jagger erzählte uns am Telefon während einer Pause, was so alles passiert mit dem Album, der Tour und der Szene in und um Los Angeles.

Wir hängen hier einfach rum. Es ist schön hier zu sein. Charlie kann Jazz hören … Kenny Burrell, Dexter Gordon und ich haben die Who und Merry Clayton gesehen. Mann, war die gut.

Im Studio haben wir ungefähr zehn Stücke fertiggestellt, die alle ziemlich kurz sind. Wir sind noch längst nicht fertig, haben vielleicht gerade die Hälfte geschafft. Keith und ich schreiben die Songs und die sind fast alle in Südfrankreich aufgenommen worden. Vielleicht mischen wir in London noch ein Orchester dazu."

29
Mick, Keith und Ian Stewart treten mit Chuck Berry im Hollywood Palladium auf. Berry ist jedoch nicht zufrieden mit dem Sound und so spielen sie nur drei Titel zusammen.

Februar

1
Mick und Bianca Jagger sind Gäste bei der Hochzeit von John Phillips (Ex-Mamas and Papas) und Geneviève Waite in San Francisco.

12
Die Zuschauer-Rekorde der Stones in Europa werden von Jethro Tull gebrochen.

15
Die Stones arbeiten an „Exile On Main Street" in Los Angeles.

18
Die Stones erlassen eine einstweilige Verfügung gegen die Radiostation KDAY in Los Angeles, die zwei neue Stones-Aufnahmen 24 Stunden lang spielt. Die Bänder waren Marshall Chess gestohlen worden.

März

Keith muß die Arbeiten an „Exile On Main Street" unterbrechen und tritt in der Schweiz eine Entziehungskur an.

April

7
Mick, Bianca und Jade verbringen dreiwöchige Ferien auf Bali.

14
„Tumblin' Dice" / „Sweet Black Angel", ausgekoppelt aus dem Album „Exile On Main Street", kommt heraus. In Großbritannien erreicht der Titel den fünften Platz in den Charts, in den USA reicht es zum zehnten Platz.

TUMBLIN' DICE Jagger, Richard / SWEET BLACK ANGEL Jagger, Richard
S-Rolling Stones Records RS 19103 (UK), RLS 19103 (USA)
Veröffentlicht: April 1972
Produzent: Jimmy Miller
Studio: Rolling Stone Mobile in Villefranche-sur-Mer

17
Dandelion, Tochter von Keith Richard und Anita Pallenberg, kommt in Genf auf die Welt.

24
Mick Jagger kehrt von Indonesien nach London zurück.

29
Bill und Charlie beim Empfang für Wilson Pickett bei WEA Records in London.

Mai

Das Album „Manassas" von Steven Stills und Manassas

Rechts: Mick und Mick Taylor am 4. März 1971 auf der Bühne der Newcastle City Hall.

kommt in den USA auf Atlantic heraus. Bill Wyman spielt Bass bei einigen Titel, die Hülle verrät aber nicht auf welchen. Auf jeden Fall spielt er nicht „The Love Gangster", den von ihm und Stills geschriebenen Song.

10
Les Perrin, der PR-Chef der Stones, veröffentlicht ein Statement: „Die Rolling Stones, ABKCO Industries Inc. und Allen Klein geben bekannt, daß alle Differenzen beigelegt sind und beide Parteien mit dem Ausgang zufrieden sind. Allen Klein und die Rolling Stones geben gleichzeitig bekannt, daß ABKCO nicht mehr als Geschäftspartner der Stones fungiert.

12
In Los Angeles treffen sich Mick Jagger und der Tänzer Rudolf Nurejew zum Mittagessen. Am Abend trifft er sich mit John Lennon und Yoko Ono, die Songs in der Record Factory aufnehmen.

16
Bianca entwirft Frisuren und Perücken für Ricci Burns bei der Oxfam Maytime Fair in London.

17
Die Rolling Stones holen bei der amerikanischen Botschaft ihre Arbeitsgenehmigungen für die kommende USA-Tour ab. Bis auf Bill verpassen alle das Flugzeug.

25
Mick, Keith, Charlie und Mick Taylor fliegen in die USA.

26
„Exile On Main Street", das erste Doppelalbum der Stones, kommt heraus. In Großbritannien und den USA erreicht das Album den ersten Platz in den Charts.

EXILE ON MAIN STREET (Doppelalbum)
A-Rolling Stones Records COC 69100 (UK) und COC 2-2900 (USA)
Veröffentlicht: Mai 1972
Produzent: Jimmy Miller
Techniker: Glyn und Andy Jones, Joe Zaganno und Jeremy Gee
Studios: Rolling Stones Mobile, Sunset Sound, Hollywood

A-Seite: 1. „Rocks Off" (Jagger, Richard), 2. „Rip This Joint" (Jagger, Richard), 3. „Shake Your Hips" (James Moore alias Slim Harpo), 4. „Casino Boogie" (Jagger, Richard), 5. „Tumbling Dice" (Jagger, Richard).

B-Seite: 6. „Sweet Virginia", 7. „Torn And Frayed", 8. Sweet Black Angel", 9. „Loving Cup".
Alle Songs: Jagger, Richard.

C-Seite: 10. „Happy", 11. „Turd On The Run" 12. „Ventilator Blues", 13. „I Just Want To See His Face", 14. „Let It Loose".
Alle Songs: Jagger, Richard.

D-Seite: 15. „All Down The Line" (Jagger, Richard), 16. „Stop Breaking Down" (Trad. Arr. Jagger, Richard, Wyman, Taylor, Watts), 17. „Shine A Light" (Jagger, Richard), 18. „Soul Survivor" (Jagger, Richard).

N.B. Bill Plummer spielt Bass auf den Titeln 1, 11 und 15. Ian Stewart spielt Klavier auf den Titeln 2, 6 und 16. Clyde King singt im Hintergrund auf den Titeln 5, 13, 14 und 17. Vanetta singt im Hintergrund auf dem Titel 14. Shirley Goodman singt im Hintergrund auf Titel 14. Joe Green singt im Hintergrund auf den Titeln 14 und 17. J. Price spielt Orgel auf Titel 7. Jimmy Miller spielt Percussion auf den Titeln 8, 9, 13 und 15 sowie Schlagzeug auf den Titeln 10 und 17. McDonald singt im Hintergrund auf Titel 15. Billy Preston spielt Orgel auf Titel 17. Jerry Kirkland singt im Hintergrund auf Titel 17. Außerdem spielen Bobby Keys Saxophon, J. Price Trompete und Posaune sowie Nicky Hopkins Klavier.

Juni
Auftritte: Pacific Coliseum, Vancouver (3.); Coliseum, Seattle, Washington (4.), Winterland, San Francisco (8.); Hollywood Palladium, Los Angeles (9.); The Forum, Los Angeles (11.); International Sports Arena, San Diego (13.); Civic Arena, Tuscon, Arizona (14.); University of New Mexico, Albuquerque (15.); Coliseum, Denver, Colorado (16.); Sports Center, St. Paul, Minnesota (18.); International Amphitheater, Chicago (19.–20.); Municipal Auditorium, Kansas City, Missouri (22.); Fort Worth, Texas (25.); Hoffeinz Pavillon, Houston (25.); Auditorium, Mobile, Alabama (27.); University of Alabama, Tuscaloosa (28.).

HAPPY Jagger, Richard / ALL DOWN THE LINE Jagger, Richard
S-Rolling Stones Records RLS 19104
Veröffentlicht: Juni 1972
Produzent: Jimmy Miller
Studio: Rolling Stones Mobile, Villefranche

N.B. Beide Titel wurden aus dem Album „Exile On Main Street" ausgekoppelt.

3
Das Konzert in Vancouver ist ausverkauft, dennoch versuchen 2000 enttäuschte Fans den Saal zu stürmen. 30 Polizisten werden verletzt und acht Personen festgenommen. Stevie Wonder eröffnet alle Konzerte während der Tournee.

13
Beim Konzert in San Diego werden 60 randalierende Fans festgenommen und 15 Personen verletzt.

14
In Tuscon setzt die Polizei Tränengas gegen 300 Fans ein, die das Konzert stürmen wollen.

22
Prinzessin Lee Radziwill, Autor Truman Capote und Terry Southern besuchen das Konzert in Kansas City.

24
Nach dem Konzert in Fort Worth verabschieden sich die Stones ohne Zugabe und fahren 45 Kilometer nach Dallas, wo sie im Hyatt House wohnen. Am nächsten Morgen fliegt Prinzessin Lee Radziwill nach New York, weil für sie kein Platz in dem Flugzeug der Rolling Stones ist.

25
Mary Whitehouse, selbsternannte Pornografiejägerin, beklagt in der BBC obszöne Stellen auf dem Album „Exile On Main Street", ohne die Platte richtig zu kennen. Lord Hill schreibt ihr einen offenen Brief und bescheinigt ihr, daß sie „begierig ist, Obszönitäten zu finden und offensichtlich das hört, was sie hören will".

Zwischen den beiden Konzerten in Houston feiert die Band eine Party in Ahmet Erteguns Suite im Ramada Inn.

26
Mick, Keith und Freunde fahren von Houston nach New Orleans. Es ist 40 Grad heiß und in Houma, Louisiana, werden sie aus einer Bar gewiesen, weil sich zwei Schwarze in ihrer Gesellschaft befinden. In New Orleans kommen sie verspätet zu einer Party, die ihnen zu Ehren in „Camp's Jazz City" in einem üblen Teil der Stadt gegeben wird. Gastgeber ist Ahmet Ertegun. Roosevelt Sykes, Gitarrist Snooks Eaglin und der legendäre Professor Longhair spielen für sie.

27
Charlie erzählt dem Autor Richard Elman: „Jeder lebt sein Leben. Wir gehen auf Tour, um ein gemeinsames musikalisches Erlebnis zu haben. Die anderen Gruppen haben aufgehört, zusammen zu spielen, und man sieht ja, was passiert ist."

Bill akzeptiert im Namen der anderen Stones die Schlüssel der Stadt Mobile aus den Händen des Bürgermeisters. Nach dem Konzert fliegt die Band zurück nach New Orleans.

28
Keith bleibt in Tuscaloosa und feiert mit der Stevie Wonder Band, die die Tour begleitet. Am kommenden Nachmittag in Nashville berichtet er Richard Elman, daß er eine „tolle Zeit" verbracht hat.

Juli
Auftritte: Robert F. Kennedy Stadium, Washington (4.); The Scope, Norfolk, Virginia (5.); Coliseum, Charlotte, North Carolina (6.); Civic Arena, Knoxville, Tennessee (7.); Keil Auditorium, St. Louis, Missouri (9.); Rubber Bowl, Akron, Ohio (11.); Convention Center, Indianapolis (12.); Cobo Hall, Detroit (13.–14.); Maple Leaf Gardens, Toronto (15.); The Forum, Montreal (17.); Boston Gardens, Boston (18.–19.); The Spectrum, Philadelphia, Pennsylvania (20. 21.); Civic Arena, Pittsburgh, Pennsylvania (22.); Madison Square Garden, New York (24.–26.).

Das Album „Bootleg Him" von Alexis Korner kommt auf RAK heraus. Auf der Platte wird Korners Karriere nachgezeichnet. Charlie Watts spielt auf „I'm A Hoochie Coochie Man", auf dem die ursprüngliche Besetzung von Blues Incorporated spielt: Alexis Korner, Elektro-Gitarre; Cyril Davies, Gesang; Dave Stevens, Klavier; Dick Heckstall-Smith, Tenor-Saxophon; Jack Bruce, Bass; Charlie Watts, Schlagzeug.

4
Die Stones spielen am amerikanischen Unabhängigkeitstag im

Oben: Mick 1971 auf der Bühne in Newcastle. Unten: ein Bild aus dem Jahr 1972.

Robert F. Kennedy Stadium in Washington. Robert F. Kennedy jr. ist im Publikum. Der älteste Zuschauer ist der 72jährige Lee Hurley aus Baltimore. „Ich wollte eine neue Erfahrung machen."

11
Aufnahmen aus Südfrankreich werden in der BBC-TV-Sendung „The Old Grey Whistle" gesendet.

15
„Happy" / „All Down The Line" kommt in den USA heraus und erreicht den 14. Platz in den Charts.

17
Bombenattentat auf den Ausrüstungs-Lastwagen der Stones in Montreal. Separatisten werden verantwortlich gemacht. Das Konzert im Forum beginnt mit einer Verspätung von 45 Minuten, weil eine neue Ausrüstung aus Los Angeles eingeflogen werden muß. 3000 Fans randalieren, nachdem sich herausstellt, daß gefälschte Tickets verkauft worden sind. Mick wird beim Konzert von einer Flasche getroffen.

18
Wegen Nebels müssen die Stones auf dem Weg von Montreal nach Boston in Warwick, Rhode Island, landen. Mick, Marshall Chess und Filmemacher Robert Frank werden festgenommen und ins Gefängnis gesteckt, weil sie sich mit einem Polizisten angelegt haben. Keith kommt wegen eines Angriffs auf einen Polizisten ins Gefängnis. Bostons Bürgermeister, Kevin White, holt sie aus dem Knast, so daß das Konzert in Boston mit zweistündiger Verspätung stattfinden kann. Er erhält dafür eine „Standing Ovation".

24
Mick Jagger verläßt eine Party zu Ehren der Stones in New York nach sieben Minuten.

26
Ahmet Ertegun, Chef von Atlantic Records, gibt eine Party mit 500 Gästen für Mick Jaggers 29. Geburtstag im St. Regis Hotel, New York, am Ende der erfolgreichen USA-Tournee. Das Count Basie Orchester und Muddy Waters unterhalten die Gäste, unter ihnen Zsa Zsa Gabor, Woody Allen, George Plimpton, Truman Capote und Andy Warhol. Eine riesige Geburtstagstorte wird hereingefahren und heraus springt Gerri Miller, die in Warhols Filmen „Flesh" und „Trash" mitgespielt hat. Sie trägt nur Strapse, ihr Busen ist mit Gebäck bedeckt. Ihrem eindeutigen Tanz applaudiert Mick Jagger, während sich Keith abwendet. Zu Micks Geburtstagsgeschenken gehört eine Schnupftabakdose für Kokain und ein silbernes Kreuz. Mick, Stevie Wonder und Muddy Waters veranstalten eine kurze Jamsession.

August

9
Keith, Anita und Kinder wohnen nun in Montreux in der Schweiz.

10
Mick und Bianca besuchen den Oval Cricket Ground, wo ein Testspiel für die Begegnung mit Australien stattfindet.

28
Mick und Bianca verbringen einen Urlaub im Haus des Earl of Gowrie in Irland.

September

7
Charlie und Bill, die letzten in Frankreich verbliebenen Stones, werden vor ein Gericht in Nizza zitiert und festgenommen. In Marseille haben Angeklagte behauptet, daß sie gesehen haben, wie in Keith Richards Haus Drogen genommen worden sind. So kommen alle Bandmitglieder unter Verdacht, so gar die, die sich durch einen drogenfreien Lebensstil auszeichnen. Der Richter erklärt ihnen, daß ihr Name von der Liste der Verdächtigen bis zum Prozeßbeginn gestrichen wird. Als Bill das nächste Mal in Nizza eintrifft, wird er abgeführt. Seine Beschwerden fallen auf taube Ohren.

22
Mick, Bianca, Charlie, Shirley und Mick Taylor nehmen an einer Party zu Ehren von Shirley Arnold, der persönlichen Sekretärin der Gruppe, teil. Sie wechselt zu den Faces. ihre Nachfolgerin ist Anna Menzies.

Oktober

Mick arbeitet in den Olympic Studios an den Bändern ihrer USA-Tournee, aus denen ein neues Live-Album entstehen soll.

10
Der ehemalige Co-Manager Eric Easton kündigt eine Klage gegen seine früheren Partner Andrew Oldham, Allen Klein, Decca Records, London Records und Nanker Phelge an. Mick Jagger und alle anderen erwidern die Klage. Die Anwälte sind äußerst erfreut.

GIMMIE SHELTER
Sammelalbum
A-Decca SKL 5101
Veröffentlicht: Oktober 1972
Aufgenommen: Bereits verwendetes Material (A-Seite), live in der Royal Albert Hall (23. September 1966)

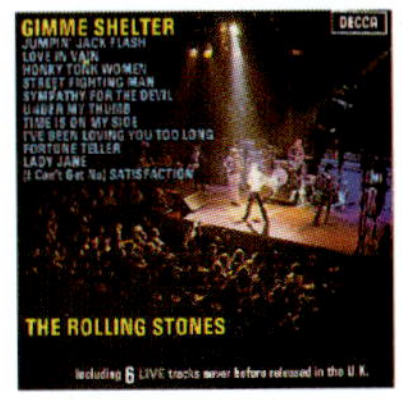

A-Seite: 1. „Jumpin' Jack Flash" (Jagger, Richard), 2. „Love In Vain" (Trad. Arr. Jagger, Richard), 3. „Honky Tonk Woman" (Jagger, Richard), 4. „Street Fighting Man" (Jagger, Richard), 5. „Sympathy For The Devil" (Jagger, Richard), 6. „Gimme Shelter" (Jagger, Richard).

B-Seite: 7. „Under My Thumb" (Jagger, Richard), 8. „Time Is On My Side" (Meade, Norman), 9. „I've Been Loving You Too Long" (Redding, Butler), 10. „Fortune Teller" (Neville), 11. „Lady Jane" (Jagger, Richard), 12. „(I Can't Get No) Satisfaction" (Jagger, Richard).

N.B. Die Stücke auf der B-Seite stammen von dem in den USA veröffentlichten Album „Got Live If You Want It" (London PS 493). Der Rest sind bereits veröffentlichte Stücke.

November

2
In Nizza wird der Drogenprozeß gegen die Stones vertagt. Mick fliegt zurück nach London.

6
Bill wird in Chelmsford zu einer Strafe von 20 Pfund und Fahrverbot wegen Geschwindigkeitsübertretung verurteilt.

20
„You're So Vain" (Simon) / „His Friends Are More Than Fond Of Robin" (Simon) von Carly Simon kommt auf Elektra heraus. Mick singt im Chor auf der A-Seite.

22
Mick arbeitet in New York mit John Lennon an Yoko Onos neuem Album.

Oben: Mick 1972 in New York mit Stevie Wonder.

23
Die Rolling Stones treffen in Jamaika ein, um dort in Byron Lees Dynamic Sound Studios zu arbeiten. Lee hat das Studio mit Material im Wert von 40 000 Pfund, darunter einen Flügel und eine Hammond-Orgel, ausgestattet. Die Stones wohnen im Hotel Terra Nova, dem ehemaligen Elternhaus von Chris Blackwell, dem Eigentümer von Island Records.

30
Mick, Keith und Mick Taylor fliegen nach Los Angeles, um die anstehende Asien-Tournee vorzubereiten.

Dezember

2
Die Polizei in Nizza lädt Keith und Anita wegen der angeblichen Drogenvergehen in ihrem Haus und auf ihrer Yacht „Mandrax“ vor.

Die Stones fliegen von Jamaika nach London.

3
Keith kauft eine Villa in Point Of View, Ochos Rios, Jamaika.

4
Mick, Bill, Charlie und Mick Taylor fliegen nach Nizza, um dort die angeblichen Drogenvergehen im Haus von Keith Richard und an Bord der Yacht „Mandrax“ zu diskutieren. In einer Erklärung verkündet Mick, daß „Charlie Watts, Bill Wyman, Mick Taylor und ich kategorisch dementieren, von der französischen Polizei mit dem Kauf und dem Benutzen von Heroin belastet worden zu sein. Es ist niemals behauptet worden, daß wir Heroin gekauft oder benutzt haben. Wir sind niemals auf Bewährung freigelassen worden, weil wir niemals wegen irgendeines Vorwurfs verhaftet worden sind. Zu keinem Zeitpunkt haben wir in unseren Häusern Drogenparties veranstaltet.“

Für die französische Polizei erklärt Sergeant Maurey: „Wir haben die Angelegenheit 13 Monate lang im Geheimen untersucht. Kein Mitglied der Gruppe ist darin verwickelt. In Nizza gab es kürzlich eine genaue Untersuchung. Sie sind sauber.“ Einer der drei Festgenommenen war ein ehemaliger Koch von Keith Richard.

17
„The Trials of Oz“ mit Songs von John Lennon und Mick Jagger wird in New York uraufgeführt und verschwindet bald wieder vom Spielplan.

21
Ende der Aufnahmen in Jamaika. Mick Jagger: „Einer der Vorteile, wenn man in so einer abgeschiedenen Gegend arbeitet, ist, daß es keine Ablenkungen gibt und man ohne Unterbrechungen arbeiten kann. Probleme hatten wir nur mit dem Essen. Als wir aufstanden, war es zu spät für ein Mittagessen und zu früh für das Abendessen, und am Ende unserer Aufnahmen war es zu früh fürs Frühstück.“

23
Ein Erdbeben erschüttert Managua, die Heimatstadt von Bianca Jagger. 6000 Menschen kommen ums Leben.

28
Mick und Bianca chartern einen Jet und fliegen nach Managua, um Biancas Mutter zu suchen. Sie nehmen 2000 Typhus-Impfungen mit. Biancas Mutter und alle anderen Verwandten finden sie in Sicherheit vor.

1973

Januar
Auftritte: Los Angeles Forum (18.); International Sports Center, Honolulu (21.–22.).

4
Mick und Bianca werden als vermißt gemeldet, tauchen aber in Managua wieder auf.

Einem Mitglied der Band wird die Einreise nach Australien verweigert. Es wird weder ein Grund noch ein Name bekanntgegeben.

8
Die japanischen Behörden veweigern Mick Jagger die Einreise wegen seines Drogen-Urteils aus dem Jahre 1966. Das verursacht ein großes Loch in der Mitte einer aufwendigen Tour. Mick dementiert, daß die Band deshalb deprimiert ist. „Wir sind nur ein bißchen frustriert. Das größte Problem ist, daß wir nun zehn Tage lang nichts zu tun haben. Das ist alles. Es gibt kein größeres finanzielles Problem.“

9
Albert Grassy, der australische Minister für Einwanderungsfragen, hebt das Einreiseverbot für ein Bandmitglied wieder auf.

10
Mick gibt bekannt, daß die Band ein Wohltätigkeits-Konzert zugunsten der Erdbebenopfer von Managua geben will.

14
In Los Angeles proben die Stones für ihre Asien-Tour. In Japan werden alle Konzerte abgesagt. Sie waren alle ausverkauft.

18
Die Stones treten im Los Angeles Forum zugunsten der Erdbebenopfer von Managua auf. Santana und Cheech and Chong beteiligen sich. Vor dem Konzert überreicht Bill Graham einen drei mal vier Meter großen Teppich mit dem Poster ihres Konzerts in San Francisco. Das Konzert erzielt den Rekordumsatz von 516 810 Dollar ein.

Das Magazin „Rolling Stone“ berichtet am 1. März: „Der Radiosender KMET-FM veranstaltet eine Telefon-Auktion mit Stones-Memorabilia. Unter den Souvenirs befindet sich ein Samt-Kostüm, das Mick Jagger bei dem LA-Konzert getragen und signiert hat: ‚Für den Besitzer – mit Liebe Mick‘. Das Mindestgebot ist 1000 Dollar. Ein Kissen mit der ‚Stones-Zunge‘, das die Band auf der letzten USA-Tournee begleitet hat, ist ebenfalls im Angebot.“

Die Leser des „Playboy“ wählen Mick Jagger zum besten Sänger 1972. Er bekommt die Auszeichnung nach dem Erdbeben-Konzert.

20
Die Stones fliegen zu zwei Konzerten nach Honolulu, wo sie den 30. Stock des Hawaii Hilton belegen. Bei einem Abendessen in „Nick's Fish Market“ trinken die 20 Gäste 16 Flaschen Chateau Margaux (Jahrgang 1969) für 85 Dollar die Flasche.

22
Mick unternimmt eine Mini-Kreuzfahrt mit dem Schoner „Flying Cloud“ (Baujahr 1929).

23
Die Stones kehren nach Los Angeles zurück.

Mick Taylor hilft beim neuen Album von Nicky Hopkins.

25
Die Stones ziehen sich für acht Tage ins Studio zurück und bearbeiten das in Jamaika aufgenommene Material.

29
KMET-FM beendet die Auktion mit Stones-Memorabilia.

Februar
Auftritte: Hong Kong, Fußballstadion (5.); Western Springs Stadium, Auckland, Neuseeland (11.), Milton Park Tennis

Oben: Keith und Anita.

Courts, Brisbane, Australien (13.–14.); Kooyong Tennis Courts, Melbourne (17.–18.); Memorial Park Drive, Adelaide (20.–21.); Western Australia Cricket Ground, Perth (24.); Royal Randwick Racecourse, Sydney (26.–27.).

8
Die Stones fliegen nach Sydney.

9
Pressekonferenz in Sydney.

10
Die Stones fliegen nach Auckland, Neuseeland.

13
Kissen und 16 Laken, die die Band in Auckland benutzte, werden für 550 Pfund versteigert. Der Erlös kommt einem Jugendtreff zugute.

17
Die Stones geben eine Pressekonferenz in Montsalut Castle, 30 Kilometer außerhalb von Melbourne.

21
Beim zweiten Konzert in Adelaide randalieren 5000 Fans. 21 Personen werden festgenommen.

28
Nach der Tour gehen die Stones in Urlaub. Mick und Keith liegen zuerst nach Jamaika und dann in die USA. Bill Wyman zieht es nach Kalifornien, Charlie Watts nach Frankreich, Mick Taylor besucht Indonesien.

März

6
Mick, Keith und Bill arbeiten im Studio in Los Angeles am nächsten Album.

April

7
In BBC-Radio One beginnt die sechswöchige Serie „The Rolling Stones Story".

In Warwick, Rhode Island, hält Richter Orion Orton die Klage gegen Mick und Keith wegen der Vorkommnisse im Juli 1972 aufrecht. Bei ihrem nächsten Aufenthalt in den USA müssen sie sich vor Gericht verantworten.

16
Tucky Buzzards Album „All Right On The Night", von Bill produziert, kommt auf Purple Records heraus.

29
„Sad Day" / „You Can't Always Get What You Want" wird von Decca auf den Markt gebracht. Das Unternehmen versucht mit allen Mitteln und alten Songs, von der Popularität der Band zu profitieren. „Sad Day" ist noch nicht in Großbritannien veröffentlicht worden.

30
Mick und Bianca sind Gäste bei einer Party zu Ehren von Bette Middler, die vom Magazin „After Dark" veranstaltet wird.

Mai

2
Ein Jagger-Portrait von Cecil Beaton wird für 200 Pfund bei Sotheby's versteigert.

9
Nach Abzug aller Kosten hat das Benefiz-Konzert der Stones in Los Angeles 352 274 Dollar eingebracht. Mick, Bianca und Bill Graham, der das Konzert produziert hatte, fliegen nach Washington, um den Scheck an Senator Jacob Javitts in einer kurzen Zeremonie zu überreichen. Javitts reicht ihn weiter an Sy Rotter, Direktor der „Panamerican Development Foundation". Graham erklärt, daß keine Gelder ohne seine und Jaggers Zustimmung ausgegeben werden. Die Einnahmen aus dem Ticketverkauf erbrachten 410 285 Dollar. Graham brachte das Geld in einer gemeinnützigen Gesellschaft unter, die kurz vor dem Konzert gegründet worden war. Kurzfristige Anlagen brachten einen Zinsgewinn von 2744 Dollar. Die Kosten lagen bei 60 755 Dollar. Das Magazin „Rolling Stone" berichtete: „Die Übergabe des Schecks wurde begleitet von einigen Konsuln, Delegierten und Kindern von Senatoren, die Mick Jagger anstarrten. Einer der Konsuln nannte den Wohltäter einmal ‚Mike Yeager'. Die ganze Veranstaltung war bombastisch. Es gab keinerlei Emotionen. Jagger spielte den Gentleman, dankte jedermann und ging dann mit seiner Frau und Senator Javitts zum Mittagessen."

10
Die Feuerwehr löscht einen Brand in Mick Jaggers englischem Landhaus Stargrove.

Mick und Bianca gehen zum Konzert der J. Geils Band in der Academy of Music in New York.

11
Bianca fliegt nach London zum Mitternachtskonzert von Liza Minelli.

17
Mick und Bianca sind Gäste bei dem ersten Rock-Empfang im Hotel Ritz, wo die neue Plattenfirma G & M Records aus der Taufe gehoben wird. Chris Jagger wird als einer der ersten Künstler unter Vertrag genommen.

Juni

Mick und Bianca sind zu Gast bei der Geburtstagsparty für G & M-Eigentümer Billy Gaff in dessen Haus in Fulham. Fans haben das Haus voll im Griff.

7
Paul McCartney veranstaltet eine Party nach dem Konzert im Hammersmith Odeon. Anwesend sind neben Mick und Bianca auch Keith, Anita, Char-

lie, Eric Clapton, The Who, Elton John, Chris Jagger und Mitglieder der Small Faces.

10
Mit einer Party im Edmonton Sundown feiert die Band ihr zehnjähriges Bestehen.

14
Uraufführung des Films „Jimi Hendrix" in London. In dem Streifen wird eine Unterhaltung zwischen Mick und Jimi gezeigt.

18
Marsha Hunt reicht eine Vaterschaftsklage gegen Mick Jagger ein. Er soll der Vater ihrer zweijährigen Tochter Karis sein.

19
Auf Antrag von Mick Jaggers Anwalt ordnet das Gericht Bluttests von Mick Jagger und Marsha Hunt an.

26
Mick Taylor nimmt an der Vorführung von „Tubular Bells" von Mike Oldfield in London teil. Mick Jagger sitzt im Publikum.

26
Keith und Anita werden wegen des Besitzes von Marihuana und Waffen festgenommen. Am nächsten Tag werden sie gegen Kaution freigelassen. Mit ihnen wird „Stash" de Rollo, der Prinz des Pop, festgesetzt.

27
Gegen eine Kaution von 1000 Pfund wird Keith auf freien Fuß gesetzt. Er erhält auch seinen Pass zurück, so daß er ins Ausland reisen kann.

Juli

Das Album „The Tin Man Was A Dreamer" von Nicky Hopkins, bei dem Mick Taylor mitgewirkt hat, kommt auf CBS heraus.

4
Mick und Bianca sind Gäste bei David Bowies „Rückzugsparty" im Café Royal nach seinem letzten Konzert mit The Spiders from Mars im Hammersmith Odeon.

24
Aufnahmen für einen Promotionclip für die nächste Single.

25
Die „Daily Mail" veröffentlicht Bilder von Bianca, wie sie Kleider von Yves Saint-Laurent präsentiert.

26
Party zu Micks 30. Geburtstag im Stones-Hauptquartier in London.

30
Mick als Zuschauer beim Cricket-Testspiel im „Oval".

31
Keith Richards Haus in West Wittering wird durch ein Feuer schwer beschädigt. Keith, Anita und die Kinder können sich und einige Antiquitäten und Teile der Sound-Ausrüstung retten.

Keith und Anita werden in Abwesenheit gegen Kaution auf freien Fuß gesetzt.

August

14
Keith und Anita bleiben bis zum 12. September in Freiheit.

Die Stones haben den Titel „Starfucker" in „Star Star" geändert.

18
Die Stones fliegen zu Proben für ihre anstehende Europa-Tournee nach Amsterdam.

20
„Angie" / „Silver Train" kommt auf Rolling Stones Records heraus. In Großbritannien erreicht der Titel den zweiten Platz in den Charts, in den USA den ersten Platz.

ANGIE Jagger, Richard / SILVER TRAIN Jagger, Richard
S-Rolling Stones Records RS 19105 (UK), RLS 19105 (USA)
Veröffentlicht: August 1973
Produzent: Jimmy Miller
Studio: Dynamic Sound Studios, Kingston, Jamaika, November/ Dezember 1972

N.B. Beide Songs sind Auskopplungen aus dem neuen Album „Goat's Head Soup".

31
Das Album „Goat's Head Soup" kommt auf den Markt. In Großbritannien und den USA belegt das Album den ersten Platz in den Charts.

GOAT'S HEAD SOUP
A-Rolling Stones COC 59101 (UK und USA)
Veröffentlicht: August 1973
Produzent: Jimmy Miller
Techniker: Andy Johns, unterstützt von Carlton Lee, Howard Kilgour und Doug Bennett
Studio: Dynamic Sound Studios, Kingston, Jamaika, vom 25. November bis Weihnachten 1972

A-Seite: 1. „Dancing With Mr. D.", 2. „100 Years Ago", 3. „Coming Down Again", 4. „Doo Doo Doo Doo (Heartbreaker)", 5. „Angie".

B-Seite: 6. „Silver Train", 7. „Hide Your Love", 8." Winter", 9. „Can You Hear The Music", 10. „Star Star". Alle Songs: Jagger, Richard

N.B. Nicky Hopkins spielt Klavier auf den Stücken 1,3, 5, 8 und 9. Billy Preston spielt Klavinet auf Stück 2. und Klavier auf Stück 4. Ian Stewart spielt Klavier auf Stück 6 und Jangles auf Stück 10. Hörner: Bobby Keys (Tenor- und Bariton-Saxophon), Jim Horn (Flöte und Alto-Saxophon), Chuck Finley (Trompete). Jim Price spielt Horn auf Stück 4. Percussion: Pascal, Rebop und Jimmy Miller. Streicher-Arrangement auf Stück 5 und 8: Nicky Harrison. Stück 10 wurde für den amerikanischen Markt überarbeitet, um das Wort „Pussy" zu überspielen.

September

Auftritte: Stadthalle, Wien (1.); Eisstadion, Mannheim (3.); Sporthalle, Köln (4.); Empire Pool, Wembley (7.–9.; vier Shows); Bellevue, Manchester (11.–12.); City Hall, Newcastle-upon-Tyne (13.);

Coke

The Apollo, Glasgow (16.–17.); The Odeon, Birmingham (19.); Innsbruck (23.); Festhalle, Bern (25.–26.); Olympiahalle, München (28.); Festhalle, Frankfurt (30.).

5
Die Stones fliegen von Köln nach London.

6
Die Stones mieten Blenheim Palace für ein große Party.

10
BBC boykottiert „Star Star" aus „Goat's Head Soup".

12
Keith und Anita bleiben bis zum Prozeß am 12. Oktober auf freiem Fuß.

Oktober

Auftritte: Ernst Merck Halle, Hamburg (2.); Scandinavium, Göteborg (6.); Brondby Hallen, Kopenhagen (7.); Grugahalle, Essen (9. 11.); Ahoy, Rotterdam (13.–14.); Palais de Sport, Antwerpen (15.); Foret Nationale, Brüssel (17.); Deutschlandhalle, Berlin (19.).

2
Vorab aufgenommener Auftritt der Stones in der BBC-TV-Sendung „Old Grey Whistle Stop".

15
Keith und Anita werden in Frankreich zu einem Jahr auf Bewährung und 5000 Francs wegen Drogen-Parties in ihrem Haus in Villefranche-sur-Mer verurteilt. Keith darf zwei Jahre nicht nach Frankreich einreisen. Bobby Keys, Saxophonist der Stones, wird ebenfalls auf Bewährung verurteilt.

18
Keith erhält einen teilweisen Freispruch und wird zu einer Geldstrafe von 205 Pfund wegen des Besitzes von Heroin, Cannabis, Mandrax und drei Pistolen verurteilt. Anita wird zu einer einjährigen Bewährungsstrafe wegen des Besitzes von Mandrax verurteilt. Ihr Anwalt hatte argumentiert, die Drogen seien von Gästen, die in dem Haus während der Abwesenheit von Keith und Anita wohnten, hinterlassen worden.

25
Beim Konzert von Billy Preston in London spielen Mick Jagger und Mick Taylor zur Freude des Publikums mit.

November

13
Die Stones fliegen zu Aufnahmen im Musicland Studio nach München. Sie werden begleitet von Billy Preston und Pianist Nicky Hopkins. Mick Taylor, der angeblich an einer mysteriösen Krankheit leidet, bleibt zu Hause.

24
Ende der Aufnahmen in Musicland.

Dezember

15
„Doo Doo Doo Doo (Heartbreaker)" / „Dancing With Mr. D" kommt in den USA heraus und erreicht den zehnten Platz in den Charts.

DOO DOO DOO DOO (HEARTBREAKER) Jagger, Richard / DANCING WITH MR. D Jagger, Richard
S-Rolling Stones Records Rs 19109 (USA)
Veröffentlicht: Dezember 1973

1974

Januar

5
Bill Wyman produziert in Los Angeles sein erstes Solo-Album. Als Gäste spielen Dr. John, Mick Jagger, Mick Taylor, Leon Russell, Dallas Taylor, Joe Lala, Danny Kootch, Lowell George und zahlreiche Mitglieder der Bands von Billy Preston und Ike Turner.

12
Die Maxi-Single „Brown Sugar" / „Bitch" / „Let It Rock" wird von Rolling Stones Records wieder auf den Markt gebracht.

14
Die Stones fliegen nach München zu Aufnahmen in den Musicland Studios.

Februar

2
Marianne Faithfull gibt dem „New Musical Express" ein Interview, in dem sie über ein Erlebnis mit Otis Redding berichtet: „Nach einem Redding-Konzert, bei dem er ‚Satisfaction' gesungen hat, ging ich hinter die Bühne und gratulierte ihm. Er fragte ‚Hat es dir gefallen? Ich habe den Song gerade geschrieben. ‚Wir waren baff und dachten, vielleicht hat er es tatsächlich geschrieben. Danach ging ich zu Mick und sagte, ‚Hey, Du hast ja gar nicht Satisfaction geschrieben. Otis wars.' Und dann hatten wir Krach, wer es denn tatsächlich geschrieben hat. Ich glaube aber inzwischen, daß Mick den Titel geschrieben hat."

10
Cricket-Fan Mick Jagger fliegt nach Trinidad und sieht das Testspiel England gegen West Indies in Port of Spain.

15
„The Bottom Line" wird in New York eröffnet. Dr. John „The Night Tripper" ist auf der Bühne, Mick Jagger ist im Publikum.

25
Mick Jagger besucht eine Aufnahmesession von David Bowie in London.

Oben links: Keith mit Saxophonist Bobby Keys. Rechts, oben und unten: Bilder aus dem Video „It's Only Rock 'n Roll", bei dem Charlie im Schaum versinkt.

März

Der Dokumentarfilm „Ladies and Gentlemen, The Rolling Stones“ über die letzte USA-Tournee wird in New York in einer Vorab-Premiere aufgeführt.

3
Mick Jagger und John Lennon bei der Würdigung des amerikanischen Filminstituts für James Cagney. Der Schauspieler bekommt bei dieser Gelegenheit einen Ehren-Oscar.

25
Mick Jagger und John Lennon sind Gäste der Record Plant in Los Angeles, wo Harry Nilsson sein Album „Pussycat“ aufnimmt.

27
Das Buch „Rock Dreams“ des Künstlers Guy Pellaert wird veröffentlicht. Mick Jagger lädt ihn nach München ein, um Ideen für eine Album-Hülle zu entwickeln. Pellaert entwirft das Cover für das Album „It's Only Rock'n Roll“.

April

„London Underground“ von Herbie Mann mit Mick Taylor an der Gitarre kommt auf Atlantic heraus.

6
Mick verbringt einen Urlaub in der Karibik.

14
Uraufführung von „Ladies and Gentlemen, The Rolling Stones“ in New York.

Mai

8
Interview mit Bill Wyman in der BBC-TV-Sendung „Old Grey Whistle Test“. Während der Sendung wird auch „White Lightning“ aus seinem kurz darauf veröffentlichten Solo-Album „Monkey Grip“ gespielt.

10
Bill Wymans Album „Monkey Grip“ kommt auf Rolling Stones Records heraus (COC 59102 UK/USA). Die meisten Musiker stammen aus der Studioszene von Los Angeles: Danny Kooch, Elektro- und Zwölfsaitige Gitarre; Joe Lala, Percussion; Mac Rebenack, Klavier; Dallas Taylor, Schlagzeug; Leon Russell, Klavier; Lowell George, Gitarre; Hubie Heard, Klavier und Orgel; Jackie Clark, Elektro-Gitarre; Abigail Haness, Gesang; John McCuen, Dobro, Mandoline und Banjo; Joey Murcia, Elektro-Gitarre; Duane Smith, Klavier; George Terry, Gitarre; William Smith, Klavier; Byron Berline, Country-Geige; die Boneroo Horn-Sektion.

Bill ist einer der Gäste bei der Party zum Start der Schallplattenfirma Swan Song, die von Led Zeppelin gegründet worden ist. Die Party findet im Bel Air Hotel, Los Angeles, statt.

18
Keith und Ron Wood besuchen das Konzert der Who im Charlton Athletic Ground.

20
Die Stones arbeiten an ihrem neuen Album bei Island Records in London.

28
Mick Jagger und Mick Taylor sind bei einer Aufnahmesession in Ron Woods Haus zu Gast, wo dessen neues Album entsteht. Ebenfalls anwesend sind George Harrison, Eric Clapton und Keith Richard, der bei Wood wohnt.

Juni

15
Die aus seinem Solo-Album ausgekoppelte Single „Monkey Grip Glue“ (Wyman) / „What A Blow“ (Wyman) von Bill Wyman kommt auf Rolling Stones Records (RS 19112) heraus.

28
Bill Wyman und Muddy Waters treten beim Jazz-Festival von Montreux auf. Bill spielt auch mit The Buddy Guy and Junior Wells All Stars.

Juli

9
Aufritt der Rolling Stones in der BBC-TV-Sendung „Old Grey Whistle Test“, um ihre neue Single „It's Only Rock 'n' Roll“ vorzustellen.

13
Mick Jagger besucht das Konzert von Eric Clapton im Madison Square Garden, New York. Keith mit Ron Wood auf der Bühne im Kilburn Gaumont.

14
Keith Richard wiederholt seinen Auftritt mit Ron Wood bei dessen Solo-Konzert ohne die Small Faces.

25
Mick Jagger läßt sein Haar von Anthony bei Ricci Burns kurz schneiden.

26
Große Geburtstagsparty für Mick im Haus des Innenarchitekten David Mlinaric in Chelsea. Die Single „It's Only Rock 'n' Roll“ / „Through The Lonely Nights“ kommt heraus. In Großbritannien erreicht sie Platz 10, in den USA Platz 18 in den Charts.

IT'S ONLY ROCK 'N' ROLL Jagger, Richard / THROUGH THE LONELY NIGHTS Jagger, Richard
S-Rolling Stones Records RS 19114 (UK); RS 19301 (USA)
Veröffentlicht: Juli 1974
Produzent: A-Seite: Glimmer-Zwillinge; B-Seite: Glimmer-Zwillinge und Jimmy Miller
Studio: A-Seite: Angefangen mit einer Revox-Maschine in Ronnie Woods Wohnung; abgeschlossen in den Musicland Studios, München, im Winter '73/'74.
B-Seite: Während der Produktion des Albums „Goat's Head Soup“, Dynamic Sound, Jamaika, 25. November — Weihnachten 1972.

N.B. Auf der A-Seite spielten ursprünglich Mick Jagger und Ronnie Wood Gitarre, Willie Weeks Bass, Kenny Jones Schlagzeug und David Bowie Gesang. Danach wurde das Band in München überarbeitet. Auf der B-Seite spielt angeblich Jimmy Paige Gitarre.

August

Das Album „Billy Preston's Live European Tour“ von Billy Preston mit Mick Taylor an der Gitarre kommt auf A&M heraus. „Reggae“ von Herbie Mann mit Mick Taylor an der Gitarre kommt auf Atlantic heraus.

17
Uraufführung des Films „Ladies and Gentlemen, The Rolling Stones“ in Los Angeles. Die Einnahmen gehen an die LA Free Clinic.

18
Mick überwacht in Los Angeles die Arbeiten am neuen Album.

24
Die Stones nehmen drei Stücke für die US-TV-Sendung „Don Kirshner Show“ auf.

September

14
Crosby, Stills, Nash & Young, Joni Mitchell with Tom Scott and The LA Express, The Band und Jesse Colin Young spielen vor 75 000 Menschen im Londoner Wembley Stadion. Zur Party nach dem Konzert im Restaurant Quaglino läßt sich Bianca von Ron Wood begleiten.

18
Mick Jagger mietet ein Haus auf dem Anwesen von Andy Warhol

Mitte: Mick, Keith und Bill im Jahre 1975. Unten Bill mit Astrid Lundström.

in Montauk, Long Island. Bianca und Mick verbringen einen großen Teil des Sommers in der Nähe von Andys Haus.

27
Ron Woods Solo-Album „I've Got My Album To Do" kommt auf Warner Brothers (K 56065/UK) heraus. Die Musiker: Willie Weeks, Bass; Andy Newmark, Schlagzeug; Andy McLagan, Keyboards; Keith Richard, Gitarre; Ron Wood, Gitarre, Gesang. Zusätzlich wirken Mick Jagger und Mick Taylor bei einigen Stücken mit, was das Album fast zu einer Platte der Rolling Stones werden ließ. Während dieser Aufnahmen entstand die Urfassung von „It's Only Rock 'n' Roll".

29
Mick und Bianca besuchen ein Konzert von Eric Clapton in Kingston, Jamaika.

Oktober

1
In der BBC-TV-Sendung „Old Grey Whistle Test" wird das neue Album der Stones vorgestellt und als erstes Stück „Ain't Too Proud To Beg" gespielt.

Die „Sunday Times" veröffentlicht eine Fotoreportage von Leni Riefenstahl über die Jaggers.

Das Buch „STP – Stones Touring Party" von Robert Greenfield über die USA-Tour 1972 kommt in den USA heraus.

18
Das Album „It's Only Rock 'n' Roll" kommt in die Läden. Für das Album wird mit einer Graffiti-Kampagne in London geworben. In Großbritannien erreicht die Platte den vierten, in den USA den ersten Platz in den Charts.

IT'S ONLY ROCK 'N ROLL
A-Rolling Stones Records COC 59103 (UK) COC 79101 (USA)
Veröffentlicht: Oktober 1974
Produzent: Glimmer-Zwillinge
Techniker: Andy Johns und Keith Harwood, George Chkiantz mit Unterstützung von Tapani Tapanamen, Rod Thear und Howard Kilgour
Studio: Musicland, München; Stück 3 wurde in Ron Woods Haus angefangen.
Aufnahme: Winter 1973/74

A-Seite: 1. „If You Can't Rock Me" (Jagger, Richard), 2. „Ain't Too Proud To Beg" (Whitfield, Holland), 3. „It's Only Rock 'n' Roll" (Jagger, Richard), 4. „Till The Next Goodbye" (Jagger, Richard), 5. „Time Waits For No One" (Jagger, Richard).

B-Seite: 6. „Luxury", 7. „Dance Little Sister", 8. „If You Really Want To Be My Friend", 9. „Short And Curlies", 10. „Finger-Print File". Alle Songs: Jagger, Richard.

N.B. Stück 3 entstand in der ursprünglichen Fassung in Ron Woods Wohnung während der Aufnahmen zu dessen Solo-Album. Willie Weeks spielt Bass und Kenny Jones Schlagzeug. Es wurde dann überarbeitet. Billy Preston spielt Klavier und Klavinett auf den Stücken 1, 2 und 10. Nicky Hopkins spielt Klavier auf den Stücken 4, 5, 6, 8 und 10. Ian Stewart spielt Klavier auf den Stücken 3, 7 und 9. Ed Leach spielt Kuhglocken auf Stück 2. Ray Cooper spielt auf allen Stücken Percussion. Blue Magic singt auf Stück 8.

25
„Ain't Too Proud To Beg" / „Dance Little Sister" kommt in den USA heraus und erreicht Platz 15 in den Charts.

AIN'T TOO PROUD TO BEG Whitfield, Holland / DANCE LITTLE SISTER Jagger, Richard
S-Rolling Stones Records RS 19302 (USA)
Veröffentlicht: Oktober 1974

N.B. Beide Titel stammen vom Album „It's Only Rock 'n' Roll".

26
Keith Richard beantragt eine Baugenehmigung, um seinen Landsitz Redlands, der 1973 niederbrannte, wiederaufzubauen.

Mick und Bianca sind Gäste bei einer Party zu Ehren von Charlotte Rampling nach der Premiere ihres Films „Nachtportier" im Hotel Four Seasons, New York. Mrs. Levine, die Frau des Produzenten, versucht sie rauszuwerfen, weil sie angeblich schmuddelig sind.

November

„White Lightnin" (Wyman), eine Solo-Single von Bill Wyman, kommt auf Rolling Stones Records (RS 19115, UK und USA) heraus. „I Can Feel The Fire", eine Solo-Single von Ron Wood, kommt auf Warner Brothers (K 16463) heraus.

14
Keith Richard fliegt in die Schweiz, um sich seine Zähne richten zu lassen. „Ich will mir ein neues Image zulegen und habe eine ganze Serie von Zahnarzt-Terminen vereinbart. Ich werde nur krank, wenn ich die Drogen aufgebe."

17
Mick und Bianca sind bei einer Party im Hippopotamus-Club, New York, zu Gast.

22
Mick und Bianca nehmen an einer Party für Elton John im Grand Ballroom des Hotel Pierre in New York teil.

26
Mick und Bianca überwachen in Managua die Verwendung ihres Spendengelds.

Dezember

4
Mick Jagger und Mick Taylor besuchen das Konzert von Eric Clapton im Hammersmith Odeon und sind Gäste der Party danach. Mick Jagger: „Als wir zu dem Konzert fuhren, sagte Mick, daß er etwas anderes machen wolle. Nach fünf Jahren mit uns wollte er eine andere Art Musik spielen. Ich sagte nur ‚kein Problem', und das war alles.

7
Die Stones fliegen zu Aufnahmen nach München. Glyn Jones sitzt zum ersten Mal seit der Arbeit an „Sticky Fingers" am Mischpult.

12
Mick Taylors offizieller Abschied von den Rolling Stones.

13
Ende der Aufnahmen in München.

14
Der „New Musical Express" berichtet: „Mick Taylor hat die Rolling Stones verlassen. 1968 war er zu der Band als Nachfolger von Brian Jones gestoßen. Er wird in einer neuen Band arbeiten, die zur Zeit von Jack Bruce zusammengestellt wird. Die Stones, die augenblicklich in München zu viert Songs aufnehmen, werden einen neuen Gitarristen für ihre USA-Tournee anheuern."

Mick Taylors Statement: „Die letzten fünfeinhalb Jahre mit den Stones waren sowohl aufregend als auch inspirierend. Meine Haltung den vier Bandmitgliedern gegenüber ist von Respekt im menschlichen und musikalischen Bereich gekennzeichnet. Ich habe nichts anders als Bewunderung für die Gruppe, doch für mich ist die Zeit gekommen, etwas Neues zu unternehmen."

Mick Jagger: „Nach fünfeinhalb Jahren wollte Mick eine neue Richtung einschlagen. Wir bedauern seinen Entschluß, wünschen ihm aber alles Gute für sein neues Wagnis."

21
Gerüchte kommen auf, daß Mick Taylor die Gruppe wegen finanzieller Streitigkeiten verlassen hat. Er erklärt im Magazin „Sounds": „Bei unserer Trennung gab es keinen Streit, und daher stören mich die kursierenden Gerüchte ganz gewaltig, daß es angeblich Unstimmigkeiten im finanziellen Feld gab. Diese Dinge spielten überhaupt keine Rolle. Ich bin sauer, weil ich die Stones ganz ehrlich mag, gerne mit ihnen gearbeitet und eine tolle Zeit mit ihnen verbracht habe."

1975

Januar
Das Album „7-Tease" von Donovan kommt auf den Markt. Produzent ist Andrew Loog Oldham, und Bill Wyman spielt Bass auf dem Stück „Rock and Roll Souljer" (Donovan), das auch als Single veröffentlicht wird.

22
Die Stones fliegen zu Aufnahmen nach Rotterdam. Alexis Korner begleitet sie. Keith wirkt beim Titelsong von Korners neuem Album „Get Off Of My Cloud" mit.

Februar
9
Ende der Aufnahmen. Keith kehrt nach London zurück, Mick fliegt nach New York.

15
Keith wohnt bei Ron Wood und probt dort mit Gitarrist Wayne Perkins für Rons nächstes Solo-Album bis Ende des Monats.

März
Mick Jagger und Charlie Watts beginnen mit den Arbeiten am Bühnen-Design und der Ausleuchtung für die nächste USA-Tournee. Mick: „Ich habe mich hauptsächlich mit Posters beschäftigt. Und jetzt Bühnen-Design. Es wird wohl eine hübsche Sache werden."

Mick Jagger und Tour-Manager Peter Rudge fliegen nach New York, um die Tournee zu planen.

8
Mick und Rudge, der auch die US-Geschäfte von The Who betreut, besuchen das Konzert von John Entwistle's Ox in der Academy of Music.

11
Mick schneit in die Record Plant in Los Angeles hinein und spielt mit Ron Wood und einigen Musikern der Wings.

15
Mick Jagger und Marsha Hunt haben ihre Probleme (Vaterschaftsklage) außergerichtlich geregelt.

22
Die Stones fliegen zu weiteren Aufnahmen in den Musicland Studios nach München.

30
Ron Wood kommt ebenfalls nach München.

April
4
Die Stones beenden ihre Aufnahmen und fliegen nach London. Von dort aus fliegt Mick Jagger direkt weiter nach New York. Die anderen folgen wenig später. Die Proben für die USA-Tournee finden auf Andy Warhols Landsitz in Montauk statt.

14
Ron Wood von den Small Faces wird von den Rolling Stones für mindestens 58 Konzerte während der dreimonatigen Sommer-Tournee für die Stones spielen. Er wird aber nicht ständiges Mitglied der Band werden, weil er noch immer an die Small Faces gebunden ist. Wood ist noch in Amsterdam, wo er sein nächstes Solo-Album aufnimmt.

Mick begründet die Wahl von Ron Wood. „Er mußte mir und Keith gefallen. Ich kann einen guten Gitarristen irgendwie beurteilen, aber Keith kann das natürlich viel besser. Woody ist auch deshalb eine gute Wahl, weil er und Keith brillante Rhythmus-Gitarristen sind und sich gut ergänzen, was Riffs ermöglicht, die bis jetzt nicht möglich waren. Beide sind gute Solo-Spieler, so daß Keith jetzt auch mehr Solos geben kann.

Ich wollte auch jemanden, mit dem man gut zurechtkommt, der gut spielen kann und der Bühnen-Erfahrung hat. Es bedeutet ja schon einiges, jemanden an Bord zu holen und dann eine große Tournee mit einer Band wie den Stones quer durch Amerika zu machen. Wir sind ja nichts Besonderes, aber wir können für gewisse Leute schon eine Art lähmende Erfahrung sein. Woody kann auch ein bißchen singen und sein Charakter paßt gut zu uns, und auch darauf kommt es ja an."

Mai
Die Stones laden zu einer Pressekonferenz in ein Hotel in Greenwich Village. Die wartenden Journalisten hören plötzlich Musik auf der Straße. Dort fahren die Stones auf der Ladefläche eines Lastwagens vorbei. Aus den Lautsprechern dröhnt „Brown Sugar". Die Stones fahren langsam am Hotel vorbei und werfen Flugblätter mit den Details der USA-Tournee durch die offenen Fenster. Einen Block weiter hält der Lastwagen, die Stones verschwinden in wartenden Limousinen und fahren zu Proben mit Ron Wood zurück nach Montauk. Charlie Watts hatte die Idee zu diesem Auftritt. Er hatte sie von Jazzmusikern aus New Orleans übernommen, die, um für ihre Konzerte zu werben, durch die Stadt fuhren und musizierten.

18
Mick verletzt sich seine Hand an einer Glastür in einem Restaurant in Montauk. Die Wunde muß mit 20 Stichen genäht werden. „Es ist zwar unangenehm, aber ich brauche keinen Gips oder so etwas."

21
Die neue, von Mick und Keith entworfene Bühne in Lotos-Form wird im Flugzeug-Hangar in Newburgh vorgestellt. Sie ist von Robin Wagner gebaut worden. Die fünf Blütenblätter zeigen ins Publikum. Bei den Versionen für die Vorstellungen in New York, Chicago und Los Angeles können die Blätter hydraulisch angehoben und abgesenkt werden.

I DON'T KNOW WHY Wonder, Riser, Hunter, Hardaway / TRY A LITTLE HARDER Jagger, Richard
S-Decca F 13584 (UK)
ABKCO 4701 (USA)
Veröffentlicht: Mai 1975

N.B. Auf den ersten 1000 Exemplaren der A-Seite werden Jagger und Richard als Komponisten angegeben. Die Stücke waren Teil des Abkommens mit ABKCO, das dem Unternehmen die Bänder für das Album „Metamorphosis" gab. Beide Stücke sind auch auf dem Album zu finden.

30
Die Stones fliegen von New York nach New Orleans.

31
In der Louisiana State Universtity, Baton Rouge, finden die letzten Probesitzungen statt.
Keith erklärt: „Wenn alles so läuft, wie es laufen sollte, dann hört man auch alles, was man hören will auf der Bühne. Charlie möchte mich hören, Mick muß mich, das Schlagzeug und sich selbst hören. Der Bass will das Schlagzeug hören. Die Verstärker arbeiten so gezielt, daß ich gerade mal mich selbst höre, was mir auch egal ist, solange ich überhaupt etwas höre. Während der Jahre haben wir buchstäblich die Kontrolle über den Ton verloren. Heute sitzt da jemand, den man vielleicht noch nie gesehen und der uns noch nie erlebt hat, am Mischpult. Wie man das System ändern kann? Vertreib den Kerl vom Mischpult."

Juni

Auftritte: Louisiana State University, Baton Rouge (1.); Convention Center, San Antonio, Texas (3.–4.); Arrowhead Stadium, Kansas City (6.); Milwaukee County Stadium, Milwaukee (8.); Civic Center, St.Paul, Minnesota (9.); Boston Gardens, Boston (11.–12.); Municipal Stadium, Cleveland, Ohio (14.); Municipal Auditorium, Buffalo (15.); Maple Leaf Gardens, Toronto (17.–18.); Madison Square Garden, New York (22.–27.).

METAMORPHOSIS
A-ABCKO ANA 1 (USA) /
A-Decca SKL 5212 (UK)
Veröffentlicht: Juni 1975
Produzent: Andrew Loog Oldham und Jimmy Miller; einige Titel ohne Angaben
Aufnahmen: Die Stücke waren zum überwiegenden Teil als Demobänder für andere Künstler aufgenommen worden. Der Rest stammt von Alben, die zu ihrer Zeit nicht auf den Markt gebracht wurden. Decca bekam die Stücke als Teil der Einigung zwischen Allen Klein und den Rolling Stones.

A-Seite: 1. „Out Of Time" (Jagger, Richard), 2. „Don't Lie To Me" (Berry), 3. „Each And Every Day Of The Year„ (Jagger, Richard), 4. „Heart Of Stone" (Jagger, Richard), 5. „I'd Much Rather Be With The Boys" (Oldham, Richard), 6. „Try A Little Harder" (Jagger, Richard).

B-Seite: 7. „I Don't Know Why" (Wonder, Riser, Hunter, Hardaway), 8. „If You Let Me" (Jagger, Richard), 9. „Jiving Sister Fanny" (Jagger, Richard), 10. „Downtown Suzie" (Wyman), 11. „Family" (Jagger, Richard), 12. „Memo From Turner„ (Jagger, Richard), 13. „I'm Going Down" (Jagger, Richard).

N.B. In der britischen Version sind zwei zusätzliche Stücke enthalten: auf der A-Seite als dritter Titel „Some Things Just Stick In Your Mind" (Jagger, Richard) und als achtes Stück „We're Wasting Our Time" (Jagger, Richard).
Bei „Out Of Time" handelt es sich vermutlich um die Demoversion für Chris Farlowe und entstand wahrscheinlich 1966 bei RCA in Hollywood. „Some Things Just . . " ist offensichtlich die Demoversion für Vashti (Decca 12157 im Mai 1965). „Each And Every . . ." ist wahrscheinlich eine Demoversion für Thee (Decca F12163, Mai 1965). „Heart Of Stone" ist eine Auskoppelung aus dem Album „Out Of our Heads". „I'd Much Rather Be . . „ ist eine Demoversion für The Toggery Five (Parlophone R5249). „We're Wasting . . ." Demoversion für Jimmy Tarbuck (Immediate IM 018). „Down Town Suzie" entstand zwischen „Their Satanic Majesties" und „Beggars Banquet". „Family" ist eine Auskoppelung aus „Beggars Banquet".

2
Die Stones treffen mit „Starship", einer für reiche Pop-Gruppen umgebauten Boeing 707, in San Antonio ein. Der Chef der Sittenpolizei besucht sie in ihrem Hotel und warnt sie davor, den riesigen aufblasbaren Penis, der Teil ihrer Bühnenshow ist, aufzublasen. Die Stones entsprechen dem Wunsch. Beim Konzert selbst stehen viele Polizisten hinter der Bühen und verschwinden erst, nachdem die Band mit einer Klage droht.

4
Das Album „The Great Fatsby" von Leslie West kommt heraus. Mick spielt Rhythmus-Gitarre.

5
Fotositzung in The Alamo.

6
In den USA kommt das Album „Metamorphosis" heraus. Es ist eine Zusammenstellung früher Stücke und erreicht in den USA den achten Platz in den Charts. In Großbritannien, wo das Album zwei Stücke mehr als in den USA enthält, kommt das Album auf Anhieb auf Platz 27.

Charlie: „Das ist ein Haufen Müll."

Bill: „Wir wollten eine Art historischen Rückblick bieten, so daß es irgendeinen Wert für die Sammler gehabt hätte."

Charlie: „Wir haben Monate damit verbracht, das Material zu sichten."
Bill: „Und wir lieferten ein Album ab, das Klein ablehnte. Ich hatte ungefähr 18 Titel ausgesucht."

Charlie: „Wir schenkten ihm ein Album, und er sagte einfach nein."

7
Die Stones fliegen von Kansas City nach Milwaukee.

10
Auf Jamaika wird Anita Pallenberg wegen eines Drogenvergehens zu einer Geldstrafe von 200 Pfund verurteilt und aus-

Gegenüberliegende Seite: Mick auf der Bühne während der USA-Tournee 1975.

gewiesen. Der „Daily Express" berichtet, daß ein erster Termin wegen ihrer „ungewöhnlichen Haltung" vertagt werden mußte.

13
Parallel zur USA-Tour veröffentlicht Rolling Stones Records das Sammelalbum „Made In The Shade". In den USA erreicht es den sechsten, in Großbritannien den zehnten Platz in den Charts.

MADE IN THE SHADE
Sammelalbum
A-Rolling Stones Records COV 59104 (UK), COC 79101 (USA)
Veröffentlicht: Juni 1975

A-Seite: 1. „Brown Sugar", 2. „Tumblin' Dice", 3. „Happy", 4. „Dance Little Sister", 5. „Wild Horses".

B-Seite: 6. „Angie", 7. „Bitch", 8. „It's Only Rock 'n' Roll", 9. „Doo Doo Doo Doo (Heartbreaker)", 10. „Rip This Joint". Alle Songs: Jagger, Richard.

22
Eric Clapton spielt bei der Zugabe „Sympathy For The Devil" mit. Earl McGrath, Pressemann bei Atlantic Records, veranstaltet in seinem Haus eine Party für die Gruppe.

26
Einige Musiker der Stones spielen zusammen mit Eric Clapton im Electric Lady Studio in New York.

27
Carlos Santana spielt bei einer Zugabe während ihres sechsten und letzten Auftritts im Madison Square Garden mit. Angeblich haben die Stones bei diesen Konzerten allein 1,25 Millionen Dollar umgesetzt. Nach dem Konzert laden die Stones zu einer Party zu Ehren der Steel Bands Association, die in New York die Abende für sie eröffnet hatte.

Juli

Auftritte: Capitol Center, Washington (1.–2.); Memorial Stadium, Memphis, Tennessee (4.); The Cotton Bowl, Dallas (8.); Los Angeles Forum (9.–13.); Cow Palace, San Francisco (15.–16.); The Coliseum, Seattle, Washington (18.); Hughes Stadium, Denver (19.); Chicago Stadium (23.–24.); Indiana University, Bloomington (26.); Cobo Hall, Detroit (27.–28.); The Omni, Atlanta, Georgia (30.); The Auditorium, Greenboro, North Carolina (31.).

Ron Woods zweites Solo-Album „Now Look" kommt auf Warner Brothers (K 56 145) heraus. Die Musiker: Ronnie Wood, Gesang und Gitarre; Bobby Womack, Gitarre; Ian McLagan, Klavier; Willie Weeks, Bass; Andy Newmark, Schlagzeug und Jean Roussell, Elektroklavier. Zusätzlich spielen auf einigen Stücken Mick Taylor und Keith Richard Gitarre. Eine Single von Ron Wood „If You Don't Want My Love" kommt ebenfalls auf Warner Brothers (K 16618) heraus.

4
Die Sittenpolizei von Memphis erklärt Mick Jagger, daß man ihn festnehmen werde, wenn er „Starfucker" singen sollte. Mick macht der Polizei deutlich, daß er sich keine Vorschriften machen läßt. Daraufhin postieren sich Polizisten in Kampfanzügen vor der Bühne. Bill Carter, der Anwalt der Stones, macht ihnen klar, „daß die Kids erst das Stadion und dann die ganze Stadt abreißen werden, wenn sie die Stones festnehmen sollten. Zusätzlich werden die Stones sie bis ans Ende ihrer Tage verklagen. Das sind keine armen Schlucker. Sie werden klagen." Nachdem bereits ein lokaler Radiosender den Titel gespielt hat, gibt die Polizei nach.

5
Polizei in Arkansas nimmt Keith wegen Besitzes einer gefährlichen Waffe und den ihn begleitenden Ron Wood fest. Gegen eine Kaution von 162 Dollar werden sie freigelassen. Der Vorfall passiert, als die beiden nach einer Pause in einem Rasthaus wieder auf die Straße zurückkehren. Keith: „Ich beugte mich nach unten, um einen anderen Sender einzustellen und geriet dabei leicht ins Schleudern. Die Polizei hielt uns daraufhin an. Die gefährliche Waffe ist ein Taschenmesser mit einem Dosenöffner." Was in den Zeitungen nicht erwähnt wird, ist die Festnahme von Fred Sessler, der als „Anhalter" im Wagen sitzt und wegen des Besitzes von Kokain festgenommen wird. Seine Kaution beträgt 5000 Dollar.

7
Die Stones fliegen zu Ringo Starrs Geburtstagsparty nach Los Angeles.

9
Diana Ross gibt eine Party zu Ehren der Stones nach dem ersten Konzert im Los Angeles Forum.

11
Nach ihrem Konzert gehen Ron Wood und Bill Wyman ins Roxy, wo Bob Marley auftritt.

19
Elton John auf der Bühne beim Stones-Konzert in Denver.

August

Auftritte: Gator Bowl, Jacksonville, Florida (2.); Freedom Hall, Louisville, Kentucky (4.); Coliseum, Hampton Roads, Virginia (6.); Rich Stadium, Buffalo, New York (8.);

4
Die Polizei in Louisville kündigt an, die Stones zu verhaften, wenn die Gruppe den Boden von Kentucky betritt. Bill Carter, der zuvor für den Geheimdienst gearbeitet hat, entwickelt eine List, und die Stones erreichen, verfolgt von Polizisten, die Bühne. 40 Drogenfahnder belagern die Garderoben der Band, um die Gruppe festzunehmen. Doch Wachmänner und Anwälte wissen dies zu verhindern. Carter ruft den Staatsanwalt an und beschwert sich über die Belästigungen der Polizei. Der kommt sofort, läßt sich mit den Stones fotografieren und schmeißt die Polizisten raus.

8
Beim letzten Konzert der Tournee werden mehr als 600 Fans verletzt und 170 fest-

Gegenüberliegende Seite: Ron Wood und Mick Jagger 1975. Oben: Mick mit Billy Preston, der 1975 an der USA-Tournee teilnahm. Unten: Ron, Billy Preston, Mick und Keith.

genommen. Die Band gab 47 Konzerte in 27 Städten und setzte dabei knapp 13 Millionen Dollar um.

September

3
Eine von Peter Sellers in Hollywood gegebene Party verwandelt sich in einen All-Star-Konzert, mit Ron Wood an der Gitarre, Bill Wyman am Bass, Bobby Keys am Saxophon, Keith Moon an der Orgel, David Bowie am Alt-Saxophon und Joe Cocker, Gesang.

13
Mick und Bianca verbringen Ferien mit der Guinness-Familie auf Schloß Leixlip in Irland. Mick kündigt eine Europa-Tournee noch vor Weihnachten an.

15
Bill Wyman beginnt mit Aufnahmen fürt ein Solo-Album. Van Morrison, Sly Stone, Joe Walsh, Joe Vitale, Steven Stills und Leon Russell helfen dabei.

21
Mick besucht ein Wohltätigkeitskonzert in Dublin mit Eric Clapton, Sean Connery, John Huston und Shirley MacLaine.

Das Album „Get Off Of My Cloud" von Alexis Korner kommt auf CBS heraus.Keith Richard spielt Gitarre und singt auf dem Titelsong.

Oktober

4
Mick Jagger besucht das Johnny-Cash-Konzert in Dublin.

19
Zusammen mit Ron Wood fliegen die Stones nach Montreux, um dort mit Aufnahmen für ein neues Album zu beginnen.

November

30
Die Aufnahmen in Montreux werden abgeschlossen.

Dezember

3
Die Stones setzten die Aufnahmen in den Musicland Studios in München zusammen mit Ron Wood fort.

Krissie Wood, Rons Frau, wird in London wegen Drogenbesitzes festgenommen. Bei einer Razzia findet die Polizei Cannabis und Kokain. Mit ihr wird Audrey Burgon festgenommen, was der Boulevard-Presse eine wunderbare Geschichte liefert, weil die beiden Frauen schlafend im Bett lagen, als die Polizei kam.

6
In Tallahassee verbrennen fanatisierte Jugendliche Platten von den Stones und Elton John. Ein örtlicher Prediger, Charles Boykin, hatte die Platten als sündig eingestuft. Er hatte herausgefunden, daß von 1000 unverheirateten Müttern 984 Rock gehört hatten, als sie Sex hatten.

15
Krissie Wood und Audrey Burgon werden vom Cannabis-Besitz freigesprochen, die Geschworenen können sich wegen der 15 Milligramm Kokain aber nicht auf ein Urteil einigen. Das Datum für eine neue Verhandlung wrd später festgesetzt.

16
Die Stones und Ron Wood beenden ihre Aufnahmen in Musicland.

18
Rod Stewart verläßt die Small Faces, womit die Gruppe am Ende ist. Sein Sprecher Tony Toon erklärt: „Rod kann nicht länger mit einer Gruppe arbeiten, deren Gitarrist auf Dauer an die Stones ausgeliehen zu sein scheint." Damit ist für viele Beobachter Ron Woods Weg zu den Stones frei.

Im Jahre 1974 hatte Mick Jagger bereits Ron Wood angesprochen, zu den Stones zu kommen. Ron: „Wir saßen im Fond eines Autos mit Mick und Marshall Chess. Auf einmal sagt Mick zu mir, er wolle die Faces nicht sprengen, aber ob ich nicht zu ihnen kommen wollte, wenn ich jemals Abwanderungsgedanken hätte." Ich antwortete, daß ich mich den Small Faces gegenüber im Wort fühlte, aber daß er, wenn er wirklich verzweifelt sei, einen Gitarristen zu finden, sich an mich wenden könne.

„Ein Jahr später trieb mich Mick in LA auf und sagte nur, ‚Woody, ich bin verzweifelt.' Da wußte ich, daß er mich haben wollte. Nach dem Album ‚Black and Blue' und der ersten Tour wollte ich eigentlich für beide Bands spielen, was ich ja auch 1975 getan habe. Als dann Rod den Kram hinschmiß, habe ich mir gedacht, jetzt bist Du für die Stones frei."

19
Auf dem Weg nach New York erklärt Mick Jagger zur Entscheidung von Rod Stewart in Paris: „Ich glaube nicht, daß Ron schon davon weiß. Zwischen uns gibt es keinen unterschriebenen Vertrag und es ist auch noch nichts endgültig besprochen worden."

23
Mick, Bianca und Jade fliegen zu Weihnachten von New York nach Rio de Janeiro.

1976

Januar

BY INVITATION ONLY
Sammelalbum
C-Atlantic Records K 60112 (USA)
Veröffentlicht: 1976
Die Titel der Stones-Songs:
1. „Angie", 2. „It's Only Rock 'n' Roll"; beide Titel: Jagger, Richard.
Aufnahme: November/Dezember 1972; Frühjahr 1974
Ursprung: 1. Auskopplung aus dem Album „Goat's Head Soup". 2. Auskopplung aus dem Album „It's Only Rock 'n' Roll".

Links: Charlie auf der Bühne im Jahre 1975.

9
David Bowie mietet das Haus von Keith auf Jamaika, um dort für seine nächste USA-Tournee zu proben.

10
Ron Wood und die Rolling Stones treffen sich zu einem geschäftlichen Gespräch in New York.

13
Mick besucht die „Factory" von Andy Warhol, um dort Drucke zu signieren. Andy beschwert sich. „Es ist wie in den sechziger Jahren. Die ganze Nacht wartet man auf den Herrn Popstar." Mick hatte sich um anderthalb Stunden verspätet, weil er noch beim Friseur war. Der komplette Satz der Drucke kostet 7500, einzelne Drucke 875 Dollar.

Mick beauftragt Andy, ein Portrait von ihm zu machen, was bedeutet, daß er vier verschiedenfarbige Versionen bekommen wird.

15
Mick Taylor läßt seine goldene Schallplatte für „It's Only Rock 'n Roll" bei Bonham's versteigern und kassiert 75 Pfund.

18
Die Stones arbeiten in den Studios von Atlantic Records in New York an ihrem neuen Album.

Februar
Die Single „Big Bayou" von Ron Wood kommt auf Warner Brothers heraus.

7
Die Stones werden auf Sanibel Island vor der Küste Floridas von dem Modefotografen Hiro für die Hülle ihres nächsten Albums „Black And Blue" fotografiert. Ron Wood fliegt auf die Bahamas, um an Eric Claptons Album zu arbeiten.

26
„Stone Alone", Bill Wymans zweites Solo-Album, wird auf Rolling Stones Records veröffentlicht. (COC 79103 USA; COC 59105 UK). Die meisten Musiker stammen aus der LA-Studioszene. Mit von der Partie sind aber auch Van Morrison, Al Kooper und Bonnie Pointer.

27
Ein starke Grippe zwingt Mick in ein New Yorker Krankenhaus.

28
Ron Wood wird offiziell als neuer Gitarrist und Nachfolger von Mick Taylor vorgestellt.

März

12
Die Stones stellen ihre Europa-Tournee vor.

26
Anita Pallenberg hat eine Frühgeburt in Genf. Ihr Sohn erhält den Namen Tara nach Tara Browne, der bei einem Autounfall ums Leben kam. Der Kleine kränkelt jedoch und lebt nur zehn Wochen.

31
Radio KHJ in Los Angeles sendet das neue Album „Black And Blue", worauf die Stones mit einer einstweiligen Verfügung reagieren, um Piratenpressungen zu verhindern, bevor das Original auf den Markt kommt.

April
Auftritte: Festhalle, Frankfurt (28.–29.); Halle Münsterland, Münster (30.).

Die Single „A Quarter To Three" von Bill Wyman kommt auf Rolling Stones Record heraus (RS 191 19 UK und USA).

1
Für das Konzert im Earls Court liegen mehr als eine Million Vorbestellungen vor. Die Stones könnten 67 Mal vor ausverkauftem Haus spielen. Die Band vereinbart drei zusätzliche Shows.

6
Krissie Wood und Audrey Burgon werden vom Vorwurf des Kokain-Besitzes freigesprochen, Krissie muß aber die Gerichtskosten in Höhe von 12 000 Pfund tragen. Sie ist im dritten Monat schwanger und will „nun nur noch nach Hause und auf das Baby warten."

10
In Mougins an der Cote d'Azur beginnen die Stones mit Proben für die bevorstehende Tour. Keith kommt etwas später, aber Billy Preston ist bereits eingetroffen.

20
Das neue Album „Black And Blue" kommt heraus und erreicht in Großbritannien den zweiten Platz in den Charts. In den USA erreicht sie die erste Stelle.

BLACK AND BLUE
A-Rolling Stones Records COC 59106 (UK) und COC 79104 (USA)
Veröffentlicht: April 1976
Produzent: Glimmer-Zwillinge
Techniker: Keith Harwood, Glyn Johns, Phil McDonald und Lew Hahn

Studios: Stücke 1, 2, 3, 4, 5, 7 und 8: Musicland, München; Stück 6: Rolling Stones Mobile in Rotterdam; außerdem in Montreux mit Mobile
Aufnahme: 12. Dezember 1974 bis 2. April 1975.; Stück 1: 30. März 1975; Stück 2: 25. März 1975; Stück 3: 15. Dezember 1974; Stück 4: 31. März 1975; Stück 5; 2. April 1975; Stück 6: 23. Januar 1974; Stück 8: 29. März 1975

A-Seite: 1. „Hot Stuff" (Jagger, Richard), 2. „Hand Of Fate" (Jagger, Richard), 3. „Cherry Oh Baby" (E. Donaldson), 4. „Memory Motel" (Jagger, Richard).

B-Seite: 5. „Hey Negrita", 6. „Melody", 7. „Fool To Cry", 8. „Crazy Mama". Alle Songs: Jagger, Richard.

N.B. Harvey Mandel spielt Elektro-Gitarre auf den Stücken 1 und 4. Wayne Perkins spielt Elektro-Gitarre auf den Stücken 2 und 7 sowie akustische Gitarre auf Stück 4. Ronnie Wood spielt Elektro-Gitarre auf den Stücken 3, 5 und 8. Billy Preston spielt Klavier auf den Stücken 1, 2, 5, 6 und 8 sowie Orgel auf den Stücken 5 und 6. Billy Preston singt zudem im Hintergrund auf den Stücken 1, 4, 5, 6 und 8 und spielt Synthesizer (Streicher) auf Stück 4. Ollie E. Brown spielt Percussion auf den Stücken 1, 2, 5 und 8. Nicky Hopkins spielt Klavier auf Stück 7 und Orgel auf Stück 9.

„Fool To Cry" / „Crazy Mama" kommt in Großbritannien heraus und klettert auf den vierten Platz in den Charts. In den USA ist auf der B-Seite „Hot Stuff". Die Single klettert in den Charts bis auf Platz neun.

FOOL TO CRY Jagger, Richard / CRAZY MAMA Jagger, Richard
S-Rolling Stones Records RS 19121 (UK). St DSKO 31990 PR (USA)
Veröffentlicht: April 1976
Produzent: Glimmer-Zwillinge
Studio: Musicland, München
Aufnahme: A-Seite: 12. Dezember 1973. B-Seite: 29. März 1975

N.B. Auskopplung aus dem Album „Black And Blue".

FOOL TO CRY Jagger, Richard / HOT STUFF Jagger, Richard
S-Rolling Stones Records RS 19304 (USA)
Veröffentlicht: April 1976
Produzent: Glimmer-Zwillinge
Studio: Musicland, München
Aufnahme: A-Seite: 12. Dezember 1973. B-Seite: 30. März 1975

N.B. Auskopplung aus dem Album „Black And Blue".

25
Die Stones beenden ihre Proben und entspannen drei Tage lang bis zum Beginn der neuen Tournee.

Mai
Auftritte: Ostseehalle, Kiel (2.); Deutschlandhalle, Berlin (3.); Stadthalle, Bremen (4.); Foret Nationale, Brüssel (6.–7.); The Apollo, Glasgow (10.–11.); Granby Hall, Leicester (15.); New Bingley Hall, Stafford (17.–18.); Earls Court, London (21.–27.); Fußballstadion, Den Haag (29.–30.).

1
Die britische Boulevardpresse ist noch immer stark an den Stones interessiert. „Daily Mail" fragt Keith und Anita, warum sie nicht heiraten. Keith: „Ich bin schon so oft von der Presse und auch von unseren Familien danach gefragt worden, daß ich schon fast glaube, daß wir es irgendwann tun werden. Immer, wenn wir mit den Kindern unterwegs sind, gibt es einen so großen Papierkrieg, daß eine Hochzeit die Dinge schon vereinfachen würde."

2
In Hamburg dürfen die Stones nicht im Congresszentrum auftreten. Das Konzert wird in letzter Minute nach Kiel verlegt.

In einem Interview mit dem „Sunday Mirror" kündigt Ron Wood an, daß er England verlassen will, weil er sich dort von der Polizei verfolgt fühlt. Vor allem, nachdem Polizisten die Tür zu seinem Haus eingetreten haben. „Ich mag Großbritannien, aber ich habe dort seit einem Jahr nicht mehr gelebt, weil ich mich nicht sicher fühle." Keith dazu: „Ich glaube die Polizisten waren hinter mir und Anita her. Bevor sie bei Woody vorbeischauten, brachen sie in eine Hütte im Garten ein, wo ich schon mal übernachtete, wenn ich in Großbritannien bin. Ich war aber nicht im Lande. Die Polizei hoffte wohl, mir und Woody etwas unterschieben zu können."

8
Die Stones fliegen zurück nach London. Mick besucht das Konzert von David Bowie im Empire Pool, Wembley.

19
Keith verschrottet seinen Bentley an einem Pfeiler auf der Autobahn M1 bei Newport Pagnell. Anita, Marlon und

Unten links: Ron mit Billy Preston im Afro-Look.

Keith bleiben unverletzt, aber Keith wird festgenommen, weil die Polizisten eine „Substanz“ im Auto entdecken.

21
Die Stones beginnen ihre Konzertserie im Earls Court und sind unzufrieden mit der Ton-Anlage und dem Verlauf des Konzerts, was auch von Kritikern angeprangert wird. Jagger: „Das ist die mieseste Toilette, in der ich jemals gespielt habe. Und ich habe schon in vielen spielen müssen. Es gibt für unsere Konzerte leider keinen vernünftigen Platz in London. Dieses Problem haben wir fast nirgendwo sonst.“ Prinzessin Margaret besucht die Band hinter der Bühne. Die Party findet im Pub Cockney Pride in Piccadilly statt.

Juni
Auftritte: Westfalenhalle, Dortmund (1.); Sporthalle, Köln (2.); Abattoire, Paris (4.–6.); Palais des Sports, Lyon (9.); Barcelona (11.); Parc des Sports de l'Ouest, Nizza (13.); Hallenstadion. Zürich (15.); Olympiahalle, München (16.–17.); Neckarstadion, Stuttgart (19.); Zagreb (21.–22.); Stadthalle, Wien (23.).

4
Tara, der zehn Wochen alte Sohn von Anita und Keith, stirbt an einem Grippevirus in einem Genfer Krankenhaus. Keith hält die Nachricht vorerst geheim, um die Tournee nicht zu stören.

9
Die in dem Wagen von Keith gefundene Substanz entpuppt sich als Kokain. Das Gerücht, daß die Stones ohne ihr Wissen als Drogenkuriere mißbraucht wurden, erreicht irgendwie die Zeitungen, die die Geschichte mit den entsprechenden Schlagzeilen auf den Markt bringen. Das Kokain war in einem Armband und Gebetsperlen versteckt. Keith beteuert, es sei ihm ein Rätsel, wie das Rauschgift dahin gekommen sei. Der „Daily Mirror“ berichtet, daß Polizei und Zoll wissen, das „Drogenschmuggler das Gepäck von Popgruppen nutzen, um Cannabis zu schmuggeln.“

17
Feministinnen in Los Angeles protestieren gegen das Werbeplakat für das Album „Black And Blue“, das ein gefesseltes und geschlagenes Mädchen zeigt.

18
Die Nachricht, daß der Sohn von Keith und Anita gestorben ist, erscheint in der Presse.

28
Um fünf Uhr morgens beendete Eric Clapton gerade eine Aufnahmesitzung in den Electric Lady Studios, New York, als Mick, Keith, Ron und Charlie hineinschneien. Die Musiker spielen bis zum nächsten Mittag weiter.

30
Die Jam Session hat den Vieren so gut gefallen, daß sie wieder zu einer siebenstündigen Session antanzen. Diesmal freilich etwas früher, dafür bringen sie aber Billy Preston und Ollie Brown mit.

Juli

26
Mick feiert seinen Geburtstag in dem von Andy Warhol gemieteten Haus in Montauk, das früher einmal Andy und Paul Morissey gehörte. Das Anwesen besteht aus einem großen Haus, vier kleineren Häusern und dem Haus für das Personal.

August
Auftritt: Knebworth House (21.).

2
Ron Wood kündigt an, daß er und Krissie nach Los Angeles ziehen werden und daß ihr Kind dort zur Welt kommen wird. Nach ihren Ferien in Frankreich wird Krissie von Zöllnern nach Drogen durchsucht.

Keith muß sich wegen dreier Verkehrsvergehen und dem Besitz von Kokain vor Gericht in Newport Pagnell verant-

worten. Er wird gegen Kaution bis zum 6. September auf freien Fuß gesetzt.

19
Der Soundcheck der Stones in Knebworth stört eine Gruppe von Pfadfinderinnen. Die robust gebaute Chefin der Gruppe beschwert sich: „Wie können wir bei diesem furchtbaren Krach unseren Gesangs-Wettbewerb veranstalten?" Die Tatsache, daß es sich bei diesem Krach um die Rolling Stones handelt, und das die Mädchen vielleicht lieber zuhören möchten, beeindruckt sie nicht. „Ich will, daß der Krach aufhört." Sie klettert auf die Bühne und fällt Mick in den Arm, der sie zur Seite stößt. Wenig später hören die Stones ohnehin auf.

21
Die Stones sind die Hauptgruppe in Knebworth, wo außerdem noch Lynyrd Skynyrd, 10CC, Hot Tuna und Todd Rundgrens Utopia auftreten. Die Bühne hat die Form eines offenen Mundes und für Micks Ausflüge ins Publikum gibt es einen etwa hundert Meter langen Laufsteg. 100 000 Zuschauer sind gekommen und müssen bis 23:30 auf den Auftritt der Stones warten. Da sollte die Veranstaltung schon seit einer halben Stunde beendet sein. Der Auftritt dauert bis 1:40 Uhr. Im Publikum sind Jack Nicholson und Linda und Paul McCartney. Ein Polizist zieht Bilanz: „Die Fans waren in Ordnung. Sie waren um Klassen besser als Fußballfans." Ob dies das letzte Konzert der Gruppe gewesen sei, wird Mick gefragt. „Wenn uns diese Menschen noch immer sehen wollen, wer weiß, was da alles passieren kann."

September

Die Single „Apache Woman" von Bill Wyman kommt auf Rolling Stones Records heraus. RS 19303 (USA), RS 19120 (UK).

6
Keith steht in Newport Pagnell vor Gericht. Die Kaution wird bis zum 6. Oktober verlängert.

20
Mick und Ron Wood arbeiten sich durch 150 Stunden von Live-Aufnahmen für ein neues Album.

Oktober

2
Mick und Ron Wood arbeiten in den Atlantic Studios an den ausgewählten Stücken für das Live-Album und besuchen Joe Cocker, der an der TV-Show „Saturday Night Live" teilnimmt.

6
Keith erscheint mit anderthalb Stunden Verspätung vor dem Gericht in Newport Pagnell und entschuldigt sich damit, daß seine Hosen nicht rechtzeitig von der Reinigung gekommen seien. Richterin Mary Durbridge ist nicht überzeugt und wundert sich laut, daß ein „Mann mit ihrem Vermögen nur ein Paar Hosen haben soll". Seine 100 Pfund Kaution sind verfallen. Die neue Kaution wird auf 5000 Pfund festgesetzt, weil er auf einem Verfahren vor Geschworenen besteht.

22
Mike Maitland, Chef von MCA Records, und Mick Jagger treffen sich in Los Angeles, um Details eines Schallplatten-Vertrags zu besprechen.

25
In einem Interview mit dem Magazin „Woman's Own" redet Mick Jagger über seine Ehe: „Ich glaube, meine Ehe war eine gute Idee. Ich war nie großartig verliebt und würde das Gefühl gar nicht erkennen. Ich bin kein sonderlich emotionaler Typ."

30
Jesse James, Sohn von Krissie und Ron Wood, kommt in Los Angeles zur Welt.

Unten: Keith, Anita und ihr Sohn Marlon.

Dezember

18
Bianca und Andy Warhol packen Micks und Biancas Sachen in der Suite des Hotel Pierre zusammen und bringen sie in ein Haus, das Mick in der 72. Straße gekauft hat. „Das kleine Haus muß ihn ein Vermögen gekostet haben", kommentiert Warhol. Bianca fliegt mit einem Privat-Flugzeug nach Montauk.

24
Mick und Bianca sind zum Weihnachtsessen bei Fred Hughes in der Lexington Avenue, New York, eingeladen. Ebenfalls zu Gast sind Carroll Baker, Paloma Picasso und Andy Warhol.

25
Zur Weihnachtsparty in ihrem Haus in der 72. Straße sind unter anderem geladen: John Lennon und Yoko Ono, Halston, Loulou de la Falaise, Paloma Picasso und Andy Warhol.

1977

Januar

10–11
Keith steht in Aylesbury vor Gericht und behauptet, nichts von den Drogen gewußt zu haben.

12
Trotz eines glänzenden Plädoyers seines teuren Anwalts Sir Peter Rawlinson wird Keith des Kokain-Besitzes für schuldig befunden und zu einer Geldstrafe von 750 Pfund plus Gerichtskosten verurteilt. Keith: „Die Geschworenen waren überraschend jung. Ich erwartete mittelalte Hausfrauen. Doch die meisten waren jung und ein Mädchen weinte."

22
„News of the World" ist irgendwie an Fotos des Films „Cocksucker Blues" von Robert Frank herangekommen und Mick Jagger, Keith Richard, Charlie Watts und Bill Wyman beantragen eine einstweilige Anordnung, um die Veröffentlichung zu stoppen.

23
Robert Frank beklagt sich, daß die Stones-Anwälte von ihm die Herausgabe seiner Kopie von „Cocksucker" verlangen. „Ich habe das abgelehnt. Die Kopie ist mein Eigentum und ich habe nicht die Absicht, sie zurückzugeben."

27
Bill Wyman besucht das Konzert von Lynyrd Skynyrd in London und die sich daran anschließende Party.

Februar

5
Die Stones fliegen von Paris über New York nach Los Angeles, um den neuen Schallplatten-Vertrag auszuhandeln. Gleichzeitig suchen sie ein Sudio, um weiter an ihrem Live-Album zu arbeiten.

In New York besuchen Mick und Bernie Taupin, Elton Johns Texter, ein Konzert von Queen im Madison Square Garden.

16
Die Stones geben ihren neuen Vertragspartner bekannt. EMI wird alle Titel von Rolling Stones Records (mit Ausnahme der USA) weltweit vertreiben. EMI wird vier Alben und einige Rechte am Jagger-Richard-Katalog bekommen. „In diesem Jubiläumsjahr ist es angemessen, daß wir bei einer britischen Firma unterschreiben", erklärt Jagger. Allerdings hätte die Band beinahe bei Polydor abgeschlossen, doch das Unternehmen gab die Nachricht zu früh in Cannes bekannt.

17
Mick fliegt zu geschäftlichen Besprechungen nach Los Angeles. Er verbringt die Nacht mit Bianca in Malibu, bevor er am nächsten Tag wieder die Stadt verläßt.

18
Keith wird zu einer Geldstrafe von 25 Pfund verurteilt, weil er für seinen Bentley keine Steuer bezahlt hatte.

24
Keith und Anita treffen in Toronto ein. Anitas Kleidung zieht ebenso viel Aufmerksamkeit auf sich wie die 28 Gepäckstücke und das Heroin und Cannabis, das darin gefunden wird. Sie wird festgenommen und auf Ehrenwort freigelassen.

27
Die Polizei gibt Keith ein paar Tage, bis sie zuschlägt und in seiner Hotelsuite Heroin findet. Keith und Anita werden festgenommen und wegen Drogenhandels angeklagt. Die Polizisten hatten einige Zeit gebraucht, bis sie die richtige Suite gefunden hatten. Wie üblich hatte sich Keith unter falschem Namen eingemietet und dann gleich mehrere Suiten reservieren lassen. Nach Zahlung einer Kaution von 1000 Dollar wird Keith freigelassen. Bei einem Schuldspruch riskiert er eine lebenslange Haftstrafe.

März

Die Stones gehen alle zu einer Party zu Ehren von Alan Dunn, dem verdienten Roadie der Band.

3
Anitas Verhandlung wegen des Imports von Heroin und Cannabis wird auf den 14. März vertagt. Die Stones, vor allem Mick, sind ziemlich mutlos, weil sie vermuten, daß Keith für lange Zeit ausfallen und das neue Live-Album die letzte Schallplatte sein wird.

4
Die Stones treten im El Mocambo Club in Toronto vor 300 geladenen Gästen auf, die an einem Aufsatzwettbewerb („Warum ich gerne zu einer Party mit den Rolling Stones gehen würde") teilgenommen haben. Das Konzert wird für ein Live-Album mitgeschnitten. Mick Jagger: „Es wäre schön, wenn wir mit solchen Auftritten Geld verdienen könnten."

Im Publikum ist Margaret Trudeau, die Frau des kanadischen Premierministers. Sie gibt eine Party für die Band nach dem Konzert im Harbour Castle Hotel, um in der Nähe der Band zu sein. Sie sagt: „Es ist toll. Ich war schon immer Fan der Rolling Stones." Charlie Watts: „Ich fände es nicht toll, wenn sich meine Frau mit uns herumtreibt."

Obwohl dementiert wird, daß die Verhaftung von Keith irgend etwas damit zu tun hat, zieht Robert Stigwood sein Angebot über sieben Millionen Dollar für die nordamerikanischen Rechte am Rolling-Stones-Katalog zurück, und auch der Vertrag mit EMI soll gefährdet sein, wenn Keith ins Gefängnis muß.

5
Zweiter Auftritt der Stones im El Mocambo Club für die Live-Schallplatte. Mädchen klettern auf die Bühne und fassen Mick Jagger zwischen die Beine. Mick am nächsten Tag: „Es hat Spaß gemacht gestern abend, auch als die Mädchen mir zwischen die Beine griffen. Wenigstens bis zu dem Moment, wo ich Schwierigkeiten mit dem Singen hatte."

6
Mick über Margaret Trudeau: „Sie kam einfach vorbei. Jemand hatte gesagt, sie wollte zu dem Konzert kommen und da haben wir sie einfach mitgenommen. Ich hatte sie nie zuvor getroffen. Ich glaube einfach, sie mag Rock and Roll."

Oben links: Die USA-Tournee 1975 mit Billy Preston.

7
Keith wird im Gericht eröffnet, daß die zweite während der Razzia beschlagnahmte Substanz analysiert worden ist. Es ist Kokain. Vor dem Gebäude wird Keith angegriffen. Die Band hält ein Meeting ab. Es sieht schlecht aus für Keith.

Der kanadische Dollar verliert gegenüber dem amerikanischen an Wert – wegen der angeblichen Affäre zwischen Margaret Trudeau und Mick Jagger.

8
Keith wird vor Gericht verhört. Ein Datum für den Prozeß steht noch nicht fest.

Der kanadische Zoll hindert Mick Jagger an einem Flug nach New York. Micks Angestellte müssen Druck auf die Behörden ausüben.

9
Die restlichen Stones ohne Anita und Keith fliegen nach New York. Margaret Trudeau fliegt auch und wohnt dort bei ihrer Freundin Prinzessin Yasmin Khan. Beim Besuch eines Ballettabends mit Mikhail Barishnikow werden die beiden Frauen von der Presse in die Zange genommen.

10
Mick Jagger veröffentlicht ein Statement: „Margaret Trudeau ist eine attraktive und gut aussehende Person. Wir haben aber keine Affäre. Ich habe sie nie zuvor gesehen und auch in New York nicht getroffen. Ich bin in New York, um meine Frau und meine Tochter zu treffen."

Die „Toronto Sun" zitiert Margaret Trudeau: „Ich mag ihn und vielleicht sind wir Freunde. Aber ich bin eine verheiratete Frau."

In der „New York Daily News" spekuliert die Klatsch-Kolumnistin Suzie, daß Margaret Trudeau nicht hinter Mick Jagger, sondern hinter Ron Wood her sei.

11
Schließlich meldet sich Pierre Trudeau, der kanadische Premierminister, in der „Toronto Sun" zu Wort: „Ich glaube, daß sie, wenn sie zu Rock-Konzerten geht, damit rechnen muß, erkannt zu werden. Ich habe damit keine Schwierigkeiten, aber das Privatleben meiner Frau ist ihre und meine Angelegenheit." Die offiziellen Termine von Frau Trudeau werden für eine unbestimmte Zeit abgesagt, damit sie eine Zeitlang ein privates Leben führen kann.

12
Margaret Trudeau fliegt von New York nach Ottawa. Peter Rudge, bei den Stones für die Tourneen verantwortlich: „Ich bin froh, daß sie endlich weg ist. Ich bin froh, wenn sie so weit wie möglich von uns entfernt ist." Mick und Bianca nehmen an einer Party des Modeschöpfers Halston teil. Mick geht frühzeitig. In der Pigeonhole Galerie wird eine Ausstellung mit Mick-Jagger-Portraits von Andy Warhol eröffnet. Die Stücke kosten jeweils 3700 Dollar.

13
Die Fotografin Annie Leibowitz hält Keith Richard mit einer Fotositzung für das Magazin „Rolling Stone" die ganze Nacht über wach, bis er schließlich mit einer Nadel im Arm erschöpft zusammenbricht. Übermüdet nickt er am nächsten Tag im Gerichtssaal ein und macht einen entsprechend schlechten Eindruck.

14
Anita steht wegen ihrer Festnahme am Flughafen vor Gericht und wird zu einer Geldstrafe von 400 Dollar verurteilt. „Der Richter war nett zu mir." Ihr Pass wird wegen der Vorbereitung der Ausweisung einbehalten. In einem anderen Gerichtssaal wird die Kaution von Keith bis zum 27. Juni verlängert.

18
In New York machen sich Mick und Bianca, Bill und Astrid Wyman sowie Ron und Krissie Wood einige schöne Abende. Zuerst gehen sie zu einem Konzert von Iggy Pop im Palladium, wo sie hinter der Bühne sitzen und von dort David Bowie am Klavier beobachten. Danach steht ein Konzert der Eagles im Madison Square Garden auf dem Programm.

26
Polizei veranstaltet eine Razzia in Keith Richards Haus in England. Nichts wird gefunden. Keith war seit drei Monaten nicht mehr dort.

April

1
Keith und Anita dürfen nach New York fliegen, wo sich Keith wegen seiner Drogenprobleme behandeln lassen will und geschäftliche Gespräche führen muß.

Die Rolling Stones unterschreiben wieder bei Atlantic einen Vertrag für Nordamerika. Für sechs Alben soll die Gruppe angeblich 21 Millionen Dollar kassieren. Earl McGrath löst Marshall Chess als Chef von Rolling Stones Records ab.

5
Mick ist Gast bei einem Abendessen im Apartment von Fred Hughes. Neben ihm zu Gast sind noch Caroline Kennedy, Andy Warhol, Diana Vreeland und Earl McGrath.

6
Der Warhol-Druck von Mick Jagger wird von Barbara Walters bei ihrer TV-Show der Öffentlichkeit gezeigt.

10
Mick und Jade nehmen an einer Osterparty im Central Park teil. Alle Gäste suchen Ostereier.

26
Mick besucht Peter Frampton, der in den Electric Lady Studios neue Titel aufnimmt.

Mai

2
Halston veranstaltet für Bianca eine Geburtstagsparty im Club 54. Mick schenkt ihr einen Schimmel.

Oben: Mick Jagger mit Angie Bowie bei David Bowies Abschiedsparty im Café Royal am 4. Juli 1973. Unten: Mick und Bianca Jagger.

15
Ron Wood besucht ein Konzert von Muddy Waters im Roxy in Los Angeles.

25
Die Stones treffen sich in New York und beginnen mit der Arbeit an ihrem Live-Album.

Juni

12
In Swindon tritt Charlie bei einem Wohltätigkeitskonzert zusammen mit Jazzmusikern auf. Charlie: „Ich mag diese Musik. Ich höre ziemlich viel Jazz und Blues, vor allem Charlie Parker. Wenn wir vier Auftritte vorher gehabt hätten, wären wir viel besser gewesen."

20
Mick und Keith beginnen mit den Arbeiten am Album „Love You Live" in den Atlantic Studios, New York.

27
Keith verpaßt einen Gerichtstermin in Toronto, weil er sich noch in New York behandeln läßt. Richter Gordon Tinker besteht auf Beweisen, daß die Kur anschlägt. „Ich werden Herrn Richard wie Herrn Jedermann behandeln." Die Verhandlung wird auf den 19. Juli vertagt.

28
Mick Jagger und Jerry Hall bei einer Dinner-Party zu der Peter Beard ins „21" in New York gebeten hat. Andy Warhol erinnert sich: „Zunächst dachte ich, zwischen Jerry und Mick sei es eher unbestimmt, doch dann begann sich das Drehbuch zu konkretisieren. Mick war so aufgedreht, daß die Kellner Angst hatten, er würde umfallen. Sein Kopf war so weit nach hinten gebogen, als sänge er für sich allein. Der obere Teil seines Körpers wirkte wie Gelee und der untere vibrierte ohne Unterlaß. Ständig setzte er seine Sonnenbrille auf und ab. Später fand ich heraus, daß er sich ernsthaft in Jerry verliebt hatte, und es sieht so aus, als ob es Ärger für Bianca geben könnte."

Juli

2
Mick versucht die Veröffentlichung des Buches „The Man Who Killed Mick Jagger" des kalifornischen Universitätsprofessors David Littlejohn zu verhindern. Er hat Angst, das Buch könnte einen möglichen Attentäter auf Ideen bringen.

18
Mick besucht auf der Suche nach einem Ort, wo man das nächste Stones-Album aufnehmen könnte, die Pathé Marconi Studios in Paris.

Ron Woods Haus „The Wick" in England wird für 300 000 Pfund verkauft.

19
In Toronto wird die Anhörung von Keith auf den 2. Dezember vertagt, weil er wieder nicht erschienen ist.

24
Beim Jazz-Festival von Montreux spielt Bill Wyman zusammen mit der Clarence Brown Band.

August

25
Der „Daily Mirror" berichtet, daß Mick und Bianca Jagger auf der griechischen Insel Hydra versuchen, ihre Ehe zu retten, aber auch bei nächtlichen Disco-Besuchen an getrennten Tischen sitzen. Ein Freund, der Fotograf Nick Karantilion, berichtet dem Blatt: „Beide wirken sehr unglücklich. Mick war in sehr schlechter Stimmung. Nachdem ich einen Abend mit ihnen verbracht habe, glaube ich, daß sie sich trennen werden."

September

12
Mick lädt zu einer Pressekonferenz ins Londoner Savoy Hotel, um das Album „Love You Live" vorzustellen.

13
Markteinführung des Albums „Love You Live" im Londoner Marquee Club. Die ganze Band mit Ausnahme von Mick ist versammelt.

14
Buddy Hollys alte Band, The Crickets, treten bei der von Paul McCartney veranstalteten jährlichen „Buddy-Holly-Woche" im Londoner Kilburn Gaumont auf. Mick und Ron Wood besuchen das Konzert.

Mick Jagger gibt eine ganze Reihe von Zeitungsinterviews, um auf das neue Album aufmerksam zu machen. Er berichtet dem „Daily Express", das „Keith seine Behandlung in einem New Yorker Krankenhaus abgeschlossen hat. Im Augenblick lebt er auf dem Land bei New York. Wir wissen genau, daß Keith entweder freikommt oder lebenslang ins Gefängnis muß. Wenn er ins Gefängnis geht, dann werde ich irgendwie mit der Band weitermachen, aber ich weiß nicht wie. Ich bin schon sehr besorgt. Keith wird wohl auch in Haft Songs schreiben, schließlich hätte er nicht viel anderes zu tun. Irgendwie ist die Justiz hinter uns her. Wenn Du einmal auf der Liste stehst, dann passieren solche Dinge." Im „Evening Standard" erzählt Mick: „Rock 'n Roll ist etwas für Heranwachsende. Es ist eine Sackgasse. Das hat die Geschichte des Rock 'n Roll bewiesen. Wer etwas anderes sagt, macht sich etwas vor. Mein ganzes Leben besteht nicht alleine aus Rock 'n Roll. Es wäre absurd, wenn es so wäre. Keith Richard ist der geborene Punk Rocker. Man kann ihn da kaum übertreffen."

16
„Love You Live" kommt auf den Markt und erreicht in den britischen Charts Platz drei. In den USA kommt das Album auf den fünften Platz. Die Plattenhülle stammt von Andy Warhol.

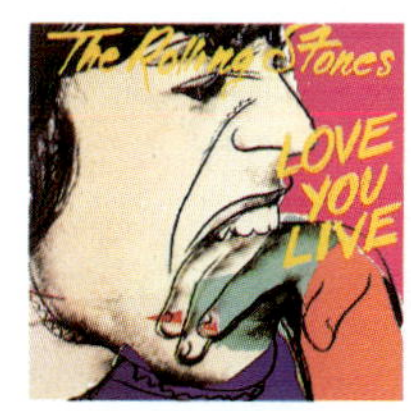

LOVE YOU LIVE
(Doppelalbum)
A-Rolling Stones Records COC 89101 (UK), COC 2-9001 (USA)
Veröffentlicht: Dezember 1977
Produzent: Glimmer-Zwillinge
Techniker: Keith Harwood, Eddie Kramer, Ron Nevison, Dave Jordan, Jimmy Douglas
Studio: Liveaufnahmen, Paris 1976 bis 1977. Die dritte Seite wurde im El Mocambo Club, Toronto, am 4. und 5. März 1977 aufgenommen.

Seite 1: 1. (Introduction) Excerpt from „Fanfare For The Common Man" (Aaron Copeland), 2. „Honky Tonk Woman" (Jagger, Richard), 3. „If You Can't Rock Me" (Jagger, Richard), 4. „Get Off Of My Cloud" (Jagger, Richard), 5. „Happy" (Jagger, Richard), 6. „Hot Stuff" (Jagger, Richard), 7. „Star Star" (Jagger, Richard).

Seite 2: 8. „Tumbling Dice" (Jagger, Richard), 9. „Fingerprint File" (Jagger, Richard), 10. „You Gotta Move"

Oben: Mick mit Andy Warhol bei der Vorstellung von „Love You Live" am 27. September 1977 in New York. Links: Die ganze Band bei der gleichen Party.

(McDowell, Davis), 11. „You Can't Always Get What You Want" (Jagger, Richard).

Seite 3: 12. „Manish Boy" (London, McDaniel, Morganfield), 13. „Crackin' Up" (McDaniel), 14. „Little Red Rooster" (Dixon), 15. „Around and Around" (Berry).

Seite 4: 16. „It's Only Rock 'n' Roll", 17. „Brown Sugar", 18. „Jumpin' Jack Flash", 19. „Sympathy For The Devil". Alle Songs: Jagger, Richard.

N.B. Billy Preston spielt Keyboard und singt im Hintergrund. Ian Stewart spielt Klavier und Ollie Brown Percussion.

20
Die BBC-TV-Sendung „Old Grey Whistle Test" überträgt eine Stunde lang ein 1976 in Paris aufgenommenes Konzert der Stones.

23
Der Dokumentarfilm „Ladies and Gentlemen: The Rolling Stones" erlebt in London seine europäische Uraufführung.

27
„Love You Live" wird bei einer Party im New Yorker Trax Club für den amerikanischen Markt vorgestellt.

29
Andy Warhol fotografiert die Stones in seinem Atelier „The Factory".

Oktober

6
Keith und Ron Wood fliegen von Washington aus in der Concorde nach Paris, wo der Rest der Band bereits mit Arbeiten an einem neuen Album begonnen hat. Keith setzt sich in ein Taxi, das ihn in seine Pariser Wohnung bringen soll, hat aber die genaue Adresse vergessen. Erst nach einem Anruf im New Yorker Büro der Stones kann er dem Chauffeur die korrekte Adresse verraten.

10
Die Stones beginnen in den Pathé Marconi Studios in Paris mit Aufnahmen.

19
Französische Zeitungen berichten, daß Mick Jagger mit Brian Ferrys ehemaliger Freundin, dem texanischen Fotomodell Jerry Hall, ausgeht.

28
Mick besucht im Londoner Lyceum Ballroom die „Stiffs Records Package Show" mit Elvis Costello, Ian Dury, Nick Lowe und Wreckless Eric.

November

17
Bianca ersteigert bei Sotheby's ein Mick-Jagger-Portrait des Fotografen Cecil Beaton.

26
Die Stones unterbrechen ihre Aufnahmen in Paris, damit Keith seinen Gerichtstermin in Toronto wahrnehmen kann. Mick fliegt mit Jerry Hall nach Tanger.

Dezember

2
Keith steht in Toronto vor Gericht und wird bis zu einer Vernehmung vor einem höheren Gericht im Februar 1978 auf freien Fuß gesetzt. Vor Gericht sagt er, daß er immer wieder Versuche gemacht habe, von den Drogen wegzukommen, während der Tourneen aber immer rückfällig wurde.

5
Die Stones kehren nach Paris zurück und setzen ihre Aufnahmen fort.

11
Bianca fliegt mit der Concorde von London nach New York. Gerüchte einer bevorstehenden Scheidung verdichten sich.

21
Die Stones machen eine Weihnachtspause. Mick und Jerry verbringen die Weihnachtstage in London, Keith und Anita fliegen nach New York.

27
Mick und Jerry Hall fliegen nach Barbados.

1978

Januar

6
Mick und Jerry Hall fliegen über New York nach London. Bianca vergnügt sich angeblich in New York mit Björn Borg.

25
Mick hat eine Auseinandersetzung mit einem Fotografen vor dem Club Matignon in Paris. Mick schlägt zwar zuerst zu, wird aber vom Fotografen niedergestreckt.

26
Ron Wood unterschreibt einen Vertrag für seine Solo-Arbeit bei CBS. Der Vertrag wird bei der Musikmesse Midem in Cannes bekanntgegeben.

27
Charlie Watts tritt wieder in Swindon mit Bob Hall und George Green auf. Das Rolling Stones Mobile nimmt das Konzert auf. Das Album „Jamming The Boogie" kommt im August in einer limitierten Auflage heraus.

Februar

3
Bianca läßt über ihren Agenten mitteilen: „Zwischen uns gibt es keine Probleme. Wir sind die Belästigungen und uns zugeschriebenen falschen Aussagen leid."

6
Der Anwalt von Keith erreicht eine Verschiebung des Gerichtstermins auf den sechsten März.

15
William Seward, der Polizist, der Keith in Toronto festgenommen hat, kommt bei einem Autounfall ums Leben.

16
Rons Frau Krissie muß nach einem Autounfall in London in ein Krankenhaus.

März

1
Mick bietet eine Belohnung für die Rückgabe des Schmucks, den er Jerry Hall geschenkt hat. Sie hatte ein Armband und Ohrringe in der Pariser Metro verloren.

3
Die Stones beenden die Aufnahmen in Paris. Mick und Keith bleiben zu abschließenden Arbeiten in Paris und fliegen dann nach New York, um sie dort in den Atlantic Studios endgültig fertigzustellen. Charlie kehrt nach London zurück, Ron Wood fliegt nach Los Angeles und Bill und Astrid in die Ferien auf Barbados.

6
Keith wird sich am 23. Oktober vor dem High Court in Toronto verantworten müssen.

9
Krissie Wood reicht die Scheidung ein. Scheidungsgrund: Jo Howard, ein Fotomodell.

Links: Endlich einmal eine Schlagzeile über Keith ohne das Wort Drogen.

April

3
Mick, Jerry Hall, Margaret Trudeau und Tom Sullivan besuchen die „Oscar-Party“ im Studio 54 in New York. Als Gastgeber fungieren Truman Capote und Andy Warhol.

8
Andy Warhol und Bob Colacello nehmen Mick und Jerry Hall zu einem Abendessen bei „La Grenouille“. Danach nimmt Mick die Gesellschaft mit ins Hotel Pierre, wo er seit der Trennung von Bianca lebt. Sie holen das neue Stones-Album und lassen es im Studio 54 spielen, wo sie ziemlich spät eintreffen. Wenig später ziehen Mick und Jerry in das Carlyle Hotel, wo sie sich als „Miss Philips“ einträgt.

19
Ian Stewart tritt mit Alexis Korner beim Konzert anläßlich Korners 50. Geburtstag auf.

27
Mick und Keith fliegen nach Jamaika und besuchen dort das „One Love Peace Concert“. Reggae- Star Peter Tosh hat bei Rolling Stones Records unterschrieben.

Mai

TIME WAITS FOR NO ONE: ANTHOLOGY 1971–1977 Sammelalbum
C-Rolling Stones Records COC 59107 (UK)
Veröffentlicht: Mai 1978
Produzent: Stücke 1, 7, 8, 9 und 10: Glimmer-Zwillinge; Stücke 2, 3, 4, 5 und 6: Jimmy Miller
Aufnahmedatum: Stück 2: 1971; Stück 3: 1972; Stücke 4, 5 und 6: 1973; Stück 1: 1974; Stücke 8, 9 und 10: 1976; Stück 7: 1977.

A-Seite: 1. „Time Waits For No One“, 2. „Bitch“, 3. „All Down The Line“, 4. „Dancing With Mr. D“, 5. „Angie“.

B-Seite: 6. „Star Star“, 7. „If You Can't Rock Me/Get Off Of My Cloud“, 8. „Hand Of Fate“, 9. „Crazy Mama“, 10. „Fool To Cry“. Alle Songs: Jagger, Richard.

N.B. Zum zweiten Mal erscheinen die Stücke „Angie“ und „Bitch“ auf einem Sammelalbum, die bereits auf „Made In The Shade“ veröffentlicht worden waren.

5
Mick besucht ein Konzert von Muddy Waters in Los Angeles.

14
Bianca reicht in London die Scheidung ein.

Die Stones proben in Todd Rundgrens Landsitz in der Nähe von Woodstock, wo die Bedingungen nicht gerade die besten sind. Die Band hat jedoch keine andere Wahl. Keith hat wieder heftige Heroin-Probleme und die Band versucht, ihn von seiner Sucht zu befreien.

19
„Miss You“ / „Far Away Eyes“ kommt auf Rolling Stones Records heraus. in den britischen Charts kommt die Single auf den zweiten in den USA auf den ersten Platz.

MISS YOU Jagger, Richard / GIRL WITH THE FARAWAY EYES Jagger, Richard
S-EMI 2802 (UK), Rolling Stones Records RS 19306 (USA)
Veröffentlicht: Mai 1978
Produzent: Glimmer-Zwillinge
Studio: EMI Paris und das Rolling Stones Mobile

N.B. Beide Stücke sind Auskopplungen aus dem im kommenden Monat erscheinenden Album.

Juni

Auftritte: Civic Center, Lakeland, Florida (10.); Fox Theater, Atlanta (12.); Capitol Theater, Passaic, New Jersey (14.); Warner Theater, Washington (15.); John F. Kennedy Stadium, Philadelphia (17.); The Palladium, New York (19.); The Coliseum, Hampton Roads, Virginia (21.); Convention Center, Myrtle Beach, South Carolina (22.); Midsouth Coliseum, Memphis, Tennessee (28.); Rupp Arena, Lexington, Kentucky (29.).

9
Das Album „Some Girls“ kommt auf Rolling Stones Records heraus und erreicht in den britischen Charts den zweiten, in den amerikanischen den ersten Platz. Keith: „Der Grund, daß ‚Some Girls' ein Hit wurde, war, daß ich von den Drogen losgekommen war. Wir waren eine längere Zeit nicht mehr im Studio gewesen und alle, auch die Stones dachten, ‚Naja, Keith ist endlich weg von den Drogen‘. Wir waren wieder zusammen in einem tollen Studio in Paris. Es war einer dieser Momente, die man nicht genau bestimmen kann. Es funktionierte einfach.“

SOME GIRLS
A-Rolling Stones Records CUN 39108 (US und UK)
Produzent: Glimmer-Zwillinge
Techniker: Chris Kimsey, außer Stück 8: Dave Jordan. Assistenten: Berry Sage, Ben King
Studio: EMI Studios, Paris und Rolling Stones Mobile Unit

A-Seite: 1. „Miss You“ (Jagger, Richard), 2. „When The Wip Comes Down“ (Jagger, Richard), 3. „Imagination“ (Whitfield, Strong), 4. „Some Girls“ (Jagger, Richard), 5. „Lies“ (Jagger, Richard).

B-Seite: 6. „Far Away Eyes“, 7. „Respectable“, 8. „Before They Make Me Run“, 9. „Beast Of Burden“, 10. „Shattered“. Alle Songs: Jagger, Richard.

N.B. Ian „Mac“ Lagan spielt Klavier auf Stück 1 und Hammond auf Stück 3. Mel Collins spielt Saxophon auf Stück 1. Sugar Blue spielt Mundharmonika auf den Stücken 1 und 4. Das Cover mußte wegen juristischer Probleme geändert werden.

17
Mick tritt mit einer schweren Grippe gegen den Rat der Ärzte in Philadelphia auf und fliegt danach nach New York, wo er ein Konzert von Bob Marley besucht.

28
Keith wird gefragt, warum das Album „Some Girls“ heißt. „Weil wir uns nicht an ihre verdammten Namen erinnern konnten.“

29
Beim Konzert in Lexington wird ein Fan erschossen. 17 Zuschauer werden nach Zusammenstößen mit der Polizei festgenommen.

Juli

Auftritte: Municipal Stadium, Cleveland (1.); Rich Stadium, Buffalo, New York (4.); Orchard Park, New York (5.); Masonic Temple, Detroit (6.); Soldiers Field, Chicago (8.); The Coliseum, St. Paul, Minnesota (10.); Keil Auditorium, St. Louis, Missouri (11.); Superdome, New Orleans (13.); Folsom Field, Boulder, Colorado (16.), Fort Worth, Texas (18.); Sam Houston Coliseum, Houston (19.); Community Center, Tucson (21.); Anaheim Stadium, Los Angeles (23.–24.); Oakland Coliseum, California (26.).

Raquel Welch und Lucille Ball drohen den Stones und den Schallplattenfirmen Atlantic und EMI mit juristischen Schritten, weil ihre Abbildungen auf dem Cover von „Some Girls“ entwürdigend und beleidigend seien. Die Hüllen werden vom Markt genommen und die Bilder geschwärzt. Bis ein neuer Entwurf fertiggestellt ist, wird

das Album mit dem Aufdruck „Entschuldigung. Hier wird umgebaut“, verkauft.

Einige schwarze Radiosender boykottieren das Album, weil sie einige Texte als rassistisch empfinden.

5
In Orchard Park randalieren Fans, weil die Stones keine Zugabe geben.

8
Mick besucht ein Konzert von Lefty Dizz in Chicago.

9
Mick, Keith, Ron und Charlie treten zusammen mit Muddy Waters in Chicago auf.

10
Beim Verlassen der Bühne in St. Paul fällt Bill drei Meter tief und wird ohnmächtig. Im Krankenhaus stellen die Ärzte einen Bruch in der Hand, eine Kopfverletzung und einen gezerrten Schultermuskel fest. Er soll einen Monat im Hospital bleiben, entläßt sich aber selbst und spielt die restliche Tournee mit einem verbundenen Finger.

17
Die Stones treffen im Fairmont Hotel in Dallas ein. Auf dem Schwarzmarkt kosten die Tickets für das ausverkaufte Konzert 300 Dollar.

18
In Fort Worth erzählt Jagger dem Publikum: „Wenn sich die Band etwas schwächlich anhören sollte, dann liegt das daran, daß wird die ganze Nacht mit Mädchen rumgemacht haben.“ Nach der Show verbringt die Band die ganze Nacht bei der Geburtstagsparty für Ian Stewart. Chet Filippo: „Irgend jemand hatte ganz tolle und willige weibliche Stones-Fans eingeladen. ‚Wir sind die Zugabe‘, meinte eine von ihnen. Sie sagte, sie sei da, weil die Stones die einzige Band sei, „die mich noch richtig in Fahrt bringt.“

19
Die Stones fliegen in ihrer privaten Turboprop-Maschine nach Houston und nach der Show wieder zurück nach Dallas.

21
In ihrer Heimatstadt Tucson singt Linda Ronstad mit Mick ein Duo bei „Tumblin' Dice“.

22
Die Stones fliegen nach Los Angeles und steigen im Westwood Marquis ab. Am Abend besuchen Mick, Jerry Hall und Micks Tochter Jade ein Konzert von Bob Marley.

24
Bobby Keys und Nick Hopkins unterstützen die Stones bei ihrem zweiten Konzert in LA.

25
Micks Einnahmen der Konzerte in Los Angeles werden eingefroren, bis Marsha Hunts Forderungen, die wöchentlichen Unterhaltzahlungen für ihre gemeinsame Tochter Karis von 8,5 auf 300 Pfund zu erhöhen, entschieden sind. Marsha Hunt wird von Marvin Mitchelson einem Spezialisten in Familienrecht vertreten.

26
Mick und Jerry Hall erholen sich auf dem Landsitz von Tourneeveranstalter Bill Graham, nördlich von San Francisco. Julian, der 14jährige Sohn von Brian Jones besucht sie dort.

August

7
Die Stones bearbeiten in Los Angeles in den RCA Studios die Bänder ihrer Tour und nehmen neue Titel auf.

7
Les Perrin, PR-Mann der Stones seit den frühen Jahren der Band, stirbt 57jährig in London.

28
„Beast Of Burden“ / „When The Whip Comes Down“ kommt in den USA heraus und belegt den siebten Platz in den Charts.

BEAST OF BURDEN Jagger, Richard / WHEN THE WHIP COMES DOWN Jagger, Richard
S-Rolling Stones Records RS 19309 (USA)
Veröffentlicht: August 1978
Produzent: Glimmer-Zwillinge
Studio: EMI Paris und The Rolling Stones Mobile

N.B. Beide Songs sind Auskopplungen aus dem Album „Some Girls“.

September

Die Stones beginnen mit Aufnahmen in Wally Heiders Studio in Hollywood. Offensichtlich produzieren sie Songs für den Fall, das Keith Richard in Haft muß.

Keith und Ron haben angeblich bei Aufnahmen von Alice Cooper mitgewirkt, der sein Album „From The Inside“ produziert.

Um fünf Uhr morgens hören Mick und Jerry seltsame Geräusche aus einem Schrank in ihrem gemieteten Haus. Mick sieht nach, sieht ein nacktes schwarzes Bein, schmeißt die Tür zu und rennt mit Jerry ins Wohnzimmer, um die Polizei zu alarmieren. Der Mann flüchtet und macht dabei, so Jerry, seltsame Geräusche. Er hat anscheinend nur Socken und Schuhe an. Er wird als James Harrington identifiziert, ein 26jähriger Karate-Kämpfer, der schon einmal als Bodyguard für Mick gearbeitet hat. Schmuck im Wert von 10 000 Dollar und 3000 Dollar Bargeld sind

verschwunden. Später wird Harrington in New York festgenommen.

Keith wohnt in einem gemieteten Haus in Laurel Canyon und wird von Rauch in seinem Schlafzimmer geweckt. einer seiner Partygäste hat offensichtlich vergessen, ein Gaslicht abzustellen. Das ausströmende Gas war dann von einem Räucherstäbchen entzündet worden.

Keith: „Ich bin im Schlafzimmer mit meinem Mädchen, wache auf, und das Zimmer ist voll Rauch. Ich will raus und da kommt das Feuer auf mich zugerast." Keith und sein Mädchen springen aus dem Raum und finden sich nackt vor dem Haus wieder. „Das Haus ist schon halb zerstört, wir stehen draußen, so gut wie unverletzt und entdecken den Swimmingpool. Also treiben wir es, während das Haus brennt und die Feuerwehr angerast kommt, im Pool. Plötzlich hört er die verhaßten Polizeisirenen und Anitas Cousine steht vor ihm. Sie schiebt ihn in den Wagen und verschwindet mit ihm.

Das Haus brennt bis auf die Grundmauern nieder. Wie durch ein Wunder bleiben Teile der Garderobe mit den Papieren, Schmuck und Pistole nebst Munition und einigen Bändern unversehrt.

13
Mick und Charlie nehmen in London an der Beerdigung von Keith Moon, dem Schlagzeuger der Who, teil.

15
„RESPECTABLE" Jagger, Richard / „WHEN THE WHIP COMES DOWN" Jagger, Richard
S-EMI 2861 (UK)
Veröffentlicht: September 1978
Produzent: Glimmer-Zwillinge
Studio: EMI Paris und Rolling Stones Mobile

N.B. Beide Titel sind Auskopplungen aus dem Album „Some Girls".

19
Die Single „(You Gotta Walk) Don't Look Back" von Peter Tosh kommt auf Rolling Stones Records heraus. Mick singt im Hintergrund.

Oktober

3
Der Streit um die Texte auf „Some Girls" schwelt weiter. Nach Presseberichten soll Mick den Song nach einer Nacht mit zwei schwarzen Mädchen geschrieben haben: „Black girls want to get fucked all night, but I just don't have that much jam."

7
Der schwarze Pastor Jesse Jackson mach Front gegen „Some Girls" und bezeichnet den Titel als „Beleidung für unsere Rasse und entwürdigend für unsere Frauen". Er fordert, daß das Album vom Markt verschwindet. Mick erklärt, der Text sei wie andere Texte auf dem Album eine Parodie auf die in vielen Songs dargebotenen Beschreibungen von Frauen.

20
Mick fliegt nach London.

Keith verbringt die letzten beiden Tage vor seinem Prozeß auf seinem Landsitz in Westchester außerhalb von New York.

22
Leah, Tochter von Jo Howard und Ron Wood, kommt in Los Angeles zur Welt.

Keith und Freundin Lily fliegen in einem privaten Lear Jet nach Toronto und beziehen Zimmer im Four Seasons Hotel.

23
Keith erscheint im Gericht vor Richter Lloyd Graburn. Er trifft dort in Begleitung der beiden prominentesten kanadischen Unterhaltungskünstler ein: dem Prodzuzenten Lorne Michaels und Dan Akroyd aus der TV-Show „Saturday Night Live". Den kanadischen Behörden ist der Prozeß und die internationale Aufmerksamkeit sichtlich unangenehm und tun alles nur erdenklich Mögliche, um das Problem loszuwerden. Das Justizministerium verbietet der Polizei Richards langes Vorstrafenregister in die Verhandlung einzuführen, und nach langwierigen Absprachen hinter den Kulissen steht fest, daß Keith nur wegen des Besitzes von Heroin angeklagt wird. Die Klagen wegen Handels und des Besitzes großer Mengen Kokains werden fallengelassen. Keith bekennt sich des Besitzes von Heroin schuldig. Prozeßbeobachter gehen davon aus, daß von ganz oben in der Regierung Einfluß auf das Gericht genommen worden ist.

Ein Arzt sagt aus, daß „Keith und Anita in einem verzweifelten Zustand nach Opium-Mißbrauch" gewesen seien, als sie nach Kanada einreisten. Prinz Rupert Löwenstein, finanzieller Ratgeber von Keith, berichtet dem Gericht, daß die Ausgaben seines Klienten von 170 000 Dollar im Jahre 1975 über 300 000 Dollar (1976) auf 350 000 im Jahre 1977 gestiegen seien, wobei das meiste Geld für Drogen ausgegeben worden sei. Die Turning Point Klinik, wo Keith behandelt worden ist, erklärt, wie gut er sich entwickelt hat.

In seinem Plädoyer erklärt Anwalt Austin Cooper: „Er sollte keine besondere Behandlung bekommen, doch ich bitte das Gericht, zu bedenken, daß es sich um einen kreativen, unter Druck stehenden Menschen handelt, der viel für seine Kunst geleistet hat. Er benutzte Heroin, um seine Existenz zu retten. Ich bitte Sie, den ganzen Menschen zu berücksichtigen. Er hat einen übermenschlichen Kampf ausgetragen, um sich von dieser Geißel zu befreien." Sylvia Plath, Vincent van Gogh, Aldous Huxley, Judy Garland, und F. Scott Fitzgerald werden als kreative Perönlichkeiten, die unter Druck standen, angeführt. Keith erklärt dem Richter: „Wenn man wirklich damit Schluß machen will, dann schafft man es auch und dieses Mal will ich es wirklich. Er verspricht, eine Million Dollar für eine Drogen-Rehabilitationsklinik zu spenden.

Richter Graburn setzt die Urteilsverkündung für den nächsten Tag um zehn Uhr fest. „Diese Verhandlung hat große Bedeutung für Keith Richard und Kanada", sagt er zum Abschluß.

24
Richter Graburn: „Die Anklage fordert eine Haftstrafe, aber er wird nicht wegen Sucht und Reichtum ins Gefängnis gehen. Weder Haft noch Geldstrafe ist angebracht." In Anbetracht der erfolgreichen Entziehungskur setzt er Keith auf freien Fuß, damit er weiter Musik machen und seine Behandlung abschließen kann. Er verkündet eine einjährige Bewährungszeit und verhängt weder eine Haft- noch eine Geldstrafe. Er muß seine Kur in der Turning Point Klinik fortsetzen und innerhalb von 24 Stunden Kontakt mit einem Bewährungshelfer aufnehmen und dort weitere Termine für das kommende Jahr festmachen. Außerdem muß er innerhalb der nächsten sechs Monate ein Benefiz-Konzert zugunsten der kanadischen Blindenhilfe geben.

In einem TV-Interview erklärt Keith später, daß er dieses Urteil seinem „blinden Engel" verdankt. Keith: „Dieses blinde Mädchen konnte niemand davon abhalten, zu unseren Konzerten zu kommen. Ich fuhr sie nach Hause, weil ich Angst hatte, sie könnte überfahren werden. Dieses Mädchen hat den Richter besucht und ihm diese einfache Geschichte erzählt. Und danach suchte er nach einem Weg, Kanada, sich selbst und mich aus diesem Mist zu befreien."

Keith fliegt in der Nacht nach New York und sieht sich selbst im Fernsehen.

25
Keith besucht das Konzert von Rockpile, Nick Lowe und Dave Edmunds Band in „The Bottomline", einem kleinen Club in Greenwich Village. Das Publikum applaudiert ihm und gibt ihm Getränke aus. Keith spielt bei „Let It Rock" und „Down Down Down" mit. Vor dem Club gratulieren ihm New Yorker Polizisten.

26
Mick fliegt von London nach Jamaika, bevor ihm Biancas Anwälte die Scheidungsklage aushändigen können. Einer von ihnen meint: „Mick Jagger hat, nachdem er von unserer Ankunft erfahren hat, das Flugzeug bestiegen."

28
Die Stones veröffentlichen eine Erklärung: „Wir hätten nie geglaubt, daß eine Parodie von gewissen stereotypen Haltungen von irgend jemand ernst genommen würde, der den gesamten Text des fraglichen Titels gehört hat. Wir wollten niemanden beleidigen, und falls wir das doch getan haben sollten, bedauern wir dies."

Ahmet Ertegun, Chef von Atlantic Records: „Mick Jagger ist ganz gewiß kein Rassist. Er ist im Gegenteil ein Anti-Rassist. Er verdankt den Schwarzen alles." Ertegun bittet die Stones, den Titel umzuschreiben, was die aber ablehnen. Mick: „Wenn man einen Witz nicht versteht, hat man eben Pech gehabt."

29
Keith fliegt von Jamaika nach New York. Mick fliegt von New York nach Jamaika.

In Kanada kann sich die konservative Presse nicht über das milde Urteil gegen Keith beruhigen. Der „Toronto Sun": „Man stelle sich nur das Gelächter der Stones-Fans in aller Welt vor. Ihr Held wird festgenommen und kommt wieder frei." Der „Toronto Globe" kontert: „Der Spruch ist ein Modell für ein vernünftiges Urteil, das als Schrittmacher für eine künftige Behandlung von verurteilten Drogensüchtigen in kanadischen Gerichten dienen sollte."

November

SHATTERED Jagger, Richard / EVERYTHING IS TURNING TO GOLD Jagger, Richard
S-Rolling Stones Records RS 19310
Veröffentlicht: November 1979
Produzent: Glimmer-Zwillinge

A-Seite: Auskopplung aus „Some Girls"

B-Seite: Auskopplung aus dem Album „Sucking In The Seventies" (April 1981)

22
In Toronto erreicht die Anklage eine Fristverlängerung für die Berufung bis zum 3. Mai.

29
„Shattered" / „Everything Is Turning To Gold" kommt in den USA heraus, erreicht aber nur den 27. Platz in den Charts.

Dezember

3
Mick und Jerry Hall fliegen nach Washington zur ersten Verleihung der Kennedy Center Awards.

„Run Rudolph Run" (Richard) / „The Harder They Come" (Richard), die erste Solosingle von Keith Richard, kommt in den USA heraus. (Rolling Stones Records RS 102).

10
Ian Stewart, Charlie Watts und Alexis Korner spielen in einer Big Band, um den 50. Geburtstag des Boogie Woogie zu feiern. Das Konzert findet in Dingwall's Dance Hall, London, statt.

15
Die japanischen Behörden geben bekannt, daß die Stones nach Japan einreisen dürfen.

18
Keith feiert in New York seinen 35. Geburtstag und seine Freiheit und fliegt danach nach London, um dort Weihnachten mit seiner Familie zu feiern.

25
Mick feiert Weihnachten in Hongkong.

Mick und Keith im Jahre 1978.

1979

Januar

18
Die Stones fliegen auf die Bahamas, wo sie ihr neues Album in den Compass Point Studios aufnehmen wollen.

23
Mick wird von einem Gericht in Los Angeles dazu verurteilt, wöchentlich 1500 Dollar für Marsha Hunts Tocher Karis zu zahlen.

24
Mick erwirkt ein Räumungsurteil gegen das Haushälter-Ehepaar seines ehemaligen Hauses Stargroves. Das Ehepaar White war nicht informiert worden, daß der Landsitz verkauft worden war und davon erst von den Maklern unterrichtet worden. Mick gab ihnen 28 Tage, um eine neue Wohnung zu finden. Sie hatten nicht bestritten, daß sie das Haus verlassen mußten, hatten aber verlangt, rechtzeitig informiert zu werden. Micks Anwälte verzichteten auf eine Kostennote, dem die Richter dankend zustimmten.

Februar

8
Alan Dunn, seit 1963 Roadie bei den Stones, und seine Freundin Ramona werden vor den Bahamas nach einer Bootsfahrt vermißt. Die Stones mieten ein Flugzeug, um nach den beiden zu suchen. Glücklicherweise werden sie von einer Yacht gerettet.

16
„Run Rudolph Run" / „The Harder They Come" kommt in Großbritannien heraus. Etwas spät oder viel zu früh für das besonders wichtige Weihnachtsgeschäft.

März

20
Keith gibt bekannt, daß er zwei Konzerte für das kanadische Blindenhilfswerk im April in Toronto veranstalten wird. Das bedeutet, daß ihm die Berufungsklage, der das Jusizministerium zugestimmt hat, überreicht werden kann.

24
Keith und Ron besuchen Fiorucci's in New York, wo Warhol Kopien seines Buchs „Interview" signiert. Warhol: „Ich hatte sie noch bei Tageslicht

gesehen. Sie sahen so alt und kaputt aus. Ihre Freundinnen sahen jung und frisch aus."

April

Auftritte: The New Barbarians: Oshawa Civic Stadium, Oshawa, Kanada (21.); Ann Arbor, Michigan (24.); Denver, Colorado (25.); St. Louis, Missouri (26.); Cobo Hall, Detroit (28.); Sports Arena, Milwaukee (29.); The Amphitheater, Chicago (30.).

5
Biancas Verteidiger, die von Marvin Michelson angeführt werden, der schon Marsha Hunt gegen ihn vertreten hat, überreichen Mick die Scheidungsklage in New York. Bianca verlangt die Hälfte des Geldes, das er während der Ehe verdient hat, obwohl sie einen Ehevertrag unterschrieben hat, der dies verhindern soll. Diese Einnahmen werden auf zehn Millionen Pfund geschätzt.

6
Richter Graburn bestätigt sein Urteil und widerspricht der Anklage, die behauptet, sein Spruch habe das kanadische Rechtssystem lächerlich gemacht.

Bei seiner Ankunft wird Keith die Berufungsklage ausgehändigt, und er erscheint vor Gericht, um die Angelegenheit mit Richter Graburn zu besprechen.

21
Keith bildet eine eigene Band, The New Barbarians, die aus ihm selbst, Ron Wood, Bobby Keys, Stanley Clarke, Joseph Modelliste und Ian MacLagan besteht. Der Name stammt von Neil Young. The New Barbarians und die Stones spielen das Benefiz-Konzert in Oshawa. Obwohl das kleine Stadion nur 4500 Menschen faßt, wird die gesamte technische Anlage und das Personal aus Dallas eingeflogen. Die Ausgaben sind immens, und die Stones bieten eine ganz besondere Vorstellung.

Mai

Auftritte: The New Barbarians: Pittsburgh, Pennsylvania (2.); Cincinnati, Ohio (3.); Capital Center, Largo, Washington (5.); Madison Square Garden, New York (7.); Richfield Coliseum, Cleveland, Ohio (8.); Birmingham, Alabama (10.); The Summit, Houston (12.); The Tarrant County, Dallas (13.); Tucson, Arizona (17.); The Coliseum, Oakland, California (20.); The Forum, Los Angeles (21.). Rocket 88: The Venue, London (12.).

4
Mick wird vor Gericht in London wegen seiner Scheidung vernommen. Es geht darum, wo seine Scheidung verhandelt werden soll. Das britische Recht wäre für ihn von Vorteil, daher bevorzugt Bianca die USA als Verhandlungsort.

9
Die Auseinandersetzung um die Scheidung beginnt. Bianca beansprucht 6,5 Millionen Pfund, die Hälfte von dem, was ihr Mann während ihrer Ehe verdient hat. Mick sagt, es seien nur zwei Millionen übriggeblieben. Seine Anwälte behaupten, daß die Ehe praktisch bereits 1973 beendet gewesen sei, auch wenn die beiden noch 1977 miteinander geschlafen hätten.

11
Das Soloalbum „Gimme Some Neck" von Ron Wood kommt auf CBS (83337, UK) heraus. Mick, Keith und Charlie wirken mit.

12
Charlie Watts folgt dem Beispiel von Keith und bildet seine eigene Gruppe, Rocket 88, die aus ihm selbst, Ian Stewart, Alexis Korner und Dick Morrissey besteht.

13
Mick und Bill sind Gäste bei einer Party nach der Aufführung der Filme der Who „Quadrophenia" und „The Kids Are All Right" bei den Filmfestspielen von Cannes. Mick macht Urlaub in Bill Wymans Haus in St. Paul. Bianca ist in Los Angeles.

14
Bei einem Termin in Los Angeles berichten Biancas Anwälte, daß Mick ihren monatlichen Unterhalt von 8000 auf 1000 Pfund gekürzt hat. Richter Harry Shafer ordnet an, daß Mick Jagger seiner Frau den gewohnten großzügigen Lebensstil ermöglichen muß und sie nicht aushungern darf.

20
Mick und Charlie sind Gäste bei Eric Claptons Hochzeitsempfang in Surrey. Clapton hat Pattie Boyd am 27. März in Arizona geheiratet. Unter den Gästen sind Paul McCartney, George Harrison und Ringo Starr, die zusammen spielen und damit zum ersten Mal seit 1969 gemeinsam auftreten. Damals spielten sie auf dem Dach ihrer Plattenfirma Apple.

Juni

2
Richter Shafer ordnet in Los Angeles an, daß Mick Jagger 1500 Pfund die Woche als Unterhalt an Bianca zahlen muß.

18
Die Stones treffen sich in Paris und beginnen in den Pathé Studios mit Aufnahmen für ein neues Album. Sie haben das Studio für sich alleine belegt und können so immer und so lange sie wollen arbeiten.

27
Die Berufungsverhandlung gegen Keith beginnt in Toronto. Seine Anwälte argumentieren vor den fünf Richtern, daß ihr Mandant nicht mehr süchtig sei, im Gefängnis aber bestimmt rückfällig werden würde. Sie übergeben einen Schriftsatz, in dem Keith erklärt: „Ich habe mich entschlossen, mich von allen Drogen fernzuhalten. Ich kann ehrlich von mir behaupten, daß es mir völlig fremd ist, jemals wieder Drogen zu nehmen. Diese Erfahrung beeinflußt nicht nur mein Wohlsein, sondern auch das Wohlsein meines Hauses, in dem mein junger Sohn aufwächst."

Der Staatsanwalt John Scollin besteht jedoch nach wie vor auf einer Haftstrafe, um das kanadische Rechtssystem nicht lächerlich zu machen.

30
Beunruhigt durch den Bürgerkrieg in Nicaragua, reist Bianca nach Managua, um ihre Familie zu retten.

Juli

6
Mick unterbricht die Aufnahmen in Paris und fliegt zu Besprechungen wegen seiner Scheidung nach London, was ihn 20 000 Pfund kostet.

9
Bianca trifft in London ein, um Geld für die Opfer des Bürgerkriegs in ihrer Heimat zu sammeln. Sie berichtet, daß ihre Familie in Sicherheit ist.

„Ich kann ihnen nicht finanziell helfen, weil ich kein Geld habe. Obwohl ein Richter in den USA Zahlung angeordnet hat, hat Mick nicht gezahlt. Nach dem Gerichtstermin werde ich nach Nicaragua zurückfliegen und für das Rote Kreuz arbeiten. Es wird aber schwer werden, das Ticket zu bezahlen."

16
In London beschließt Richter Eastham, daß die Scheidung in Großbritannien verhandelt wird, hindert Bianca aber nicht daran, in den USA Anträge zu stellen, weil dies gegenüber den amerikanischen Juristen „unhöflich" sei.

20
In Frog Hole, dem Landsitz von Anita und Keith in South Salem, New York, erschießt sich Scott Cantrell. Der 17jährige war gegen halb elf morgens mit Anita im Bett. Während Anita aufstand, um aufzuräumen, schießt er sich mit einer Smith and Wesson, Kaliber 38, in den Kopf. Die Polizei wird benachrichtigt und Cantrell ins Krankenhaus gebracht, wo er seiner Verletzung erliegt. Anita wird festgenommen und zwölf Stunden lang verhört.

Mick und Jerry essen mit Andy Warhol nebst Entourage bei Castel's in Paris und berichten von dem Vorfall. Sie bezeichnen Cantrell als „Anitas Freund".

21
Anita wird gegen eine Kaution von 500 Dollar freigelassen und ihr Pass beschlagnahmt. Sie wird wegen des Besitzes von Diebesgut angeklagt. Die Pistole von Keith stammte aus einem Diebstahl in Fort Lauderdale. Sie berichtet der Polizei, daß Cantrell den ganzen Abend lang mit der Pistole gespielt und von russischem Roulette gesprochen habe.

23
Jeffrey Sessler, der nach dem Schuß die Polizei alarmiert hatte, berichtet, daß er zusammen mit Anita und ihrem Sohn im Erdgeschoß gewesen sei. „Die beiden sahen im Fernsehen eine Sendung über das zehnjährige Jubiläum der ersten Mondlandung. Der Junge tat ihr sehr leid. Er hatte offensichtlich keinen Freund. Er erzählte uns, seine Mutter habe an Weihnachten Selbstmord begangen und daß sich niemand um ihn kümmere. Anita hatte ihn vor ungefähr einem Monat bei sich aufgenommen. Ganz ehrlich, ich glaube, er hatte Schwierigkeiten, mit der Wärme und Zuneigung, die er hier erlebte, fertig zu werden. Obwohl sich Anita sehr um ihn kümmerte, spielte Sex keine Rolle."

26
Das Sensationsblatt „New York Post" wühlt im Dreck und berichtet, daß die Detektive schockiert über den Dreck gewesen seien, den sie in Anitas Wohnung vorfanden. Angeblich waren die Laken grau und schmutzig, und ein Detektiv wird von dem Blatt zitiert: „In dem Raum stank es so infernalisch, als hätte da irgendwo eine tote Katze gelegen."

28
Die Stones arbeiten in Paris noch immer an ihrem Album „Emotional Rescue". Keith und Ron müssen ihren Auftritt mit The New Barbarians in Knebworth auf den 11. August verschieben.

August
Auftritt: The New Barabarians: Knebworth (11.).

Die Solosingle „Seven Days" von Ron Wood kommt auf CBS (7785) heraus.

Ende des Monats machen die Stones eine Pause. Ron und Keith bleiben in Paris, Bill fliegt in die USA, Mick und Charlie nach London.

16
Die „New York Post" bringt eine weitere „Enthüllung". Danach hatten Anita und Scott Cantrell Verbindungen zu einer örtlichen Hexen-Vereinigung. Das Blatt zitiert den 15jährigen „Zeugen" Steve Levoie: „Anita hat mich zu Sex- und Pot-Orgien eingeladen. Sie ist krank und sollte hier verschwinden. Das ganze Haus ist schmuddelig und sie selbst auch. Sie hat sogar meine Schwester gefragt, ob sie Kokain haben wollte. Sie hatte immer junge Männer zu Gast. Sie wollte Sex von ihnen. Mich hat sie nie gefragt, doch wer will schon Sex von einer alten, schmutzigen Frau?"

17
Die „Post" setzt noch einen drauf und berichtet, daß Nonnen aus einem Kloster nachts „seltsame Geräusche, Schüsse und Musik" gehört haben wollen. Angeblich berichten Nachbarn von Tieropfern in der Nähe des Hauses. Bei der Abgeschiedenheit des Hauses ist es erstaunlich, daß so viele Nachbarn soviel gesehen und gehört haben wollen.

September
2
Bill Wyman, Ringo Starr, Dave Mason, Kiki Dee und Todd Rundgren nehmen in Las Vegas am „Jerry Lewis Muscular Dystrophy Telethon" teil, der live in den USA übertragen wird.

12
Die Stones kommen in Paris für weitere Aufnahmen zusammen.

17
In Toronto wird die Berufung gegen Keith Richards Urteil verworfen. Die Richter erkennen an, daß Keith seine Entziehungskur erfolgreich abgeschlossen hat und nicht mehr drogensüchtig ist.

Oktober
19
Die Stones beenden ihre Aufnahmen in Paris. Das Album hat den vorläufigen Titel „Saturday, Where The Boys Meet", was später in „Emotional Rescue" verkürzt wird.

20
Der Radiosender WNEW-FM in New York sendet ein 24stündiges „Rolling Stones Special".

21
Mick fliegt zum achten Geburtstag seiner Tochter Jade nach London.

NBC-TV überweist 250 000 Dollar an CBS-TV für die Übertragungsrechte eines Stones-Auftritts bei der „Ed Sullivan Show", der in einer Dokumentation über die Geschichte des Fernsehens gesendet wird.

Ron fliegt nach Los Angeles. Bill und Charlie bleiben in Paris. Charlie tritt mit Rocket 88 in Deutschland und den Niederlanden auf.

November
2
Bianca gewinnt das Sorgerecht für Jade.

10
Angeblich nehmen Charlie Watts, Ian Stewart und Jeff Bradford, der in alten Zeiten bei den Stones Gitarre spielte, ein Blues-Album mit Brian Knight auf.

19
Die Anklagebehörde in Westchester County spricht Anita Pallenberg von einer Verwicklung in den Tod von Scott Cantrell frei. Sie bekennt sich des illegalen Besitzes einer Waffe schuldig. Cantrells Vater: „Ich bin davon überzeugt, daß sie sich liebten und daß sie ihn mit Drogen versorgt hat. Eine 37 Jahre alte Frau sollte die Finger von einem 17jährigen lassen. Sie ist für mich vollkommen verantwortlich für den Tod meines Sohnes, ganz gleich, wie sie das Ganze verpacken." Keith ruft Anita von Paris aus an und ist ärgerlich über den Verlust der Waffe. Der Vorfall beendet ihre Beziehung endgültig. Anita sagte später: „Dieser 17jährige Junge, der sich in meinem Schlafzimmer erschossen hat, bedeutete das Ende unserer Verbindung. Obwohl wir uns später wegen der Kinder noch sahen, war dies das Aus."

Dezember

Auftritt: Rocket 88: The Venue, London, (18.).

15
Die Rolling Stones dementieren Gerüchte, daß Bill Wyman die Gruppe verlassen will.

18
Keith trifft das Fotomodell Patti Hansen bei seiner Geburtstagsparty in der Roxy Roller Disco in New York.

30
Charlie Watts, Alexis Korner und Jack Bruce treten in der Dingwalls Dance Hall in London auf.

31
Anita erscheint in Lewisboro, New York, vor Gericht. Dort wird sie wegen des illegalen Besitzes einer Waffe angeklagt. Die Klage wegen der zweiten Waffe wird gestrichen. Die Verhandlung wird auf März 1980 vertagt.

Ron Wood und David Bowie besuchen das Konzert von Sam and Dave in New York.

Mick und Jerry Hall sind Gäste bei Woody Allens Silvesterparty in Harkness House in der 75. Straße. Andy Warhol berichtet: „Mick kam mit Jerry und traf Bianca, die sich von ihrer charmanten Seite zeigte. Ich weiß nicht wie, aber sie brach das Eis, und sie unterhielten sich eine halbe Stunde lang. Sie wollte Jerry nervös machen, was ihr auch gelang. Mick hat seinen Bart abgenommen und sieht nun richtig gut aus."

1980

Februar

22
Ron und seine Freundin Jo Howard werden auf der Karibikinsel St. Marten festgenommen, nachdem bei ihnen 200 Gramm Kokain gefunden wurden.

15
Mick und Bianca sind bei Ahmet Ertegun in New York zu Gast. Ebenfalls anwesend ist Andy Warhol nebst Entourage. Jerry Hall ist nicht in der Stadt.

26
Ron und Jo werden freigelassen, nachdem sich herausstellt, daß besonders eifrige Polizisten das Rauschgift bei ihnen zuvor versteckt hatten.

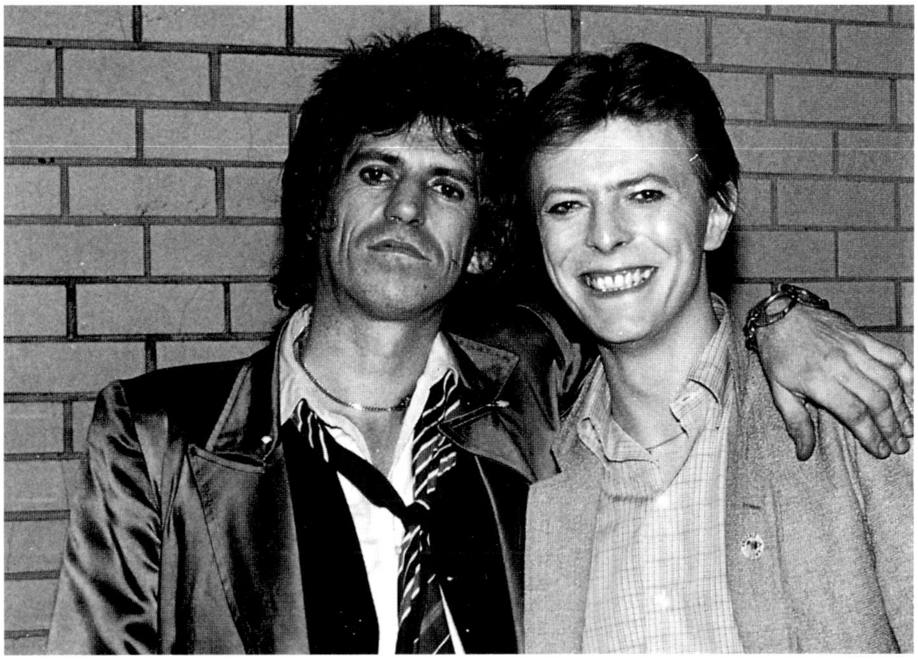

März

1
Mick trifft sich mit William Burroughs in Burroughs „Bunker" zum Abendessen. Andy Warhol ist ebenfalls eingeladen.

3
Anita wird zu 1000 Dollar und einer einjährigen Bewährungsstrafe wegen des Besitzes der Waffe, mit der sich Scott Cantrell erschossen hat, verurteilt.

13–14
Bill Wyman mischt in den Pye Studios in London Live-Bänder der Auftritte von Buddy Guy und Junior Wells beim Jazz-Festival in Montreux 1974.

18
Mick ist zu Gast bei einer Party von Diane von Fürstenberg in New York. Zu den Gästen zählen auch Bryan Ferry, Richard Gere und Andy Warhol.

April

Ende des Monats sind die Stones in New York, um einen Videoclip für ihr neues Album „Emotional Rescue" aufzunehmen. Bill und Charlie fliegen nach Europa zurück. Ron fliegt nach Los Angeles. Mick und Keith bleiben in New York, um noch einige Stücke abzumischen.

27
Mick ist Gast bei einer Party für Averil Meyer in New York. An seinem Tisch sitzt Diane Vreeland vom Magazin „Vogue".

Juni

18
„Mick und Jerry Hall sind in Paris bei einer „Ganz-in-Rot-Party" zu Gast, zu der der südamerikanische Millionär Nelson Seabra ins Pré Catalan eingeladen hat. Andy Warhol kommt mit Bianca Jagger.

„Emotional Rescue" / „Down In The Hole" kommt heraus. In Großbritannien erreicht die Single Platz acht, in den USA Platz drei in den Charts.

EMOTIONAL RESCUE Jagger, Richards / DOWN IN THE HOLE Jagger, Richards
S-Rolling Stones Records RSR 105 (UK); Atlantic RS 20001 (USA)
Veröffentlicht: Juni 1980
Produzent: Glimmer-Zwillinge
Assistent und Techniker: Chris Kimsey

N.B. Auskopplung aus dem Album „Emotional Rescue".

23
Das neue Album „Emotional Rescue" kommt auf den Markt. In Großbritannien hält es sich einen Monat an der Spitze der Charts, in den USA sieben Wochen lang.

Die Stones veranstalten eine Party für den Stapellauf des Albums in den „Duke of York's Barracks" in London. Mit Ausnahme von Keith, der in New York geblieben ist, nimmt die komplette Band teil.

EMOTIONAL RESCUE
A-Rolling Stones Records CUN 39111 (UK); Atlantic COC 16015 (USA)
Veröffentlicht: Juni 1980
Produzent: Glimmer-Zwillinge
Assistent: Chris Kimsey
Techniker: Chris Kimsey
Assistenten: Sean Fullen, Brad Samuelsohn, „Snake" Reynolds und John Smith
Arrangiert von Jack Nitzsche
Aufgenommen in den Pathé Marconi Studios, Paris, Compass Point Studios, Nassau, Bahamas und The Rolling Stones Mobile

A-Seite: 1. „Dance", 2. „Summer Romance", 3. „Send It To Me", 4. „Let Me Go", 5. „Indian Girl".

B-Seite: 6. „Where The Boys Go", 7. „Down The Hole", 8. „Emotional Rescue", 9. „She's So Cold", 10. „All About You". Alle Songs: Jagger, Richards.

N.B. Unter Mitwirkung von: Ian Stewart, Klavier; Bobby Keys, Saxophon; Nicky Hopkins, Klavier; Sugar Blue, Mundharmonika und Michael Shrieve, Percussion. Max Romeo singt im Hintergrund bei Stück 1.

Juli

16
Mick verbringt seinen Geburtstag mit Jerry Hall in Tanger.

September

16–21
Robert Frank zeigt den Film „Cocksucker Blues" im Whitney Museum of American Art in New York. Nach einem Vertrag

Oben: Keith und David Bowie. Unten: Mick und Jerry Hall.

mit den Stones darf der Film höchstens viermal im Jahr aus „künstlerischen und erzieherischen Gründen“ gezeigt werden. Frank muß bei jeder Aufführung anwesend sein.

Mick und Keith bearbeiten in London Stücke, die bei der Produktion von „Emotional Rescue“ übriggeblieben sind und vielleicht in Zukunft verwendet werden können.

18
Mick kauft Chateau Fourchette in Poce-sur-Cisse in der Nähe von Amboise. Das Loire-Schloß aus dem 18. Jahrhundert wird bis zum Sommer 1986 restauriert.

19
„She's So Cold“ / „Send It To Me“ kommt heraus, erreicht aber nur den 27. Platz in den britischen und den 21. Platz in den amerikanischen Charts.

SHE'S SO COLD Jagger, Richards / SEND IT TO ME Jagger, Richards
S-Rolling Stones Records RSR 106 (UK); Atlantic RS21001 (USA)
Veröffentlicht: September 1980
Produzent: Glimmer-Zwillinge

N.B. Auskopplung aus „Emotional Rescue“.

Oktober

1
Art Collins, bisher Vize-Präsident, löst Earl McGrath als Chef von Rolling Stones Records ab.

3
Bill Wyman beginnt in seiner Villa in Südfrankreich mit den Arbeiten an der Filmmusik für den Thriller „Green Ice“ von Ernest Day.

11
Die Stones versammeln sich in den Pathé Marconi Studios in Paris. Sie bearbeiten bereits vorhandenes Material und beginnen mit Aufnahmen für ein neues Album. Die Arbeiten dauern bis Anfang November.

Mick und Jerry Hall mieten ein Apartment auf der Ile de la Cité in der Mitte der Seine.

November

1
Die Stones nehmen weitere Titel in Paris auf. Nach dem Ende der Aufnahmen kehrt Bill in seine Villa zurück und schreibt weiter an der Filmmusik für „Green Ice“ und Ron fliegt nach New York. Charlie fliegt nach London. Mick und Keith bleiben in Paris und arbeiten an den Bändern.

2
Mick und Bianca werden in London geschieden. Biancas Abfindung bleibt geheim, wird aber auf eine Million Pfund plus Übernahme der Kosten geschätzt. Die endgültige Klärung des Sorgerechts für die neunjährige Jade wird bei einer späteren Verhandlung geklärt.

3
Mick kehrt ins Studio nach Paris zurück.

10
Warhol und seine Entourage sind in Paris. Mick trifft sich mit Fred Hughes von Andy Warhols Magazin „Interview“ am Nachmittag.

Dezember

8
Nachdem er von der Ermordung John Lennons erfährt, ruft Bill Wyman aus Frankreich bei der Radiostation WNEW-FM an und erzählt über John.

22
Mick und Jerry laden Andy Warhol und seine Truppe in Jerrys neue Wohnung (135, Central Park West) ein. Jerry schenkt Warhol ein Porzellan-Service aus der Concorde, was den über alle Maßen erfreut.

24
Mick und Jerry laden Andy Warhol, Earl McGrath und Jerrys Eltern zu einem Weihnachtsessen ein.

27
Mick fliegt von New York nach Peru, um dort mit den Dreharbeiten an Werner Herzogs Film „Fitzcarraldo“ zu beginnen.

1981

Januar

Die Nachbarn von Keith Richards versuchen, ihn aus seiner Wohnung zu klagen, weil sie sich durch seine laute nächtliche Musik belästigt fühlen.

Bill Wymans Musik für den Film „Green Ice“ wird bei der MIDEM in Cannes vorgestellt. Der Streifen, in dem Ryan O'Neal und Omar Sharif mitwirken, wird von der Kritik verrissen.

27
Das Live-Album „Rocket 88“ kommt auf Atlantic Records (K50776) heraus. Auf der von Ian Stewart produzierten Platte treten Charlie Watts und Ian Stewart auf. Die Aufnahmen entstanden im November 1979 im „Rotation Club“ in Hannover.

Keith Richards besucht das Konzert von Jerry Lee Lewis im Ritz in New York.

Februar

Die Filmarbeiten für „Fitzcarraldo“ werden abgebrochen, nachdem Hauptdarsteller Jason Robarts erkrankt und die Crew von feindseligen Indianern in der Amazonas-Stadt Iquito angegriffen wird. Der neue Drehtermin im Mai veranlaßt Mick, aus dem Projekt auszusteigen, weil er da bereits andere Verpflichtungen hat. Zusammen mit Jerry kehrt er nach New York zurück. Mick: „Ich war drei Monate im Dschungel und sollte den Bruder von Jason Robarts oder so spielen. Meine Rolle ist in der endgültigen Version des Films nicht mehr vorhanden. Ich habe dann meinen Vertrag beendet, weil ich beim neuen Start wieder auf Tournee war.“

8
Im Lone Star Café auf der Fifth Avenue in New York tritt Keith Richards mit Etta James auf und spielt das Stück „Miss You“.

März

Mick, Jerry, Keith und Patti verbringen einen Kurzurlaub auf Barbados.

Oben: Mick und Jerry Hall. Unten: Earl McGrath, Chef von Rolling Stones Records, im Jahre 1980 zusammen mit Charlie und Mick.

4
Das Album „Sucking In The Seventies“ kommt in den USA auf Rolling Stones Records heraus. Obwohl sich zahlreiche Läden weigern, die Platte wegen ihres Titels zu verkaufen, erreicht sie Platz 17 in den Charts.

April
In New York schließen Mick und Keith in den Atlantic Studios die Arbeiten an einem neuen Album ab. Ron Wood arbeitet in Los Angeles an einem Solo-Projekt.

13
„Sucking In The Seventies“ kommt auf Rolling Stones Records in Großbritannien heraus.

SUCKING IN THE SEVENTIES
A-Rolling Stones Records EMI CUN 39112 (UK); Atlantic COC 16028 (USA)
Veröffentlicht: April 1981 (UK) März 1981 (USA)
Produzent: Glimmer-Zwillinge

A-Seite: 1. „Shattered“ (Jagger, Richards), 2. „Everything Is Turning To Gold“ (Jagger, Richards, Wood), 3. „Hot Stuff „(Jagger, Richards), 4.“Time Waits For No One“ (Jagger, Richards), 5. „Fool To Cry“ (Jagger, Richards).

B-Seite: 6. „Manish Boy“ (London, McDaniel, Morganfield), 7. „When The Whip Comes Down“ (Live-Aufnahme; Jagger, Richards), 8. „If I Was A Dancer“ (Dance Pt. 2) (Jagger, Richard), 9. „Crazy Mama“ (Jagger, Richards), 10. „Beast Of Burden“ (Jagger, Richards).

Juni
Bill Wymans Filmmusik „Green Ice“ kommt auf Polydor (POLS 1031) heraus. Polydor veröffentlicht auch eine aus dem Album ausgekoppelte Single: „Tenderness“ (Wyman) / „Noche de Amor“ (POSP 291).

Bill verklagt den „Daily Star“, der behauptet hatte, er wolle die Stones verlassen. „Die Rolling Stones sind das größte Vorhaben meines Lebens und werden es auch immer bleiben“, erklärt er der Presse.

Charlie Watts und Ian Stewart wirken bei dem auf PVK herausgekommenen Album „A Dark Horse“ von Brian Knight mit. Brian Knights Blues By Six gehörten 1963 zu den Bands, die im Harringay Jazz Club auftraten. Seitdem sind sie befreundet geblieben.

In New York besuchen Mick, Keith, Patti, Charlie, Shirley und Bobby Keys ein Konzert von Jimmy Cliff im Ritz. Keith und Patti gehen später zu einem Konzert von Chuck Berry im Ritz und besuchen den großen Meister hinter der Bühne. Der erkennt sie nicht und verpaßt Keith einen Schlag aufs Auge.

Juli
Die Nachbarn von Keith haben Erfolg mit ihrer Klage. Er muß ausziehen.

Bills Single „(Si Si) Je Suis Un Rock Star“ (Wyman) / „Rio de Janeiro“ (Wyman) kommt auf A & M (AMS 8144) heraus und belegt in den britischen Charts den 14. Platz. In einigen europäischen Ländern wird die Platte ein Hit.

2
Die Stones nehmen einen Videoclip für ihren Titel „Waiting On A Friend“ unter der Regie von Michael Lindsay-Hogg in der Bar „St. Marks“ in Greenwich Village auf. Zum Erstaunen der Gäste spielt die Gruppe ein paar Titel, verläßt die Kneipe aber bald, bevor sich zu viele Leute versammeln können.

Mick und Jerry veranstalten eine Party bei „Mr. Chow's“ in New York. Andy Warhol gehört zu den Gästen.

20
Der Chef-Logistiker der Stones, Alan Dunn, und Ian Stewart fliegen zu den Long View Farm Studios in Brooking, Massachussetts, um die Anlage zu inspizieren. Sie sind beeindruckt.

24
Mick fliegt von New York nach Bombay.

27
Keith, Patti und Alan Dunn fliegen nach Worcester, um Long View Farm zu inspizieren. Keith entspannt sich für drei Tage.

August
Mick kehrt nach einer Zwischenlandung in Paris nach New York zurück.

12
Keith fliegt von New York nach Rom, um dort sein amerikanisches Visum zu bekommen.

15
Ian Stewart fliegt als Voraustrupp nach Worcester, Massachussetts.

16
Die Radiostation WMMR in Philadelphia hat irgendwie eine Kopie des neuen Stones-Albums“Tattoo You“ bekommen und ist so der erste Radiosender der Welt, der die neuen Titel spielt.

17
„Start Me Up“ / „No Use In Crying“ kommt auf Rolling Stones Records heraus und belegt in den britischen Charts den vierten Platz.

START ME UP Jagger, Richards / NO USE IN CRYING Jagger, Richards
S-Rolling Stones Records RSR 108 (UK); Atlantic 21003 (USA)
Veröffentlicht: August 1981
Produzent: Glimmer-Zwillinge

N.B. Auskoppelung aus dem Album „Tattoo You“.

18
Die Stones ziehen sich zu sechswöchigen Proben nach Long View Farm zurück. Mick nebst Tochter Jade und Charlie kommen aus New York. Bill Wyman und Anita kommen aus Bills Villa in Frankreich und Ron trifft einen Tag später aus Los Angeles ein.

26
Mick kündigt Details der USA-Tournee bei einer Pressekonferenz in Philadelphia an. Dort wird das erste Konzert stattfinden.

31
„Tattoo You“ kommt auf Rolling Stones Records heraus. In der ersten Woche verkaufen sich eine Million Exemplare in den USA. Das Album steht in Großbritannien und den USA an der ersten Stelle der Charts.

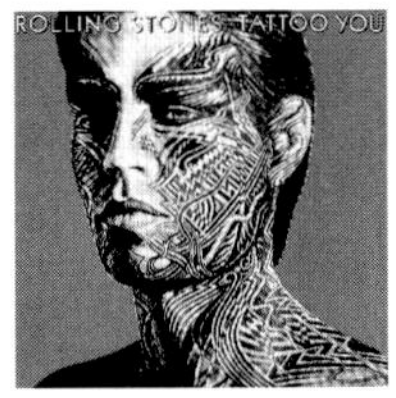

TATTOO YOU
A-Rolling Stones Records EMI CUNS 39114 (UK); Atlantic COC 166052 (USA)
Veröffentlicht: August 1981
Produzent: Glimmer-Zwillinge
Assistenten und Techniker: Chris Kimsey. Überarbeitet von Bob Clearmountain. Mastermix: Greg Calbi bei Sterling Sound

A-Seite: 1. „Start Me Up“ (Jagger, Richards), 2. „Hang Fire“ (Jagger, Richards), 3. „Slave“ (Jagger, Richards), 4. „Little T & A“ (Jagger, Richards), 5. „Black Limousine“ (Jagger, Richards, Wood), 6. „Neighbours“ (Jagger, Richards).

B-Seite: 7. „Worried About You“ (Jagger, Richards), 8. „Tops“ (Jagger, Richards), 9. „Heaven“ (Jagger, Richards), 10. „No Use In Crying“ (Jagger, Richards, Wood), 11.“Waiting On A Friend“ (Jagger, Richards).

September
Auftritte: Sir Morgans Cove, Worcester, Massachussetts (14.); JFK Stadium, Philadelphia, Pennsylvania (25.–26.); Rich Stadium, Buffalo, New York (27.).

1
Die Stones geben einen Sponsoren-Vertrag mit der Parfüm-Firma Jovan für ihre USA-Tour bekannt. Zum ersten Mal wird auf diese Weise die Tournee einer Rockgruppe finanziert.

2
Ron Woods viertes Solo-Album „1234“ kommt auf CBS heraus. (CBS 85227/UK; CBS 37473/ USA)

Auf dem von Ron Wood und Andy Johns produzierten Album wirken mit: Charlie Watts, Bobby Keys, Nicky Hopkins, Jim Keltner, Ian MacLagan, Alan Myers, Carmine Appice und Bobby Womack.

14
Aus der „geheimen“ Generalprobe im „Sir Morgan's Cove Club“ in Worcester entwickelt sich beinahe eine Randale, nachdem ein Radiosender aus Rache, bei der Verteilung der 300 fälschungssicheren Tickets nicht berücksichtigt worden zu sein, Details berichtet. Ungefähr 4000 Fans belagern den Club. 11 werden festgenommen, hauptsächlich, weil sie zu jung

Oben links: Die Stones im Juli 1980 bei einer Pressekonferenz in der „Danceteria“ in New York.

sind, um Alkohol trinken zu dürfen. Die Polizei bekommt die Sache dadurch in den Griff, daß die Türen des Clubs geöffnet werden und die Fans draußen wenigstens die Musik hören können.

21
Obwohl alle Fernsehkanäle, Zeitungen und Nachrichtenagenturen Schlange stehen und um ein Interview betteln, redet Mick Jagger während der Proben nur mit zwei zwölf- und 13jährigen Mädchen einer High School in North Brookfield, die einen Bericht für ihre Schulzeitung schreiben.

24
Die Stones fliegen von Brookfield in einer gecharterten Fokker F28 nach Philadelphia. Dort wohnen sie im Barclay Hotel.

25
Mehr als 90 000 Fans kommen zum ersten Konzert in Philadelphia, wo die Stones die größte ihrer drei Bühnen einsetzen. Die anderen Anlagen sind für mittlere und kleinere Konzerte gebaut. Jede Bühne hat hydraulische Lifts, mit der ein Mitglied der Band über die Fans geschwenkt werden kann. Mick hat seinen eigenen Lift. Das Schlagzeug steht auf einer Drehbühne, für den Fall, daß auch hinter der Bühne Fans sitzen. Für die Flüge zwischen den einzelnen Orten haben die Stones eine Boeing 707 gechartert.

Oktober

Auftritte: The Metro, Rockford, Illinois (1.); Folsom Field, Boulder, Colorado (3.–4.); San Diego Stadium, California (7.); Los Angeles Coliseum (9.–11.); The Kingdom Stadium, Seattle, Washington (14.–15.); Candlestick Park, San Francisco (17.–18.); Tangerine Bowl, Orlando, Florida (24.–25.); The Fox Theater, Atlanta, Georgia (26.); The Astrodome, Houston, Texas (28.–29.); The Cotton Bowl, Dallas, Texas (31.).

15
Die 16jährige Pamela Lynn verletzt sich bei einem Sturz aus 17 Meter Höhe tödlich. Sie hatte sich entgegen allen Warnungen im Kingdom Stadium in Seattle zu weit nach vorne gebeugt. Bei dem gleichen Konzert wird eine Frau festgenommen, die Mick Jagger umbringen wollte.

17
Im Candlestick Park in San Francisco sehen 146 000 Fans die Stones. Das ist die größte Ansammlung von Menschen, die die Stadt jemals erlebt hat.

20
Mick Jagger tritt zusammen mit der Bürgermeisterin von San Francisco, Dianne Feinstein, im öffentlich-rechtlichen Fernsehen auf und ruft zur Rettung der Cable Cars auf. Danach hat er ein Dinner mit Jackie Onassis.

21
Mick veranstaltet an Jades zehntem Geburtstag eine Party in der „Roller Disco" in New York.

24
Die Stones feiern Bill Wymans 35. Geburtstag auf einem gemieteten Boot in Disney World in Orlando.

28
Ein 16jähriger Jugendlicher erschießt einen 22jährigen Fan vor dem Konzert in Houston.

31
Mick, Keith, Bill und Ron sprechen im Radiosender KFOX-FM in Dallas über die Tournee.

November

Auftritte: The Cotton Bowl, Dallas (1.); Freedom Hall, Louisville, Kenntucky (3.); Byrne Arena, Meadowlands, New Jersey (5.–7.); Civic Center, Hartford, Connecticut (9.–10.); Madison Square Garden, New York (12. 13.); Richfield Coliseum, Cleveland (16.–17.); Checkerdome, St. Louis, Missouri (19.); Unidrome, Cedar Falls, Iowa (20.); Civic Center, St. Paul, Minnesota (21.); Rosemont Horizon, Chicago (23.–25.); Carrierdrome, Syracuse (27.–28.); Silverdome, Pontiac, Michigan (30.).

3
Nach ihrem Konzert in Louisville fliegen die Stones nach New York, wo vier Millionen Menschen Karten für ihre Konzerte in der Region bestellt haben.

4
Per Telefon nimmt Mick an der BBC-Radiosendung „Rock On" teil.

5
BBC-TV sendet ein vorab aufgenommenes Gespräch zwischen Mick und der Klatsch-Kolumnistin Rona Barrett.

Tina Turner eröffnet die drei Konzerte der Stones in Meadowlands. Zusammen mit Mick singt sie bei der zweiten Show „Honky Tonk Woman".

9
Zwölf Fans werden bei Zusammenstößen mit Sicherheitskräften in Hartford, Connecticut, verletzt und 56 festgenommen.

Sie hatten versucht, das ausverkaufte Konzert zu stürmen.

12
„Screamin" Jay Hawkins bestreitet die erste Nummer beim Konzert im Madison Square Garden.

Bill Wyman gibt John McEnroe einen anderthalbstündigen Gitarren-Unterricht. Zum Staraufgebot bei ihren Konzerten in New York gehören Paul McCartney, Bob Dylan, Jack Nicholson, Anjelica Huston, Robert Redford, Tina Turner, Carly Simon, Ali McGraw, Shelley Duval und Peter O' Toole.

20
„Waiting On A Friend" / „Little T & A" kommt in den USA auf Rolling Stones Records heraus. Das Video wird in Greenwich Village aufgenommen.

WAITING ON A FRIEND Jagger, Richards / LITTLE T & A Jagger, Richards
S-Rolling Stones Records RSR 109 (UK); Atlantic RS 21004 (USA)
Veröffentlicht: November 1981
Produzent: Glimmer-Zwillinge

N.B. Auskopplung aus Album „Tattoo You".

22
Jamsession von Mick, Keith und Ron mit Muddy Waters und

Oben: Tina Turner auf der Bühne mit den Stones in Meadowlands 1981.

Junior Wells auf der Bühne der „Checkerbound Lounge" in Chicago.

Dezember
Auftritte: Silverdome, Pontiac (1.); Superdome, New Orleans (5.); Capital Center, Washington (7.–9.); Rupp Arena, Lexington, Kentucky (11.); Sun Devil Stadium, Phoenix, Arizona (13.); Kemper Arena, Kansas City, Missouri (14.–15.); Hampton Coliseum, Hampton Roads, Virginia (18.–19.).

1
Der Radiosender KBFH nimmt das Konzert in Pontiac für eine spätere Sendung auf. Iggy Pop und Santana sind die unterstützenden Gruppen.

4
Die Stones veranstalten eine Party auf einem Mississippi-Riverboat.

7
Der Radiosender KBFH nimmt das Konzert in Washington auf.

14
Mick Taylor spielt mit den Stones in Kansas City.

18
Fernseh-Liveübertragung des Konzertes in Hampton Roads. Nach dem Konzert feiern die Stones hinter der Bühne die Geburtstage von Keith und Bobby Keys. Dandelion und Marlon, begleitet von Keith' Mutter, fliegen für das Konzert und die Geburtstagsfeier ein.

19
Von ihrem zweiten Konzert in Hampton Roads, dem letzten ihrer Tournee, fliegen die Stones nach New York. Mehr als zwei Millionen Fans waren bei den Konzerten und sorgten für einen Umsatz von 50 Millionen Dollar. Merchandising brachte weitere zehn Millionen und Jovan als Sponsor zahlte vier Millionen Dollar. Für gut 1,5 Millionen Dollar wurden Schallplatten verkauft. Hal Ashby filmte die Tour, was weitere Einnahmen garantiert. Noch nie hatten die Stones eine längere und wirtschaftlich erfolgreichere Tournee abgespult.

Ron und Jo bleiben in ihrem Apartment in Greenwich Village über Weihnachten. Mick bleibt noch einige Tage in seiner Wohnung am Central Park und fliegt dann über Weihnachten in sein Schloß an der Loire. Charlie und Keith fliegen nach London und Bill verbringt Weihnachten in seiner Villa in Südfrankreich.

26
Ron, Jo und Familie fliegen nach London.

1982

Januar
11
„Hang Fire" / „Neighbours" wird in den USA auf Rolling Stones Records veröffentlicht.

HANG FIRE Jagger, Richards / NEIGHBOURS Jagger, Richards
S-Rolling Stones Records/ Atlantic Records 21300
Veröffentlicht: Januar 1982
Produzent: Glimmer-Zwillinge

N.B. Auskopplung aus dem Album „Tattoo You".

Februar
3
Mick und Keith fliegen nach Los Angeles, um zusammen mit Regisseur Hal Ashby an dem Film über die Tournee zu arbeiten.

18
In New York besucht Ron Wood das Konzert von Bobby Womack im Ritz und spielt einige Stücke mit ihm, Steve Marriott und Wilson Pickett.

März
Mick und Keith beginnen mit Feinarbeiten an den Bändern ihrer Tour für ein neues Live-Album im Power Studio, New York.

5
Bill veröffentlicht eine neue Solosingle: „A New Fashion" (Wyman) / „Girls" (Wyman). Ripple AMS 8209.

18
Keith und Ron besuchen die Hit Factory in New York, wo Jimmy Cliff gerade sein neues Album aufnimmt, und spielen mit ihm.

25
Mick und Charlie sind geladene Gäste beim Dinner für Fred Hughes im Odeon, New York. Gastgeber ist Lord Jermyn.

26
Bill bringt auf A & M Records ein Soloalbum heraus: „Bill Wyman" (AMLH 68540) Es erreicht Platz 25 in den britischen Charts.

April
Die Stones ohne Bill, der Werbung für sein neues Album macht, sind in New York, um die Stücke für ihr neues Album „Still Life" auszuwählen.

17
In New York spielt Ron mit Toots and The Maytals sechs Stücke im Ritz.

28
Mick veranstaltet eine Pressekonferenz im „Le Beat Route" in London, um Details des europäischen Teils der Welt-Tour zu erklären. Mit von der Partie sind die J. Geils Band und lokale Bands. Wie immer wird Ian Stewart am Klavier sitzen und Bobby Keys sowie Gene Barge die Horn-Sektion übernehmen. Chuck Leavell wird Keyboards spielen.

Manager der Tour ist Bill Graham.

Mai

Auftritte: Capitol Theatre, Aberdeen (26.); Apollo Theatre, Glasgow (27.); Green's Playhouse, Edinburgh (28.); The 100 Club, London (31.).

26
Die Stones-Tour beginnt in Aberdeen, wo erste Kopien des neuen Albums „Still Life" verkauft werden.

27
Interview mit Mick für die BBC-Radiosendung „Round Table" in Glasgow.

28
Das Interview wird gesendet.

31
Die Stones treten als Überraschung im „100 Club" in London auf. In dem Club haben gerade 400 Menschen Platz.

Juni

Auftritte: Feyenoord Stadion, Rotterdam (2., 4.–5.); Niedersachsen Stadion, Hannover (6.–7.); Waldbühne, Berlin (8.); Olympia Stadion, München (10.–11.); Hippodrome d'Auteuil, Paris (13.–14.); Stade de Gerland, Lyon (16.); Nya Ulllevi Stadion, Göteborg (19.–20.); Newcastle United Football Ground, Newcastle (23.); Wembley Stadion, Wembley (25.–26.); Bristol City Football Ground, Bristol (27.), Festhalle, Frankfurt (29.–30.).

1
Das Album „Still Life" kommt auf Rolling Stones Records heraus. In den britischen Charts erreicht es Platz zwei. Die Single „Going To A-Go-Go" / „Beast Of Burden" kommt auch in die Läden. In den britischen Charts erreicht die Platte Platz 19, in den USA Platz 20.

STILL LIFE AMERICAN CONCERT 1981
A-Rolling Stones Records EMI CUN 39115 (UK)
Atlantic COC 39113 (USA)
Veröffentlicht: Juni 1982
Produzent: Glimmer-Zwillinge
Aufnahme: Bob Clearmountain und David Hewitt
Mix: Bob Clearmountain in Power Station Studios. Abgemischt von Vlado Meller bei CBS, New York.

A-Seite: 1. „Intro: Take The A-Train" (Duke Ellington und sein Orchester, Studioaufnahme) (B. Strayhorn), 2. „Under My Thumb" (Jagger, Richards), 3. „Let's Spend The Night Together" (Jagger, Richards), 4. „Shattered" (Jagger, Richards), 5. „Twenty Flight Rock" (N. Fairchild), 6. „Going To A Go Go" (Robinson, Tarplin, Moore, Rogers).

B-Seite: 7. „Let Me Go" (Jagger, Richards), 8. „Time Is On My Side" (N. Meade), 9. „Just My Imagination (Running) Away With Me" (Whitfield, Strong), 10. „Start Me Up" (Jagger, Richards), 11. „(I Can't Get No) Satisfaction" (Jagger, Richards), 12. „Outro: Star Spangled Banner" (in der Version von Jimi Hendrix).

N.B. Ian Stewart (Klavier), Ian McLagan (Keyboards) und Ernie Watts (Saxophon).

GOING TO A GO GO Robinson, Moore, Tarplin / BEAST OF BURDON Jagger, Richards
S-Rolling Stones Rec. RSR 110 (UK)
Atlantic RS 21301 (USA)
Veröffentlicht: Juni 1982
Produzent: Glimmer-Zwillinge

N.B. Beide Stücke wurden während der USA-Tour 1981 aufgenommen. Stück 1 ist eine Auskopplung aus dem Album „Still Life".

3
In Den Haag besucht Mick ein Konzert von George Thorogood und spielt mit ihm auf der Bühne.

8
Fans legen aus Protest gegen die hohen Eintrittspreise (75 Francs) zwei Feuer auf der Pferderennbahn in Auteuil (Paris).

10
In New York besuchen Anita Pallenberg, Patti Hansen und Andrew Oldham ein Konzert von Marianne Faithfull im Ritz.

11
Trotz des strömenden Regens kommen in München 50 000 Fans zum Konzert der Stones.

18
Nach ihrer Landung in Göteborg kommen die Stones in den „Genuß" einer Leibesvisitation.

23
Während des achtstündigen Konzerts in Newcastle regnet es ohne Unterbrechung. Bill Graham wundert sich, warum es in Großbritannien keine großen Hallen wie in den USA gibt.

24
Bill nimmt für die Stones die „Silver Clef Award" für hervorragende Verdienste um die britische Musikindustrie in London entgegen.

Keith wird live für die BBC-TV-Sendung „Newsnight" interviewt.

25
Keith in einem Interview mit dem Londoner „Evening Standard": „Ich bereue meine Heroin-Vergangenheit nicht, weil ich eine Menge daraus gelernt habe. Ich habe sie durchlebt und habe es geschafft, davon wegzukommen. Wenn ich das nicht geschafft hätte oder eine Überdosis genommen hätte, dann würde ich es ganz bestimmt bereuen. Viele meiner Freunde, die noch hier sein sollten, sind es deshalb nicht mehr. Ich glaube nicht, daß man mit Verboten jemand davon abhalten kann. Das verstärkt vielleicht sogar noch den Wunsch danach. Ich weiß, wovon ich rede. Was ich bedaure, ist, daß die Kids heute so leicht darankommen."

Bills Solo-Single „Visions" (Wyman) / „Nuclear Reactions" (Wyman) wird von Ripple Records veröffentlicht. (AMS 8227).

27
Mick veranstaltet eine Pressekonferenz für sieben europäische TV-Gesellschaften und erzählt, wie wichtig die mit 75 000 Fans ausverkauften Konzerte in London waren. „Diese Shows bedeuten uns ungeheuer viel und daher haben wir uns auch besonders viel Mühe gegeben, gut zu sein. Wir bekommen so unseren Anteil an Aufmerksamkeit, falls sie (Lady Di) nicht wieder ein Baby bekommt."

Bei ihrem Konzert in Bristol überschreiten die Stones die gesetzliche Geräuschgrenze um 20 Dezibel und werden mit einer Geldstrafe von 200 Pfund belegt.

Juli

Auftritte: Festhalle, Frankfurt (1.); Praterstadion, Wien (3.); Müngersdorfer Stadion, Köln (4.–5.); Vicente Calderon Stadion, Madrid (8.–9.); Stadion, Turin (11.–12.); St. Jacob Stadion, Basel (15.); San Paolo Stadion, Neapel (17.); Parc des Sports de l'Ouest, Nizza (20.); Slane Castle, Dublin (24.); Roundhay Park, Leeds (25.).

7
Ein für dieses Datum vorgesehenes Konzert im Fußballstadion von Español Barcelona wird am 15. Juni aus Sicherheitsgründen abgesagt. 20 000 Tickets waren bereits verkauft. Ein für den 29. Juli in Madrid geplantes Konzert wird aus den gleichen Gründen abgesagt.

9
Von Madrid fliegen die Stones nach Nizza.

13
Die Stones fliegen von Turin nach Nizza. Mick verbringt den Abend mit dem Regisseur Roman Polanski in dessen Haus in Ramatuelle bei St. Tropez.

15
Nach ihrem Konzert in der Schweiz fliegen die Stones nach Nizza.

17
Die Stones fliegen zu ihrem mit 83 000 Fans ausverkauften Konzert in Neapel. Der Regisseur Michelangelo Antonioni besucht sie hinter der Bühne.

25
In Leeds stiehlt ein Dieb eine Landkarte, die die Stones Bill

Graham geschenkt haben. Auf ihr sind alle Tournee-Orte und Mitteilungen der Gruppe verzeichnet.

26
Mick feiert seinen Geburtstag ziemlich still in der „Langan's Brasserie" in London.

30
Mick fliegt zu geschäftlichen Gesprächen nach Paris. Keith erholt sich in seinem Haus auf Jamaika von der Tournee.

August

8
Bill Graham bietet eine Belohnung von 1000 Pfund für die Wiederbeschaffung der in Leeds gestohlenen Landkarte.

31
Die Premiere des Tour-Films von Hal Ashby wird während der Feierlichkeiten aus Anlaß des 50. Jubiläums des Filmfestivals von Venedig stattfinden. Der Film soll auf einer großen Leinwand gezeigt werden, was die Behörden aus Angst um die antiken Gebäude der Lagunenstadt sofort verbieten.

September

Der Dokumentarfilm „Burden of Dreams" von Les Blank über die Entsehung des Spielfilms „Fitzcarraldo" wird in den USA uraufgeführt. In dem Film erscheint auch Mick Jagger, der aus den Fimarbeiten ausgestiegen war.

Die zwölfstündige dokumentarische Radiosendung „Rolling Stones Past and Present" wird von 275 Radiosendern in Kanada und den USA an verschiedenen Terminen gesendet. Die von David Prichard und Alan Lysaght produzierte Sendung enthält Interviews mit allen Band-Mitgliedern sowie Alexis Korner und vielen anderen, die an ihrer Karriere beteiligt waren.

Micks Buch-Agent unterschreibt mit Weidenfeld und Nicholson einen Vertrag über eine Autobiografie. Der Vorschuß für das von einem Ghost-Writer zu erstellende Werk wird auf eine Million Pfund geschätzt. Später muß er das Geld zurückzahlen, weil ihm nichts Interessantes aus seiner Vergangenheit einfällt und die Verleger die ersten Manuskripte „langweilig" finden.

Gerüchte wollen wissen, daß Jerry Hall ihre Zuneigung dem Millionär und Rennpferde-Besitzer Robert Sangster schenkt, der noch reicher als Mick ist. Die beiden haben sich beim Pferderennen in Ascot getroffen und wurden auch bei der Jährlings-Auktion in Kentucky zusammen gesehen.

1
Redlands oder besser das, was davon übriggeblieben ist, wird von einem weiteren Feuer zerstört. Das Dach bricht ein, aber niemand wird verletzt. 65 Feuerwehrleute bekämpfen den Brand.

„Time Is On My Side" / „Twenty Flight Rock" kommt in den USA heraus. In Großbritannien gibt es eine Maxisingle mit dem zusätzlichen Stück „Under My Thumb".

TIME IS ON MY SIDE Berns, Ragovoy / TWENTY FLIGHT ROCK Fairchild, Cochran
S-Rolling Stones Records RSR 111 (UK); Atlantic RS 7-9978 (USA)

Veröffentlicht: September 1982
Produzent: Glimmer-Zwillinge

N.B. Beide Songs wurden während der USA-Tournee 1981 live aufgenommen. Stück 1 stammt von dem Album „Still Live".

25
Mick und Jade treffen per Hubschrauber im JFK-Stadion in Philadelphia ein, um ein Konzert von The Who zu besuchen.

Oktober

7
Mick, Keith und Ron beginnen in den Pathé Marconi Studios in Paris mit den Arbeiten an einem neuen Album. Zuerst gehen sie bis jetzt noch nicht veröffentlichte Titel durch.

11
Bill und Charlie fliegen nach Paris.

12
Die Zeitung „The Sun" berichtet: „Keith Richard wird nun endlich heiraten. Seine Braut ist das Fotomodell Patti Hansen. Sie planen eine große weiße Hochzeit nächsten Monat in New York. ‚Ja', gab ein Sprecher der Band gestern zu, ‚Keith wollte es geheim halten, doch jetzt, wo die Sun alles weiß, hat es keinen Zweck mehr.'" Bis zur Hochzeit vergeht allerdings noch ein Jahr.

13
Victoria Vicuna, ein Model aus Venezuela, fliegt zu Mick nach Paris.

17
Klatsch-Kolumnist Nigel Dempster schreibt in der „Daily Mail": „Mick begann sich mit Jerry schon am Flughafen zu streiten. Sie kann das nicht länger ertragen und hat ihn deshalb verlassen. Sie will ihn nicht mehr wiedersehen."

Dezember

17
Die Stones beenden die Arbeiten an ihrem neuen Album und fliegen nach Hause. Mick bleibt in Paris.

20
Mick und Jerry fliegen nach Mustique, wo Mick ein Haus bauen läßt. Nach einem Treffen am Anfang des Monats haben sich die beiden offensichtlich wieder vertragen.

1983

Januar

Charlie kauft ein denkmalgeschütztes Haus aus dem 17. Jahrhundert in Barnstaple, North Devon. Das Anwesen hat drei Empfangsräume, sechs Schlafzimmer und genügend Ställe für die zehn Pferde der Familie. 20 Hektar Land gehören auch noch dazu.

14
Mick dreht Szenen für die TV-Serie „Faerie Tale Theater" eines Kabelkanals. In „Die Nachtigall" von Chrsitian Andersen spielt er den chinesischen Kaiser.

18
Mick, Keith, Ron und Charlie besuchen in New York eine private Vorstellung des Films „Let's Spend The Night Together" von Hal Ashby über ihre letzte USA-Tournee.

Oben links: Ron und Wo Wood samt Familie. Oben rechts: Mick mit Prinz Rupert Löwenstein, dem Finanzberater der Stones.

30
Keith, Ron und Jo fliegen nach Paris, um die Arbeiten am neuen Album abzuschließen.

Februar

11
LET'S SPEND THE NIGHT TOGETHER Jagger, Richards / START ME UP Jagger, Richards
S-Rolling Stones Rcords RSR 112
Nur für Webezwecke veröffentlicht
Veröffentlicht: Februar 1983
Produzent: Glimmer-Zwillinge

N.B. Die A-Seite wurde live am 18. Dezember 1981 im Hampton Coliseum in Hampton Roads, Virginia, aufgenommen. Die B-Seite wurde live am 25. November im Rosemont Horizon, Chicago, aufgenommen. Die Platte wurde veröffentlicht, um Werbung für ihren Film zu machen. Beide Stücke wurden aus dem Album „Still Life" ausgekoppelt.

Hal Ashbys Film „Let's Spend The Night Together" wird in New York uraufgeführt.

25
Der Literatur-Redakteur der „Sunday Times", John Ryles, wird als Ghostwriter für Micks Autobiografie eingestellt und erhält ein Honorar von 50 000 Pfund.

März

24
Hal Ashbys Film „Let's Spend The Night Together" kommt in britische Kinos.

April

Bill und Astrid, die elf Jahre lang in Südfrankreich gelebt haben, gehen auf dreimonatige Weltreise mit Stopps in Los Angeles, Hawaii, Fidschi, Australien, Bali und verbringen einen Monat in Japan. Danach lassen sie sich wieder in Gedding Hall in Suffolk nieder und kaufen ein Haus in Chelsea (Mulberry Walk).

10
Mick und Jerry verbringen den Urlaub auf Mustique, was Mick Gelegenheit gibt, den Fortschritt seines Hausbaus zu beobachten und an seiner Autobiografie zu arbeiten..

28–29
Beim 25jährigen Jubiläum des Marquee Club in London spielen Bill und Charlie zusammen mit Alexis Korner den Blues.

Mai

4
Keith fliegt nach San Francisco und besucht dort Patti Hansen, die im Film „Hard To Hold" mitwirkt.

Mick und Ron beginnen mit den abschließenden Arbeiten am neuen Album in der Hit Factory in New York. Später werden sie von Keith unterstützt.

Juni

Völlig unerwartet verabschiedet sich Keith in Richtung Jamaika und läßt Mick mit den Arbeiten am Album alleine. Gerüchte wollen von einem Krach zwischen den beiden wissen.

Juli

EMI, MCA, CBS und Atlantic bieten um den neuen Vertriebsvertrag mit den Stones. Neben dem neuen Album steht auch der komplette Katalog von Rolling Stones Records zur Debatte, allerdings nicht die Rechte für die Decca-Stücke. Prinz Rupert Löwenstein fliegt hin und her, um die besten Konditionen zu ermitteln.

2
Mick veranstaltet eine Geburtstagsparty für Jerry Hall in New York. In einem Interview mit dem „Daily Star" erklärt er: „Wenn man in mein Alter gekommen ist, muß man dran arbeiten, jung zu bleiben. Man muß fit sein, weil Rock ungeheuer viel Kräfte verlangt. Ich glaube, daß, wenn der Körper gesund ist, auch der Geist auf Touren kommt. Und das ist wichtig in einem so schnellen Geschäft. Früher habe ich das typische Leben eines Rockstars mit Alkohol, Drogen und Mädchen gelebt. Aber heute ist meine Gesundheit mein höchstes Gut, und wenn ich auf Tour bin, vermeide ich harten Alkohol und versuche, so viel wie möglich zu schlafen. Zehn Stunden sollen es schon sein. In Discos oder Bars gehe ich nur, um da Mädchen zu finden."

4
Keith steht mit Jerry Lee Lewis in Los Angeles auf der Bühne. Der Auftritt wird für die TV-Sendung „Salute" aufgenommen.

August

Bill und Astrid trennen sich nach 14 Jahren. Sie ist es leid, ihn „mit tausenden anderen Frauen teilen zu müssen".

10
Keith ist einer der Gäste bei Marlons 14. Geburtstag in seinem alten Haus auf Long Island, wo Anita Pallenberg und Marlon leben.

20
Tyrone, Sohn von Jo Howard und Ron Wood, kommt in New York zur Welt.

25
Die Stones unterschreiben den lohnendsten Schallplattenvertrag in der Geschichte der Industrie mit CBS in Paris (aus steuerlichen Gründen). Er garantiert ihnen sechs Millionen Dollar pro Album bei insgesamt vier Alben plus einem Werbe-Budget von rund einer Million Dollar pro Album. Insgesamt kassieren sie rund 28 Millionen Dollar. Ihr Zungen-Logo wird weiter auf ihren Platten benutzt werden.

September

Auftritt: ARMS: Royal Albert Hall (20–21.).

20
Bei einem All-Star-Konzert, das von Glyn Jones zusammengestellt worden ist, wirken Bill und Charlie mit. Zu den anderen Stars gehören Jeff Beck, Jimmy Page, Eric Clapton, Joe Cocker, Stevie Winwood, Paul Rodgers, Kenny Jones, Andy Fairweather-Low und Ronnie Lane. Das Konzert in der Royal Albert Hall wird zugunsten der Multiple-Sklerose-Forschung veranstaltet. Ronnie Lane, der an der Krankheit leidet, muß auf die Bühne getragen werden.

21
Die gleiche Gesellschaft tritt noch mal auf. Dieses Mal zugunsten des „Prince's Trust". Lady Di und Prinz Charles sind im Publikum.

24
Mick und Keith nehmen Videos für das Album „Undercover" auf.

25
Die Aufnahmen des gemeinsamen Auftritts von Keith mit Jerry Lee Lewis werden in der TV-Show „Salute" übertragen.

Oktober

17
Die Stones treffen sich in Paris zu Videoaufnahmen für „Undercover Of The Night".

18
Julien Temple, Regisseur des umstrittenen Films mit den Sex Pistols, „The Great Rock'n Roll Swindle", dreht erste Meter für „Undercover Of The Night" im Club „Bain Douches" in Paris.

Mick, Jerry, Keith und Patti fliegen mit Julien Temple nach Mexico City, um dort die Dreharbeiten fortzusetzen.

Oben links: Mick zusammen mit Jimmy (links) und Stevie Ray Vaughn in den NBC-Studios New York, bei den Aufnahmen für „Saturday Night Live". Oben rechts: Keith mit seinem Sohn Marlon. Unten links: Keith, Marlon und Großvater Ben Richards.

28
Ein Interview mit Mick wird bei der ersten Ausstrahlung der TV-Rockshow „The Tube" auf Channel 4 TV gesendet.

30
In Mexiko beenden Mick und Keith die Dreharbeiten. Keith und Patti verbringen Urlaub in Cabo San Lucas, wo Keith ein großes Haus an der Hauptstraße von Cabo Bello mietet, wo sich früher Sinatra, Crosby und John Wayne erholt haben.

31
„Undercover Of The Night" / „All The Way Down" kommt auf Rolling Stones Records heraus. In den britischen Charts erreicht der Titel Platz acht, in den USA Platz neun. In beiden Ländern schaden die Probleme mit dem Video den Verkauf.

UNDERCOVER OF THE NIGHT Jagger, Richards / ALL THE WAY DOWN Jagger, Richards
S-Rolling Stones Records RSR 113 (UK), RS-7-99813 (USA)
Veröffentlicht: Noveber 1983

N.B. Auskopplung aus dem Album „Undercover".

November

ARMS: Reunion Arena, Dallas, Texas (28.–29.).

7
Das Album „Undercover" kommt auf Rolling Stones Records heraus. In Großbritannien belegt es den ersten Platz in den Charts, in den USA den vierten.

UNDERCOVER
A-Rolling Stones Records EMI CUN 165 4361 (UK), Atlantic 90120-1 (USA)
Veröffentlicht: November 1983
Produzent: Glimmer-Zwillinge und Chris Kimsey in der Hit Factory New York
Mastering: George Marino bei Sterling Sound
Studio: Compass Point, Nassau und EMI Studios, Paris

A-Seite: 1. „Undercover Of The Night", 2. „She Was Hot", 3. „Tie You Up (The Pain Of Love)", 4. „Wanna Hold You", 5. „Feel On Baby". Alle Songs: Jagger, Richards.

B-Seite: 6. „Too Much Blood" (Jagger, Richards), 7. „Pretty Beat Up" (Jagger, Richards, Wood), 8. „Top Tough" (Jagger, Richards), 9. „All The Way Down" (Jagger, Richards), 10. „It Must Be" (Jagger, Richards).

N.B. Percussion von Moustapha Cisse, Brahms Condoul, Ian Stewart, Martin Ditcham und Sly Dunbar. David Sanborn spielt Saxophon. Hörner von CHOPS. Chuck Leavell spielt Keyboards auf den Stücken 2 und 7. Ian Stewart spielt Klavier auf den Stücken 2 und 7. Jim Barber spielt Gitarre auf Stück 6

9
Bill Graham gibt auf einer Pressekonferenz im Madison Square Garden bekannt, daß die Künstler, die in der Royal Albert Hall aufgetreten sind, auch in den USA für die Multiple-Sklerose-Forschung auf Tour gehen. Bill, Charlie und Ian Stewart sagen zu.

10
Julien Temples Video für das Album „Undercover" wird von der BBC aus „Top Of The Pops" verbannt. Es wird als zu gewalttätig eingestuft. In dem Video entspannt sich Mick Jagger im Holiday Inn in Mexico City, als er von drei „Terroristen", die von Keith angeführt werden, überfallen und in den Kopf geschossen wird. Mick: „Das Video wurde von den Dingen, die ich über Argentinien gelesen habe, beeinflußt, wo viele Menschen einfach verschwunden sind."

11
Die Fernsehaufseher verbannen das Video aus dem Fernsehen und Mick verteidigt den Clip in der TV-Sendung „The Tube" auf Channel 4: „Das Video folgt dem Song. Und der handelt von Repression. Wir mögen keine Klischees in der Werbung, aber die Gewalt wird nicht verherrlicht. Wir haben versucht, etwas Interessantes zu machen." In der Sendung wird das Video gezeigt, freilich ohne den Schuß auf Jagger.

18
Anstelle des umstrittenen Videos sendet „The Tube" alte Stones-Videos. Die Gruppe arbeitet an einer entschärften Version für „Top Of The Pops".

28–29
Charlie, Bill und Ian Stewart spielen bei einem der Wohltätigkeitskonzerte in Dallas.

Dezember

Auftritte: ARMS: Cow Palace, San Francisco (1.–3.); The Forum, Los Angeles (5., 6.); Madison Square Garden, New York (8.–9.).

16
Mick fliegt nach La Paz, Baja California, und fährt von dort nach Cabo San Lucas, um sich mit Keith und Patti zu treffen. Die Eltern von Keith, zum ersten mal seit 20 Jahren vereint, und seine Kinder treffen sich alle in Cabo San Lucas.

Die Hülle von „Undercover" wird in Singapur verboten.

17
Mick und Keith spielen sich bei einer Jamsession am Polterabend von Keith durch die alten Rock-'n-Roll-Hits.

18
Keith heiratet Patti Hansen in einer geheimen Zeremeonie im Hotel Finisterra in Cabo San Lucas. Mick Jagger ist der einzige anwesende Stone. Julien Temple filmt die Hochzeit.

21
Mick und Jerry veranstalten in ihrem Haus in New York (West 81. Straße) eine Weihnachtsparty.

23
Mick nimmt ein Video für die neue Single von Bette Midler, „Beast Of Burden" (Jagger, Richards), auf.

Oben links: Keith mit Patti Hansen und David Bowie im Ritz Club, New York 1983. Unten links: Keith mit seinem Sohn Marlon. Oben rechts: Keith und Tina Turner. Unten: Charlie bei einem Benefizkonzert 1983 in Los Angeles.

1984

Januar

Mick unterstützt die britische Turnmannschaft mit 32 000 Pfund für die Olympischen Spiele in Los Angeles.

1
Alexis Korner stirbt im Alter von 55 Jahren in London.

18–25
Die Stones nehmen in Mexiko unter der Regie von Julien Temple das Video für „She Was Hot" auf. Die Tänzerin Anita Morris aus dem Broadway-Musical „Nine" spielt die Hauptrolle. Sie wird zuerst allein mit Keith und Mick im Schlafzimmer gezeigt. Als die anderen Stones hinzukommen, fliegen ihre Knöpfe von der Hose. MTV, wo das Gewalt-Video „Undercover" ohne Beanstandungen gelaufen ist, weist den neuen Clip zurück. „Wir haben schon einige anrüchige Videos gehabt, aber das war zu viel." Eine bereinigte Version wird für MTV gedreht.

23
„She Was Hot" / „I Think I'm Going Mad" kommt auf Rolling Stones Records heraus. In den US-Charts kommt der Titel auf Platz 44, in Großbritannien nur auf Platz 40.

SHE WAS HOT Jagger, Richards I THINK I'M GOING MAD Jagger, Richards
EMI S-Rolling Stones Records RSR 114 (UK), Atlantic 7-99788 (USA)
Veröffentlicht: Januar 1984

N.B. Stück 1 stammt vom Album „Undercover".

Februar

3
Der erste Teil eines Interviews mit Mick Jagger wird in der NBC-TV-Sendung „Friday Night Videos" in den USA gesendet.

10
Der zweite Teil des Interviews wird ebenso ausgestrahlt wie die „saubere Version" des Videos „She Was Hot".

21
Bill überreicht an die Witwe von Alexis Korner eine posthume Ehrung bei den von der „Daily Mail" veranstalteten „British Rock Awards". Bill geht mit Julien Temple zu der Veranstaltung und sieht dort zwei Mädchen, die ihn elektrisieren. Er bittet Julien, die beiden auf einen Drink einzuladen, und Nicola und Mandy Smith nehmen an seinem Tisch Platz. Die beiden sind 15 beziehungsweise 13 Jahre alt. „Ich war völlig von den Socken, als ich Mandy zum ersten Mal sah." So beginnt die Lolita-Geschichte mit Bill im Mittelpunkt, die von der Boulevard-Presse ausgeschlachtet wird.

25
Keith fliegt mit der Concorde nach Paris, um dort nach einem passenden Studio für das nächste Album zu suchen.

März

2
Elizabeth Scarlett, Tochter von Jerry Hall und Mick Jagger, kommt in New York zur Welt. Mick ist bei der Geburt anwesend.

5
Nach Morddrohungen verlassen Jerry, Mick und ihre Tochter das Hospital, umgeben von Bodyguards.

8
Bill kommt, bewaffnet mit Blumen und Pralinen, zum Haus der Eltern von Mandy und fragt die Mutter Patsy Smith, ob ihre Tochter mit ihm ausgehen darf. Sie darf. Trotz zahlreicher Besuche in Clubs und Discos können sie ihre Affäre zweieinhalb Jahre geheimhalten, weil sie nicht minderjährig aussieht.

17
Keith feiert Pattis Geburtstag zusammen mit deren Eltern in New York.

28
Keith und Patti sehen ihren Film „Hard To Hold", sind aber vom Ergebnis nicht begeistert.

April

4
Bill tritt in der New Yorker Nachrichtensendung „Nightwatch" auf, um ihm von der Londoner Zeitung „Sun" zugeschriebene negative Bemerkungen über die anderen Stones zu dementieren.

Oben links: Ron, Jo und Tochter 1983. Oben rechts: Alexis Korner, der am 1. Januar 1984 starb.

10
Keith und Patti fliegen für einen zehnwöchigen Urlaub nach Jamaika.

16
Mick fliegt nach New York, um im Prozeß gegen den ehemaligen Manager Allen Klein auszusagen. Der „Daily Express" berichtet: „Die beiden Männer sind seit Jahren verfeindet und haben nicht miteinander gesprochen, seitdem Klein Jagger beschuldigt hat, seine Tochter beleidigt zu haben. Ihr Streit vor zehn Jahren ging um die Rechte an Stones-Material aus der Zeit vor 1970. Mick Jagger beschreibt den Zusammenstoß im Gerichtssaal in Manhattan, wo er darum kämpft, den Vertrag aufzulösen. Jagger: ‚Ich dachte, ich hätte mich unter Kontrolle, aber in dem Moment, wo er den Saal betrat, konnte ich mich nicht zurückhalten und brüllte ihn an: ‚Wo sind meine 800 000 Dollar?' Jagger erklärte, daß Klein Rechte vor allem an unveröffentlichtem Material von Aufnahmesitzungen hält, dessen Veröffentlichung des Stones schaden könnte. Mick: „Das Zeug ist Müll. Ich möchte diesen Mann aus meinem Leben streichen. Es ist ungefähr so, als würde man mit den Russen verhandeln.'"

23
In einer Abmachung wollen die Stones ihre Klage zurückziehen, wenn Klein die halbjährlichen Zahlungen pünktlich leistet.

Mai

6–10
Mick arbeitet an dem Song „State Of Shock" mit den Jacksons in den A & R Studios in New York.

10
Micks Verleger sind von seiner Autobiografie maßlos enttäuscht. Futura, Inhaber der Paperback-Rechte: „Kein Sex. Kein Rock 'n Roll. Es ist alles langweiliges Zeug über sein ordentliches Elternhaus, seine ordentliche Jugend. Die Qualität ist maßlos enttäuschend."

12
Mick fliegt nach Mustique, wo er seine Familie trifft. Von dort fliegt er weiter auf die Bahamas zu den Compass Point Studios. Auf seinem Album wirken mit: Pete Townshend, Jeff Beck, Mike Shrieve, Herbie Hancock, Nile Rodgers, Bill Laswell, Jan Hammer sowie Sly and Robbie.

Juni

1
Ron Wood wirkt als Komparse bei dem Sexfilm „9½ Wochen" (Regie: Adrian Lyne) in New York mit.

5
Charlie, Ian Stewart und andere Künstler treten in Nottingham bei einem Wohltätigkeitskonzert für die Krebsforschung in Erinnerung an Alexis Korner auf.

11
„State Of Shock" mit Mick und Michael Jackson kommt auf Epic Records heraus. In den USA belegt die Single den dritten, in Großbritannien den 14. Platz.

14
Die Stones erhalten als erste Band das „Platin-Ticket" des Madison Square Garden in New York für ihre Konzerte 1981. Sie werden auch in die „Hall Of Fame" des Garden aufgenommen.

24
Elizabeth Scarlett Jagger wird in der Kirche St. Mary Abbot's in Kensington getauft. Shirley Watts ist eine der Paten. Zu den Gästen gehören Micks andere Kinder, Jade und Karis, sowie seine Eltern, sein Bruder Chris und Charlie Watts.

26
Die Stones, ohne Ron, treffen sich in London zu geschäftlichen Gesprächen.

29
Das Sammelalbum „Rewind" kommt in Europa auf Rolling Stones Records heraus. In den britischen Charts erreicht es den zwölften Platz.

Die Single „Brown Sugar" / „Bitch" kommt in Großbritannien auf Rolling Stones Records heraus.

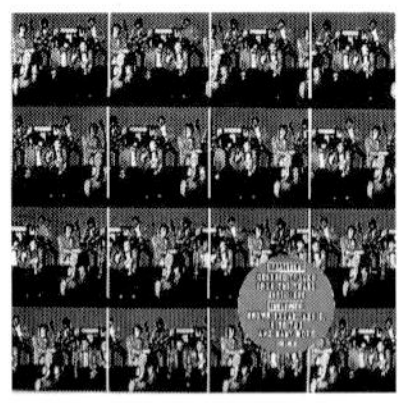

REWIND (1971–1984)
Sammelalbum
A-Rolling Stones Records EMI CUN 1 EJ260 106 (UK), Atlantic 90176-1 (USA)
Veröffentlicht: Juni 1984
Produzent: Glimmer-Zwillinge

A-Seite: 1. „Miss You", 2. „Brown Sugar", 3. „Undercover Of The Night", 4. „Start Me Up", 5. „Tumbling Dice", 6. „Hang Fire".

B-Seite 7. „Emotional Rescue", 8. „Beast Of Burden", 9. „Fool To Cry", 10. „Waiting On A Friend", 11. „Angie". Alle Songs: Jagger, Richards.

BROWN SUGAR Jagger, Richards / BITCH Jagger, Richards
S-Rolling Stones Records Sugar 1 (UK)
Veröffentlicht: Juni 1984

N.B. Wiederauflage der ersten auf Rolling Stones Records veröffentlichten Single. Veröffentlicht, um für das Sammelalbum „Rewind 1971 – 1984" zu werben.

Juli

2
Das Sammelalbum „Rewind" wird in den USA auf Rolling Stones Records mit einigen anderen Titeln veröffentlicht.

Die Single „Miss You" / „Too Tough" wird in den USA auf Rolling Stones Records veröffentlicht.

MISS YOU Jagger, Richards / TOO TOUGH Jagger, Richards
S-Rolling Stones Records 7-99724 (USA)
Veröffentlicht: Juli 1984
Produzent: Glimmer-Zwillinge

N.B. Auskopplung aus dem Album „Rewind".

23
Mick dementiert, daß er eine Solo-Karriere und damit das Ende der Rolling Stones anstrebt: „Solche Gerüchte gibt es seit den sechziger jahren immer wieder. In Wahrheit sind wir uns sehr nahe und haben gerade in London zukünftige Alben und Konzerttermine besprochen. Im Dezember werden wir ein neues Album aufnehmen. Mein Soloalbum war Teil des Vertrages mit CBS, der auch die Produktion von fünf Alben der Band einschließt. Uns wird es also noch eine Zeitlang geben. Außerdem haben einzelne Mitglieder immer wieder eigene Sachen veröffentlicht. Bill Wyman hat drei Soloalben auf den Markt gebracht."

September

Bill beginnt die Arbeiten an seinem Projekt „Willy And The Poor Boys", das zwischenzeitlich auch „Up In Arms" hieß. Die Gewinne gehen an Ronnie Lanes ARMS-Wohltätigkeitsorganisation. auf dem von

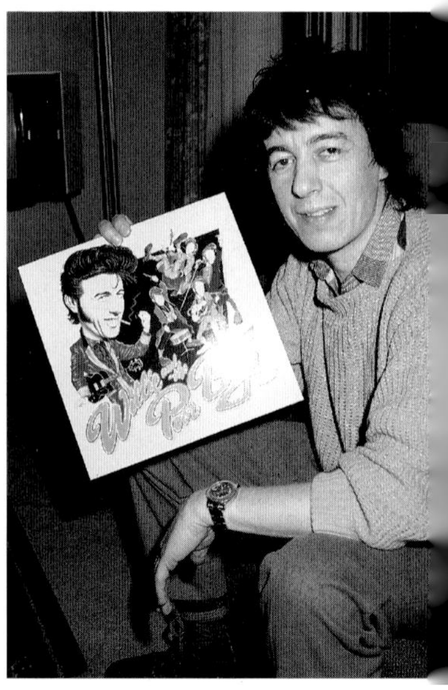

April
Auftritt: The Charly Watts Orchestra: Ronnie Scott's, London (19.–21.).

4
Mick fliegt von Mustique nach London, um an dem Titelsong des Disney-Films „Ruthless" zu arbeiten und das Album „Dirty Work" vorzustellen.

15
Der Streit zwischen Keith und Mick verstärkt sich, nachdem „USA Today" berichtet, daß Keith ein Telegramm von Mick bekommen habe, in dem er mitteilt, daß er keine Zeit habe, Werbung für „Dirty Work" zu machen, weil er an einem Solo-Album arbeite.

Mai
1
Die Stones drehen ein Video für ihre neue Single „One Hit To The Body" in den Elstree Studios. Regisseur ist Russell Mulcahy. Mick und Keith vertragen sich gut genug, um einen Kampf zu mimen und sich so über die Zeitungsberichte lustig zu machen. Keith soll angeblich gesagt haben: „Wenn Mick ohne die Band auf Tour geht, schneide ich ihm die Kehle durch."

19
„One Hit To The Body" / „Fight" wird veröffentlicht.

ONE HIT (TO THE BODY) Jagger, Richards, Wood / FIGHT Jagger, Richards, Wood
S-Rolling Stones Records CBS A 7160 (UK)
Columbia 38-05906 (USA)
Veröffentlicht: Mai 1986

N.B. Auskopplung aus dem Album „Dirty Work".

Juni
2
Ron ist in New Orleans, wo er an einer TV-Sendung über Fats Domino teilnimmt. Er probt zwei Tage lang mit dem Schlagzeuger Steve Jordan und Paul Shaffer aus der „David Letterman Show".

6
Keith trifft an Bord der „Queen Elisabeth II" in New York ein und fliegt nach Chicago, wo er zusammen mit Chuck Berry bei einem Blues-Festival in Grant Park vor 70 000 Fans auftritt.

7
Keith und Chuck gehen zu Billy Mulligan, um Dr. John zu sehen und danach mit Junior Wells in der „Checkerboard Lounge" zu spielen.

8
Keith fliegt nach Los Angeles, wo er mit Etta James auf der Bühne „Miss You" spielt.

11
Keith fliegt nach New York, wo er einen Auftritt für die TV-Sendung „Friday Night Videos" aufnimmt. Er wird vom Bassisten Marcus Miller und Paul Shaffer von NBC unterstützt und zusammen spielen sie einige Stones-Klassiker.

20
In London tritt Mick bei einem Wohltätigkeitskonzert für den Prince's Trust auf, der jugendlichen Arbeitslosen hilft. Eric Clapton, Paul McCartney, Phil Collins, Elton John und Tina Turner treten ebenfalls auf. Nach dem Konzert unterhalten sich Mick, David Bowie und Prinz Charles.

Juli
5
Die Faces treten wieder als Höhepunkt von Rod Stewarts Konzert im Wembley Stadion gemeinsam auf. Ron Wood steht mit Stewart vor 60 000 Fans auf der Bühne, und Bill spielt Bass als Ersatz für Ronnie Lane, den die Multiple Sklerose am Auftritt hindert.

6
Andy Warhol trifft in London ein. Mick und Jerry sind Gäste bei Tina Chow, die ihm zu Ehren ein Essen bei „Mr. Chow's" veranstaltet.

7
Ron fliegt nach Detroit, wo er zusammen mit Keith und Steve Lillywhite Aretha Franklins Version von „Jumping Jack Flash" in den Studios von Tamla Motown produziert. Keith und Ron spielen Gitarre auf dem Stück, das auf dem Album „Aretha" veröffentlicht wird.

9
Aretha, Ron, Keith, Steve Lillywhite und Whoopie Goldberg treten im Video für das Video „Jumping Jack Flash" auf, das in den Tamla-Motown-Studios gedreht wird. Whoopi Goldberg benutzt das Stück für einen Film.

12
Keith fliegt nach St. Louis, wo er mit Chuck Berry die Idee eines Films über Berrys Leben diskutiert. Die beiden treffen sich in Chucks Haus in Wentzville, Missouri.

15–17
Ron tritt drei Nächte hintereinander mit Bob Dylan im Madison Square Garden auf und spielt zehn Dylan-Stücke.

17
Während eines langen Telefongesprächs an ihrem 16. Geburtstag beschließen Bill und Mandy die Trennung.

21
Micks Single „Ruthless People" / „I'm Raining", der Titelsong des Films „Ruthless People" kommt auf Epic exklusiv in den USA heraus. (CBS 34-06211) und erreicht in den Charts den 51. Platz.

23
Bill, begleitet von einer Freundin, macht in Paris auf dem Weg nach Vence in Südfrankreich eine Pause.

26
Mick feiert seinen Geburtstag in seiner Wohnung in London. Eric Clapton, Sting, Nick Rhodes und Tina Turner helfen ihm dabei.

28
Alexandra Nichole, Tochter von Patti und Keith Richard, kommt in New York zur Welt.

30
Ron und Jo verkaufen ihr Haus in New York und ziehen zurück nach Wimbledon.

August
3
Bills Affäre mit Mandy Smith wird von „News Of The World" „enthüllt". Mandy wird zitiert: „Meine Mutter hat der Beziehung zugestimmt. Es war aber schon etwas ungewöhnlich." Mandy war in Marbella, als sich die beiden an ihrem 16. Geburtstag während eines Telefongesprächs trennten. An einem Abend in Marbella, als sie mit Bekannten (darunter ihr neuer Freund) aß, erzählte sie von der Trennung. Unter den Menschen am Tisch war auch ein Journalist (was Mandy nicht wußte), der die Geschichte sofort an die Boulevardpresse verkaufte. Sie hat nichts daran verdient.

In Marbella wird sie von Journalisten überrannt, und Bill kann seine Villa in Vence nicht verlassen. Bill schreibt: „Ich entschloß mich, sie aus Marbella herauszuholen – und wurde sofort beschuldigt, sie der Stones-Mafia auszuliefern. Es war ein Alptraum. Ich glaube nicht, daß ich ihr groß geschadet habe. Eher das Gegenteil."

Die Presse hat ihr Fest, und Bills Anwalt rät ihm, erst einmal in Frankreich zu bleiben, bis sich die Dinge abgekühlt haben. Schließlich könnte es strafrechtliche Konsequenzen geben.

9
Mick, Jerry und die Kinder fliegen nach Paris und reisen von dort zum Familien-Schloß an der Loire.

29
„Jumping Jack Flash" von Aretha Franklin gesungen, kommt auf Arista in den USA heraus und erreicht den 21. Platz in den Charts.

Mitte: Keith zusammen mit Chuck Berry auf der Bühne in dem Film „Hail! Hail! Rock 'n' Roll". Unten: Ron und Rod Stewart treten beim Wiedersehen der Faces am 5. Juli 1986 im Wembley Stadion auf.

R·A·D

Bill produzierten Album treten auf: Jimmy Page, Paul Rodgers, Charlie Watts, Andy Fairweather-Low, Kenney Jones, Chris Rea, Ringo Starr und der Schlagzeuger der Dire Straits, Terry Williams. Bill produziert auch ein halbstündiges Video für Werbezwecke.

Oktober
Mick lehnt das Angebot, für eine Million Dollar in der TV-Serie Dallas aufzutreten, ab.

13
Mick und Jerry veranstalten eine Dinner-Party in ihrem Haus in New York. Unter den Gästen befinden sich Jack Nicholson, Andy Warhol, Art Garfunkel, Whoopi Goldberg und Mike Nichols.

26
Ron wird im Hard Rock Café in New York für den Radiosender WNEW-FM interviewt.

November
Mick, Keith, Charlie und Bill besprechen in Amsterdam künftige Projekte.

Ende des Monats fliegen Mick, Jerry und Julien Temple nach Rio de Janeiro, um ein Video für Micks Album aufzunehmen.

8
Mick und Jerry sind bei einer von Diane von Fürstenberg veranstalteten Party zu Gast. Bianca und Andy Warhol nehmen ebenfalls teil.

14
Vestron veröffentlicht eine Video-Sammlung einschließlich aller von Julien Temple aufgenommenen Clips: „Too Much Blood", „She Was Hot" und die unzensierte Version von „Undercover Of The Night". In den Video-Charts belegt die Sammlung den ersten Platz.

28
Ron und Jo fliegen nach Dallas, wo in der Galerie Foster Goldstrum Rons Bilder ausgestellt werden. Die Ausstellung heißt „Portraits Of Friends". Zu den Abgebildeten gehören Jimi Hendrix, Sid Vicious und die anderen Stones. Die Ausstellung läuft bis Januar 1985.

29
Bill Wyman geht zur Westend-Premiere von Paul McCartneys „Give My Regards To Broad Street" und der Party nach der Aufführung.

Dezember
9
Charlie und Ian Stewart treten bei einem Wohltätigkeitskonzert in Edinburgh zugunsten der Hungernden in Äthiopien auf.

25
Keith, Patti, Mick und Jerry verbringen Weihnachten in ihren Häusern in New York. Ron und Jo fliegen nach England, um dort Weihnachten zu verbringen.

1985

Januar
Mick und Keith treffen sich in Paris, um Ideen für ein neues Album zu entwickeln. Der Rest der Band kommt nach, und mit Ausnahme von einigen kleinen Unterbrechungen verbringen sie die nächsten sechs Monate mit Aufnahmen.

3
Ron und Jo heiraten in der Kirche St. Mary's in Denham. Keith ist Trauzeuge. Zu den Gästen gehören Charlie und Bill sowie Rod Stewart, Eric Clapton und Peter Frampton. Mick kann nicht kommen. Er überwacht den Einbau einer Entsalzungsanlage in Stargroves.

11
Ron und Jo gehen zu einer Party, bei der der Wechsel des Kolumnisten von „The Sun" zum „Daily Mirror" gefeiert wird.

Februar
4
Micks Single „Just Another Night" (Jagger) / „Turn The Girl Loose" (Jagger) kommt auf CBS (4722) heraus. Der Titel ist eine Auskopplung aus dem Album „She's The Boss". Die Single erreicht in den britischen Charts den 27. in den USA den zehnten Platz.

5
In einem Interview mit dem „Daily Mirror" erklärt Mick: „Die anderen Stones mögen gedacht haben, ein Erfolg des Albums hätte das Ende der Band bedeuten können. Ich weiß aber, daß nichts daran war. Es war schon ein seltsames Erlebnis, ohne die anderen zu arbeiten. Es ist ungefähr so wie das Leben mit einer Frau und einer Geliebten. Die Stones, das ist fast so wie eine lange Ehe. Ich kenne ihre Stärken und Schwächen und habe fast schon ein telepathisches Verhältnis zu ihnen aufgebaut."

März
Charlies 16jährige Tochter, Seraphina, und eine Klassenkameradin werden aus Millfield, einem teuren Internat, gewiesen. Angeblich war ein „Ereignis mit Cannabis" der Grund.

1
Keith fliegt von Paris nach New York, um die Geburt seines und Pattis Kind zu erwarten.

4
Micks erstes Solo-Album „She's The Boss" kommt auf CBS (86310) heraus. Zu den Musikern, die mitwirkten, gehören Jeff Beck, Peter Townshend, Herbie Hancock, Michael Shrieve, Bernard Edwards, Nile Rodgers, Robbie Shakespeare, Sly Dunbar, Colin Hodgekinson, Chuck Leavell, Ray Cooper und G. E. Smith.

In den britischen Charts belegt das Album den sechsten, in den USA den achten Platz, was Mick einigermaßen enttäuscht. Insgesamt werden jedoch zwei Millionen Exemplare verkauft.

11–12
Bill, Charlie und Ron nehmen ein Video mit sechs Songs für das Projekt „Willie and the Poor Boys" auf.

Bill: „Wir hatten drei Ziele mit ‚Willie and the Poor Boys'. Wir wollten Geld für ARMS sammeln und die Öffentlichkeit darauf aufmerksam machen, daß Geld für die Multiple-Sklerose-Forschung gebraucht wird. Außerdem wollten wir eine neue Generation mit der Musik bekannt machen, die uns in unserer Jugend so inspiriert hat. Die Musik stammt aus den vierziger und fünfziger Jahren und ist eine Mischung aus Blues, Swing, Boogie und frühem Rock. Außerdem gibt das Projekt bisher unbekannten Musikern die Möglichkeit, bekannter zu werden.

18
In New York kommt Theodora Dupree, Tochter von Keith und Patti, zur Welt. Keith ist bei der Geburt anwesend: „Ich schlief noch halb, als wir im Krankenhaus eintrafen. Dann hatte ich auf einmal einen Kittel und eine Haube an und war im Kreißsaal. Alles, was ich tun konnte, war, Pattis Hand zu halten und die Ärzte nicht zu stören. Selbst für einen Zyniker wie mich war es ein sagenhaftes Erlebnis, dabei zu sein, wie mein Kind zur Welt kommt. Ich war den Tränen nahe. Ich bin ein ziemlich weicher Typ, wenn es um Kinder geht."

April
Julien Temple und Mick beginnen mit Dreharbeiten für das Video für Micks nächste Single „Lucky In Love".

8
Mick tritt in der BBC-TV-Sendung „The Old Grey Whistle Test" auf.

11
Die Stones treffen sich in Paris, um an ihrem nächsten Album zu arbeiten. Steve Lillywhite ist Co-Produzent mit den Glimmer-Zwillingen. Das Album sollte ursprünglich im Juni auf den Markt kommen, wurde dann auf September verschoben. Tatsächlich erscheint es erst im März 1986.

19
„Lucky In Love", die zweite Single von Mick, kommt auf CBS (A 6213) heraus. In den US-Charts erreicht die Platte den 38. Platz.

Mai
Bob Geldof fragt an, ob die Stones beim Live-Aid-Konzert teilnehmen wollen. Die Gruppe

Oben: Mick mit seinen Töchtern Jade (links) und Karis im New Yorker Central Park. Unten: Mick im Video „Lucky In Love".

berät sich in Paris und lehnt eine Teilnahme an dem Wohltätigkeitskonzert ab. Mick entschließt sich später, alleine teilzunehmen.

24
Bill bringt das Album „Willie And The Poor Boys" auf seinem Label Ripple als Bill 1 heraus. Auf dem Album spielen unter anderem: Charlie Watts, Jimmy Page, Andy Fairweather-Low, Chris Rea, Ray Cooper, Micky Gee, Paul Rodgers, Kenny Jones, Henry Spinetti, Steve Gregory, Geraint Watkins und Bill Wyman, der das Album auch produzierte.

Die Single „Baby Please Don't Go" / „Let's Talk It Over" wird aus dem Album ausgekoppelt.

Juni
Die Stones beenden Mitte des Monats die Arbeit im Pathé Marconi Studio in Paris. Sie haben 30 Titel aufgenommen.

29
Mick und David Bowie wollten eigentlich ein transatlantisches Duo bei Live Aid singen, doch technische Probleme verhindern das. Statt dessen gehen sie in ein Studio in London und nehmen in zwölf Stunden „Dancing In The Street" auf. Danach drehen sie ein Video, das bei Live Aid gezeigt werden soll.

Juli

4
Mick und Jerry gehören zu den Millionären, die auf Einladung von Malcolm Forbes auf dessen Yacht vor Manhattan den amerikanischen Unabhängigkeitstag feiern.

Oben links: Hinter der Bühne bei Live Aid: Keith, Darryl Hall, John Oates, Ron, Bob Dylan, Madonna, Mick und Tina Turner. Unten: Mick und David Bowie im Video „Dancing In The Street".

September

14
Charlie fliegt nach New York, um Möglichkeiten für eine Veröffentlichung seines Albums und der Tournee seines Orchesters an der Ostküste zu erörtern.

15
Mick verfolgt seine Solo-Karriere weiter und fliegt nach Los Angeles, wo er mit Dave Stewart von den Eurythmics sein nächstes Album bespricht.

16
Ein Fotograf belästigt Mick und Dave Stewart bei einem Abendessen in Los Angeles. Mick schlägt ihn nieder.

28
Bill kehrt aus Vence nach London zurück und stellt sich der Polizei, wo er erfährt, daß man nicht an ihm interessiert ist. „Wir haben mit der Mutter und der Tochter geredet. Sie wollen keine Anzeige, und wir sehen auch keinen Anlaß. Vielen Dank. Wir melden uns, wenn wir Sie brauchen."

Oktober

8–15
Keith fliegt nach St. Louis, wo er eine Woche lang in Chuck Berrys Haus für die Show an dessen 60. Geburtstag probt. Anita Pallenberg und sein Sohn Marlon sind im Publikum. Die Shows werden von Taylor Hackford für den Film „Hail! Hail! Rock 'n Roll", bei dem Keith der musikalische Direktor ist, aufgenommen.

November

Auftritte: Charlie Watts Orchestra: Music Hall, West Hartford, Connecticut (29.).

Allen Kleins ABKCO Records veröffentlichen alle amerikanischen Stones-Aufnahmen auf London Records (bis „Let It Bleed") auf CD.

15
Mick beginnt mit Aufnahmen für sein nächstes Solo-Album mit Dave Stewart in den Wisseloord Studios in Hilversum, Niederlande. Jeff Beck, Simon Phillips und Doug Wimbish helfen dabei.

23
Eric Clapton tritt in New York im Ritz auf und wird von Keith auf der Bühne besucht. Die beiden spielen „Cocaine" und „Layla".

27
Charlie und sein 33 Mann starkes Orchester landen in New York und beginnen eine Tournee mit acht Konzerten an der Ostküste, um ihr neues Album vorzustellen.

Dezember

Auftritte: Charlie Watts Orchestra: Philadelphia (1.); Ritz, New York (2.–4.); Boston (5.); Toronto (6.).

„Live At The Fulham Town Hall", ein Album mit Jazztiteln von Benny Goodman, Lester Young und Charlie Parker, gespielt vom Charlie Watts Orchester, kommt in den USA und Großbritannien auf Columbia (450253-2) heraus. Das Konzert war am 23. März 1986 aufgenommen worden. Das Orchester wurde von Alan Cohen dirigiert und bestand aus folgenden Musikern: Charlie Watts, John Stevens und Bill Eyden: Percussion; Stan Tracy: Klavier; Jim Lawless und Bill Lessage: Vibraphon; Ron Mathewson und Dave Green: Bass; Jack Bruce: Cello; Colin Smith, John Huckeridge, Steve Sidwell, Hans Beckett, Ted Emmett, Jimmy Deucher und Dave Defries: Trompeten; Paul Rutherford, Annie Whitehead, Chris Pyne und John Picard: Posaunen; Don Weller, Evan Parker, Alan Skidmore, Bobby Wellins, Danny Moss und Courtney Pine: Tenor-Saxophon; Peter King, Ray Warleigh und Willie Granett: Alt-Saxophon; Gail Thompson: Bariton-Saxophon; Olaf Vass: Klarinette und Flöte.

3
Keith besucht das letzte Konzert von Charlies Band im Ritz.

13
Mick beendet die Aufnahmen für sein neues Album in Hilversum. Er hat zehn Stücke aufgenommen.

18
Keith feiert seinen 43. Geburtstag mit seiner Familie auf Jamaika. Kurz darauf fliegt er nach New York, um Weihnachten zu feiern.

21
Mick, Jerry und Familie fliegen nach Mustique, wo sie David Bowie an Weihnachten besucht.

24
Mick und David Bowie singen beim Weihnachtsgottesdienst in der anglikanischen Kirche auf Mustique.

1987

Januar

6
Mick und Jerry fliegen von Mustique nach Barbados, wo Mick in den Blue Wave Studios weiter an seinem Album arbeitet.

21
Jerry fährt zum Grantley Adams Flughafen auf Barbados, um ein von Mustique aus abgeschicktes Paket mit Kleidern und Kosmetik abzuholen. Ein Angestellter von Mustique Airways erklärt ihr, daß ein zweites Paket abgegeben worden sei. Es sei zwar nicht an sie adressiert, aber sie solle es doch öffnen, ob es nicht vielleicht doch für sie sei. Sie tut dies und wird sofort von Zöllnern und Polizisten festgenommen, die ihr die Einfuhr von 20 Pfund Marihuana vorwerfen. Sie wird über Nacht in eine Zelle gesperrt. Mick, der im Studio ist, erfährt von all dem erst nach sechs Stunden und bezahlt sofort die 6000 Dollar Kaution. Jerry verneint mit aller Kraft, daß das Paket ihr gehört. Sie muß ihren Pass abgeben und sich zweimal wöchentlich bei der Polizei melden, bis ihr Fall am 13. Februar verhandelt wird. Ihr Anwalt Peter Partcher fliegt aus New York ein, und Mick sichert sich die Dienste von Elliott Mottley, einem der Top-Anwälte von Barbados.

Februar

Keith beginnt mit Aufnahmen für ein Soloalbum im Studio 900 in New York.

Ron Wood arbeitet weiter an seinem Album in seinem Studio in seinem Haus in Wimbledon.

13
Jerry erscheint im Gericht und plädiert auf nicht schuldig. Die Verhandlung wird um drei Tage vertagt.

16
Jerrys Prozeß wird auf Barbados fortgesetzt. Es wird ziemlich schnell klar, daß sie von Zoll und Polizei reingelegt worden ist. Casper Walcott vom Zoll gesteht einen Meineid und erzählt, daß ihn Detektive aufgefordert hatten, auf ein Paket mit Marihuana zu warten und ändert seine frühere Aussage in anderen wichtigen Deatails. Trotz der überwältigenden Beweise zögert Richter Frank King und vertagt die Verhandlung um weitere zwei Tage. Jerry bricht in Tränen aus.

20
Jerry steht wieder vor Richter Frank, der acht Minuten braucht, bis das Wort unschuldig über seine Lippen kommt. Mick und Jerry fliegen sofort nach New York, wo Jerry erklärt, daß sie wegen des verlängerten Aufenthalts auf Barbados 130 000 Pfund an Honoraren verloren hat. Gleichzeitig teilt sie der Welt ihre Meinung über Barbados mit. Der unschuldige Verlierer sind die Blue Wave Studios, die ihren Kunden Mick

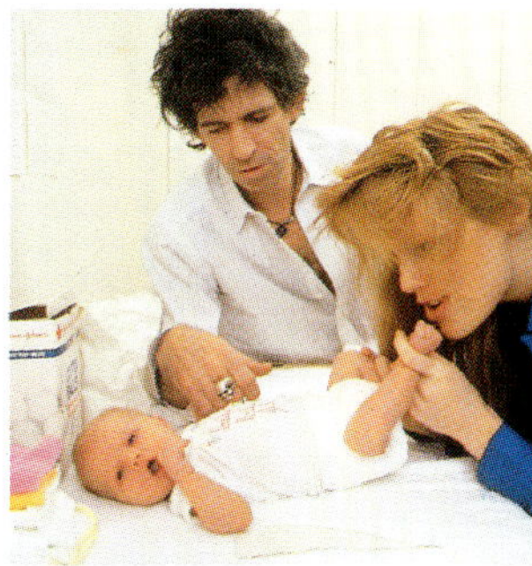

Gegenüberliegende Seite: Ron und Jo in ihrem Haus mit Familie. Oben und Mitte: Keith und Patti Hansen mit Nachwuchs.

Jagger verlieren. Er setzt seine Arbeit im Right Track Studio in New York fort.

April

1
Jerry, Bianca, Mandy Smith und Bill besuchen getrennt voneinander das Konzert am internationalen AIDS-Tag im Wembley Stadion.

8
Ein Brand unterbricht die letzte Aufnahmesitzung von Keith im Studio 900 in New York. Keith, Ian Neville und die Schlagzeuger Steve Jordan und Charley Drayton retten ihre Ausrüstung und spielen auf der Straße weiter, bis die Feuerwehr eintrifft.

12
Keith fliegt mit seiner Mutter Doris und seiner Tochter Angela (geb. Dandelion) für einen zweimonatigen Urlaub nach Jamaika.

13
Bill enthüllt auf einer Pressekonferenz sein neuestes Wohltätigkeitsprojekt, genannt AIMS. Er hat das mobile Studio der Stones gekauft und will es unbekannten Bands zur Verfügung stellen, damit sie vernünftige Aufnahmen machen können. Bill will die Titel produzieren, aber keine Prozente für seine Arbeit kassieren. Zusammen mit Sponsor Pernod gibt er 50 Bands (aus 1200 Bewerbungen) eine erste Chance.

Mai

26
Ron und Jo fliegen nach Italien, wo Ron neun Tage als Interviewer für das italienische Fernsehen RAI arbeitet. Zu seinen Gästen zählen David Bowie, Peter Gabriel, Genesis und Prince.

27
Keith fliegt von Jamaika nach Los Angeles, wo er mit Virgin Records über einen Vertrag für seine Solo-Arbeiten und den Vertrieb der Filmmusik „Hail! Hail! Rock 'n Roll" verhandelt.

Juni

Auftritte: The Charlie Watts Orchestra: Playboy Jazz Festival, Hollywood Bowl, Los Angeles (13.–14.); Avery Fisher Hall, Lincoln Center, New York (23.).

24
Keith beendet die Arbeiten an dem Soundtrack-Album „Hail! Hail! Rock 'n Roll" in den Electric Lady Studios in New York.

23
Keith, Patti und Mick Taylor besuchen das Konzert von Charlies Bigband im Lincoln Center.

Juli

Auftritt: The Charlie Watts Orchestra: Pistoia Blues Festival, Pistoia, Italien (4.).

13
Keith und Richard Branson treffen sich im Westbury Hotel in New York, um die Verhandlungen über einen Vertrag zwischen Keith und Virgin Records abzuschließen.

15
Bill organisiert ein Bankett in London, um Gelder für sein AIMS-Projekt zu sammeln. Alle Stones mit Ausnahme von Keith, der noch seinen Virgin-Vertrag verhandelt, sind anwesend.

17
Keith unterschreibt in New York einen Vertrag mit Virgin für seine Solo-Arbeiten.

Oben: Charlie und seine Bigband im New Yorker Ritz im Dezember 1986. Mitte: Ron und Jo Wood bei der Eröffnung einer Ausstellung mit Rons Gemälden. Unten: Ron und Bo Diddley.

20–21
Mick dreht in New York ein Video für seine nächste Single „Say You Will". Regisseurin ist Mary Lambert.

August

15
Keith and The X-Pensive Winos beginnen mit Aufnahmen in Le Studio in Montreal.

29
Keith und Patti fahren von Montreal nach New York.

31
Mick bringt seine Single „Let's Work" (Jagger, Richard) / „Catch As Catch Can" (Jagger) auf CBS 65 1028-7 heraus. Die von Mick Jagger und Dave Stewart produzierte Platte erreicht in den USA den 39. und in Großbritannien den 35. Platz in den Charts.

Mick und Jerry gehören zu den Gästen bei Dave Stewarts Hochzeit mit Siobhan Fahey von Bananarama.

September

7
Mick und Dave Stewart arbeiten in Daves Haus in London an neuem Material. Stewart war Co-Autor von „Let's Work".

9
Mick dreht ein Video für „Lets Work", das in „Top Of The Pops" gesendet werden soll.

Micks zweites Soloalbum, „Primative Cool", kommt auf CBS 460 123-2 heraus. Produzenten sind Mick und Dave Stewart. Auf dem Album wirken folgende Musiker mit: Jeff Beck und G. E. Smith an Gitarre, Schlagzeuger Simon Phillipps, David Sanborn am Saxophon und Paddy Moloney an den Pipes. Das Album erreicht in Großbritannien den 18. und in den USA den 41. Platz in den Charts.

25
Bill und Ringo Starr besuchen die Eröffnung des Nachtclubs „La Brasserie" in Atlanta, in den beide Geld investiert haben. Bill und Ringo spielen später mit Jerry Lee Lewis.

Oktober

3
Chuck Berrys Film „Hail! Hail! Rock 'n Roll", für den Keith die Musik produziert hat, wird in New York uraufgeführt. Keith und Chuck sind im Publikum.

7
Keith und Patti besuchen die Westküsten-Premiere von „Hail! Hail! Rock'n Roll" im AMC Century in Hollywood.

20
Mick nimmt einen Videoclip für seine nächste Single „Throwaway" live auf der Bühne des Country Clubs in Los Angeles auf. Regisseurin ist Mary Lambert. Die Zuschauer hatten die Eintrittskarten zuvor in einem von einem Radiosender veranstalteten Wettbewerb gewonnen. Unterstützt wird er von Jeff Beck an der Gitarre, Phil Ashley an den Keyboards, Doug Wimbish am Bass und dem Zappa-Schlagzeuger Terry Bozio.

Eigentlich sollten Beck und Mick auf Tour gehen, um für das neue Album Werbung zu machen. Doch die Tour wurde nach einem Streit der beiden Musiker abgesagt. Ein Sprecher für Mick Jagger erklärte die Hintergründe: „Einen Monat lang ist für die Tour geprobt worden. Doch es ist allgemein bekannt, daß Beck ein schwieriger Charakter ist, und schließlich hat es zwischen beiden geknallt. Die Tour ist aber nur verschoben, weil Beck schließlich ein ausgezeichneter Musiker ist, und wird vermutlich im nächsten Jahr über die Bühne gehen."

Im November erzählte Beck der Zeitung „The Sun" seine Version: „Ich habe die Tour abgesagt, weil Mick mir nur ein lächerliches Honorar angeboten hat. Es war eine Beleidigung. Ich wollte ihm einfach beibringen, daß man, wenn man das Beste haben will, auch dafür bezahlen muß. Was er mir angeboten hat, kassiert ein Studiomusiker. Micks Problem ist sein Geiz. Er ist nicht besser als ein Buchhalter. Er zählt jeden einzelnen Penny. Ich kann einfach nicht glauben, daß jemand, der soviel Geld hat, so geizig ist. Natürlich möchte ich noch immer mit dem alten Geizhals auf Tour gehen, er muß nur ein vernünftiges Angebot machen. Um meinen guten Willen zu zeigen, war ich in Los Angeles, um das neue Video für ‚Throwaway' aufzunehmen."

29
„Decades", eine Sammlung von signierten Lithographien von Ron Wood, wird in der Hamnett Galerie vorgestellt. Die Kollektion zeigt die Portraits bekannter Musiker aus den letzten drei Jahrzehnten.

31
Ron fliegt nach Miami zur inoffiziellen Eröffnung seines Nachtclubs und Restaurants „Woody's On The Beach".

November

Auftritte: Ron Woods und Bo Diddleys „Gunslingers"-Tour: Newport Music Hall, Columbus, Ohio (4.); The Riviera, Chicago (5.); Harpos, Detroit (6.); The Agora, Cleveland, Ohio (7.); The Holiday House, Pittsburgh, Pennsylvania (8.); The Copa, Toronto (10.); The Grange, Poughkeepsie, New York (11.); The Channel, Boston (12.); The Living Room, Providence, Rhode Island (13.). The Sundance, Long Island, New York (14.); The Stone Balloon, Newark, Delaware (21.); The Ritz, New York (25.); Monroeville, Alabama (Datum unbekannt); Raleigh, South Carolina (Datum unbekannt); Bei den Auftritten in Memphis und Dallas (Daten unbekannt) ersetzt Charlie Sexton Bo Diddley.

9
Micks Single „Throwaway" (Jagger) / „Peace Of The Wicked" (Jagger) kommt auf CBS (THROW 1) heraus.

25
Beim letzten Konzert der „Gunslingers"-Tour im New Yorker Ritz kommen die ehemaligen Mitglieder der Temptations, David Ruffin und Eddie Kendricks auf die Bühne. Das mobile Studio Westwood One nimmt das Konzert auf. Direkt danach fliegt Ron nach Los Angeles, um Martin Adam in den Secret Sound Studios beim Mixen zu assistieren.

Dezember

Auftritt: Ron Wood and Bo Diddley's „Gunslingers"-Tour: Woody's On The Beach, Miami (19.–20.).

19
„Woody's On The Beach" wird offiziell mit einem Auftritt von Ron und Bo Didley eröffnet.

Oben: Keith bei der Eröffnung von „Bus Stop" in New Jersey am 26. Juli 1988. Unten links: Mick und Dave Stewart. Unten rechts: Mick und Jerry Hall am 6. Juni 1988 in der Royal Albert Hall.

1988

Januar

7–8
Ron tritt in seinem Lokal „Woody's On The Beach" auf, wo er auf der Bühne zwei Nächte lang von Mick Taylor unterstützt wird.

20
Die Beatles werden in die Rock 'n Roll Hall of Fame aufgenommen. Mick stellt Ringo Starr und George Harrison dem im Waldorf Astoria versammelten Publikum vor. Danach tritt er mit George und Bruce Springsteen auf und bringt „I Saw Her Standing There".
Mit Bob Dylan und Bruce Springsteen bringt er „Like A Rolling Stone" und „Satisfaction", unterstützt vom legendären britischen Gitarrenvirtuosen Jeff Beck.

Februar

Mick beginnt mit Proben für eine Japan-Tournee in den SIR Studios, New York. Zu seiner Band gehören Doug Wimbish am Bass, Simon Philips am Bass, Joe Satriani und Jimmy Ripp an Gitarre, Phil Ashley und Richard Cottle an Keyboards. Die Tournee wird unterstützt von Suntory Dry Beer.

Ron Wood und Martin Adams beenden die Arbeiten an der CD „lLve At The Ritz" im Secret Sound Studio in Los Angeles.

20
Mit seiner AIMS-Wohltätigkeitsorganisation veranstaltet Bill ein Konzert für einen Fond zugunsten kranker Kinder. Auf der Bühne in der Royal Albert Hall stehen die besten Nachwuchsbands sowie Elvis Costello, Chrissie Hynde, Chris Rea und Bills All Star Band mit Ron Wood, Phil Collins, Terence Trent D'Arby, Eddy Grant, Ray Cooper, Kenney Jones und Ian Dury. Bill schreibt in seiner Autobiografie: „Harvey Goldsmith war der Moderator bei dem Konzert, das 30 000 Pfund einbrachte. Er schickte den Scheck und er bekam auch das Dankesschreiben …"

März

Auftritte: Mick Jaggers Tour: Osaka Castle Hall, Osaka (15.–19.); Karakuen Dome, Tokyo (22.–23.); Nagoya Messegelände (25.).

Ron Wood and Bo Diddley's „Gunslingers" Tour: zwei Wochen Japan (2.–15.); Los Angeles Palace (18.); Magic Mountain Amusement Park, Los Angeles (26.).

12
Ron und Mick treffen sich in Micks Hotelzimmer in Osaka. Ron tritt in der Stadt auf, Mick probt.

23
Tina Turner singt mit Mick in Tokyo „Brown Sugar" und „It's Only Rock 'n Roll".

27
Mick singt mit Tina Turner in Osaka „Honky Tonk Woman".

Ron besucht eine Ausstellung seiner Gemälde in Shermont Oaks bei Los Angeles.

April

Trotz aller juristischen Versuche, die Auktion zu verhindern, versteigert Phillips in London ein im Oktober 1962 aufgenommenes Band der Rolling Stones für 6000 Pfund. Darauf spielt die Gruppe „Soon Forgotten" von Muddy Waters, Jimmy Reeds „Close Together" und Bo Diddleys „You Can't Judge A Book". Tony Chapman saß am Schlagzeug, und die Aufnahme war von Bill organisiert worden.

Vor einem Gericht in White Plains, New York, beginnt der Plagiats-Prozeß gegen Mick Jagger, den der jamaikanische Sänger Patrick Alley angestrengt hat. Der behauptet, daß Micks Song „Just Another Night" seinem Song „Just Another Night", der zuerst auf seinem Album „Just A Touch Of Patrick Alley" erschienen war, entspricht. Alley verklagt Mick und Columbia Records auf sieben Millionen Dollar, die das Album von Mick's „She's The Boss" angeblich eingespielt haben soll. Mick ist ebenfalls im Gerichtssaal, um sich zu verteidigen.

20
Sly Dunbar, Schlagzeuger auf dem Album „She's The Boss", demonstriert dem Gericht, wie unterschiedlich der Beat der beiden Stücke ist. Patrick Alley bahauptet, daß Sly auch auf seinem Album gespielt hat, was der weder bestätigen noch verneinen kann, weil er sich nicht genau daran erinnern kann, bei wievielen Aufnahmen er schon mitgewirkt hat.

22
Mick tritt vor Gericht auf, singt einige Songs und spielt einige Demobänder, um zu zeigen, wie sich „Just Another Night" im Laufe der Aufnahmesitzungen entwickelt hat.

26
Mick wird vom Plagiat-Vorwurf freigesprochen und erklärt: „Mein Ruf ist wieder sauber. Wenn man Erfolg hat, gibt es eben immer Neider. Der Prozeß war eigentlich für alle Beteiligten eine reine Zeitverschwendung."

Mai

13
Mick setzt sich durch und verhindert, daß Jade in einem Film eine junge Prostituierte spielt.

18
Die Rolling Stones treffen sich zu einer Besprechung im Londoner Savoy Hotel und beschließen, auch 1989 zusammenzuarbeiten, ein Album aufzunehmen und vielleicht wieder auf Tour zu gehen.

27
Der „Daily Telegraph" berichtet, daß Jade aus dem exklusiven Internat St. Marys gewiesen worden ist, weil sie unerlaubt ihren Freund Fosh Astor besucht hat. „Was soll ich jetzt tun? Mein Vater bringt mich um."

Juni

Auftritt: Ron and Bo Diddley's „Gunslingers" Tour: Hammersmith Odeon, London (28.).

10
Bill beendet seine AIMS-Wohltätigkeitsorganisation, nachdem Pernod die Unterstützung eingestellt hat. Er sagt „The Sun": „Die Unternehmen sind gemein. Ich wollte doch nur einigen Jugendlichen eine Chance geben."

Juli

Auftritte: Ron Wood and Bo Diddley's „Gunslingers" Tour: bis zum 29. Auftritte in Italien, Deutschland und Spanien.

22
„Publishers Weekly" berichtet: „Viking Penguin und Viking/ NAL in den USA haben die englischen Weltrechte für Bill Wymans Autobiografie erworben." Das Buch wird von Ray Coleman, ehemaliger Redakteur beim „Melody Maker", geschrieben werden und sich ausschließlich mit den sechziger

Oben links: Mick und George Harrison und rechts mit Bruce Springsteen beim Konzert der Rock 'n Roll Hall of Fame in New York. Mitte: Springsteen, Bob Dylan und Mick bringen „Like A Rolling Stone".

Jahren befassen. Das war bei der Vertragsunterzeichung noch unklar. Mick hatte bei seinem Buchprojekt Bill Wyman, den unoffiziellen Archivar der Gruppe, darum gebeten, doch Bill hatte abgelehnt.

26
Jerry Hall spielt die Hauptrolle Cherie in dem Stück „Bus Stop" im Montclair State College Theater in Montclair, New Jersey. Die Rolle war von Marilyn Monroe berühmt gemacht worden. Nach der Vorstellung feiert sie mit Mick Jagger dessen Geburtstag und ihren ersten Auftritt.

August

19
Mick fliegt nach London, um mit Ron an neuen Songs zu arbeiten.

22
Mick fliegt von London nach New York und berichtet dort den Journalisten, daß die Stones ein neues Album aufnehmen werden und eine Tournee planen.

23
Mick und Keith treffen sich in New York, um neue Projekte zu entwickeln und Songs für das kommende Album zu schreiben.

Ron, Jo und Familie fliegen nach Antigua in den Urlaub.

24
Mick fliegt nach San Francisco, um dort mit seiner Band für eine Australien-Tournee zu proben. Die Tour wird von Reebok unterstützt.

September

Auftrite: Mick Jagger: Kardomah Café, Sydney (17.); Boondall Entertainment Center, Brisbane (22.–23.); Entertainment Centre, Sydney (26., 27, 29.).

9
Mick und seine Band treffen in Australien ein. Sie gönnen sich etwas Zeit, um die Zeitverschiebung zu verarbeiten.

14
Mick kündigt auf einer Pressekonferenz in Sydney an, daß er mit 50 Jahren aufhören will, auf Tour zu gehen. „Man ist nicht auf ewig 19 Jahre alt. Ich möchte mich einfach in meinem Stuhl zurücklehnen." Mick ist 45 Jahre alt.

17
Mick beginnt seine Australien-Tour mit einem überraschenden Auftritt im 400 Menschen fassenden Kardomah Café in Sydney.

22
Keith macht in Paris Werbung für seine demnächst erscheinende Single und sein Album.

23
„Take It So Hard" (Richards, Jordan) / „I Could Have Stood You Up" (Richards, Jordan), die Single von Keith, kommt auf Virgin (VS 1125) heraus.

29
Ron gibt eine Party in der Hamilton Galerie in Mayfair und stellt sein neues Buch „The Works" mit seinen Gemälden vor. Anita Pallenberg, Marlon und Micks Bruder Chris sind unter den Gästen.

Oktober

Auftritte: Mick Jagger: Entertainment Centre, Sydney (1.–2.); International Tennis Centre, Melbourne (6.–7.); Burswood, Superdome, Perth (10.–11.); International Tennis Centre, Melbourne (14.–15., 17.); Entertainment Centre, Sydney (21.); Stadion Utama Senayan, Jakarta, Indonesien (30.).

4
„Talk Is Cheap", das erste Soloalbum von Keith, kommt auf Virgin (CDV 2554) heraus.

Unten: Ron mit seinem Kunstkatalog.

Das Album ist von Keith Richards und Steve Jordan produziert worden. Folgende Musiker wirkten mit: Keith (Gesang, Gitarre, Percussion), Steve Jordan (Schlagzeug, Percussion, Gesang), Bootsy Collins (Bass), Bernie Worell (Orgel), Waddy Wachtel (Gitarre), Charley Drayton (Schlagzeug), Ivan Neville (Keyboards), Maceo Parker (Alt-Saxophon), Sarah Dash, Patti Scialfa und Sam Butler (Gesang), Joey Spanpinato (Bass), Johnny Johnson (Klavier), Chuck Leavell (Orgel), Bobby Keys (Tenor-Saxophon), Stanley „Buckwheat" Dural (Akkordeon) und Michael Doucet (Geige). In den amerikanischen Charts erreicht das Album den 24. Platz.

5–6
Keith probt mit seiner Band, The X-Pensive Winos, in den American Sounds Studios in New York für die anstehende Tour.

6
Keith berichtet in einem Interview mit dem Magazin „Rolling Stone" über die Schwierigkeiten zwischen ihm und Mick Jagger. „Während meiner Drogenzeit in den siebziger Jahren tat ich nichts als die Songs zusammenzustellen und kümmerte mich einen Dreck um die geschäftlichen Angelegenheiten. Das übernahm Mick und dafür habe ich ihn bewundert, weil er genau das tat, was man von einem Freund erwartet. Als ‚Emotional Rescue' produziert wurde und ich sauber war und ihm etwas von der Last abnehmen wollte, fühlte ich eine leichte Ablehnung. Dabei hätte er doch dankbar sein sollen, daß ich ihn entlasten wollte. Doch er dachte sofort, daß ich die Kontrolle übernehmen wollte. Da habe ich zum ersten Mal so etwas wie Unzufriedenheit gespürt. Er hatte sich so daran gewöhnt, die Band zu leiten, daß er kein bißchen davon abgeben wollte.

16
Keith tritt bei dem Benefizkonzert „Smile Jamaica" in London auf, um den Opfern eines Wirbelsturms zu helfen. Sein eigenes Haus in Ochos Rios war von dem Sturm beschädigt worden. Keith hält sich in London auf, um Werbung für sein Album zu machen.

28
In einer Pressekonferenz in New York gibt Keith Details über seine Tour mit The X-Pensive Winos bekannt.

November
Auftritt: Mick Jagger: Western Springs Stadium, Auckland, Neuseeland (5.).

Keith Richards X-Pensive Winos: Fox Theater, Atlanta (24.); New Daisy Club, Memphis, Tennessee (25.); Constitution Hall, Washington (27.); Beacon Theater, New York (29.).

3
Keith besucht die Party zur Feier des zehnten Geburtstags von „Beggars Banquet", dem offiziellen Fan-Magazin im US Blues Club in New York.

9
Jerry Lee Lewis tritt mit Ron in „Woody's On The Beach" auf. David Bowie ist ebenfalls im Lokal, geht aber nicht auf die Bühne.

10
Keith und Patti fliegen vor der Tournee mit den X-Pensive Winos zu einem einwöchigen Urlaub nach Antigua.

16
Ron erhält eine unbekannte Summe als Entschädigung in einem Prozeß gegen „The Sun" zugesprochen. Das Blatt hatte behauptet, er habe eine Nacht mit einem Mädchen verbracht, das er in einem Londoner Nachtclub getroffen habe. „Im allgemeinen lache ich über solche Berichte, doch dieses Mal sind sie zu weit gegangen. Ich habe das Mädchen noch nie in meinem Leben gesehen." Das Blatt muß sich außerdem bei ihm für den Bericht entschuldigen.

24
The X-Pensive Winos haben ihren ersten Auftritt im Fox Theater in Atlanta. Zur Band gehören folgende Musiker: Waddy Wachtel (Gitarre), Bobby Keys (Saxophon), Steve Jordan (Schlagzeug), Charley Drayton (Bass), Ivan Neville (Keyboards) und Sarah Dash (Gesang).

29
Nachdem das Publikum das Beacon Theater verlassen hat, schmeißt Keith eine Party in der Lobby. Zu den Gästen gehören Carole King, Brooke Shields, Steve Van Zandt und Matt Dillon.

30
Autogrammstunde von Keith in Tower Records, New York.

Dezember
Auftritte: Keith Richards X-Pensive Winos: Tower Theater, Philadelphia (1.–2.); Orpheum Theater, Boston (3.–4.); Music Hall, Cleveland (7.); Fox Theater, Detroit (8.); Aragon Ballroom, Chicago (10.); Henry J. Kaiser Convention Center, Oakland, California (13.); Universal Auditorium, Los Angeles (14.); The Palladium, Hollywood (15.); Brendan Byrne Arena, New Jersey (17.).

4
Mick Jerry und Familie fliegen über Weihnachten von London nach New York.

14
Nach dem Auftritt in Los Angeles feiern Keith und die Band hinter der Bühne. Zu den Gästen gehören Dan Akroyd und Bill Murray.

17
Die Party am Ende der Tour findet in der Brendan Byrne Arena statt. Patti Hansen, Anita Pallenberg und ihre drei Kinder feiern mit und erleben, wie Keith mit einer goldenen Schallplatte für das Album „Talk Is Cheap" ausgezeichnet wird.

1989

Januar

10
Ron und Jo nehmen an der Party für Rod Stewarts 44. Geburtstag teil.

13
Mick und Keith treffen sich in Barbados, um neue Songs zu schreiben. Vor dem Abflug sagt Keith zu Patti in New York: „Ich bin entweder in 48 Stunden oder zwei Wochen wieder zurück. Innerhalb von 48 Stunden weiß ich, ob wir es schaffen oder ob wir uns wieder streiten." Er bleibt. Bill Wyman schreibt später: „Die Spannungen scheinen die beiden beflügelt zu haben. Sie arbeiteten mit einer erstaunlichen Geschwindigkeit."

16
Ron eröffnet eine zweiwöchige Ausstellung seiner Gemälde in der Hamilton Galerie, London.

Oben: Keith und Patti Hansen und unten mit ihren Töchtern Theodora und Alexandra in New York.

Gibson

17
Mick und Keith fliegen von Barbados nach New York, wo sie Ron und Mick Taylor treffen, um in die Rock 'n' Roll Hall of Fame aufgenommen zu werden.

18
Die Rolling Stones werden im Rahmen einer Zeremonie im Waldorf Astoria Hotel in die Rock 'n' Roll Hall of Fame aufgenommen. Die Band sollte eigentlich auftreten, doch Bill boykottiert die Veranstaltung, weil die „Ehrung zu klein und zu spät" sei. Bill schrieb später: „Charlie und ich sind nicht hingegangen. Es erschien mir lächerlich, vom Establishment des Show Business zu einem so späten Zeitpunkt in unserer Karriere geehrt zu werden. Ich fand es auch unglaubwürdig, da im Smoking aufzutreten. Gegen all das haben wir während unserer Karriere gekämpft."

Die Ehrung wird von Mick, Keith, Ron und Mick Taylor entgegengenommen. Peter Townshend hält eine Rede: „Die Stones haben noch immer eine Zukunft. Jungs, was immer Ihr tut, werdet nicht mit Anstand alt, es paßt nicht zu Euch."

Mick, in seiner Dankesrede: „Es ist schon eine ironische Sache, daß Sie uns heute mit einem so guten Benehmen erleben. Schließlich werden wir heute für 25jähriges schlechtes Benehmen geehrt. Und dann gibt es da noch unsere Musik, und die werden wir so bald nicht aufgeben. Mick, Keith und Pete Townshend erinnern an Brian Jones und Ian Stewart.

Später tritt Mick mit Stevie Wonder auf und bringt „Uptight" und „Satisfaction". Danach kommen Keith, Ron und Mick Taylor auf die Bühne. Tina Turner singt mit Mick „Honky Tonk Woman". Mit „Start Me Up" treten die Stones ab.

19
Charlie, Mick, Keith und Ron besprechen geschäftliche Details in New York.

21
Ron zusammen mit Bo Diddley, Percy Sledge, Duck Dunn, Eddie Floyd, Willie Dixon, Chuck Jackson, Dr, John, Carla Thomas, Steve Crooper, Albert Collins, Billy Preston und Koko Taylor feiern den Wahlsieg von George Bush im Convention Center in Washington. Bush besucht die Musiker und ihm wird ein von allen Beteiligten signiertes Poster und eine Gitarre überreicht. Der Chef der republikanischen Partei, Lee Atwater, der das Konzert organisiert hatte, greift sich eine rote Gitarre und spielt „Hi Heel Sneakers". Unter den 8500 Besuchern standen die meisten Schwarzen auf der Bühne.

29
Mick und Keith kehren zu Aufnahmen nach Barbados zurück.

Februar

6
Mick fliegt von Barbados nach London.

9
Keith dreht ein Video für seine neue Single „Make No Mistake" / „Struggle" in der „River Bar" in New York. Von The X-Pensive Winos wirken mit: Charley Drayton, Steve Jordan und Sarah Dash sowie die Memphis Horns.

10
Mick fliegt von London nach Barbados.

13
Keith kehrt nach Barbados zurück und arbeitet mit Mick weiter an neuen Songs in den Blue Wave Studios.

Ron und Bill überreichen bei den BPI-Auszeichnungen die Ehrungen für den besten britischen Nachwuchs.

18
Bill nimmt am Konzert für Kambodscha im Ringwood Recreation Centre in Southampton teil.

In Barbados finden ernsthafte geschäftliche Gespräche zwischen Mick, Keith, Prinz Löwenstein, ihrem amerikanischen Anwalt John Branca und den Tournee-Veranstaltern Bill Graham und Michael Cohl statt.

20
Charlie fliegt nach Barbados, um mit Keith und Mick Demobänder der neuen Songs aufzunehmen.

März

Ron und Billy fliegen zu Proben nach Barbados, die im Studio von Eddie Grant stattfinden.

15
Der größte Tournee-Vertrag in der Geschichte des Rock 'n Roll wird bekanntgegeben. Michael Cohl von Concert Productions International in Toronto garantiert den Stones zwischen 65 und 70 Millionen Dollar für ungefähr 55 Konzerte in den USA und Kanada. Neben der Tour organisiert er die Vermarktung und den Verkauf der Fernsehrechte an Kabelstationen.

21
Die Stones machen Ferien und fliegen zu ihren jeweiligen Häusern. Bill macht mit Freundin Melissa aus New York Urlaub auf Antigua.

29
Die Stones beginnen im AIR-Studio von George Martin auf der Karibikinsel Montserrat mit Aufnahmen für das neue Album.

31
Der „Daily Express" berichtet, daß Bill seine Mandy heiraten will. Sie sagt: „Bill hat mich am Ostersonntag gefragt, und ich habe sofort ja gesagt. Wir beide sind begeistert." Bill hatte in einem Telefongespräch von Barbados aus um ihre Hand angehalten.

April

1
Bill kündigt seine Heiratspläne auf einer Pressekonferenz in Barbados an. Dabei spielt auch der Altersunterschied eine Rolle. Er ist 52, sie gerade 19 Jahre alt. Er veranstaltet die Pressekonferenz, damit die anderen Stones in Ruhe weiter aufnehmen können und vom Rummel verschont bleiben. Während seiner Abwesenheit spielt Ron den Bass bei einigen neuen Stücken.

2
Bill fliegt zu weiteren Aufnahmen nach Montserrat.

3
Bill und Mandy haben Schwierigkeiten, eine Kirche für ihre Hochzeit zu finden. Bill klagt im „Daily Express": „Mandy ist katholisch und ich anglikanisch. Sie möchte im Juni von einem katholischen Priester getraut werden. Eine weiße Hochzeit eben mit allem, was dazu gehört. Doch überall wird ihr Wunsch abgelehnt, weil ich geschieden bin. Irgendwo in Großbritannien muß es doch eine Kirche geben, wo wir beide heiraten können, damit Mandys Traum wahr wird."

29
Die Stones beenden nach fünf Wochen ihre Aufnahmen. Alle Stücke wurde live im Studio eingespielt.

Mai

Die Stones beginnen zusammen mit ihrem Produzenten Chris Kimsey mit den Mischarbeiten in den Olympic Studios in Barnes.

Oben: Die Stones, einschließlich Mick Taylor werden in die Rock 'n' Roll Hall of Fame aufgenommen und treten mit Pete Townshend und Tina Turner (unten) auf.

2
Mick fährt mit einer überlangen Limousine zu einem Cricket-Spiel im Oval Stadion.

9
„Sticky Fingers", das neue Restaurant von Bill in Kensington, wird inoffiziell eröffnet. Zu den Gästen zählen Mandy, Ron, Jo, Chris Jagger, James Hunt, Ringos Frau, die Schauspielerin Barbara Bach und die Schauspielerin Emma Samms. An den Wänden des Restaurants hängen Stones-Memorabilia, unter anderem auch die Gretsch-Gitarre von Brian Jones.

15
Die Stones treffen sich zu geschäftlichen Gesprächen in Amsterdam, die um fünf Uhr morgens mit einem kurzen Faustkampf enden. Zu dieser Zeit weckt Mick den in seinem Zimmer schlafenden Charlie und fragt: „Ist da mein kleiner Trommler?" Charlie kommt in den Raum, brüllt Mick an, „nenn mich nie wieder ‚Deinen kleinen Trommler' – Du bist mein verdammter Sänger!", und schlägt Mick nieder. Keith erzählt der „Sun": „Wir hatten ein Treffen in Amsterdam und Mick und ich beschlossen noch etwas zu trinken. Wir hatten eine großartige Zeit zusammen und um fünf Uhr morgens war Mick betrunken, was schon etwas Besonderes ist. Mick rief Charlie an, woraufhin Charlie aufstand, sich rasierte, seinen Anzug nebst Krawatte anzog, in unser Zimmer gestürmt kam und Mick mit einem Schlag niederstreckte. Mick flog auf eine Platte mit geräuchertem Lachs und rutschte in Richtung Fenster. Kurz bevor er in den Kanal stürzen konnte, habe ich ein Bein zu fassen bekommen und ihn angehalten."

17
Bills Restaurant, „Sticky Fingers", eröffnet in Kensington.

18
Bill findet sich in den Zeitungen wieder, nachdem er bei der Eröffnung einer Ausstellung von Aufnahmen des Fotografen David Beaton einen Finger in den Ausschnitt des Models Denise Lewis steckt.

28
Bill Wymans Team tritt gegen die Mannschaft von Eric Clapton in einem Cricket-Wohltätigkeitsspiel an. Bei der Begegnung in Aldbury kommen 25 000 Pfund für den Fonds, den die Schauspielerin Emma Samms für unheilbar kranke Kinder eingerichtet hat. In den Mannschaften spielten unter anderem mit: Ron Wood, Gary Brooker, David Essex, Mike Rutherford und Andy Fairweather-

Oben: Bill und Mandy Smith heiraten in Bury St. Edmunds am 2. Juni 1989 und besuchen am 25. Mai ein Cricketspiel.

Low. Eric Clapton verpaßt seinen Flug in New York und ist daher nicht anwesend.

31
Keith bekommt von Eric Clapton eine Elvis-Presley-Statue und wird zur „lebenden Legende" bei der ersten Verleihung der „International Rock Awards" in New York ernannt. Die X-Pensive Winos treten auf, unterstützt von Eric Clapton, Jeff Healy, Dave Edmunds, Clarence Clemons und Tina Turner. ABC überträgt die Zeremonie in 50 Länder. Direkt danach fliegt Keith zurück nach London, um weiter an seinem neuen Album zu arbeiten.

Juni

2
Bill und Mandy heiraten auf dem Standesamt in Bury St. Edmunds. Bills Sohn Steven und Nicole sind die Trauzeugen. Am Abend nehmen beide an der TV-Sendung „Terry Wogan Show" teil. Bill: „Nach 15 Minuten war alles vorbei. Hätte ich gewußt, das alles so leicht ist, hätte ich es schon vor Jahren getan."

5
Bill und Mandy heiraten in der anglikanischen Kirche St. John the Evangelist in Hyde Park Crescent in London. 170 Gäste sind in der Kirche anwesend und bei dem Empfang danach begrüßt das Hochzeitspaar 400 Gäste im Grosvenor Hotel. Unter anderem alle Stones mit Frauen, Eric Clapton, Elton John und viele andere Musiker. Mick schenkt dem Paar eine Picasso-Zeichnung für 20 000 Pfund. Charlie: „Mick hätte ihm eine Kopie schenken und das Original behalten sollen. Bill hätte nie den Unterschied bemerkt."

10
Bill und Mandy verbringen ihre Flitterwochen in Bills Haus im südfranzösischen Vence.

11
Ron und Jo brechen zu einem kurzen Urlaub in Irland auf.

16–17
Das Team der BBC-TV-Sendung „Arena" filmt im Palast von Ben Abbou in Tanger, wo Mick, Keith und Ron Hintergrundmaterial aus dem Repertoire der Joujouka-Musiker für den Titel „Continental Drift" aufnehmen. Mick: „Irgendwie ist da eine Verbindung zwischen den beiden Gruppen." 1968 hatte Brian Jones die Musiker aufgenommen. Das Album wurde nach seinem Tod veröffentlicht. Damals schrieb er: „Sie spielen nicht für ein Publikum von sterblichen Menschen, sondern für eine Versammlung in einem ganz anderen Flugzeug." Einmal im Jahr versammeln sich die Joujouka-Musiker und feiern die Pan-Zeremonie, was sie offensichtlich schon seit 2000 Jahren machen.

Vor der Aufnahme gab es ein seltsames Erlebnis für Mick Jagger. Mick: „Als wir den Song schrieben, dachte ich, es wäre doch toll, wenn wir die Joujouka-Musiker darauf hätten. Und eine Woche später kam ein Brief der Musiker, die anfragten, ob man nicht mal gemeinsam auftreten könnte." Die Stones hatten 20 Jahre lang keinen Kontakt zu den Marokkanern. Der Regisseur Nigel Finch filmt ein Gespräch zwischen Mick und dem amerikanischen Autor Peter Bowles, der seit 20 Jahren in Marokko lebt und einer der ersten Weißen war, der die Musik der Joujouka in den Bergen hörte.

20
Rons Club und Restaurant in Miami wird nach Beschwerden der Nachbarn über Lärmbelästigungen geschlossen.

Nach der Rückkehr aus Marokko beginnen Keith und Mick in London mit den Mischarbeiten am neuen Album. Mick: „Das Album heißt ‚Steel Wheels'. Es ist für unsere Verhältnisse ziemlich schnell entstanden. Mit Ausnahme von zwei Songs, die Keith und ich unabhängig voneinander im vergangenen Jahr geschrieben haben, entstanden alle Titel in dieser kurzen Zeit. Es zeigt unseren aktuellen Zustand und nicht, unsere Vergangenheit der letzten fünf Jahre. Wir hatten uns angewöhnt, unsere eigenen Wege zu gehen. Wir waren völlig unorganisiert. Ich saß also mit Keith zusammen und er sagte, ‚wir werden nie ein Album schaffen'. Vielleicht,

Oben links: Bill vor seinem Restaurant „Sticky Fingers" und rechts mit seiner Cricketmannschaft. Unten: Keith und Eric Clapton.

aber wir sollten es versuchen. Vielleicht schaffen wir vier oder sechs oder auch gar keinen Titel, aber wir sollten es wenigstens versuchen. Wo wir stehen, wissen wir erst, wenn wir Songs schreiben, Arrangements entwickeln und dann ins Studio gehen. Das klingt ungeheuer professionell und ehrlich, ich hätte nie gedacht, daß es klappen würde, aber es ging. Wir haben auf Barbados gearbeitet, wo Jerry nie mehr hinfliegen wird, aber ich mag die Insel, auch wenn es zu viele Touristen gibt. Aber wir waren weit genug von ihnen in Eddie Grants Studio entfernt."

24
Keith beobachtet die Tennisstars Vitas Gerulaitis, Pat Cash und Mats Wilander, die im Londoner „Hard Rock Café" alte Stones-Songs spielen.

Juli
Die Stones beginnen in der Kleinstadt Washington, Connecticut, mit Proben für ihre Tournee. Sie haben ein ganzes Hotel und drei weitere Häuser

Oben und Mitte: Die Band im Jahre 1989. Unten links: Mick trainiert mit der Tänzerin Adrienne Eggleston.

gemietet. Sie proben in Wykham Rise, einer ehemaligen Mädchenschule, die hermetisch abgeschirmt ist. Mick wohnt in einem Haus, ein paar Meilen entfernt und hält sich mit einem harten Trainingsprogramm fit. Mick: „Es wird für mich wesentlich anstrengender als bei der letzten Tournee, aber seit meiner Solotour im letzten Jahr, weiß ich was, ich meinem Körper zumuten kann. Und das ist eine ganze Menge. Ich habe Glück, daß ich besser in Form bin als vor 20 Jahren. Doch ich bin eben älter geworden. Was wirklich störend ist, daß ich damals 45 Minuten auf der Bühne stand und Energie für zwei Stunden hatte. Heute ist es umgekehrt. Doch das wird schon laufen. Es ist nur eine verdammt lange Tour. Nach den ersten 25 Auftritten wird es hart. Es kommt natürlich darauf an, wieviel ich unterwegs bin. Da kommen schon fünf bis zehn Meilen zusammen. Die anderen tun überhaupt nichts. Charlie muß fit sein, er hat neben mir den härtesten Job. Und Bill? Nun, wir werden natürlich einige Witze über ihn und Mandy machen.

1
Mick gewinnt beim irischen Derby 5000 Pfund. Er hatte die Reihenfolge der ersten drei Pferde richtig getippt.

9
Mick fliegt in der Concorde nach New York. Die anderen Stones sind schon in der Stadt.

11
Die Stones veranstalten eine Pressekonferenz in der Grand Central Station in New York und lassen rund 500 Reporter und Fans bei 40 Grad eine Stunde lang warten. Dann treffen sie endlich an Bord eines Waggons aus den zwanziger Jahren aus dem Fundus des Coppola-Films „The Cotton Club" auf Gleis 42 ein. Sie spielen „Mixed Emotions" über einem winzigen Ghetto-Blaster und verraten Details der Tour.

Reporter: „Einige Kritiker meinen, daß sie die Tour nur des Geldes wegen machen."

Mick: „Und Ruhm und Anerkennung? Haben sie auch mal an diese Dinge gedacht?"

Keith: „Der Ruhm, Darling, der Ruhm."

16
Bill klagt bei Proben in Washington, Connecticut, über Herzschmerzen. Der Arzt diagnostiziert eine Lebensmittelvergiftung.

19
Die Bürger von Washington, Connecticut, formieren sich zu einer „Anti-Stones-Bürgerinititiative". Sie fühlen sich von den Sicherheitskräften der Band belästigt.

26
Die Stones feiern bei einem Barbecue den 46. Geburtstag von Mick in Washington.

August

Auftritte: Toad's Palace, New Haven, Connecticut (12.); Veteran's Stadium, Philadelphia (31.).

3
Die Stones nehmen ein Video für „Mixed Emotions" auf.

12
In „Toad's Place"; einem Club in New Haven, Connecticut, mit Platz für 700 Menschen; bezahlen die Besucher 3,01 Dollar Eintritt für die „Rock Party With The Cruiser" und rechnen mit der örtlichen Band „Sons Of Bob". Auch die Band bemerkt nicht, daß sie den Abend für die Stones eröffnen, bis die Ausrüstung auf der Bühne steht. Keith beginnt ohne Vorankündung mit „Start Me Up" eine 50minütige Show der Stones.

13
Die Stones setzen ihre Proben im Nassau Coliseum, Long Island, fort, wo sie ihre Bühne und Beleuchtung testen können. Sie spielen jede Nacht vor einem ausgewählten Publikum von rund 100 Menschen.

Mandy, die ihren Bill seit der Hochzeit kaum gesehen hat, kann nicht kommen, weil sie an einer Allergie erkrankt ist.

17
„Mixed Emotion" / „Fancyman Blues" kommt auf Rolling Stones Records heraus. In den britischen Charts erreicht der Titel

den 33.; in den amerikanischen den fünften Platz.

MIXED EMOTIONS Jagger, Richards / FANCYMAN BLUES Jagger, Richards
S-Rolling Stones CBS 655-1937 (UK), CBS 38-69008 (USA)
Veröffentlicht: August 1989

N.B. Auskopplung aus dem Album „Steel Wheels".

24
Bei einer Rock-Auktion bei Christie's in London werden 17 Liebesbriefe aus dem Jahr 1964 von Bill Wyman an „Babs" und ein Goldarmband mit der Wid-

mung „Für Barbara, in Dankbarkeit Bill Wyman“ 1967 für 1430 Pfund versteigert.

26
Die Stones fliegen für dreitägige Proben nach Philadelphia und wohnen im Four Seasons Hotel.

28
Am 20. Jubiläum von Altamont drohen die Hells Angels, Mick umzubringen. Die Polizei nimmt die Drohung ernst und stellt Mick unter einen 24stündigen Polizeischutz.

29
Das Album „Steel Wheels“ kommt in den USA heraus und erreicht den ersten Platz in den Charts.

31
Die Stones beginnen mit der größten Tournee der Rock-Geschichte. In Philadelphia lagen zwei Millionen Bestellungen vor. Reiche Fans zahlen den vierzigfachen Ticketpreis. Jeweils 55 000 Fans sehen die beiden Shows in Philadelphia. Vor dem Stadion gibt es kleinere Zusammenstöße zwischen der Polizei und betrunkenen Fans. 52 Personen werden verletzt, 28 festgenommen. Bei dem Titel „Shattered“ versagt die 550 000 Watt starke Tonanlage und wird innerhalb von drei Minuten repariert. Die Stones streichen „Shattered“ aus dem Programm.

September

Auftritte: Veteran's Stadium, Philadelphia (1.); Exhibtion Stadium, Toronto (3.—4.); Three Rivers Stadium, Pittsburgh (6.); Alpine Valley Stadium, East Troy, Wisconsin (8.—9., 11.); Riverfront Stadium, Cincinnatti (14.); Carter-Finley Stadium, Raleigh, North Carolina (16.); Busch Stadium, St. Louis (17.); Cardinal Stadium, Louisville (19.); Carrier Dome, Syracuse, New York (21.—22.); R. F. K. Stadium, Washington (24.—25.); Municipal Stadium, Cleveland (27.); Sullivan Stadium, Boston (29.).

3
Die Stones treten zum ersten Mal seit zwölf Jahren in Kanada auf. 60 000 Fans sehen die Show.

6
Die Stones spielen „Mixed Emotions“ live auf MTV bei der Verleihung der „Video Awards“ aus dem Three Rivers Stadium in Pittsburgh.

10
Ron geht auf die Bühne beim Konzert von Buddy Guy in Chicago, um das Publikum zu begrüßen, spielt aber nicht.

11
Das Album „Steel Wheels“ kommt in Großbritannien auf Rolling Stones Records heraus und belegt den zweiten Platz in den Charts.

STEEL WHEELS
A-Rolling Stones Records CBS 465 752 1 (UK), Columbia OC 45333 (USA)
Veröffentlicht: September 1989 (UK), August 19898 (USA)
Produzent: Glimmer-Zwillinge und Chris Kimsey
Techniker: Christopher Marc Potter
Mastermix: Ted Jensen bei Sterling Sound
Studio: AIR Studios, Montserrat

A-Seite: 1. „Sad, Sad, Sad“, 2. „Mixed Emotions“, 3. „Terrifying“, 4. „Hold On To Your Hat“, 5. „Hearts For Sale“, 6. „Blinded By Love“.

B-Seite: 7. „Rock And A Hard Place“, 8. „Can't Be Seen“, 9. „Almost Hear You Sing“, 10. „Continental Drift“, 11. „Break The Spell“, 12. „Slipping Away“. Alle Songs: Jagger, Richards.

N.B. Chuck Leavell spielt Klavier und Orgel auf den Stücken 1, 2 und 12, Orgel auf den Stücken 3, 6 und 8 sowie Keyboards auf den Stücken 7 und 9. Kick Horns (Simon Clarke, Roddy Corimer, Tim Sanders, Paul Spong) spielen die Blechinstrumente auf den Stücken 1, 2, 7 und 12. Bernard Fowler singt im Hintergrund auf den Stücken 1, 2, 5—10 und 12. Luis Jardin spielt Percussion auf den Stücken 2, 6, 8 und 9. Sara Dash singt im Hintergrund auf den Stücken 2, 7, 9 und 10. Lisa Fisher singt im Hintergrund auf den Stücken 2, 3, 7, 9, 10 und 12. Matt Clifford spielt Keyboards auf den Stücken 3, 5—12. Roddy Corimer spielt Trompete auf Stück 3. Phil Beer spielt Violine und Mandoline auf Stück 6. Chris Jagger ist der literarische Redakteur bei den Stücken 6 und 9. Die Master Musicians of Joujouka spielen auf Stück 10.

13
Mick und Charlie besuchen Elton Johns Konzert im Riverbend Stadion, Cincinnatti.

16
Das United Station Program Network überträgt die dreistündige Radiosendung „The Rolling Stones Story" in den USA.

Oktober

Auftritte: Sullivan Stadium, Boston (1. 2.); Legion Field, Birmingham, Alabama (5.); Cyclone Field, Ames, Iowa (7.); Arrowhead Stadium, Kansas City (8.); Shea Stadium, New York (10.–11.); Los Angeles Coliseum (18.–19. 21–22.); Shea Stadium, New York (25.–26. 28.–29.):

9
Charlie und Shirley Watts feiern ihre Silberhochzeit in New York. Die anderen Stones machen ihre Aufwartung.

11
Bill, Ron und Charlie fliegen direkt nach dem letzten Konzert im Shea Stadium nach Los Angeles.

14
Ron und Eric Clapton verbringen den Tag auf der Pferderennbahn von Santa Anita.

16
Bill präsentiert eine Ausstellung mit Werken des verstorbenen Fotografen Michael Cooper in der Earl McGrath Galerie in Los Angeles.

17
Ron eröffnet eine Ausstellung seiner Bilder in der Madison Galerie. Unter den Gästen sind

Mitte: Bill und John Mayall, Eric Clapton und Al Cooper bei der Eröffnung einer Foto-Ausstellung des verstorbenen Fotografen Michael Cooper. Links: Charlie und Shirley Watts.

Alice Cooper, Eric Clapton und John McEnroe.

24
Bill feiert seinen Geburtstag im „Red Zone Club" in New York.

November

Auftritte: B. C. Place, Vancouver (1.–2.); Alameda Stadium, Oakland, California (4.–5.); Astrodome, Houston (8.); Texas Stadium, Dallas (10.–11.); Superdome, New Orleans (13.); Orange Bowl, Miami (15.-18.); Tampa Stadium, Tampa (18.); Grant Field, Atlanta (21.); The Gator Bowl, Jacksonville, Tennessee (25.); Death Valley Stadium, Clemson, South Carolina (26.); Metrodome, Minneapolis, Minnesota (29.–30.).

4
Das Konzert in Oakland beginnt mit Verspätung, weil Mick die Zerstörungen des Erdbebens vom Oktober in Watsonville aus dem Hubschrauber besichtigt. Die Stones spenden 500 000 Dollar für den Wiederaufbau der Stadt.

14
Mick und Bill besuchen das Konzert von Buddy Guy im Club Mu in Miami.

20
„Rock And A Hard Place" / „Cook Cook Blues" kommt in Großbritannien auf den Markt.

ROCK AND A HARD PLACE Jagger, Richards / COOK COOK BLUES Jagger, Richards
S-Rolling Stones Records CBS 655 422-7 (UK): CBS 38-73057 (USA)
Veröffentlicht: November 1989
Produzent: Glimmer-Zwillinge und Chris Kimsey

N.B. Auskopplung aus dem Album „Steel Wheels"

26
Das Konzert im Death Valley Stadium in Clemson, South Carolina, wird in die Tournee aufgenommen, um Gelder für die Opfer von Hurricane Hugo einzunehmen.

Dezember

Auftritte: Skydome, Toronto (3.–4.); Hoosier Dome, Indianapolis (6.–7.); Pontiac Silverdome, Detroit (9.–10.); Olympic Stadium, Montreal (14.); Convention Center, Atlantic City (16. 17., 19.–20.).

20
Das letzte Konzert des amerikanischen Teils der Tour wird live über Radio und Kabelfernsehen übertragen. Eric Clapton, Axl Rose und Izzy Stradlin improvisieren mit den Stones auf der Bühne.

27
Die BBC-TV-Sendung „Arena" ist alleine der Geschichte der Rolling Stones gewidmet.

1990

Januar

ALMOST HEAR YOU SIGH Jagger, Richards BREAK THE SPELL Jagger, Richards
S-Rolling Stones Records
CBS 38-73093 (USA)
Veröffentlicht: Januar 1990
Produzent: Glimmer-Zwillinge und Chris Kimsey

N.B. Auskopplung aus dem Album „Steel Wheels".

Axl Rose und Izzy Stradlin von Guns n'Roses treten zusammen mit den Stones in New Jersey auf.

25
Mick und Jade besuchen die erste Aufführung von „Bus Stop" im Palace Theater, Watford, wo Jerry Hall die Hauptrolle Cherie spielt.

Februar

Auftritte: Korakuen Dome, Tokyo (14., 16.–17., 19.–21., 23.–24., 26.–27.).

5
Keith und Ron Wood treffen aus London in Tokyo ein und wohnen im Okura Hotel.

6
Mick und Charlie treffen von New York aus in Tokyo ein. Bill bleibt noch in England, weil sein Vater schwer erkrankt ist.

9
Die Stones veranstalten eine Pressekonferenz in der Korakuen Halle, Sie betreten die Bühne von Samurai-Kämpfern umgeben. Bill ist noch in England.

Die Stones beginnen mit Proben im Mza Studio in Tokyo.

11
Bill trifft in Tokyo ein.

Mick, Keith, Charlie und Ron besuchen den Boxkampf zwischen Buster Douglas und Mike Tyson. Tyson wird Schwergewichts-Weltmeister.

12
Die Stones proben zum ersten Mal in voller Besetzung.

14
Der Designer und Architekt Mark Fisher bespricht mit Mick und Charlie die letzten Details für die „Urban-Jungle-Bühne" für die Konzerte in Europa.

Bei der ersten Nacht in der Korakuen-Halle erzählt Keith den 50 000 Fans: „Ich fühle mich besser als Mike Tyson."

15
Bill Wyman gibt Interviews im Isetan-Kaufhaus, um Werbung für das Buch „Blinds and Shutters" des Fotografen Michael Cooper zu machen. Bill war an der Entstehung des Buches beteiligt. Eine Stunde später, um 20 Uhr, veranstaltet Ron in einem anderen Stockwerk einen Empfang für seine Gemälde und Zeichnungen. Das Ganze wird schnell in eine Pressekonferenz verwandelt.

16
Nach dem Konzert drehen die Stones einige Teile einer Sendung von FOX-TV, die im April ausgestrahlt wird. Sie spielen zum Soundtrack ihres Konzerts in Atlantic City, weil die Drei-D-Sequenzen nur in Japan gedreht werden können.

17
Sony veranstaltet eine Party nach dem Konzert im Okura, auf der die Stones eine goldene CD für „Steel Wheels" bekommen.

Nach der Party verbringen Ron, Bernard Fowler und Lisa Fisher einige Stunden in einer Bar in Roppongi und trinken Eidechsensaft.

21
Patti Hansens Mutter, die die Tour begleitet, erleidet eine Herzattacke und wird in ein Krankenhaus gebracht. Keith nutzt eine Pause, um sie zu begleiten.

26
Kurz vor dem Auftritt erfährt Bill Wyman, daß sein Vater gestorben ist.

27
Die Stones feiern eine Party zum Abschluß der Tournee. „Bus Stop" mit Jerry Hall spielt jetzt im Lyric Theatre im Londoner West End.

28
Bill fliegt zur Beerdigung seines Vaters nach London. Innerhalb der folgenden Tage verlassen die Stones Japan. Mick fliegt nach England. Seine Suite im Okura wird von Paul McCartney übernommen. Ron fliegt nach Irland, Charlie nach England. Keith bleibt noch in Tokyo und besucht das Konzert von Paul McCartney, bevor er nach Antigua fliegt.

März

17
Keith feiert in New York Pattis Geburtstag und besucht seine Schwiegermutter im Krankenhaus.

18
Keith feiert den Geburtstag seiner Tochter Theodora.

19
Keith wird von Flo und Eddie für eine Radiosendung zur Rettung der Regenwälder befragt. Danach ißt er bei „Il Cantanori".

22
Der Fahrplan der europäischen Tour wird auf einer ziemlich chaotischen Pressekonferenz in London bekanntgegeben. Mick stolpert über seine Mikrophon-Leitung und sein eigenes Telefon verursacht einen Kurzschluß.

April

30
Die Stones beginnen mit zweiwöchigen Proben für den europäischen Teil ihrer Welttour in Chateau du Dangu in der Nähe von Paris.

Mai

Auftritte: Feyenoord Stadion, Rotterdam (18., 19.–20.); Niedersachsen Stadion, Hannover (23. 24.); Waldstadion, Frankfurt (26.–27.); Müngersdorfer Stadion, Köln (30.–31.).

12
Die Stones ziehen im Rotterdam Hilton ein.

20
Charlie besucht das Van-Gogh-Museum in Amsterdam.

22
Die Stones ziehen im Intercontinental Hotel in Hannover ein.

30
Das Konzert in Atlantic City vom 19. Dezember 1989 wird von Fox-TV in den USA übertragen.

Juni

Auftritte: Olympiastadion, München (2. 3.); Olympiastadion, Berlin (6.); Alvalade Stadion, Lissabon (10.); Olympiastadion, Barcelona (13.–14.); Estadio Vicente Calderon, Madrid (16.–17.); Stade Vélodrome, Marseille (20.); Parc des Princes, Paris (22.–23., 25.); St. Jacob Stadion, Basel (27.).

1
Charlie und Ron feiern ihre Geburtstage in der Bar des Münchner Hotels Vier Jahreszeiten. Charlies Geburtstag ist eigentlich erst am zweiten.

3
Direkt nach dem Konzert fahren Keith, Bill, Ron und Charlie im Zug nach Berlin, wo sie im Hotel Kempinski wohnen.

6
Die Stones bei der „Rock Awards Show" von ABC. Ihre Dankesreden und die Überreichung des „Living Legend Award" von Keith an Eric Clapton wurden in Köln aufgenommen und ihr „Live-Auftritt" entstand beim Konzert in München.

15
Keith und Charlie nehmen Titel in einem Madrider Studio auf. Keith spielt ein Jazz-Solo auf dem Titel „Please God Don't Let 'Em Drop The Atom Bomb On Me" von Charles Mingus, das möglicherweise auf einem Album erscheinen soll.

16
Vor dem Konzert in Madrid trifft Mick den Bürgermeister Felipe Gonzales. Nach dem Konzert findet eine Party im „Moon Club" statt.

ALMOST HEAR YOU SIGH Jagger, Richards, Jordan / WISH I'D NEVER MET YOU Jagger, Richards / MIXED EMOTIONS Jagger, Richards
S-Rolling Stones
CBS 656 065-7 (UK)
Veröffentlicht: Juni 1990
Produzent: Glimmer-Zwillinge und Chris Kimsey

N.B. Auskopplung aus dem Album „Steel Wheels".

27
Während ihres Konzerts in Basel regnet es ohne Unterlaß.

28
Die Stones machen eine Woche Pause. Mick, Bill und Charlie gehen nach Frankreich. Keith fliegt nach London und wohnt in einem gemieteten Haus in

Wimbledon. Ron fliegt in sein neues Haus in Irland und nimmt Bobby Keys mit.

Juli
Auftritte: Wembley Stadion, London (4., 6.–7.); Hampdon Park, Glasgow (9.); Cardiff Arms Park, Cardiff (16.); St. James Park, Newcastle (18.); Maine Road, Manchester (20. 21.); Flamenio Stadion, Rom (25.–26.); Delle Alpi Stadion, Turin (28.–29.); Praterstadion, Wien (31.).

3
Die Stones beziehen Zimmer im Londoner Mayfair Hotel, außer Mick der lieber im Halcyon wohnt. Bill verbringt einige Nächte in seinem Haus in Chelsea, und Keith, Patti und Kinder wohnen eine Zeitlang in einem gemieteten Haus in Wimbledon.

5
Bill veranstaltet eine Party in seinem Restaurant „Sticky Fingers", zu der Bobby Keys und die Uptown Horns, aber kein Bandmitglied kommt.

6
Keith veranstaltet eine Party in seinem Hotelzimmer. Woody und seine Brüder Art und Ted sind unter den Gästen.

9
Beim Stimmen seiner Gitarre schneidet sich Keith in den Mittelfinger seiner linken Hand. Nachdem er zweieinhalb Stunden gespielt hat, ist sein Finger geschwollen, und er kann kaum weiterspielen.

10
Der Finger wird steif und Keith hat hohes Fieber. Die Ärzte ordnen eine fünftägige Ruhe an, was bedeutet, daß die Konzerte im Wembley Stadion und Cardiff verlegt werden müssen. Zum ersten Mal müssen Konzerte der Stones wegen einer Krankheit eines Bandmitglieds abgesagt werden.

14
Die Stones, ohne Keith, veranstalten eine Party in der „Serpentine" Galerie in Hyde Park. Unter den Gästen befinden sich Elton John, Jeff Beck, Duran Duran, Bianca und Jade Jagger.

16
Die Stones kehren von ihrem Auftritt in Cardiff sofort nach London zurück.

17
Bill besucht seine Frau Mandy in einer Rehabilitationsklinik in Buckinghamshire, wo sie sich seit zwei Monaten von der Addisonschen Krankheit erholt.

26
Mick feiert seinen Geburtstag im Excelsior Hotel in Rom.

TERRIFYING Jagger, Richards / ROCK AND A HARD PLACE Jagger, Richards
S-Rolling Stones Records
CBS 656 122-7 (UK)
Veröffentlicht: Juli 1990

N.B. Auskopplung aus dem Album „Steel Wheels".

August
Auftritte: Eriksberg Stadion, Göteborg (3.–4.); Vallehoven, Oslo (6.–7.); Idraetsparken, Kopenhagen (9.); Weißensee, Ost-Berlin (13.–14.); Parkstadion, Gelsenkirchen (16.); Strahov Stadion, Prag (19.); Wembley Stadion, London (24.–25.).

15
Sky-TV überträgt 90 Minuten des Konzerts in Barcelona.

17
Die Stones treffen in Prag ein und wohnen im Hotel Palace. Außer Charlie treffen sich die anderen mit Staatspräsident Vaclav Havel und dessen Frau Olga zu einem Drink in einem Lokal.

18
Die Stones besuchen Schloß Hradcany und essen zu Abend mit Präsident Havel und dessen Frau vor dem Konzert. Keith: „Das war schon ein erstaunliches Konzert. Die Tickets waren auch eine Art Pass für die Fans aus Polen, Rußland und Ungarn. Bestimmt haben die politischen Verwerfungen auch mit der Musik der letzten 20 Jahre zu tun. Natürlich kann man Nationalismus nie ganz vertreiben, aber es ist wichtig, die Idee zu verbreiten, daß wir nur diesen einen Planeten haben." Das Strahov Stadion ist mit 107 000 Zuschauern trotz strömenden Regens ausverkauft.

Die Stones spenden ihr Honorar für behinderte Kinder.

19
Die Stones fliegen nach London und wohnen im Hotel Mayfair. Mick zieht das Halcyon vor.

21
Teile eines Dokumentarfilms entstehen im Zimmer von Keith im Mayfair.

25
Das letzte Konzert im Wembley Stadion. Mehr als zwei Millionen Menschen haben die Konzerte gesehen und dabei mehr als 200 Millionen Dollar umgesetzt.

Die Stones veranstalten eine Abschlußparty im „Roof Garden" in Kensington. Marianne Faithfull ist unter den Gästen.

27
Mick und Matt Clifford besuchen ein Konzert von Bernard Fowler und seiner Band Tackhead in Reading in der Nähe von Micks Landhaus.

September
Charlie und Shirley Watts verbringen einen kurzen Urlaub in Polen.

12
BBC Radio 1 überträgt das Konzert der Stones vom 24. August im Wembley Stadion.

19
Keith fliegt von New York nach Jamaika.

22
Miranda Guinness, Assistentin der Stones, und Bühnen-Designer Keith Payne heiraten in Basingstoke. Charlie und Shirley Watts sind bei der Zeremonie anwesend. Bill ist beim Empfang im Elternhaus von Miranda zu Gast. Seraphina Watts und Jade Jagger gehören auch zu den Gästen.

Oktober

24
Bills Autobiografie „Stone Alone" kommt auf den Markt. Viking Penguin präsentiert das Buch während einer Geburtstagsparty in seinem Restaurant „Sticky Fingers". Bill bläst 54 Kerzen auf einem Kuchen in Buchform aus.

November

1
Ron Woods Vater stirbt nach einem Herzinfarkt, den er in Rons Haus in Wimbledon während einer Unterhaltung erleidet.

12
Auf der Rückfahrt von der Beerdigung werden Ron, Jo und die Kinder in einen schweren Autounfall verwickelt. Auf der nächtlichen M4 gerät ihr BMW im Regen ins Schleudern und schleudert in den folgenden Wagen. Jo erleidet Rücken-, die Kinder Kopfverletzungen. Ron ist an der linken Schulter verletzt, steigt aus und wird von einem dritten Wagen, der in die beiden Wracks schleudert, zwischen die Autos gedrückt und bricht sich beide Beine. Mit dem Autotelefon wird die Polizei alarmiert. Die Familie wird ins Princess Margaret Hospital gebracht. Ron kommt einige Tage später ins Cromwell Hospital, wo Mandy Smith mit der Addisonschen Krankheit gelegen hat, die ihr Gewicht auf ganze 70 Pfund verringert hat.

13
Bill besucht den National Youth Theatre Ball im Grosvenor House Hotel. Prinz Edward ist der Ehrengast.

21
Mick und Jerry werden auf Bali von einem heiligen Mann namens Ida Bnajar getraut. Die Gültigkeit der Ehe wird angezweifelt, weil sie weder Hindus sind noch die notwendigen Papiere bei sich hatten. Alan Dunn ist der Trauzeuge. Die beiden waren auf einer sechswöchigen Tour durch Bhutan und Nepal, bevor sie auf Bali eintrafen.

22
Bill gibt das Ende seiner 17monatigen Ehe mit Mandy Smith bekannt.

27
Ron, Jo und Jerry Hall besuchen eine Modenschau des Designers Bruce Oldfield in einem Restaurant in der Sloane Street.

Dezember

2
Keith fliegt von Jamaika nach London, um die Live-Aufnahmen für das Album „Flashpoint" in den Metropolis Studios mit Mick zu bearbeiten.

7
Micks Eltern, Joe und Eva, feiern ihre Goldene Hochzeit im Nayland Rock Hotel in Margate, was dank Jerry und Mick zu einer doppelten Hochzeitsfeier wird. Mick schenkt seinen Eltern einen goldenen Becher.

10
Der Gips von Rons Beinen wird entfernt.

19
Keith feiert seinen Geburtstag und Hochzeitstag in seinem und Pattis Haus außerhalb von New York.

20
Ron, Jo und Familie fliegen nach Irland.

25
Mick, Jerry und Familie fliegen nach Mustique.

1991

Januar

4
Bill wird im „Tramp" mit Fergie, der Herzogin von York gesichtet.

6
Ron, Jo und Familie fliegen von Irland nach London. Keith fliegt von London nach New York.

12
Ron und Jo gehen in Kenya auf Safari.

7–26
Die Stones begeben sich in die Hit Factory (CBS-Studios) in London, um ihre neue Single, „Highwire" und „Sex Drive" aufzunehmen. Mick und Keith beenden die Arbeiten am Album „Flashpoint" mit Live-Aufnahmen der Tournee „Steel Wheels / Urban Jungle".

16
Die Stones nehmen „Highwire" am ersten Tag des Golfkriegs auf.

24
Keith fliegt nach New York.

29–30
Keith produziert und spielt auf zwei Stücken des Albums von Johnnie Johnson „Johnnie B. Bad" in den Sorcerer Studios in New York.

Februar

Keith und Patti verbringen den Monat auf Antigua.

2
Ron tritt zusammen mit der irischen Band The Wilfs bei einem Benefiz-Konzert zugunsten der Entbindungsstation des Homerton Hospitals in East London auf. Paul Young und Dave Gilmour beteiligen sich ebenfalls.

14
Mick bereitet sich in Atlanta, Georgia, auf die Dreharbeiten für den Science-Fiction-Film „Freejack" vor.

16
Ron spielt mit Bob Dylan drei Stücke, darunter auch „Like A Rolling Stone" im Hammersmith Odeon, London.

17
Ron und George Harrison wollen Bob Dylan auf der Bühne einen Strauß gelber Rosen überreichen. Weil er die beiden ignoriert, stopfen sie die Rosen in sein Hemd.

18
Mick beginnt mit den Arbeiten an „Freejack".

26–27
Charlie nimmt sein Solo-Album „From One Charlie" in den Landsdown Studios, London auf.

Ron besucht das Konzert von Eric Clapton in der Royal Albert Hall.

28
Bill besucht ein Konzert von Eric Clapton in der Royal Albert Hall.

Ron und Charlie fliegen nach New York, um dort den Videoclip für „Highwire" aufzunehmen. Sie steigen im Plaza ab.

März

Keith verbringt den Monat in New York und arbeitet an seinem nächsten Solo-Album.

1
Mit Ausnahme von Bill drehen die Stones in New York das Video für „Highwire". Die Dreharbeiten finden am Pier 3 statt, wo jetzt Züge abgestellt werden und das im Zweiten Weltkrieg aber von der Marine genutzt wurde. Die Dreharbeiten werden um drei Uhr morgens für eine kurze Gebutstagsparty fü Alan Dunn unterbrochen und sind um sechs Uhr morgens beendet.

Bill und Phil Collins besuchen das Konzert von Eric Clapton in der Royal Albert Hall.

2
Eine „richtige" Geburtstagsparty wird für Alan Dunn im Hotel Plaza veranstaltet.

3
Charlie kehrt nach London zurück.

Oben: Bill bei der Vorstellung seiner Autobiografie „Stone Alone" und unten mit Mandy.

3
Charlie stellt sein neuestes Jazz-Album bei einem Presse-Empfang in „Ronnie Scott's" vor.

5
Charlie tritt in der TV-Sendung „Jonathan Ross Show" auf, um sein neues Album und Buch vorzustellen.

8
Das Album „Flashpoint" kommt in Großbritannien heraus.

Charlie präsentiert sein Jazz-Album bei einem Presse-Empfang. Das Album „From One Charlie" kommt als UFO 2 CD heraus und enthält zumeist Titel von Pete King, dem Alto-Saxophonisten und Charlies Bandleader. Auf der Platte spielen noch Gerrard Presencer (Trompete), Brian Lemon (Klavier), David Green (Bass) und eine Streicher-Gruppe.

Im Jahre 1964 veröffentlichte Charlie ein 1961 entstandenes Buch „Ode To A High Flying Bird" über das Leben des Saxophonisten Charlie Parker. Gut 30 Jahre später wurde Charlie überzeugt, eine zweite Auflage folgen zu lassen und entschied sich, dafür entsprechende Musik zu machen. Er fragte Pete King, Titel zu komponieren, um den Zauber des Charlie Parker Quintett einzufangen, ohne dessen Musik zu kopieren. Bei den Aufnahmen fügten sie zwei Original-Nummern hinzu. Charlie: „Dies ist fast schon ein Feiertag für mich. Ich hoffe nun, daß die Leute das Buch mögen und ein Album von Charlie Parker kaufen. Das ist eine gute Sache, auf die man hoffen kann."

FLASHPOINT
A-Rolling Stones Records
Sony Music 468 135 2 (CD)
Veröffentlicht: April 1991
Produzent: Chris Kimsey und Glimmer-Zwillinge
Live Aufnahmen von Bob Clearmountain und David Hewett (Remote Recording Services) und Cedric Beatty und Harry Braun (Dierks Recording Mobile)
Mix: Christopher Marc Potter mit Ausnahme der Stücke 14 und 15, für die Chris Kimsey und Mark Stent verantwortlich sind.
Master: Bob Ludwig bei Masterdisc

A-Seite: 1. (Intro) „Continental Drift" (Jagger, Richards), 2. „Start Me Up" (Jagger, Richards), 3. „Sad Sad Sad" (Jagger, Richards), 4. „Miss You" (Jagger, Richards), 5. „Ruby Tuesday" (Jagger, Richards), 6. „You Can't Always Get What You Want" (Jagger, Richards), 7. „Factory Girls" (Jagger, Richards), 8. „Little Red Rooster" (W. Dixon).

B-Seite: 9. „Paint It Black", 10. „Sympathy For The Devil", 11. „Brown Sugar", 12. „Jumping Jack Flash", 13. „(I Can't Get No) Satisfaction", 14. „Highwire", 15. „Sex Drive". Alle Songs: Jagger, Richards.

N.B. Bobby Keys spielt Saxophone. Chuck Leavell spielt Keyboards. Matt Clfford spielt Keyboards und French Horn. Bernard Fowler, Lisa Fisher und Cindy Mizelle singen im Hintergrund. Die Uptown Horns (Arno Hecht, Paul Litteral, Bob Funk und Crispen Cioe) spielen auf allen Titeln. The Kick Horns (Simon Clarke, Roddy Corimer, Tim Sanders und Paul Spong) spielen auf Titel 5 der CD, der auf der Vinyl-Version fehlt.

4
„Highwire" / „Sex Drive" kommt in den USA heraus.

5
Ron und Jo fliegen nach London.

6
Charlie fügt in den Landsdowne Studios die Streicher seinem Solo-Album hinzu. Die Aufnahmen für das Album haben insgesamt drei Tage gedauert.

7–14
Ron und Jo verbringen Urlaub in Irland.

21
„Highwire" kommt in Großbritannien heraus und sorgt für Kontroversen, weil der Text als Kritik am Golfkrieg aufgefaßt wird. Die Zensur der BBC bearbeitet die ersten Verse für die Sendung „Top Of The Pops".

Mick: „Der Song handelt vom Krieg und nicht davon, wie er begonnen hat."

HIGHWIRE Jagger, Richards / 2000 LIGHTYEARS FROM HOME Jagger, Richards
S-Rolling Stones Records
Sony Music 656 756 (UK)
Columbia 38 -73742 (USA)
Veröffentlicht: März 1991 (UK), Februar 1991 (USA)
Produzent: Chris Kimsey und Glimmer-Zwillinge

N.B. Seite 1 ist eine Auskopplung aus dem Album „Flashpoint".

26
Mick besucht die Aufführung des Stücks „Fallen Angels" im Marietta Theater in the Square in Atlanta, Georgia, wo er den Film „Freejack" dreht.

April
Auftritte: The Charlie Watts Quintett: Ronnie Scott's, London, (3.).

Keith fliegt nach San Francisco, um dort einen Titel für John Lee Hookers Album „Mr. Lucky" aufzunehmen. Keith: „John trat mit uns bei einigen Stücken bei unserem Konzert in Atlantic City auf. Ich hatte schon einige seiner Platten gehört und gratulierte ihm dazu. Dann rief er mich Anfang des Jahres an und fragte, ob ich nicht Lust hätte, bei seinem nächsten Album mitzumachen. Er fragte mich, welches Stück ich spielen wollte, und ich schlug ihm vor, ein Stück über ein ihn wirklich interessierendes Thema zu spielen. Und so entstand ‚Crawlin' Kingsnake'."

In San Francisco schreiben Keith und Tom Waits einige Titel.

2
„Flashpoint", das Live-Album der letzten USA-Tournee, kommt in den USA heraus.

Eric Clapton spielt Gitarre auf Stück 8. Tessa Niles und Kate Kissoon singen im Hintergrund auf Titel 15. Die CD enthält zwei zusätzliche Stücke: „Rock And A Hard Place" und „Can't Be Seen" (beide Titel: Jagger, Richards). Die Stücke 2 und 13 wurden im Death Valley Stadium, Clemson, am 26. November 1989 aufgenommen. Die Stücke 2 und 8 wurden am 19. Dezmeber 1989 in Atlantic City aufgenommen. Die Stücke 4 und 6 wurden am 25. November 1989 in Jacksonville aufgenommen. Stück 10 wurde am 27. Feburuar in Tokyo aufgenommen. Stück 7 wurde am 6. Juli 1990 in London aufgenommen. Stück 9 wurde am 13. Juni 1990 in Barcelona aufgenommen. Stück 11 wurde am 28. Juli 1990 in Turin aufgenommen. Die beiden Studio-Titel (14 und 15) wurden zwischen dem 7. und 16. Januar 1991 in der Record Factory, London, aufgenommen.

10–19
Keith arbeitet in San Francisco am Titel „Crawling King Snake" für John Lee Hookers neues Album im Russian Hill Studio.

16
Mick und Elton John besuchen das Konzert von Eric Clapton in Atlanta, Georgia.

19
Keith fliegt von San Francisco nach Los Angeles und trifft sich dort mit Patti.

30
Mick besucht ein Konzert von Lenny Kravitz in Paris und tritt bei „No Expectations" mit auf.

Mai

1
Mick beendet seine Dreharbeiten für „Freejack" in Atlanta und fliegt nach New York. Mick: „Es ist toll, in einem Actionfilm aufzutreten. Es ist ungefähr so wie ‚Bladerunner' mit vielen Schießereien und High-Tech-Gewehren. Alles, was Jungs gerne haben."

2
Bill und Ron nehmen die Auszeichnungen bei den „Ivor Novello Awards" entgegen. Die Stones werden für ihre Verdienste um die britische Musikszene geehrt.

4
Mick und seine Tochter Karis besuchen eine Vorstellung des Broadway-Stücks „I Hate Hamlet" im Walter Kerr Theater.

14
Mick fliegt von London zu den Filmfestspielen in Cannes.

19
Keith fliegt zu Aufnahmen für das Video für „Sex Drive" nach London.

21–22
Die Stones drehen das Video für „Sex Drive" in den Londoner Twickenham Studios. Julien Temple ist Regisseur.

Juni

Auftritt: The Charlie Watts Quintett: Blue Note, New York (3.).

1
Ron feiert seinen 44. Geburtstag in Irland.

2
Charlie trifft in New York ein und wohnt im Hotel Mark. Es ist sein 50. Geburtstag, den er zusammen mit den Mitgliedern seiner Band bei einem Dinner feiert.

4
Bill veranstaltet eine Party zum zweijährigen Jubiläum seines Restaurants „Sticky Fingers" in London. Er wird von seiner neuen Freundin Charlotte Walden begleitet.

6
Charlie tritt bei der ABC-TV-Sendung „Good Morning America" auf und spielt ein Stück mit seiner Band. Um 13 Uhr veranstaltet er eine Autogrammstunde im Buchladen „Rizzoli", um für sein Album „From One Charlie" zu werben.

7
Keith und Patti laden Charlie in ihr Haus zum Abendessen ein.

8
Charlie fliegt von New York nach London.

10
Ron besucht ein Konzert von Bill Connolly im Hammersmith Odeon.

13
Ron nimmt an der Party anläßlich des 20jährigen Bestehens des „Hard Rock Café" in London teil.

14
Ron, Jo und Jerry Hall sind Gäste bei der Party von Desmond Guinness im Leixlip Castle bei Dublin.

17
Ron nimmt an der Party im „Limelight" in London teil, wo die neue CD von Pat Cash und John McEnroe vorgestellt wird.

18
Ron eröffnet eine Ausstellung von Kunstwerken, die Krebs-Patienten geschaffen haben, im Royal Marsden Hospital.

19–20
Charlie und Shirley verbringen kurze Ferien in Deutschland.

20
Bill nimmt an einer Talkshow in London teil.

21
Bill und Charlotte Walden nehmen an der Premiere des Films „Nackte Kanone $2^1/_2$" teil.

Das Album des Pianisten Johnnie Johnson „Johnnie B. Bad" kommt auf Elektra heraus. Keith spielt auf zwei Stücken.

23
Mick sieht ein Cricketspiel und trifft danach seine Eltern und Jade im Imperial War Museum. Er zeigt ihnen sein neues Haus: Downe House, ein georgianischer Landsitz mit sechs Empfangsräumen, Fitnessraum, Jacuzzi und Gewächshaus. Panoramafenster gehen auf die Themse heraus und die Rosenbeete sind von Hecken eingefaßt. Preis: 2,2 Millionen Pfund.

Bill und Ron improvisieren in einem Zelt, nachdem das Cricket-Benefizspiel in Blen-

Links: Mick mit seiner Tochter Karis.

heim Place wegen Regens nicht stattfinden kann.

25
Mick und Jerry besuchen die Premiere der Oper Tosca im Earls Court in London.

August

4
Ron bereitet in Irland eine Tournee seiner Kunstwerke durch Japan im kommenden September vor.

September

Auftritt: The Charlie Watts Quintett: Spiral Hall, Tokyo (15.–17.).

John Lee Hookers neues Album „Mr. Lucky" kommt heraus. Keith spielt ein Stück.

7
Der Film „At The Max" über ein Stones-Konzert wird in Toronto uraufgeführt.

18
Mick besucht eine Buchvorstellung im Spencer House in London.

20
Ron und Jo besuchen die Premiere des Films „The Commitments" in Dublin.

Charlie signiert sein Buch und sein Album „From One Charlie" im Virgin Megastore in Tokyo.

21
Charlie fliegt von Japan nach London.

26
Mick besucht die Party nach dem Konzert für Dave Stewart von den Eurythmics.

Ron fliegt nach Tokyo, wo eine Tour seiner Kunstwerke im „Art Collection House" beginnt.

30
Ron fährt mit dem Zug nach Kobe, wo seine Bilder in der Seiden-Halle ausgestellt werden.

Oktober

Auftritt: The Charlie Watts Quintett: Ronnie Scott's, Birmingham (28.–31.).

1
Ron trifft in Kyoto ein, wo seine Bilder ausgestellt werden.

2
Ron eröffnet die Ausstellung in Kyoto.

8
Ron fliegt nach London.

Keith fliegt von London nach Sevilla, wo er im Hotel Tryp Colon wohnt. Er nimmt an der Show „Guitar Legends" teil, zu der 30 Gitarristen eingeladen sind. Am ersten Abend besucht er ein Konzert von Bo Diddley.

15
Keith beginnt mit den Proben für seinen Auftritt.

17
Keith spielt vor 6500 Menschen. Er wird von Bob Dylan vorgestellt, mit dem er Joe Turners „Shake Rattle and Roll" improvisiert.

18
Mick und Jerry besuchen die private Führung durch die Ausstellung von Francesco Clementes Werken in der Royal Academy of Arts in London.

Keith fliegt von Sevilla nach London.

19
Teile des Auftritts von Keith bei der Show „Guitar Legends" werden im amerikanischen Kabelfernsehen gesendet.

Keith, Ron und Jo sind bei der Barmitzwah von Greg Morris, dem Sohn des Schlagzeugers von Bad Company, Simon Kirke, zu Gast.

28
Mick antwortet auf französisch und englisch Fragen nach dem Film „At The Max", bei dessen Uraufführung Paris.

31
Das Charlie Watts Quintet nimmt im Ronnie Scott's in Birmingham Stücke für eine künftige Veröffentlichung auf. Als Studio dient das Fleetwood Mobile.

Bill veranstaltet einen Benefiz-Maskenball für das Royal Marsden Hospital.

November

Auftritt: The Charlie Watts Quintet: Ronnie Scott's, Birmingham (1.–2.).

1
Das Charlie Watts Quintet nimmt Stücke bei Ronnie Scott's in Birmingham mit Hilfe des Fleetwood Mobile auf. Ron, Jo Wood, Jack Bruce und Robert Plant besuchen das Konzert. Charlie geht jeden Tag zu Fuß von seinem Hotel zu seinem Auftritt.

18
Keith fliegt von New York nach London.

19
Die Stones unterschreiben einen Vertrag mit Virgin Records. Er hat einen Wert von 25 Millionen Pfund und gibt Virgin die Rechte an alten Stones-Titeln. Virgin-Chef Richard Branson: „Ich habe die Stones zum ersten Mal als 18jähriger im Hyde Park gesehen." Der Vertrag wird im Büro von Prinz Rupert von Löwenstein abgeschlossen. Danach verkündet Branson: „Die Stones sind die größte Rockband der Geschichte, und ich fühle mich geehrt, daß sie Virgin gewählt haben." Mick, Keith, Ron und ihre Frauen feiern den Abschluß bei einem Dinner bei „Mossimans Restaurant". Die Feierlichkeiten dauern bis vier Uhr morgens.

Vier Monate später verkauft Branson Virgin an Thorn-EMI.

20
Keith fliegt von London nach New York.

21
Keith nimmt an der Pressekonferenz anläßlich des Starts des Films „At The Max" in New York teil. Er vermeidet Antworten in Sachen neuer Schallplatten-Vertrag.

25
Keith besucht eine Gedenkveranstaltung für Bill Graham in New York.

26
Das Album „Keith Richard & The Expensive Winos Live At The Hollywood Palladium, December 15, 1988" kommt auf Virgin als CD heraus (VUS 45). Produzenten der CD sind Keith Richards, Steve Jordan und Don Smith. Sie enthält Material des Solo-Albums von Keith und die Stones-Songs „Happy" und „Time Is On My Side". Die Band besteht aus folgenden Musikern: Keith (Gitarre und Gesang), Waddy Wachtel (Gitarre und Gesang), Steve Jordan (Schlagzeug, Bass und Gesang), Charley Drayton (Schlagzeug und Gesang), Ivan Neville (Keyboards und Gesang), Sarah Dash (Gesang im Hintergrund) und Bobby Keys (Saxophon).

Keith: „Einer der Gründe, daß ich dieses Album gemacht habe, ist der Schrott, der auf dem Markt ist. Die Piratenpressungen haben eine miserable Qualität, sind aber auch eine Art Kompliment. Ich wurde aber immer wieder auf Alben angesprochen, die als Set 75 Dollar kosten und bei denen man uns verschwommen im Hintergrund hören konnte. Ich mag unsere CD. Sie hat Atmosphäre, und außerdem liebe ich die Version von ‚Time Is On My Side', die Sarah Dash singt. Das ist die beste Version, die ich bisher gehört habe.

Dezember

9
Keith beantwortet Telefonanrufe bei der ABC-Radiosendung „Rockline".

13–18
Charlie nimmt in Rons Haus in Irland Stücke für Rons Album auf.

20
Keith und Patti veranstalten eine Party in ihrem Haus bei New York.

21
Keith besucht eine Benefiz-Aufführung des Films „At The Max" in Norwalk, Connecticut. Die Einnahmen kommen einer Organisation für Umwelterziehung zugute.

1992

Januar

In Presseberichten heißt es, daß Bill Wyman die Stones verlassen hat.

12
Georgia May, Tochter von Jerry Hall und Mick Jagger, kommt im Portland Hospital, London, das auch Mitglieder der königlichen Familie zu seinen Patienten zählt, zur Welt.

14
Mick fliegt nach Los Angeles, um dort die Premiere von „Freejack" zu besuchen.

15
Das Büro der Stones veröffentlicht eine Erklärung, daß Bill Wyman den 25-Millionen-Pfund-Vertrag mit Virgin nicht unterschrieben hat und „Bill Wyman noch keine Entscheidung über seine Zukunft bei den Rolling Stones getroffen hat". In der Februar-Ausgabe des Magazins „Vanity" spricht Mick über ihn, als hätte er sich schon verabschiedet. „Es ist furchtbar. Ich weiß nicht, wie ich damit leben soll. Ich glaube einfach, daß Bill genug hatte. Auf unserer letzten Tour war er noch in Ordnung. Er hat genügend Geld, und ich glaube, daß ihm das reicht. Wir haben noch nicht darüber gesprochen, aber ich glaube nicht, daß wir einen permanenten Ersatz finden werden. Wir werden eine neue Platte machen und auf Tour gehen und einfach sehen, wie es läuft."

Keith führt den verstorbenen Leo Fender in die „Rock 'n' Roll Hall Of Fame" im Hotel Waldorf Astoria ein. Nachdem er vorgibt, von der Speisekarte statt von seinem Redemanuskript zu lesen, sagt er, daß Fenders „eigentliche geniale Tat nicht die Erfindung der elektrischen Gitarre gewesen ist, sondern die des Verstärkers. Er hat uns die Waffen in die Hand gegeben".

16
Mick besucht die Premiere von „Freejack" in Manns Chinese Theater in Los Angeles und geht danach mit David Bowie in den Asylum Club. Er bleibt eine Woche in Los Angeles, spielt in den S. I. R. Studios und geht mit Jack Nicholson auf Parties.

Februar

12
Mick kündigt auf einer Pressekonferenz den „National Music Day" an, eine Idee, die er schon dem ehemaligen Kulturminister Tim Renton im Britischen Museum vorgeschlagen hat. Nachfolger David Mellor griff die Idee wieder auf.

14
Der Konzert-Film „At The Max" hat seine Uraufführung im britischen Filmmuseum in Bradford. Dort steht die einzige IMAX-Leinwand des Königsreichs. Der Film läuft dort bis Juli. Auch in den USA gibt es nur 15 Kinos, die den Streifen zeigen können.

16
Mick trifft auf dem Flughafen von Tokyo, Narita, ein, um in Japan seinen Film „Freejack" vorzustellen. Obwohl er 1988 und 1990 auf Tournee im Land war, verweigern ihm die Behörden wegen seiner Drogenurteile die Einreise und er verbringt 38 Stunden in einem Hotel beim Flughafen.

17
Die japanischen Beamten entscheiden, daß Mick keine Gefahr ist und erlauben ihm die Einreise. Er wohnt im Hotel Okura. Die Londoner „Times" bringt die Schlagzeile: „Japan weist 48jährigen Familienvater ab und erlaubt ihm dann doch die Einreise".

18
Mick veranstaltet eine 40minütige Pressekonferenz und gibt verschiedene TV- und Zeitungsinterviews.

29
Mick und der Gitarrist Jimmy Rip besuchen ein Konzert von Lixx Array in Los Angeles.

März

10
Ron und Jo treffen in Los Angeles ein, wo Rons neues Soloalbum gemischt wird.

Ron besucht einen Auftritt von Ian McLagan und spielt bei einigen Stücken mit.

Keith veranstaltet eine Party für Patti in New York.

18
Keith fliegt nach San Rafael bei San Francisco, um neue Titel im Studio The Site aufzunehmen. Das Studio ähnelt einem Hotel mit allem Komfort. Keith arbeitet 14 Nächte lang durch.

23
Ron tritt wieder mit Ian McLagan auf.

27
Ron ist mit dem Mischen seines Albums fertig.

28
Ron stellt sein neues Album „Slide On This" (A&M Records) einem Dutzend Freunden vor. Unter den Gästen sind Phil Spector, Ian McLagan, Ginger Baker, Herbie Hancock und Spencer Davis.

31
Ron und Jo fliegen von Los Angeles nach Antigua.

April

2
Keith fliegt von San Rafael nach New York.

19
Mick vergnügt sich mit Axl Rose von Guns n'Roses im „Lexington Queen Club" im Roppongi Distrikt.

20
Mick fliegt nach Phuket, Thailand. Dort wird er in der Gesellschaft eines jugendlichen Mädchens gesehen. Jerry Hall in der britischen Presse: „Ich habe ihn damit konfrontiert und gefragt, mit wem er in Thailand gewesen sei. Ein Mann sollte mit seiner Frau zusammen sein, wenn sie gerade ein Kind bekommen hat."

22
Keith fliegt nach einem zweiwöchigen Urlaub mit seinem Vater Bert auf Antigua nach New York.

23
Mick fliegt ein weiteres Mal nach Los Angeles.

26
Ron und Jo fliegen von Antigua nach London.

Mai

Auftritte: The Charlie Watts Quintet: The Canecão, Rio de Janeiro (4.); fünf Auftritte an unbekannten Daten in São Paulo; Teatro Da Reitoria, Porto Allegre (15.).

4
Mick und Jerry besuchen eine Aufführung von „Slip Of The Tongue" im Shaftesbury Theatre und danach den Hauptdarsteller John Malkovich.

18
Charlie rutscht in seinem Haus aus und bricht sich den linken Ellbogen, was die Absage einer Tournee durch Deutschland zur Folge hat.

Mick tritt mit den Red Devils in Los Angeles auf.

19
Charlie Watts veröffentlich sein Album „A Tribute To Charlie Parker With Strings" auf Continuum 19201-2.

Die Aufnahmen entstanden bei „Ronnie Scott's" am 31. Oktober und 1. November 1991. Die Musiker: Peter King (Saxophon), Gerard Presencer (Trompete), Brian Lemon (Klavier), David Green (Bass) und Charlie Watts (Schlagzeug).

Oben: Mick und Jerry. Unten links: Ron mit dem Billardstar Jimmy White im „Planet Hollywood". Unten rechts: Charlie im „Hard Rock Café" in New York.

21
Ron, Jo und Kinder besuchen die Uraufführung des Films „Wayne's World" in London.

23
Mick besucht die Hochzeit von Anjelica Huston und Robert Graham im Hotel Bel Air und den Empfang danach in Grahams Atelier in Venice bei Los Angeles.

24
Mick fliegt an die Ostküste, wo er die Abschlußfeier für seine Tochter Karis in Yale gemeinsam mit Marsha Hunt besucht.

25
Mick und Keith nehmen am Barbecue am Memorial Day auf dem Landsitz von Keith teil. Danach fliegen beide nach Los Angeles, wo Mick an einem Album arbeitet.

28
Keith besucht einen Auftritt von John Mooney im „Tramp's" in New York.

Juni

2
Mick ißt mit Freunden in Los Angeles zu Abend.

15
Mick fliegt nach London.

22
Mick und Jerry besuchen eine Party von Prince im „Tramp's".

24
Georgia May, die Tochter von Mick und Jerry, wird in der Kirche St. Andrews in Surrey getauft. Charlie ist Pate. Danach besuchen Mick und Jerry ein Konzert von Prince in London.

25
Ron und der Billardspieler Jimmy White sehen in Wimbledon den Sieg von John McEnroe über Pat Cash.

28
Der National Music Day wird mit 1500 Veranstaltungen in Großbritannien gefeiert. Mick geht zu einem Open-Air-Konzert in Clapman Common, tritt aber nicht auf. Später treten Mick, Ron und Charlie bei einer Blues-Veranstaltung im Hammersmith Odeon erst einzeln und dann zusammen auf.

Juli
Auftritte: The Charlie Watts Quintet: Theater of the Living Arts, Philadelphia (12.); The Blue Note, New York (14.–19.); Park West, Chicago (21.); Hollywood Palace, Los Angeles (23.); University of California, Los Angeles (25.).

Willy and the Poorboys: Hotel Tolysand, Halmstad, Schweden (28.–31.).

2
Assisi, Tochter von Jade Jagger und dem Kunststudenten Piers Jackson, kommt zur Welt und macht Mick zum Großvater. Mick besucht die beiden im Krankenhaus und ist „begeistert". Am Abend veranstalten er und Jerry eine Party mit einem marokkanischen Thema. Ron, Charlie und Billy Connolly kommen als Araber.

5–6
Ron nimmt ein Video für seine Single „Show Me" in Dublin auf.

13
Charlie und sein Quintet besuchen zum Auftakt ihrer Tournee das Hard Rock Café in New York und überreichen eine signierte Trommelhaut für die Sammlung des Cafés.

14
Charlie und sein Trompeter Gerard Presencer überraschen Keith um zwei Uhr morgens im Studio.

16
Das Charlie Watts Quintet trifft bei der David Letterman Show ein. Dort besteht man darauf, daß sie vom hauseigenen Orchester begleitet werden sollen. Nachdem man sich nicht einigen kann, verlassen die Musiker die Show, ohne gespielt zu haben.

22
Das Charlie Watts Quintet tritt in Los Angeles in der TV-Sendung „Dennis Miller Show" auf und spielt den Titel „Loverman".

26
Jerry veranstaltet ein Party an Micks Geburtstag im „41 Beak Street Club" in Soho.

28.–1. August
Bills Truppe Willy and the Poorboys tritt fünf Nächte lang im Hotel Tolysand im schwedischen Halmstad auf. Die Musiker: Andy Fairweather-Low (Gitarre), Gray Brooker (Gesang und Keyboards) und Bill (Bass).

29
Mick fliegt nach Los Angeles, wo er, wie es Klatschreporter wissen wollen, eine seiner vielen Freundinnen trifft.

August
Auftritt: Willy and the Poorboys: Hotel Tolysand, Halmstad, Schweden (1.).

3
Ron veranstaltet in New York eine Pressekonferenz, um sein neues Album vorzustellen. Keith unterstützt ihn eine halbe Stunde lang und kehrt dann zu Aufnahmen ins Studio 900 zurück.

4
Ron tritt um 9:30 Uhr in der Radiosendung „Howard Stern" auf.

8
Mick gehört zu den Gästen einer von Rick Rubins veranstalteten Party, die von der Polizei beendet wird, weil sich Nachbarn über den Lärm beschwert haben.

10
Ron Woods Single „Show Me", eine Auskopplung aus seinem Album „Slide On This", kommt auf Continuum (12210/2) heraus.

Ron tritt in der Radiosendung „Rockline" auf, um Werbung für seine Single zu machen.

14
Ron besucht Ian McLagan in den Sonora Studios in Los Angeles und singt auf einem Stück, das auf einem Album zu Ehren der Who erscheinen wird.

16
Bill organisiert ein Cricket-Benefizspiel in Penshurst Place zugunsten des Royal Marsden Hospitals.

18
Ron besucht Rod Stewart in Los Angeles.

22
Mick und Jerry werden beim Dinner in Dallas beobachtet. Sie wohnen auf Jerrys Ranch in Mesquite.

September

5
Mick spielt Cricket in Los Angeles.

6
Keith beendet die Arbeiten an seinem Album in Studio 900 in New York.

8
Ron Woods Album „Slide On This" kommt auf Continuum (19210-2) heraus. Produzenten der CD sind Bernard Fowler und Ron Wood, der singt, Gitarre und Bass spielt. Außerdem wirken mit: Charlie Watts, Simon Kirke, Chuck Leavell, Joe Elliott, The Edge, Ian McLagan, Mitglieder der Band The Hothouse Flowers und Rons Freund, der Billardspieler Jimmy „Whirlwind" White, auf dem Stück „Like It".

Keith arbeitet an seinem Album in New York.

9
Mick überreicht an Van Halen die Auszeichnung „Bestes Video" bei der MTV-Gala in Los Angeles. Die Veranstaltung wird in 150 Länder übertragen.

Oktober
Auftritte: Ron Woods „Slide On This" Tour: The Sting, New Brighton, Connecticut (28.);

Toad's Place, New Haven, Connecticut (30.); The Ritz, New York (31.).

Mick nimmt in London sein drittes Album auf.

1
Mick und Jerry fliegen in ihre zweiten Flitterwochen. Das Ziel bleibt geheim.

9–10
Keith dreht ein Video für „Wicked As It Seems" in einem heruntergekommenen Teil von Los Angeles. Mitwirkende sind ein dreibeiniger Hund und einige Stadtstreicher.

10
Mick und Jerry besuchen den Chelsea Arts Ball in der Royal Albert Hall in London.

12
Keith fliegt von Los Angeles nach New York.

13
Keith fliegt für fünf Tage nach Paris, um Werbung für sein neues Album zu machen.

15
Ron und Jo treffen in New York ein und wohnen im Hotel Loew's.

16
Ron beteiligt sich am Konzert zu Ehren von Bob Dylan im Madison Square Garden in New York.

18–26
Ron probt mit seiner Band in den New Yorker S. I. R. Studios für seine Tournee.

19
Keith nimmt an der Live-Radiosendung „Rockline" teil und besucht danach Keith in den S. I. R. Studios.

„Main Offender", das zweite Sudio-Album von Keith, kommt auf Virgin Records (CD VUS 59) heraus.

Produzenten sind Keith, Steve Jordan und Waddy Wachtel. Die Musiker: Keith (Gesang und Gitarre) sowie Waddy Wachtel, Steve Jordan, Charlie Drayton, Ivan Nevillie, Sarah Dash, Bernard Fowler und Babi Floyd. Die meisten der Musiker wirken auch bei den X-Pensive Winos mit.

Keith veranstaltet eine Autogrammstunde bei Tower Records auf dem Broadway, um für sein neues Album zu werben. 3000 Menschen stehen Schlange, und um in den Laden zu kommen, muß man den Türsteher bestechen. 20 Dollar reichen. Das stellt auch der Kunsthädler Stellan Holm fest, der seine Gitarre signieren läßt.

26
Keith und Ron besuchen die Vorstellung der Autobiografie von Bill Graham bei Tower Books. Nach dem Dinner bei Il Cantanori lädt Keith Ron zu den Proben der X-Pensive Winos ein.

28
Ron nimmt ein Stück für die „David Letterman Show" auf und fliegt dann nach New Brighton, Connecticut, für die Generalprobe.

31
Bill veranstaltet eine Benefiz-Halloweenparty zugunsten des Royal Marsden Hospitals und spielt 6000 Pfund ein.

November

Auftritte: The X-Pensive Winos: Velez Sarsfield Stadion, Buenos Aires (7.); K.B. Hall, Kopenhagen (27.); Sporthalle, Köln (29.).

Ron Woods „Slide On This": Electric Lady, New York (2.); The Roxy, Atlanta (4.); Jannus Landing, St. Petersburg (6.); Cameo Theater, Miami (7.); Tipitina's, New Orleans (10.); Tower Theater, Houston (11.); The Terrace, Austin (13.); The Agora, Dallas (14.); The Rhythm Café, Santa Ana (19.); Warfield Theater, San Francisco (21.); Parker's, Seattle (23.); The Commodore, Vancouver (24.); The Vic, Chicago (27.); The Ritz, Detroit (28.); Concert Hall, Toronto (30.).

2
Keith und seine Band treffen in Buenos Aires ein und wohnen im Sheraton. Sie proben in einer Disco.

Ron nimmt ein Stück für die Talkshow „Later With Bob Costas" auf und tritt später vor 75 geladenen Gästen in den Electric Lady Studios auf. Der Auftritt wird vom Radiosender WNEW-FM übertragen.

7
Keith und die X-Pensive Winos spielen vor 45 000 Fans in Buenos Aires.

9
Keith fliegt für zweiwöchige Proben mit seinen X-Pensive Winos nach New York.

12
Keith und Patti besuchen die Party für das 25jährige Jubiläum des Magazins „Rolling Stone".

Keith und seine X-Pensive Winos im Beacon Theater in New York.

17
Ron gibt eine Autogrammstunde bei Tower Records, Hollywood.

19
Ron tritt in der „Arsenio Hall Show" in Los Angeles auf.

21
Van Morrison tritt mit Ron in San Francisco auf.

Dezember
Auftritte: Ron Woods „Slide On This": La Brique, Montreal (1.); The Avalon, Boston (3); Chestnut Cabaret, Philadelphia (5.).

Keith und die X-Pensive Winos: The Marquee, London (2.); The Ahoy, Rotterdam (4.); Zenith, Paris (7.); Zeleste, Barcelona (9.–10.); The Aqualung, Madrid (13. 14.); Town & Country Club, London (17.–18.); The Academy, New York (31.).

2
Keith und die X-Pensive Winos treten überraschend im „Marquee" auf. Mick und sein Bruder Chris sind im Publikum, gehen aber bald wieder, weil Mick belästigt wird.

4
Mick und Jerry besuchen in London einen Benefiz-Ball, der vom Cricketspieler Imran Khan zugunsten der Krebsforschung organisiert wird.

10–11
Mick verbringt zwei Tage in den Krafträumen des Leamington Spa, um einen Clip für seine neue Single „Sweet Thing" zu drehen. Mick: „Natürlich liebe ich es, Videos zu drehen. Es ist einfach toll, die halbe Nacht in einem eiskalten leeren Swimmingpool zu verbringen." Mitten während der Dreharbeiten knallen die Sicherungen durch, die von einer in dem Gebäude probenden Band überstrapaziert worden sind, als Mick mit einer Gruppe nackter Mädchen, die als Fliesen angemalt sind, tanzt. Mick: „Die armen Dinger froren ungefähr zehn Minuten lang. Ich hatte einen Mantel dabei und tat mein Bestes, um sie warm zu halten."

17
Keith spricht mit einem Reporter des Magazins „Kerrang!" über seine Drogensucht: „Ich habe nie geglaubt, daß ich die zukünftigen Unternehmungen aufs Spiel setzte. Vielleicht stellte ich mich selbst auf die Probe. Ruhm kann dein Hirn schon versauen. Er kann gesunde Männer beherrschen, und auf einmal verglühen sie wie ein Meteor. Man kann bei den Stones in dieser Seifenblase leben, und was passiert? Bill Wyman und Mandy Smith! Vielleicht waren die Drogen meine Art und Weise, die Füße in der Luft zu halten. Auf dem Boden waren sie ja kaum. Berühmt zu sein, ist für mich eine Aufgabe. So kann ich das machen, was ich will."

25
Mick, Jerry und Familie fliegen über Weihnachten nach Mustique.

28
Keith nimmt ein Konzert der X-Pensive Winos im Studio des TV-senders WTTW in Chicago. Der Auftritt wird in der Sendung „Center Stage" gezeugt.

31
Keith und die X-Pensive Winos spielen in New York. Keith begrüßt das neue Jahr mit „Time Is On My Side".

1993

Januar
Auftritte: Keith und die X-Pensive Winos: The Arena, Seattle (17.); The Orpheum, Vancouver (19.); Civic Center, San Francisco (21.); Universal Amphitheater, Los Angeles (23.); Golden Hall, San Diego (26.); American West, Phoenix (28.); Auditorium Theater, Denver (30.).

Ron Wood: Koseinenkinkakan, Osaka (10.); Sun Palace, Fukuoka (11.); Aichikinakakan, Nagoya, Budokan, Tokyo (14.).

6
Bills Trennung von den Stones ist offiziell. In einer Nachrichtensendung erklärt Bill den Zuschauern: „Ich will einfach nicht mehr. Ich habe viele besondere Erinnerungen an

eine schöne Zeit. Die beiden letzten Tourneen waren unsere besten, und da dachte ich, es sei ein passender Moment, jetzt aufzuhören. Als wir anfingen, glaubten wir, wir würden zwei, drei Jahre überleben und ein paar Schillinge machen. Jetzt sind 30 Jahre vergangen, und ich habe noch nicht die anderen wichtigen Dinge im Leben unternommen. Ich habe ein sehr erfolgreiches Restaurant, schreibe an einem zweiten Buch und habe gerade ein Album veröffentlicht. Ich kümmere mich als Amateur um Archäologie und habe auch noch ein Privatleben."

Mick: „Ich glaube nicht, daß wir Probleme bekommen werden. Wir vermissen Bill, aber wir werden einen Ersatz finden, vielleicht ein Tänzer."

11
Nach seinem Konzert im Sun Palace verbringt Ron den Abend in einer Karaoke-Bar und versucht sich an „Only You" von den Platters.

14
Nach zweiwöchigen Proben fliegen die X-Pensive Winos nach Seattle, wo ihre neue Tournee beginnt.

15
Ron besucht eine Ausstellung seiner Gemälde in Tokyo und nutzt diesen Japanaufenthalt, ein Konzert von Guns n'Roses im Tokyo Dome zu besuchen. Er spielt auf der Bühne zusammen mit der Band den Dylan-Song „Knockin' On Heavens Door".

17
Die X-Pensive Winos haben eine neue Besetzung. Anstelle des Bassisten Charley Drayton, der andere Verpflichtungen erfüllen muß, spielt Jerome Smith. Die anderen Musiker: Waddy Wachtel (Gitarre), Steve Jordan (Schlagzeug), Ivan Neville (Keyboards), Sara Dash und Babi Floyd (Gesang) und Bobby Keys (Saxophon).

22
Keith gibt bei Tower Records in Hollywood eine Autogrammstunde.

23
Das Video für die neue Single von Mick, „Sweet Thing", wird zum ersten Mal in der ITV „Video Chart Show" in Großbritannien gezeigt.

25
Mick's Single „Sweet Thing" / Wandering Spirit" kommt auf Virgin heraus.

26
Ron veröffentlicht „Somebody Else".

30
Mick wird mit dem Model Elle McPherson im Club USA in New York gesichtet.

Februar

Auftritte: X-Pensive Winos: Wilkins Auditorium, Minneapolis (2.); Aragon Ballroom, Chicago (4.); Massey Hall, Toronto (6.); Fox Theater, Detroit (8.); Constitution Hall, Washington (10.); Orpheum Theater, Boston (12.–14.); Beacon Theater, New York (19.–20., 22.–24.).

Mick Jagger: Webster Hall, New York (9.).

2
Zahlreiche Radiosender bringen die Sendung „The World Premiere of Mick Jagger's Wandering Spirit".

4
Mick nimmt Werbespots für die TV-Sendung „Saturday Night Live" auf und hat einen kurzen Auftritt bei der „David Letterman Show".

5
Ron nimmt an Rod Stewarts Ausgabe der MTV-Sendung „Unplugged" teil und spielt 13 seiner Stücke. Die Sendung wurde vor 400 Zuschauern in Los Angeles aufgenommen.

6
Mick nimmt an der TV-Sendung „Saturday Night Live" in den USA teil.

8
Micks Album „Wandering Spirit" kommt auf East West in den USA und auf Atlantic in Europa heraus. Einige Titel wurden in England und Frankreich aufgenommen, bevor er nach Los Angeles zu den Endarbeiten mit Produzent Rick Rubin flog. Mick: „Wir waren in einem ziemlich seltsamen Studio, das uns in die sechziger Jahre zurückversetzte. Der Besitzer war verrückt nach allem aus der Zeit der Sechziger und frühen Siebziger. Oft wußte man gar nicht, wo man war. Oft dachte ich, wir würden ein Album für die siebziger Jahre machen. Man hört es nicht, aber es gibt kleine Hinweise."

Mick erzählte Robin Eggar: „Mein Produzent Rick Rubin geht nie in sein Büro. Er arbeitet in seinem Rolls-Royce, Baujahr 1976. Wir arbeiteten in einem ziemlich heruntergekommenen Viertel von Hollywood. Eine Suppenküche am einen Ende der Staraße und ein Transvestitenstrich am anderen. Rick und ich hörten die Aufnahmen immer in seinem Rolls-Royce, und als wir uns nicht für eine Version von Sweet Thing entscheiden konnten, fragten wir ein paar Typen. Sie sagten uns ihre Meinung, nicht gerade freundlich, aber sie hatten recht, glaube ich."

9
Micks Video für „Sweet Thing" hat seine MTV-Premiere.

Nach einem Auftritt vor geladenen Gästen in der Webster Hall geht Mick zu einer Tour-Abschlußparty im Tatou.

16
Ron und Rod Stewart nehmen am Faces-Treffen bei den „British Music Awards" teil. Rod singt „Stay With Me" mit Ron an der Gitarre und Ex-Stone Bill Wyman am Bass.

19
Das Hauptquartier der X-Pensive Winos für die Tournee

Links: Bill und Suzanna Accosta.

durch die Vereinigten Saaten von Amerika wird im Hotel Mayflower in New York eingerichtet.

25
Keith fliegt in den Urlaub auf St. Barts.

März

Patti Smith, 46, Mutter von Mandy Smith, ehemalige Gattin von Bill Wyman, heiratet Bills Sohn Stephen, 30. Bill ist wahrscheinlich der einzige Mann der Welt, der der Schwiegervater seiner früheren Frau ist.

Mick und Keith beginnen mit den Arbeiten für ein neues Album, dem ersten ohne Bill Wyman.

2
Der Beitrag von Keith für die TV-Sendung „Center Stage" wird in den Vereinigten Staaten ausgestrahlt.

April

14
Rons Auftritt bei „Unplugged" für MTV wird gesendet.

20
Mick und Keith treffen in Barbados ein, wo sie mit Arbeiten für ein neues Album beginnen.

21
Bill heiratet die kalifornische Modeschöpferin Suzanne

Accosta im südfranzösischen Saint Paul de Vence. Nach der Zeremonie im Standesamt folgt die kirchliche Hochzeit. Der Empfang für die 42 Gäste findet im Hotel Colombe d'Or statt. Von den Stones ist keiner dabei. Die sind auf Bermuda. Bill ist 56, Suzanne 33 Jahre alt.

27
Ron und Rod Stewart treffen in New York ein.

29
Charlie trifft auf Barbados ein und hilft Mick und Keith bei den Aufnahmen.

Mai

1
Ron, Jo, Rod Stewart und seine Frau Rachel fliegen nach Louisville, wo sie das Kentucky Derby besuchen. Sie setzen auf den Favoriten, Sea Hero, und gewinnen.

3
Ron und Rod nehmen an der Radiosendung „Rockline" in New York teil.

5
Ron, Jo, Rod und Rachel fliegen in der Concorde von New York nach London.

12
Ron und Rod Stewart fliegen in einem Lear Jet nach Monaco. Dort überreicht Ron Rod eine Auszeichnung für seine musikalischen Verdienste. Direkt nach der Veranstaltung fliegen sie wieder zurück.

17
Ron und Jo gehen mit den Kindern zur Eröffnung des Restaurant „Planet Hollywood" in London.

21
Ron tritt in einem Video für Pete Townshend auf und gibt vor, Mitglied der Townshend-Band beim Song „English Boy" zu sein.

23
Ron tritt bei der TV-Sendung „Aspel & Co" in London zusammen mit Jerry Lee Lewis bei den Stücken „Great Balls Of Fire" und „Whole Lotta Shakin' Goin' On" auf.

24
„Rod Stewart, Unplugged … and Seated" mit Ron Wood wird veröffentlicht. Es handelt sich um die MTV-Aufnahme des freundlichen Wiedersehens der beiden.

30
Ron tritt mit Guns 'n Roses in Milton Keynes bei „Honky Tonk Woman" auf.

Juni

1
Ron feiert mit ein paar Drinks in „Cook's Café" in Dublin seinen 46. Geburtstag.

2
Mick und Keith werden in die Songwriters Hall Of Fame eingeführt. Mick ist in London, so daß Keith alleine an der Zeremonie im New Yorker Sheraton teilnimmt. „Es gibt in Wirklichkeit nur einen Song. Der ist von Adam und Eva geschrieben worden. Wir entwickeln nur Varianten."

11
Ron Wood und Rod Stewart treten gemeinsam bei der „Michael Aspel's" TV-Show auf und singen „Have I Told You Lately That I love You".

Juli

16
Mick feiert seinen 50. Geburtstag in Walpole House, einem neogotischen Landsitz bei Twickenham. 300 Gäste tanzen bis in den frühen Morgen. Sie sind als Figuren der französischen Revolution verkleidet: Jerry Hall als Marie Antoinette und Marie Helvin als Schäferin. Walpole wird auch als Sommer-Sprachenschule genutzt und einigen französischen Schülern wurden nur einige Stunden gegeben, um das Gebäude zu verlassen. Karine Bruyant, eine Schülerin, beklagte sich: „Es wäre nett gewesen, wenn sie uns eingeladen hätten, um die französische Nationalhymne zu singen. Sie singen sie nämlich sehr schlecht."

August

Die Band probt im „17th Century Farmhouse" in County Kildare die Aufnahmen für das neue Album.

Oktober

Die Einspielungen für das neue Album werden Ende Oktober von Produzent Don Was in Dublin initiiert.

9
Die Re-Issue-Kompilation „Hot Rocks 1964-71" erreicht in den britischen LP-Charts Platz 66.

Dezember

11
Auch das Album „Jump Back – The Best Of The Rolling Stones" erreicht einen Platz 16 in den britischen LP-Charts.

1994

Juli

19
Das sogenannte Warm-Up für die große Mittel- und Südamerika-Tournee der Gruppe startet. Diese Tournee wird dann zu einer Welttournee ausgedehnt. Die Stones spielen an diesem Tag für 5 Dollar unangekündigt im RPM-Club in Toronto.

August

1
Die Welttournee startet von Toronto aus. Die Stones besuchen in 1994/95 neben Mittel- und Südamerika auch u.a. Australien und Japan.

November

25
In Miami, Florida, findet die erste große Fernsehpräsentation anläßlich der Tournee statt. Für das Pay-TV moderiert Whoopi Goldberg das Konzert mit so illustren Gästen wie Robert Cray und R & B-Veteran Bo Diddley („I'm A Road Runner").

1995

Die Stones machen Nägel mit Köpfen und lassen auf die Welttournee in diesem Jahr eine Europa-Tournee folgen. Auftritte in Paris und London, aber auch ein Open Air Festival am 20. Juni im Müngersdorfer Stadion in Köln ist angesagt.

Im Gespräch ist, daß ein Konzert dieser Tournee vermutlich im Juli für ein neues „Unplugged"-Album mitgeschnitten werden soll, damit die CD-Player und Multi Media-PCs nicht aus der Übung kommen.

FORTSETZUNG DES JAHRES

1995

Rechtzeitig zum Auftakt der Tournee erscheint das erste Album der Stones seit fünf Jahren mit neuen Songs von Mick Jagger und Keith Richards. „Voodo Lounge", das 22. Studioalbum seit 1964, gibt auch der neuen Welttournee den Namen. Angeblich, so Mick Jagger, stammt der Name von einer Katze, die bei den Aufnahmen in der Karibik durch das Studio strich und von der Band „Voodoo" getauft wurde. Das ruft bei besonders bibelfesten Christen einen Proteststurm hervor. Jagger und die Stones werden in die Nähe von Satanisten gerückt und Zeitungen, die über die neue Tournee berichten, ohne auf diese Verquickung hinzuweisen, mit Protesten bestürmt. Es wird Ihnen nicht klar, daß sie mit diesen absurden Beschuldigungen dazu beitragen, den Auftritten der Stones zusätzliche Publizität zu geben.

Voodoo Lounge
Virgin Records 7243 83978339 564
Veröffentlicht: 1994
Produzenten: Don Was and the Glimmer Twins.

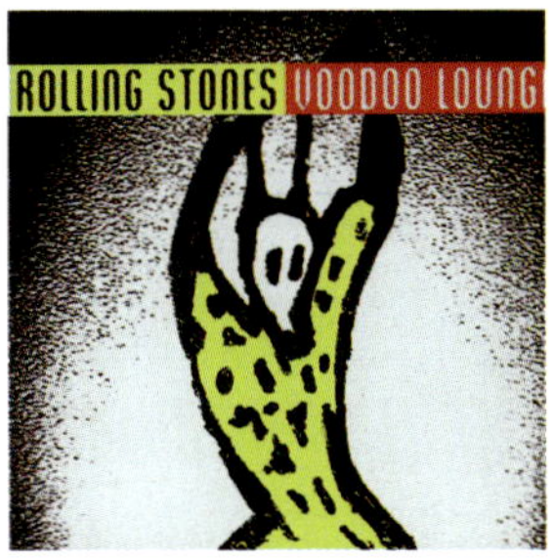

Preproduction: Blue Wave Studios, Barbados.
Recorded at Windmill Lane Recording, Dublin.
Mixed at A&M Recording Studios, Hollywood.

1. „Love Is Strong", 2. „You Got Me Rocking", 3. „Sparks Will Fly", 4. „The Worst", 5. „New Faces", 6. „Moon Is Up", 7. „Out Of Tears", 8. „I Go Wild", 9. „Brand New Car", 10."Sweethearts Together", 11. „Suck On The Jugular", 12. „Blinded By The Rainbows", 13. „Baby Break It Down", 14. „Thru And Thru", 15. „Mean Disposition"
Alle Songs Mick Jagger/Keith Richards
Bobby Womack unterstützt die Stones mit Genehmigung von Continuum Records.
David McMurray unterstützt die Stones mit Genehmigung von Warner Bros. Records.
Flaco Jiminez unterstützt die Stones mit Genehmigung von Arista/Texas.

28. Januar

Die Rolling Stones treten zum ersten Mal in ihrer Karriere in Südamerika auf. Zum Auftakt spielt die Band in Sao Paulo. Später ist das Maracana-Stadion in Rio de Janeiro mit 190 000 begeisterten Fans ausverkauft. Auftritte in Argentinien und Chile folgen. Hinter diesen Auftritten steht der Sponsor Volkswagen, der die südamerikanischen und europäischen Auftritte der Band finanziert und parallel dazu Sondermodelle auf den jeweiligen Markt bringt.

22. Februar

Die Rolling Stones treffen in Südafrika ein. Im Ellis-Rugby-Stadion von Johannesburg treten sie zweimal vor ausverkauftem Haus auf. In den achtziger Jahren gehörten die Stones zu den Stars, die sich standhaft geweigert hatten, im Apartheidstaat aufzutreten. „I ain't gonna play Sun City" („Ich werde nicht in Sun City auftreten") hieß damals das Motto vieler Popstars, die damit höchste Gagen ausschlugen, die ihnen vom Hotelmagnaten Sol Kersner für Gigs in der Urlaubsoase im Kunststaat Bophutatswana vor den Toren von Johannesburg geboten wurden.

Doch auch zu Zeiten der Mandela-Regierung ist das Publikum überwiegend weiß, weil sich die schwarze Unterschicht den Eintritt in Höhe von 255 Rand (125 Mark) nicht leisten kann. Nach der Landung auf dem Jan-Smuts-Airport in Johannesburg wird Keith Richards von einem Weißen mit den Worten „Jou Dronkgat" („Du Trunkenbold") begrüßt. Der gute Mann hatte offensichtlich nicht registriert, daß die Stones ihre Tournee unter das Motto „no drink, no drugs" gestellt hatten.

2. März

Volkswagen stellt in Köln seine europäische „Rolling Stones Collection" in einer ehemaligen Fabrikationshalle der ziemlich stark frierenden internationalen Presse vor. Der Automobilkonzern läßt sich das Sponsoring 30 Millionen Mark kosten.

Niemand, am wenigsten das Alter, kann die Stones stoppen. In regelmäßigen Abständen gehen sie auf Welttournee, dieses Mal gesponsert von Volkswagen.

23. Mai

In einer kurzen Pressemitteilung teilen Volkswagen und die Stones mit, daß es am 25. August ein zusätzliches Konzert auf dem Volkswagen-Werksgelände in Wolfsburg geben wird. Zum ersten Mal wird damit der Sitz eines Weltunternehmens zur Bühne für ein Rockkonzert. „Dieses Tournee-Highlight ist zugleich ein Dankeschön an unsere Mitarbeiterinnen und Mitarbeiter und sicher auch ein internationaler Beitrag zum Kulturleben in der Region", erklärt der VW-Vorstandsvorsitzende Ferdinand Piech, der seinem ersten Rockkonzert überhaupt entgegensieht.
Und der Vorsitzende des Gesamtbetriebsrat, Klaus Volkert, meinte: „Wir sind sehr stolz darauf, die Stones für ein Heimspiel in unserer VW-Stadt gewonnen zu haben." Der Eintrittspreis beträgt 65 Mark.

27. Mai

Eine Woche vor dem offiziellen Tourstart im Stockholmer Olympiastadion treten die Stones im legendären Amsterdamer Paradiso auf. Nur 700 Menschen werden Zeugen einer Show, von der vorher allein Eingeweihte wußten. Die Presse wird ganz bewußt nicht informiert werden. Dennoch spricht es sich in halb Europa in Windeseile herum, daß die Stones in der ehemaligen Kirche auftreten werden. Die Eintrittskarten werden für zuschauerfreundliche 25 Gulden verkauft. Die anschließende weltweite Vermarktung findet über MTV und eine Live-CD statt.

30. Mai

Pressekonferenz vor dem letzten Teil der Welttour in Stockholm. Bis dahin hatte die Band insgesamt 92 Auftritte in den Vereinigten Staaten (57), Mexiko (4), Brasilien (5), Argentinien (5), Chile (1), Südafrika (2), Japan (9), Australien und Neuseeland (insgesamt 9) absolviert. In Japan beweist Mick Jagger seinen Geschäftssinn, indem er sich die Gage in Yen und nicht in Dollar auszahlen läßt, was einen zusätzlichen Gewinn von 1,2 Millionen Dollar ausmacht. Fünf Millionen Menschen sahen die Megashow der Gruppe bereits vor der Tour durch Europa.

Für den Aufbau der Bühne sind 250 Menschen im Einsatz. 56 Lastwagen, neun speziell umgebaute Busse und eine entsprechend gestaltete Boeing 727 transportieren Menschen und Material um die Welt. Die Bühne, entworfen von Mark Fisher und Jonathan Park, wird von einem 29,5 Meter hohen, an eine Schlange erinnerndes Wesen dominiert. Die äußerst aufwendige Beleuchtung wurde von Patrick Woodroffe speziell für die Tournee erarbeitet.

Doch, so die Londoner „Times“: „Innerhalb dieses technologischen Wunders dominieren jene Individuen, deren Energie schon fast unwirklich erscheint. Wenn man sieht, wie der dünne Mick Jagger bei ‘Brown Sugar’ von einer Seite der Bühne zur anderen jagt - immerhin hundert Meter -, dann ist man bereit zu glauben, daß der Mann fliegen kann.“

Bei der Pressekonferenz stellt ein unglücklicher Journalist die unvermeidliche Frage, ob dies die letzte Tour der Band sei. Als Belohnung für „die originellste Frage“ überreicht Mick Jagger dem bedauernswerten Mann ein T-Shirt.

3. Juni

Konzertauftakt des europäischen Teils der „Voodoo-Lounge-Tour“ im Olympiastadion von Stockholm.

Der Europa-Tournee-Plan:
Juni: Olympiastadion, Stockholm (3.); Olympiastadion, Helsinki (6.); Vallehovin, Oslo (9.); Parken, Kopenhagen (11.); Park de Goffert, Nijmwegen (13. und 14.); Pinkpop Site, Langraaf (18.); Müngersdorfer Stadion, Köln (20.); Niedersachsen Stadion, Hannover (22.); Festwiese, Werchter (24. und 25.); Longchamps, Paris (30.).

20. Juni

Die Autobahnen rund um Köln versinken im Verkehrschaos. Die Stones treten im mit 62 000 Fans vollkommen ausverkauften Müngersdorfer Stadion auf. Im Magazin „Stern“ berichtet die in der Zwischenzeit verstorbene, aus der DDR stammende Rocksängerin Tamara Danz über die Stones-Fans im Osten: „Wir hörten bevorzugt Platten, für die strengstes Einfuhrverbot galt, und die Rolling Stones standen ganz oben auf der Liste.“

Auftritte im Juli: Longchamps, Paris (1.); Don Valley, Sheffield (9.); Wembley-Stadion, London (11., 15., 16.); El Molinon, Gijon (22.); Alvalade Stadion, Lissabon (24.); Grammont, Montpellier (27.); St. Jakob, Basel (29. und 30.).

28. Juli

In der „Zeit“ schreibt der Schriftsteller Salman Rushdie über das Konzert der Stones in London: „Der Set war ein pyrotechnisches Wunder, mit Lichtkaskaden, die sich in Feuerwerk auflösten und bei ‘Sympathie for the Devil’ beschwor Mick Jagger diese wundervoll überirdischen Riesengebilde - Elvis, eine Schlange, ein Sternenkind, eine Hindu-Göttin -, die sich wie riesige Voodoo-Puppen tanzend bewegten, Sklaven des Rhythmus, hoch droben über Jaggers Baron-Samedi-Sprüngen.“

Auftritte im August: Österreichring, Zeltweg (1.); Olympiastadion, München (3.); Strahov Stadion, Prag (5,); Nepstadion, Budapest (8.); Festivalgelände, Schüttorf (12.); Festwiesen, Leipzig (15.); Olympiastadion, Berlin (17.); Motodrom, Hockenheim (19.); Maimarktgelände, Mannheim (22.); Volkswagen-Gelände, Wolfsburg (25.); Luxemburg (27); Feyenoord-Stadion, Rotterdam (29.).

28. August

In Wolfsburg wird die Sperrstunde auf fünf Uhr morgens ausgedehnt, damit die Stones-Fans noch nach dem Auftritt der Band in der Volkswagenstadt feiern können. 90 000 Zuschauer lassen sich auch vom strömenden Regen nicht abhalten, Mick Jagger bei seinem „Guten Abend Wulfsbörg“ zu erleben.

29. August

Nach dem letzten Auftritt zieht die Band Bilanz. Zu den Auftritten auf fünf Erdteilen kamen 6,99 Millionen Fans, die umgerechnet eine halbe Milliarde Mark in die Kasse der Gruppe gebracht haben. Nicht in dieser Rechnung enthalten sind die Einnahmen aus dem Merchandising-Geschäft.

11. September

Der Hamburger „Spiegel“ hat angeblich Ungeheuerliches aufgedeckt. Mit ausführlichen Diagrammen und Expertengutachten glaubt das Nachrichtenmagazin belegen zu können, daß die Stones bei ihren Auftritten Playback-Mittel in Anspruch genommen haben. Danach sei es bei Auftritten in Köln, Hannover, Buenos Aires, Stockholm und Schüttorf bei dem Song „Rock And A Hard Place“ jeweils zu einem identischen Fehler gekommen, der die Vermutung aufkeimen läßt, daß es bei den Auftritten nicht hundertprozentig korrekt zugegangen ist.

30. Oktober

In einer Gegendarstellung bestreiten die Stones die Vorwürfe des Magazins: „In der Ausgabe 37/1995 von DER SPIEGEL ist ein Bericht veröffentlicht worden, der sich unter der Überschrift ‘Jede Note klar und sauber’ mit der Soundqualität unserer Live-Auftritte bei unserer Rolling-Stones-Welttournee ‘Voodoo-Lounge’ befaßt.
In diesem Bericht heißt es, Mitschnitte verschiedener Auftritte legten den Verdacht nahe, daß wir bei unseren Konzerten bei der Darbietung von Songs auf der Bühne, insbesondere von ‘Rock And A Hard Place’ zu vorproduzierter Musik (Playback) imitiert hätten.
Soweit hiermit der Eindruck erweckt wird, wir hätten bei diesen Songs nicht immer live gespielt, stellen wir dazu fest: Bei keiner Gelegenheit unserer ‘Voodoo-Lounge’-Welttournee hat ein Mitglied unserer Gruppe auch nur irgendeinen Teil seiner Darbietung zu vorproduzierter Musik imitiert.“

London, 10. Oktober 1995
Michael Philip Jagger
Keith Richard
Charles Robert Watts
Ronald Wood

19. Oktober

Volkswagen veröffentlicht eine Umfrage des Sample-Instituts. Danach erinnern sich 22 Prozent aller Bundesbürger an VW als Sponsor der Tour.

14. November

Vor einem Jahr, das ganz im Zeichen der Erholung stehen wird, kommt noch die CD mit den Livemitschnitten aus den Auftritten in verschiedenen Clubs während der „Voodoo-Lounge“-Tournee auf den Markt, die parallel zu den Gigs in den Stadien stattfanden. Die Aufnahmen entstehen unter anderem im Amsterdamer „Paradiso“. Neben den Musikstücken sind auf der interaktiven CD auch Videomitschnitte dieser Auftritte enthalten.

STRIPPED
Virgin Records 7243 8410402 3 564
Veröffentlicht: 1995
Produced by: Don Was and the Glimmer Twins mit Ausnahme von „Like A Rolling Stone“ und „Dead Flowers“, die von Chris Kimsey aufgenommen wurden.
Recorded live at: Paradiso Club, Amsterdam; Olympia, Paris; Proben in Tokio und Lissabon.

1. „Street Fighting Man“, 2. „Like A Rolling Stone“, 3. „Not Fade Away“, 4. „Shine A Light“, 5. „The Spyder And The Fly“, 6. „I'm Free“, 7. „Wild Horses“, 8. „Let It Bleed“, 9. „Dead Flowers“, 10. „Slipping Away“, 11. „Angie“, 12. „Love in Vain“, 13. „Sweet Virgin“, 14. „Little Baby“.

Alle Songs Mick Jagger/ Keith Richards, mit Ausnahme von Like A Rolling Stone (Bob Dylan), Not Fade Away (N. Petty/C. Hardin), Little Baby (W. Dixon)

Als Videos sind „Shattered“, „Tumbling Dice“ und „Like A Rolling Stone“ auf der interaktiven CD enthalten.

Zur gleichen Zeit geht die Stones-Homepage im Internet an den Start. Die Adresse: www.the rolling-stones.com.

1996

Nach den Anstrengungen der „Voodoo-Lounge“-Tour ziehen sich die Stones zurück. Wie so oft in der Vergangenheit geraten sie scheinbar in Vergessenheit. Haben die Rocksenioren etwa vor, sich heimlich und leise aus der Szene zurückzuziehen? Kaum, wie das Jahr 1997 zeigen wird. Bis zum Jahresende wird Keith Richard übrigens 3650 Dollar für Zigaretten ausgegeben haben.

Trotz ihrer schöpferischen Pause sind die Stones anscheinend allgegenwärtig. Ihre Musik ist in den Filmen „Casino“, „The Fan“ und „Basquiat“ zu hören.

Keith Richards beendet in seinem Haus auf Jamaika die Arbeiten an seinem Album, in dessen Mittelpunkt traditionelle Rastafari-Bingi-Trommeln stehen.

11. Juni

Charlie Watts veröffentlicht sein Album „Long Ago & Far Away“, auf dem das „Charlie Watts Quintet“ Stücke von Cole Portier, Duke Ellington, Louis Armstrong und Hoagy Carmichael spielt. Das Quintett setzt sich aus den folgenden Musikern zusammen: Peter King, Saxophon; David Green, Bass; Brian Lemon, Klavier; Gerard Presencer, Horn; Charlie Watts, Schlagzeug. Den Part des Sängers übernimmt wieder, wie gewohnt, Bernard Fowler.

Aufgenommen werden die Stücke im Januar im Olympic Studio in London.

4. Juli

Das „Charlie Watts Quintet“ geht auf Tour: Montreal (4.), Toronto (6.), New York (10., 11.), San Francisco (13.), Los Angeles (15.), London (23.).

Oktober

Nach den drei überlebenden Beatles, die angestaubtes Archivmaterial auf den Markt bringen, kann auch Mick Jagger der Versuchung nicht widerstehen und veröffentlicht „Rock And Roll Circus“ als CD und Video. Die Aufnahmen entstanden 1968 in einem Zirkuszelt in London, in das Mick Jagger Eric Clapton, John Lennon, The Who, Taj Mahal, Marianne Faithfull und Jethro Tull eingeladen hatte. Nach 28 Jahren haben die Aufnahmen, so das einhellige Urteil der Kritiker, nichts an ihrer Frische verloren.

1997

11. Februar
In einer Internet-Fragestunde beschreibt Charlie Watts den Unterschied zwischen den Auftritten der Band in Fußballstadien und Clubs. „Das Schöne an den Stadien ist, daß wir vor so vielen Menschen auftreten können. Schlecht daran ist, daß wir uns auf die Monitore verlassen müssen. In den Clubs ist die Atmosphäre viel intimer." Über seinen Gesang: „Ich habe noch bei keinem Stück mitgesungen. Und das ist auch gut so."

17. Februar
In einem Interview mit dem Nachrichtenmagazin Focus äußert sich Ron Wood über die Stones und Mick Jagger: „Die Menschen sehen Mick häufig in einem falschen Licht, was auch daran liegt, daß Mick sich in der Öffentlichkeit gern den Status des cleveren Geschäftsmanns gibt. Aber das ist nur eine Seite von ihm. Sonst ist er genauso ein wüster Rocker wie der Rest der Band."

Ron Wood bringt ein neues Solo-Album auf den Markt: „Slide On Live".

Bei einer Pressekonferenz am Ufer des Hudson in New York geben die Rolling Stones die Daten der neuen Welttour bekannt, die am 23. September in Chicago beginnen und erst Ende August 1998 enden wird. Wieder einmal die „letzte Tour"?

Keith Richards (links) und Mick Jagger verbindet eine kreative Rivalität, ohne die der Erfolg der Band wahrscheinlich nicht möglich gewesen wäre.

21. März
In einer Talkshow verrät Jerry Hall, wie sie es mit Mick Jagger trotz dessen ständigen außerehelichen Affären aushält: „Ich habe ein kurzes Gedächtnis für unangenehme Dinge." Und: „Mick wird mit zunehmendem Alter immer unreifer." Aber er versteht es, seine Ehefrau immer wieder mit Liebesliedern und teuren Geschenken zu verzaubern.

August
400 Journalisten, 50 Fernsehkameras, 100 Fotografen warten auf der New Yorker Brooklyn Bridge auf die Rolling Stones. Die treffen schließlich an Bord eines knallroten Chevrolet-Cabrios, Baujahr 1955, ein, verfolgt von Dutzenden Hubschraubern. Offensichtlich, dank der einjährigen Ruhepause, gut erholt, melden sich die Stones zurück. Nach zweijähriger Pause gehen die Rocksenioren wieder auf Tour.

Während die Band tourt, wird Mick Jagger zum sechsten Mal Vater. Anscheinend hat er sich mit seiner Frau Jerry Hall, die bereits die Scheidung eingereicht hatte, wieder versöhnt. Als Anwalt wählte sie übrigens den gleichen Advokaten wie Lady Di.

Auf der Brooklyn Bridge stellt Mick Jagger die Frage aller Frage gleich selbst: „Ist das die letzte Rolling-Stones-Tournee?" Keith Richard antwortet: „Ja, und die nächsten fünf."

Anfang September
In der Concert Hall von Toronto finden sich die Stones ein, um für die bevorstehende Welttour zu proben. Die Stimmung zwischen Jagger und Richards ist nicht die beste. Das haben bereits die Produzenten der neuen CD „Bridges To Babylon" zu spüren bekommen. Richards: „Es ist die Hölle, uns zu produzieren. Mick und ich sind uns einig, daß wir uns nicht einig sind. Der Produzent steckt zwischen uns wie das Fleisch im Sandwich."

15. September
Veröffentlichung der Single „Anybody Seen My Baby" aus dem Album „Bridges To Babylon".

BRIDGES TO BABYLON
Veröffentlicht: 1997
Produzenten: Don Was and the Glimmer Twins

1. „Flip The Switch", 2. „Anybody Seen My Baby?", 3. „Low Down", 4. „Already Over Me", 5. „Gunface", 6. „You Don't Have to Mean it", 7. „Out of Control", 8. „Saint Of Me", 9. „Might As Well Get Juiced", 10. „Always Suffering", 11. „Too Tight", 12. „Thief in the Night", 13. „How Can I Stop".

Wayne Shorter unterstützt die Stones mit Genehmigung von Verve Records.
Me'Shell Ndegeocekllo unterstützt die Stones mit Genehmigung von Maverick Records.
Don Was unterstützt die Stones von Verve Records.
Alle Songs Mick Jagger/Keith Richards; mit Ausnahme von „Anybody Seen My Baby?" (Jagger/Richards/K.D. Lang/B-Mink), „Thief In The Night" (Jagger/Richards/P. De Beauport).

Mick Jagger über die CD: „Nach 35 Jahren im Business besteht die Gefahr, daß man sich als allwissend und allmächtig erachtet. Diese Routine wollten wir dieses Mal unterbinden. Vieles auf „Bridges To Babylon" beruht auf Experimenten, dennoch sind wir dem Stones-Stil treu geblieben. Das ist keine auf Krampf trendig gestaltete Platte, sondern eine logische Momentaufnahme der Stones von 1997."
Eigentlich, so Jagger in einem Interview, hatte er „jede Menge Songs" für „Bridges To Babylon" geschrieben, die eigentlich auf einem Soloalbum erscheinen sollten. Doch dann traf er Keith Richards, der die Band ins Spiel brachte, so daß aus dem Jagger-Album, eine weitere Aufnahme für die gesamte Band wurde.

Das Cover der CD „Bridges To Babylon" und das neue Logo der Tour stammen von Ron Wood, der damit überzeugend beweist, daß er nicht nur an der Gitarre zu den kreativen Künstlern gehört.

23. September
In Chicago jubeln 53 000 Fans den Stones beim Auftaktkonzert der neuen Welttour zu, die die Band wieder innerhalb von einem Jahr um die ganze Welt bringen wird. Keith Richards: „Entweder, wir kommen dabei um, oder es wird phantastisch." Die Fans haben über das Internet die Möglichkeit, einen Song des Programms selbst zu bestimmen. In Chicago wählen sie „Under My Thumb". Mick Jagger: „Der Favorit der Band war eigentlich 'Gimme Shelter'." Der gewählte Song wird, eine Premiere in der Geschichte des Rock 'n' Roll, live über das Internet in die ganze Welt übertragen.

Angeblich, so wollen es aufmerksame Journalisten erspäht haben, stand bereits vor der Internet-Umfrage fest, daß der Song gewinnen würde. „Under My Thumb" stand bereits vor dem Konzertauftakt auf der durchsichtigen Glaswand von Charlie Watts Schlagzeug geschrieben. Nur mit den lichtstärksten Teleobjektiven sei die Schrift zu erkennen gewesen.

Bereits zum Tourneeauftakt sind in den USA 2,5 Millionen Tickets verkauft.

Das Programm: „Satisfaction", „It's Only Rock 'n' Roll", „Bitch", „Let's Spend The Night Together", „Rock And A Hard Place", „Ruby Tuesday", „Anybody Seen My Baby", „Out Of Control", Internet-Wahl, „Miss You", „All About You", „I Wanna Hold You", „Little Queenie", „Let It Bleed", „The Last Time", „Sympathy For The Devil", „Tumbling Dice", „Honky Tonk Woman", „You Got Me Rockin'", „Start Me Up", „Jumpin' Jack Flash", „You Can't Always Get What You Want", „Brown Sugar".

Die Tour wird die Stones ein Jahr lang durch Nord- und Südamerika sowie Japan und Europa führen.

Die Auftritte im September: Soldier Field, Chicago (23. und 25.); Ohio Stadium, Columbus (27.).

Auftritte im Oktober: Edmonton (2.); Camp Randall, Madison (6.); Rich Stadium, Buffalo (8.); Veterans Stadium, Philadelphia (12.); Giants Stadium, New Jersey (16. und 17.); Foxboro Stadium, Boston (21.); Jack Kent Cooke, Washington (23.); Owen Field, Norman (28.); University of New Mexico, Albuquerque (30.).

17. Oktober
Wieder einmal versuchen Fans, die Internet-Abstimmung zu beeinflussen. Dieses Mal mit falschen Stimmabgaben über American Online. Die Band überlegt Schritte gegen die Hacker.

Auftritte im November: Sun Devil Stadium, Phoenix (1.); Coliseum, Oakland (14. und 15.); MGM Grand, Las Vegas (22.); Metrodome, Minneapolis (25.); Kingdome, Seattle (28.).

7. November
Die „New York Post" berichtet, daß Keith Richards angeblich weiß, wo sich das Messer befindet, mit dem Nicole Brown, die Frau von O. J. Simpson umgebracht wurde. Dies behauptet wenigstens Dominick Dunne in seinem Buch über den Mord und die Hintergründe. Der Autor gehört jedoch nicht unbedingt zu den glaubwürdigen Zeitgenossen, und so wird die

Geschichte als Ente abgetan, die ein Schreiber in die Welt gesetzt hat, um sich und seinem Buch etwas Publicity zu verschaffen.

29. November
In Deutschland beginnt der Vorverkauf für die zu jenem Zeitpunkt geplanten acht Konzerte. Mehr als zwölf Karten werden pro Person nicht abgegeben. Es gibt keine Tickethotline, und die Karten werden über alle deutschen Theaterkassen verkauft. Die Preise liegen zwischen 85 und 130 Mark für Stadionplätze und 85 Mark für die Innenräume.

Auftritte im Dezember: Silverdome, Pontiac (2.); Orange Bowl, Miami (5.); Citrus Bowl, Orlando (7.); Georgia Dome, Atlanta (9.); TWA Dome, St. Louis (12.).

1. Dezember
Mick Jagger auf die Frage, was ein junger Musiker tun kann, um nach oben zu kommen: „Spiel soviel du kannst vor so vielen Menschen wie möglich. Und das am besten jede Nacht. Und sei so verrückt und wild wie du nur sein kannst." Immer wieder kommt die Frage nach der letzten Stadiontour: „Ich kann nicht in die Zukunft blicken. Meine Kristallkugel ist gerade beschlagen." Ist er nach den Anstrengungen müde? „Nein, obwohl ich mich auf die Weihnachtsfeiertage freue, die sind aber anstrengender als die Tour."

3. Dezember
Durch die britische Presse gehen Berichte über einen Zweikampf, den sich Pierce Brosnan und Mick Jagger liefern. Beide sind an dem Bett des walisischen Poeten Dylan Thomas interessiert, das in einem walisischen Hotel aufgetaucht ist und zum Verkauf steht. Beide sind große Verehrer des Dichters, Brosnan hat sogar seinen Sohn nach ihm benannt. Mick Jagger bietet mehr als der James-Bond-Darsteller, und das Bett bleibt in Großbritannien.

9. Dezember
Während sein Vater in Atlanta auf der Bühne steht, kommt in einer Londoner Klinik Gabriel Luke Beauregard auf die Welt. Der jüngste Jagger-Sproß wiegt bei der Geburt acht Pfund. Der 41jährigen Mutter Jerry Hall geht es gut. Gabriel Luke Beauregard ist Jaggers sechstes Kind. Vier hat er mit Jerry Hall, ein Kind stammt aus einer flüchtigen Verbindung mit der Rocksängerin Marsha Hunt, eines aus seiner Ehe mit Bianca Jagger. Mick Jagger über seine Kinderschar in der Illustrierten „Bunte": „Als junger Mann von 20 oder 30 Jahre wollte ich nie so viele Kinder in die Welt setzen. Damals träumte ich von maximal zwei Kindern. Schließlich bin ich selbst auch nur mit einem Bruder groß geworden."
Ende des Jahres kommt Mick Jaggers jüngster Ausflug in die Welt des Films in Großbritannien in die Kinos. In „Bent" spielt Jagger einen Schwulen, der versucht, sich in den Jahren des Dritten Reichs in Deutschland durchzuschlagen. Die Kritiken über das jüngste Werk sind durchaus gespalten, wobei Jaggers Darstellung einer Dragqueen aber sehr wohlwollend beurteilt wird.

Vor dem Beginn des europäischen Teils der Tour werden geschäftliche Hintergründe bekannt. Danach kosten die acht deutschen Konzerte ohne zusätzliche Extras rund 42 Millionen Mark, die vorab zu zahlen sind. Das Fax an die möglichen deutschen Veranstalter schließt mit der lapidaren Mitteilung: „Whoever pays first, will promote the tour." („Wer zuerst zahlt, veranstaltet die Tour."). Bereits bei der „Voodoo-Lounge-Tour" war vom Stones-Management ähnlich verfahren worden. Trotz ausverkaufter Stadien ging der Tourveranstalter pleite. Dennoch streiten sich trotz der hohen Forderungen gleich drei Veranstalter um die Ehre, die Stones nach Deutschland bringen zu dürfen. Den Zuschlag bekam schließlich das Berliner Unternehmen concert-concept, das die notwendigen Finanzen nachweisen konnte. Als Sponsoren werden der Fernsehsender Sat 1 und die Brauerei Radeberger Pils gewonnen.

1998

Auftritte im Januar und Februar: Colisée de Quebec, Quebec (5.); Madison Square Garden, New York (16.); Aloha Stadium, Honolulu (23.); Place Stadium, Vancouver (28.); Rose Garden, Portland (30.); Qualcom Stadium, San Diego (3.); Compaq Center, Houston (12. und 13.).

5. Februar
In Hamburg werden für das Konzert am 30. August zwar 80000 Karten verkauft, doch es gibt Probleme mit dem Veranstaltungsort Trabrennbahn, weil es Ärger um die Aufteilung der Miete für den Veranstaltungsort gibt. Die Stadt als Verpächter der Rennbahn möchte an dem Mietpreis - immerhin geht es um einen sechsstelligen Betrag - beteiligt werden.

Auftritte im März und April: Tokyo Dome, Tokio (12., 14., 16., 17.); Osaka Dome, Osaka (20. und 21.); River Plate Stadion, Buenos Aires, mit Meredith Brooks (29. und 30.); Carrier Dome, Syracuse (17.); Molson Center, Montreal, mit Wide Mouth Mason(19. und 20.); United Center, Chicago, mit Buddy Guy (23.); Sky Dome, Toronto mit Wide Mouth Mason (26.).

8. März
Sat 1, Sponsor und - während des deutschen Teils der Tournee-Haussender der Stones überträgt das einzige Interview der Band zu ihrer Europatournee. Das Interview fand in Houston, Texas, kurz vor dem Auftritt im Compaq-Center statt. Mick Jagger über den Namen der Tour „Bridges To Babylon": „Also, wir haben intensiv nach einem Namen gesucht, als mein Blick auf dieses große Modell fiel. Ich saß gerade mit einigen Freunden zusammen, und wir fingen an zu überlegen: Was stellt dieses Modell dar? Es sieht aus wie eine Stadt in der Wüste. Also, laß uns das Album „Bridges To Babylon" nennen. Interessanterweise hatten wir zu diesem Zeitpunkt die Brücke über die Bühne schon bestellt."
Mick Jagger über Deutschland: „Ja, ich mag Deutschland. Aber leider habe ich nicht viel davon mitbekommen. Denn immer, wenn ich mich auf der Straße sehen lassen, werde ich in furchtbaren Ärger verwickelt. Jedesmal, wenn ich eine Frau nur anspreche, kann ich in den Blättern lesen, daß ich sie mit nach Hause genommen haben und was sonst noch."
Keith Richards über die Inspiration für die Hits, die er geschrieben hat: „Vermutlich kommt es daher, daß ich die Augen offen halte. Ich versuche nicht, ein Lied zu schreiben, sondern sitze einfach nur da und empfange es. Meiner Meinung nach habe ich nichts er-

Die Bühnenkonstruktionen brechen bei jeder neuen Tournee alle Rekorde. Auch bei „Bridges to Babylon" haben die Kreativen wieder eine einmalige Mischung erschaffen - dennoch bleiben Rolling Stones immer noch die Stars der Show.

schaffen. Es wäre anmaßend, das zu behaupten. Ich bin nur eine Antenne. Die Lieder dringen in mich ein, ich verändere sie und übertrage sie dann."
Keith Richards über die Probenarbeiten: „Es ist eher ein Gedächtnistest. Jeder arbeitet hart, aber man denkt da eigentlich nicht so dran. Gestern zum Beispiel, als wir 'Street Fighting Man' gespielt haben, war sich niemand sicher, ob wir uns daran erinnern würden, weil wir es lange nicht mehr geprobt hatten. Doch sobald man die ersten Akkorde gespielt hat, wissen deine Finger, was sie zu tun haben."

Charlie Watts über seine Vergangenheit: „Ich wünschte, ich hätte nicht so viel getrunken. Ich wünschte, ich wäre öfter zu Hause geblieben. Ich wünschte, ich hätte meine Tochter erwachsen werden sehen. Aber ich weiß nicht, wie ich das hätte machen sollen. Wir waren immer unterwegs."
Ron Wood über die Freundschaft in der Band: „Ja, zwischen uns gibt es eine tiefe Freundschaft. Vor allem, wenn wir zusammen auftreten, verstehen wir uns blindlings. Und wir spornen uns gegenseitig an, immer besser zu spielen, was anscheinend ja auch klappt."

Auftritte im Mai und Juni: Olympiastadion, Berlin (22.); Olympiastadion, München (26.); Parkstadion, Gelsenkirchen (26.); Hippodrom, Zagreb (28.); Expogelände, Lyon (5. Juni); Maimarkt, Mannheim (7.); Zeppelinfeld, Nürnberg (13.); El Molinon, Gijon (16.); Festwiese, Werchter (20. und 21.); Rheinstadion, Düsseldorf (24.); Expogelände, Hannover (26.); Ajax-Arena, Amsterdam (29.).

Auftritte im Juli und August: Ajax-Arena, Amsterdam (1., 2., 5., 6.); Rennbahn, Fraunfeld (9.); Flugplatz, Wiener Neustadt (11.); Vélodrome, Marseille (22.); Stade de France, Paris (25.); Parken, Kopenhagen (29.); Uleevi-Stadion, Göteborg (31.); Vallehovin, Oslo (2. August); Olympiastadion, Helsinki (5.); Festplatz, Tallin (8.); Wembley-Stadion, London (20. und 22.); Murray Field, Edinburg (24.); Don Valley, Sheffield (26.); Festwiese, Leipzig (28.); Trabrennbahn, Hamburg (30.).

DISCOGRAPHIE

Die wichtigsten deutschen Veröffentlichungen
(zusammengestellt von Dieter Moll)

Aftermath **1966**
(Decca SLK 164415-P)

Aftermath **1966**
(Decca 25066/Clubpressung)

Aftermath & Out Of Time **1967**
(Decca H 220/Clubpressung)

Aftermath **1975**
(Nova Teldec 6.21396 AO/Re-Issue)

Around And Around **1965**
(Decca BLK 16315-Mono)

Around And Around **1970**
(Decca SLK 16315-P/first Re-Issue)

Around And Around **1975**
(Nova Teldec 6.21392 AO/second Re-Issue)

Beat Beat Beat **1964**
(Decca 60368/10 inch-Clubpressung)

Beggars Banquet **1968**
(Decca SLK 16665-P)

Beggars Banquet **1968**
(Decca SLK F 16570-P/Sonderausgabe für „Bild + Funk")

Beggars Banquet **1975**
(Nova Teldec 6.22157/Re-Issue)

Beggars Banquet **1984**
(London Teldec 6.25913/Digital Remastered)

Best Of... **1966**
(Decca BD 1080 E 568/Club-Sonderauflage)

Best Of... **1965**
(Decca BD 1080-C/Club-Sonderauflage)

Best Of Rockers In Concert **?**
(Bootleg o. A.)

Between The Buttons **1967**
(Decca SLK 16450)

Between The Buttons **1975**
(Nova Teldec 6.21399 AO/Re-Issue)

Big Hits **1968**
(Decca 28325-9/Club-Pressung)

Big Hits **1969**
(Decca 63502/Club-Pressung)

Big Hits **1969**
(Fonoring Decca 78299/C.-Pressung m. alt. Cover)

Big Hits **1966**
(High Tide And Green Grass) (Decca TXS 101)

Big Hits **1969**
(High Tide And Green Grass) (Decca 62502/C.-Pr.)

Big Hits Vol. 2 **1969**
(Decca 63512/Club-Pressung; auch Decca 28339/Club-Pressung)

Big Hits Vol. 3 **1970**
(Decca 662304/Club-Pressung)

Black & Blue **1976**
(Rolling Stones WEA COC 59106)

Black & Blue **1979**
(Rolling Stones EMI 1C064-63187/Re-Issue)

Bravo **1965**
(Decca HörZu SHZT 531)

Bravo **1982**
(Nova Teldec 6.25133 „HörZu"/Re-Issue)

Dirty Work **1986**
(CBS 86321)

Emotional Rescue **1979**
(Rolling Stones EMI 1C064-63774)

Exile On Main Street 1972
(2-LP) (Rolling Stones WEA COC 69100)

Exile On Main Street 1979
(2-LP) (Rolling Stones EMI 1C164-63077/78/Re-Issue)

Five By Five 1964
(EP) (Decca DX 2330)

Flowers 1967
(Decca SLK 16487)

Flowers 1975
(Nova Teldec 6.21407 AO/Re-Issue)

Get Yer Ya-Ya's Out 1970
(Decca SLK 16670-P)

Gimme Shelter 1971
(Decca SLK 16731)

Goats Head Soup 1973
(Rolling Stones WEA COC 59101)

Got Live If You Want It 1967
(Decca HörZu SHZT 547)

Got Live If You Want It 1965
(EP) (Decca DX 2370)

Great Hits 1969
(Decca ND 265)

Greatest Hits 1966
(Decca „Musik für alle“ 422432)

Heart Of Stone 1964
(EP) (Decca DX 2340)

Heartbreakers 1981
(Decca 6.24575/Compilation)

In Action 1966
(S/R-International 74307/Club-Pressung)

In Concert 1981
(2-LP) (Teldec 6.28565)

It's Only Rock'n'Roll 1974
(Rolling Stones WEA COC 59103)

Legends Of Rock'n'Roll 1980
(2-LP) (Teldec 6.28501)

Let It Bleed 1969
(Decca SLK 16640)

Let It Bleed 1975
(Nova Teldec 6.21417/Re-Issue)

Love You Live 1977
(2-LP) (Rolling Stones Atlantic 89101)

Love You Live 1979
(2-LP) (Rolling Stones EMI 1C164-63080/81/Re-Issue)

Made In The Shade 1975
(Rolling Stones WEA COC 59104)

Memphis Tennessee ?
(Bootleg mit 64-Seiten-Buch)

Metamorphosis 1975
(Teldec 6.22277)

Milestones 1975
(Nova Teldec 6.21437/Re-Issue)

No Stone Unturned 1973
(Decca SLK 17038)

No Stone Unturned 1975
(Nova Teldec 6.21536/Re-Issue)

No. 2 1964
(Decca BLK 16325 Mono)

No. 2 1970
(Decca SLK 16325-P/Re-Issue)

No. 2 1975
(Nova Teldec 6.21393 AO/second Re-Issue)

Out Of Our Heads 1965
(Decca SLK 16363)

Out Of Our Heads **1970**
(Decca SLK 16682-P/andere Tracks!)

Out Of Our Heads **1975**
(Nova Teldec 6.21428/Re-Issue)

Profile **1979**
(Decca Teldec 6.24001/Compilation)

Rest Of The Best **1983**
(4-LP-Box/Story, Teil 2) (Decca 6.30125 FX)

Rock'n'Rolling Stones **1972**
(Decca SLK 16781-P)

Rolled Gold **1975**
(2-LP) (Decca 6.28356)

Rolling Stones **1982**
(Decca-Material 65—69) (Amiga 855885/ehemalige DDR)

Rolling Stones **1964**
(EP) (Decca DX 2323)

Rolling Stones **1964**
(Decca BLK 16300)

Rolling Stones **1970**
(Decca S 17005/erstes Re-Issue)

Rolling Stones **1975**
(Nova Teldec 6.21462/zweites Re-Issue)

Schoolboy Blues **?**
(Bootleg)

Some Girls **1978**
(Rolling Stones EMI 1C064-61016)

Some Girls **1978**
(Rolling Stones EMI 1C064-61016, alternative Innentasche)

Stars In The Sky They Never Lie **1973**
(Caution Records/Bootleg)

Sticky Fingers **1971**
(Rolling Stones ROST 59100)

Still Life **1982**
(Rolling Stones EMI 1C086-64804)

Stone Age **1971**
(Decca SKL 16702)

Sucking In The Seventies **1981**
(Rolling Stones EMI 1C064-64349)

Tattoo You **1981**
(Rolling Stones EMI 1C064-64533)

Their Satanic Majesties Request **1967**
(Decca TXS 103/alternativ mit 3-D-Cover)

Their Satanic Majesties Request **1983**
(3-D Cover) (Decca TXS 103, Re-Issue)

Their Satanic Majesties Request **1975**
(Nova Teldec 6.22160 AO)

Through The Past Darkly **1969**
(Big Hits Vol. 2) (Decca SLK 16625/alternativ mit 8-Eck-Cover)

Through The Past Darkly **1988**
(Big Hits Vol. 2) (London 820675-1)

Time Waits For No One **1979**
(Rolling Stones WEA COC 59107)

Undercover **1983**
(Rolling Stones EMI 1C064-1654361)

Welcome To The Club **?**
(Bootleg)

Horn Culture **1973**
(Bellaphon BLPS 19174)

Nucleus **1975**
(Bellaphon BLPS 19228)

BILDNACHWEIS

Titelseite: London Features International;

Richie Aaron/Redferns: 97, 98,99;

Glenn A. Baker/Redferns: 27, 53, 56;

Dick Barnatt/Redferns: 84;

John Bellismo/Retna: 125;

Adrian Boot/Retna: 137;

Dominick Conde/Star File: 133, 135;

Fin Costello/Redferns: 3, 71, 73, 86, 88;

Ian Dickson/ Redferns: 65; Harry Goodwin: 3, 5, 6, 7, 10, 13,14, 15, 26, 37, 45, 58;

Steve Granitz/Retna:129; Bob Gruen/Star File: 3, 4, 71, 85, 90, 91, 93, 95, 97, 100, 106, 108,113, 115, 123, 139, 151, 157;

Jean Havilland/Retna: 137; Malcolm Haywood/Retna: 121, 152;

Bob King/Redferns: 146, 148,;

LFI: 4, 5, 6, 7, 8, 9 11, 12, 14, 16, 20, 21, 22, 52, 53, 55, 61, 64, 72, 75, 79, 81, 85, 89, 91, 94, 96, 100, 112, 113, 115, 116, 117, 118, 119, 120, 122, 125, 127, 128, 129, 131, 136, 138, 139, 141, 143, 145, 147, 149, 150, 153, 155, 156, 158, 159;

Jeffrey Mayer /Star File: 142; Gered Mankowitz: 59;

Michael Melia/Retna: 147;

Music Sales Archives: 4, 12, 18, 22, 23, 24, 25, 27, 28, 30, 31, 32, 33, 42, 43, 44, 46;

Pictorial Press: 6, 10, 11, 13, 16, 17, 19, 22, 24, 34, 39, 40, 41, 42, 44, 46, 47, 48, 49, 50, 51, 52, 54, 70;

Barry Plummer: 9, 57, 68, 69, 89, 131, 59;

Neal Preston/Retna: 140;

Jonathan Postal/Retna: 151;

Chuck Pulin/Star File: 7, 95, 113, 151;

Michael Putland/Retna: 66, 69, 72, 74, 76, 77, 79, 80, 81, 82, 87, 101, 102, 110, 124;

David Redfern/Redferns: 20, 28, 29, 32, 35, 38, 67, 75, 80, 83; Redferns: 10, 18, 43, 94, 15, 24, 112, 126, 134, 148, 152, 154, 158;

Ebbot Roberts/Redferns: 9, 97, 103, 104, 105, 106, 108, 109, 110, 114, 120, 122, 128, 130, 135, 138, 140, 154;

Tony Russel/Redferns: 59; Honey Salvadore/Retna: 130;

Peter Sanders/Redferns: 55, 56;

Joe Sia/Star File: 60, 61, 62, 63, 65, 77;

David Seelig/Star File: 157;

Gene Shaw/Star File: 159;

Star File: 103;

Ray Stevenson/Retna: 55;

Syndication International: 53, 60;

Rocky Widner/Retna: 107, 158;

Luciano Viti/Retna: 128, 156; Scott Wyner/Retna: 131;

Graham Wiltshire/Redferns: 78, 123;

Frank Ziths/Star Files: 121;

Vinnie Zuffante/Star File: 92, 96, 105, 111, 137, 139.

Verlag und Autor haben sich alle nur erdenkliche Mühe gegeben, um alle Fotografen ausfindig zu machen. Ein oder zwei Fotos ließen sich aber nicht zuordnen. Wir wären dankbar, wenn sich diese Fotografen beim Verlag melden würden.

IT
SUCKS